DEUS UNICUS

HOMO RELIGIOSUS
SERIE II

La Collection *Homo Religiosus Série II* fait suite à la Collection *Homo Religiosus* publiée de 1978 à 2001 par le Centre d'Histoire des Religions de Louvain-la-Neuve sous la direction de Julien Ries et diffusée par les soins du Centre Cerfaux-Lefort A.S.B.L.

La Collection *Homo Religiosus Série II* est publiée et diffusée par Brepols Publishers. Elle est dirigée par un comité scientifique que préside René Lebrun, et dont font partie Marco Cavalieri, Agnès Degrève, Charlotte Delhaye-Lebrun, Julien De Vos, Charles Doyen, Patrick Marchetti, André Motte, Thomas Osborne, Jean-Claude Polet, Natale Spineto et Étienne Van Quickelberghe.

HOMO RELIGIOSUS
SÉRIE II
14

DEUS UNICUS

Actes du colloque « Aux origines du monothéisme
et du scepticisme religieux »
organisé à Louvain-la-Neuve les 7 et 8 juin 2013
par le *Centre d'histoire des Religions Cardinal Julien Ries*

Édités par René LEBRUN, Julien DE VOS et
Étienne VAN QUICKELBERGHE

BREPOLS

D/2014/0095/183
ISBN 978-2-503-55416-7

Printed in the E.U. on acid-free paper

Studia in memoriam Pierre BORDREUIL *dedicata*

TABLE DES MATIÈRES

René LEBRUN, « Avant-propos » 9

Sydney H. AUFRÈRE,
« « Dieu » et « dieux » : paradigme naturaliste et scepticisme ? Le «faucon» des dieux et le « cobra » des déesses » 11

Pierre BORDREUIL,
« La monolâtrie entre superstition et fanatisme : quelques données bibliques » 65

Christian CANNUYER,
« La religion d'Akhénaton : monothéisme ou autre chose ? Histoire et actualité d'un débat égyptologique » 77

Julien DE VOS,
« Les Hittites et leurs rapports au divin : quelques réflexions inspirées par les prières *mugawar* et *arkuwar* » 119

Frédéric GANGLOFF,
« Le monothéisme biblique en question ? L'autel mystérieux de Tel-Taanâk » 133

Ekaterina GUSHCHINA,
« L'évolution monothéiste en Arabie du Sud d'après les sources épigraphiques » 149

René LEBRUN,
« Monothéisme syro-anatolien ? » 173

Jan TAVERNIER,
« «Ne fais pas confiance à un autre dieu». Un dieu ou plusieurs dieux en Mésopotamie ? » 181

Alexandre TOUROVETS,
« Peut-on parler de monothéisme zoroastrien à l'époque achéménide ? Apparences et contradictions » 223

Michel WEBER,
« Shamanism and proto-consciousness » 247

AVANT-PROPOS

Le présent volume dédié à la mémoire du grand savant Pierre BORDREUIL (1937-2013) contient les « Actes » du Colloque organisé à l'Université catholique de Louvain (Louvain-la-Neuve) les 7 et 8 juin 2013 par le Centre d'Histoire des Religions Cardinal Julien RIES. Le thème central en était une réflexion approfondie, tenant compte des plus récentes découvertes, concernant les premières traces d'un éventuel monothéisme au sein des différentes civilisations de la Méditerranée orientale, en particulier de la préhistoire jusqu'à l'aube de la civilisation gréco-romaine.

Cette attitude monothéiste ne doit pas être confondue avec l'hénothéisme, lequel admet l'existence de divinités extérieures à la communauté, souvent nomade, dont le dieu relève. Il est évident que l'hénothéisme constitue un terreau idéal pour l'émergence progressive d'un monothéisme authentique.

Ceci dit, la question reste de déterminer la manière dont le « Deus Unicus » était perçu. Le dieu d'Akhénaton-Aménophis IV n'est pas nécessairement identique au Yahvé de Moïse ou au dieu unique (Zeus) chanté par le stoïcien Cléanthe d'Assos. Le dieu était-il asexué, avait-il une nature super anthropomorphique, était-il une sorte de souffle intelligent imperceptible à nos sens, une sorte de super conscience, avait-il déjà un parfum métaphysique tel qu'attribué au Yahvé de la théophanie à Moïse, se définissant comme l'être en tant qu'être (n'oublions cependant pas la date assez récente de la mise par écrit du récit biblique tel qu'en notre possession). Ou encore l'être divin s'identifiait-il avec un astre, réel habitacle de la raison (logos) divine ?

Enfin, un point sur lequel il convient encore de s'interroger est de mesurer dans quelle proportion et avec quelle intensité un monothéisme assez pur était perçu et vécu par la population, à quelle époque peut-on le situer, dans quel environnement. On essayera aussi de dégager son impact sur le devenir d'une cité, d'un État, d'une population ainsi que sur celui des régions voisines.

Prof. Ém. René Lebrun
Président du Centre d'Histoire des Religions Cardinal Julien Ries

« DIEU » ET « DIEUX » : PARADIGME NATURALISTE ET SCEPTICISME ? LE « FAUCON » DES DIEUX ET LE « COBRA » DES DÉESSES

Sydney H. Aufrère
(Aix-Marseille Université – CNRS)

0.1. « Dieu » et complexité

Parler de « Dieu » ou de « dieu(x) » en Égypte, est synonyme de complexité si l'on en croit le nombre de noms de dieux et d'épithètes divines réunis dans le *Lexikon* édité par Christian Leitz[1]. En présentant la chose avec une certaine dose d'humour, on pourrait dire qu'il existe autant d'acceptions de « dieu » que l'Égyptologie compte d'égyptologues. Heureusement, une approche de cette notion définie en relation avec celles des mondes méditerranéen et proche-orientaux, due à Dimitri Meeks[2], a jeté une lumière vive à la suite d'un cortège d'idées variant en fonction des courants épistémologiques dont elles sont traversées. Dans cette communication, on aimerait apporter une dimension d'ordre naturaliste peu prise en compte dans la notion de « dieu(x) et déesse(s) », laquelle dimension n'est pas sans conséquence dans le domaine des représentations et des mentalités de l'Égypte, et notamment au moment où le christianisme s'impose en Égypte quand il s'agit de débattre entre *vrai* Dieu et *faux* dieux. La difficulté est plus aiguë lorsqu'on veut cerner cette problématique par rapport à l'appellation du « dieu » biblique ; d'ailleurs, dans le cours des années 1900, François Vigouroux, prêtre de Saint-Sulpice et éditeur du *Dictionnaire de la Bible* (1912, 2/2, col. 1429), donnait cette définition du Dieu de la Bible, qui, en la replaçant dans le contexte, montre que le problème de la distinction entre « Dieu » et « dieux » ne concerne pas que l'Égypte :

> « Le nom de Dieu, applicable comme nom commun au vrai Dieu et aux fausses divinités des polythéistes, est, dans l'hébreu de l'Ancien Testament, *'El* ou plus fréquemment *'Êlôhim*. Le nom propre du vrai Dieu est Jahvéh ou Jéhovah. Dans le Nouveau Testament grec, le nom divin est Θεός. Voir El, Élohim et Jéhovah. »

1 Leitz 2003 (éd.).
2 Meeks 1988.

Y apparaissent Dieu et les fausses divinités des polythéistes ainsi que les noms respectifs que ces derniers reçoivent en hébreu et en grec. Gardons en mémoire pour l'instant et sans entrer dans des questions étymologiques complexes deux éléments : le mot *'El*, ou *'Êlôhim* et leur équivalent grec Θεός.

0.2. Revenons à l'Égypte où, malgré quelques touches de scepticisme affichées çà et là par les Égyptiens de l'Antiquité dans leur littérature à propos de certains mythes fondateurs[3], ceux-là furent unanimement considérés par leurs contemporains riverains de la Méditerranée comme des hommes d'une grande piété[4], farouchement attachés à leurs croyances ancestrales. Ce constat d'un peuple chez qui Dieu est présent en toute circonstance[5] et dont l'existence quotidienne repose sur des rythmes impulsés par la nature, sur l'observation de caractéristiques de la faune et de la flore, de symbioses, sur l'observance d'interdits de toutes sortes découlant de mythes divers[6], le respect des *omina* calendériques[7], la consultation des oracles et de l'interprétation des rêves[8], et surtout le respect des animaux sacrés[9] qui a suscité alternativement chez les étrangers répulsion[10] et compréhension[11], rend donc légitime la question : qu'entend-on par « dieu », de quelle manière l'esprit se représente-t-il les vecteurs du divin, au moment où les derniers traditionnalistes, à partir de la promulgation de l'édit d'Aquilée de Théodose (17 juin 391)[12] adressé à Evagrius, préfet d'Égypte, et

3 Tel est le cas dans le Roman d'Horus et de Seth (pChester Beatty I) où à Osiris, qui prétend avoir inventé les céréales, on fait observer que, malgré lui, les céréales – l'orge et le blé – auraient quand même existé ; cf. LEFÈBVRE 1949, 200 et n. 93.

4 Voir le remarquable portrait de la piété égyptienne chez Isocrate, *Busiris*, 24-27.

5 Même par Philon, *Legatio ad Caium*, 163 : « ***En hommes très religieux ils ont voué au nom de Dieu le plus grand respect...*** ». Mais ce n'est pas sans ironie, car la suite est moins flatteuse : « *... ils jugent les ibis, les vipères de leur pays et beaucoup d'autres bêtes, dignes de le porter. Comme ils prodiguent ce nom, ils peuvent bien tromper les gens simples et ceux qui ne connaissent pas* ***l'impiété égyptienne****, mais n'en imposent point à ceux qui savent leur démence ou plutôt leur criminelle effronterie* ». (ὥστε εἰκότως ἀταμιεύτοις χρώμενοι ταῖς **εἰς θεὸν** τεινούσαις προσηγορίαις ἀπατῶσι μὲν τοὺς ὀλιγόφρονας καὶ ἀπείρους **τῆς Αἰγυπτιακῆς ἀθεότητος,** ἁλίσκονται δὲ ὑπὸ τῶν ἐπισταμένων τὴν πολλὴν αὐτῶν ἠλιθιότητα, μᾶλλον δὲ ἀσέβειαν).

6 AUFRÈRE 1986 ; AUFRÈRE 1999.

7 BAKIR 1966 ; LEITZ 1994.

8 BRESCIANI 2006.

9 HOPFNER 1913.

10 Voir Philon, *Legatio ad Caium*, 163 ; Flavius Josèphe, *Contr. Apion.*, 2, 6, § 65.

11 Aristote, *Hist. Animal.*, 9, 2, 2.

12 Sur le déroulé des lois de Théodose, entre 383 et 391, voir BEUGNOT 1835, Livre VIII : Politique suivie par Théodose en Orient relativement aux anciens cultes (350-363). Voir aussi Code Théodosien Livre XVI.

au comte d'Égypte, Romanus[13], voient s'écrouler leurs croyances au propre comme au figuré ? Promouvant le christianisme nicéen comme religion d'État, cet édit interdit aux païens l'accès aux temples et l'exercice des cultes traditionnels[14], confirmé par un autre édit du 8 novembre 392[15]. Suite à quoi une vague

[13] Beugnot 1835, 358.

[14] Voici les termes de cet édit : « *Personne ne se verra attribuer de droit de faire des sacrifices. Personne ne tournera autour des temples ; personne ne révèrera les autels. Tout le monde reconnaîtra que l'entrée profane dans les temples est interdite parce que Notre Loi s'y oppose ; par conséquent, si quelqu'un essaie quoi que ce soit en rapport avec les dieux et avec les rites sacrés qui s'inscrive contre Notre Interdiction, il apprendra qu'il n'échappera pas à la punition en invoquant l'argument d'une dispense impériale. Également, si un juge, durant le temps de son mandat, prend appui du privilège de son pouvoir, et par un viol sacrilège de la loi entre dans des lieux impurs, il sera obligé de payer à Notre Trésor quinze livres d'or, et les membres de son équipe, la même somme, à moins que, combinant, leurs efforts, ils ne se soient opposés à lui* ».

[15] « *Personne, c'est-à-dire personne, de quelque classe ou de quelque ordre que ce soit, sans égard pour la position, le pouvoir ou les honneurs, puissant par la naissance ou humble par le lignage, le statut légal, la fortune, ne sacrifiera une innocente victime à d'insensées images en quelque lieu que ce soit, ville ou autre. Serait-ce secrètement, il ne vénérera pas par le feu le dieu familier ni le génie par le vin, ni ses pénates par du parfum. Il ne les éclairera pas, il ne placera pas d'encens devant eux, ni de guirlandes autour.*

Mais si quelque ose immoler une victime aux fins de sacrifices ou pour consulter les entrailles, il sera dénoncé dans le mode prévu pour tous, il recevra la sanction appropriée, quand bien même il n'aurait rien entrepris qui soit dirigé contre la sécurité des empereurs. Cela suffit, en effet, pour constituer un crime énorme que de vouloir mettre à bas les lois mêmes de la nature, faire des recherches dans des matières interdites, divulguer des secrets cachés, tenter de se livrer à des pratiques interdites, chercher à connaître l'issue de la vie d'un autre, autoriser l'espoir de la mort de quelqu'un d'autre.

Mais si une personne, plaçant devant elle de l'encens, voue un culte à des idoles forgées par le travail des mortels et destinées à souffrir les ravages du temps et si, ridiculement, il éprouve de la peur devant des effigies qu'il a lui-même fabriquées ou s'il enserre un arbre de guirlandes ou élève un autel avec la tourbe qu'il a ramassée, ou s'il essaie d'honorer de vaines idoles, en leur offrant des dons qui, même s'ils sont modestes, n'en sont pas moins un complet outrage à la religion, une telle personne, considérée comme coupable d'avoir violé la religion, sera punie par le retrait de la maison ou de la propriété dans laquelle il aura été prouvé qu'il s'est livré au culte païen. Car Nous décrétons que tous les lieux seront affectés à Notre Fisc, s'il est prouvé qu'il y a flotté des vapeurs d'encens, pourvu, du moins, qu'il soit établi qu'ils appartenaient à ceux qui y ont fait brûler l'encens.

Mais si une personne tente de se livrer à de tels sacrifices dans des temples ou des chapelles, dans des maisons ou des champs appartenant à d'autres, et s'il est prouvé que de tels lieux ont été usurpés sans que le propriétaire le sache, le responsable sera condamné à payer une amende de vingt-cinq livres d'or. Si quelqu'un se fait complice d'un tel crime, il sera sujet à la même peine que celui qui a perpétré le sacrifice.

C'est Notre Volonté que ce règlement soit appliqué par les juges, ainsi que par les défendeurs et les décurions de toutes les villes ; que les informations recueillies par ceux-ci soient immédiatement rapportées aux tribunaux et les crimes ainsi dénoncés punis par les juges.

De plus, si les défenseurs et les décurions en viennent à croire qu'un tel crime doit bénéficier du privilège d'être caché ou négligé, par insouciance, ils seront soumis à l'indignation judiciaire. Si les juges ont connaissance de tels crimes et diffèrent la punition par complicité, ils seront condamnés à

de destructions[16] est ordonnée par le patriarche d'Alexandrie Théophile (384-412) qui fait appliquer l'édit dans toute sa rigueur, en abattant les temples ou en les transformant en églises, et surtout en détruisant les signes les plus manifestes de la culture païenne : le temple de Sarapis et la bibliothèque du Serapeum à Alexandrie[17].

0.3. La question

Au moment crucial où l'on veille à la destruction des « *idoles forgées par le travail des mortels et destinées à souffrir les ravages du temps* » (que les traditionnalistes pensent être des supports de la divinité) (cf. *infra*, § 6.1), la question suivante mérite d'être posée : le terme que les Coptes écrivent *S* **ⲡ|ⲛⲟⲩⲧⲉ** || *BF* **ⲫ|ⲛⲟⲩϯ** || *A* **ⲡ |ⲛⲟⲩⲛⲧⲉ** || abrégé en tant que *nomen sacrum BF* **ⲫ|ϯ** (**ⲫ|ⲛⲟⲩϯ**)[18], était-il encore imprégné du sens connoté par ce que l'Égyptien écrit en hiéroglyphes et l'on a l'habitude de prononcer NETJER que la tradition égyptologique traduit « dieu », ou le terme avait-il fini par être étymologiquement et sémantiquement neutralisé[19] ? C'est, on va le voir, une question complexe d'où il en découle bien d'autres.

0.4. Le recul lexical des termes traditionnels des marques du sacré

Tout d'abord, on constate, dans le lexique chrétien copte, langue dont l'écriture s'impose dans ses différentes formes dialectales dès le IIIe siècle[20], des signes d'érosion lexicale des marques du sacré propres aux croyances traditionnelles. Ainsi, on observe un recul des termes égyptiens suspects de connoter d'anciennes croyances, au profit de leurs équivalents grécoptes (mots empruntés au grec) comme c'est le cas, par exemple, du mot *b3* (> βαί || **ⲃⲁⲓ**)[21], auquel les chrétiens ont préféré substituer le mot ψυχή (= grécopte **ⲯⲩⲭⲏ**[22]) de la

une amende de trente livres d'or ; également les membres de leur équipe seront condamnés à la même peine ».

16 Cela ne touche pas que les temples égyptiens, mais aussi les synagogues ; cf. Soler 2011.

17 Voir Rufin d'Aquilée, *Hist. Ecclesiast.*, 2, 19-30.

18 Crum 1939, 230b-231a-b.

19 On notera que E.A. Wallis Budge (1926, I, 401) écrit que « *[NETER, NETHER] is the word in general use in texts of all periods for God and "gods" ; Copt. noute,* *= noute (Rev.)* ». Voir aussi Meeks 1988, 428-429.

20 Voir Bosson 1999.

21 Crum 1939 (2000), 28a. Sur βαί = ψυχή, voir Horapollon, *Hieroglyphica* 1, 7. Le *ba* est un des éléments de la personnalité humaine scindée, selon la pensée égyptienne, en plusieurs autres entités (*khet* = corps, *chou* = ombre, *ka* = double, *akh* = la partie lumineuse de l'individu). Certains éléments, comme le *3ḫ*, ne sont pas sans lien avec la magie : cf. Borghouts 1987.

22 Plur. à flexion interne 2uyooue, moins ambigu.

pensée grecque, – en lien avec la notion de souffle (ψύχω « souffler ») –, lequel terme, nommant « l'âme », sert aussi à désigner le papillon diurne dans l'*Histoire des animaux* d'Aristote[23], car ce dernier avait constaté que, dans son cycle de métamorphoses, ce lépidoptère émerge, dans sa splendeur, paré de toutes ses couleurs, d'un cocon, contrairement aux autres insectes[24] ? Pourtant, en Égypte ancienne, le papillon n'était pas sans lien avec l'idée symbolique de renaissance[25], mais il est difficile d'invoquer la permanence de cette croyance, attestée jusqu'à la XVIIIe dynastie, à l'Époque copte. Les autres termes en lien avec les composantes du corps (*ka*, *akh*) selon les croyances égyptiennes, n'ont plus d'équivalent dans les textes coptes.

0.5. Le paradoxe : θεός (> copte *ⲑⲉⲟⲥ) *versus* ⲛⲟⲩⲧⲉ

En conséquence de quoi, il découle un paradoxe de ce recul manifeste du champ sémantique du sacré traditionnel égyptien dans le domaine copte au profit de termes grecs, puisque le grec θεός (> *ⲑⲉⲟⲥ) ne s'étant pas imposé à la place du terme employé par les Coptes : ⲛⲟⲩⲧⲉ, on serait en droit de penser que la question ne se serait pas posée, alors que rien n'est plus païen que ce terme-ci, qui remonte à l'aube de la culture égyptienne. Dans la mesure où le mot traditionnel demeure inchangé, il m'a semblé intéressant d'enquêter sur la façon dont les Égyptiens se représentent théoriquement son contenu, comment et dans quelles conditions les Coptes, à leur tour, se l'approprient, – c'est-à-dire en identifiant la notion d'Être divin selon les croyances égyptiennes et celle du « Dieu » de la Bible –, mais aussi d'évoquer, pour faire bonne mesure, pourquoi les traditionnalistes auraient pu faire preuve de scepticisme à l'encontre de son acception chrétienne. Cela suppose d'essayer de définir la nature de l'éventuel malentendu qui aurait encore pu planer sur le sens de ⲛⲟⲩⲧⲉ (en fait ⲡ|ⲛⲟⲩⲧⲉ, avec l'article défini), soit pris dans son acception prégnante païenne, soit neutralisé en tant qu'équivalent égyptien de θεός, « dieu, divinité » (cf. θεϊκός adj. « divin », θεῖος adj. « divin » ; θεότητα « divinité »), lequel est, en grec classique, opposé à « homme »[26]. Bien entendu, on ne peut nier que ce paradoxe apparent peut tenir au fait que les Coptes, sentant une différence entre ⲛⲟⲩⲧⲉ et θεός, *deus*, (*nṯr*), et le risque d'amalgame pouvant en découler, préféraient sans doute demeurer fidèles à leur terme traditionnel, qui leur semblait plus propre à traduire cette notion

[23] Aristote, *Hist. Animal.*, 1, 17, 6.
[24] *Ibid.* 1, 17, 1 et 5.
[25] Germond 2008. Voir aussi Lopez-Moncet – Aufrère 1999.
[26] En égyptien, dans la hiérarchie des êtres, il existe ce même rapport hommes / dieux : cf. Meeks 2012, 519-523.

divine, d'autant que θεός et *deus*, en dépit de leur apparence externe similaire, n'ont rien à voir l'un avec l'autre du point de vue étymologique[27]. Pierre Chantraine (1899-1974) signale que le rapprochement de θεός avec le lat. *deus* et le skr. *devá-*, est impossible. Quant à *deus*, il est dérivé de la même notion que Ζεύς, notion qui, en indo-européen, correspond à « briller ». Aujourd'hui, on dérive θεός d'un terme proto-indo-européen **dhēs-*, qui signifie « dieu, divinité, déité », terme d'où dérive également le latin *festus*, *fanum* et *feriae*. Mais on admettra qu'il est peu probable que les Coptes eussent été à même de comprendre de telles subtilités étymologiques.

1. Résumé du problème iconographique du hiéroglyphe 𓊹 (R 8)

1.1. Pour prévenir les risques de déduction infondée, il faut souligner que les translittérations de l'égyptien données ici sont des conventions phonétiques adoptées par les spécialistes. Il en appert que l'énonciation d'un mot fondée sur l'ajout de « e » entre les consonnes d'un squelette consonnantique[28], ne rend pas compte de la flexion vocalique découlant du genre et du nombre (les marques du masculin et du féminin singulier et pluriel, du duel, placées à la fin du mot, induisent des flexions vocaliques spécifiques dont le copte, lui, rend précisément compte)[29] ou de leur place (initiale, médiane ou finale) dans un nom propre ou un nom composé comme *ḥm-nṯr* 𓊹𓍛 « prophète » (προφήτης) > *ḥm-nt(r)* (« serviteur de dieu) > *ḥn-nt(r)* > *ḥnt* (avec un *n* haplographique médian) > grec φεντ- + dieu (= *pꜣ-ḥnt-* + dieu) > copte **ϩⲟⲛⲧ**[30] (pl. **ϩⲱⲛⲧ** ?[31]). Par conséquent, on ne peut tirer aucun argument d'ordre phonologique de ces translittérations de l'égyptien dont la prononciation reste approximative.

1.2. Cela conduit à choisir d'écrire netjer en petites capitales, non seulement pour éviter une confusion entre des mots qui relèvent de sphères linguistiques différentes — netjer, theos et deus —, avec le risque de les voir se confondre dans la notion de « dieu », ce qui n'est pas, on l'a vu (cf. *supra*, § 0.5.), sans difficulté, mais aussi pour bien noter, par ce moyen, le caractère sémantique théorique du mot en égyptien de tradition, et ne pas le confondre dans cette langue, avec la valeur trilitère *netjer* (*n*[e]*ṯ*[e]*r*) ou *neter* (*n*[e]*t*[e]*r*) affectée

[27] Chantraine 1968, I, 429, notamment au pluriel.

[28] Exemple fourni plus bas : *n*[e]*ṯ*[e]*r* ou *n*[e]*t*[e]*r*. Les « e » en suspension se prononcent comme accentués (« é » ou « è ») en français selon les règles de la phonétique.

[29] Voir Layton 2004.

[30] *Wb* III, 88, bas ; Erichsen 1954, 305 ; Crum 1939 (2000), 691b (dans le sens explicite de « prêtre païen ») ; Černý 1976, 288. Il existe bien d'autres titres qui amalgament le mot *nṯr*, mais sans équivalence avec le copte.

[31] Crum 1939, 691b.

par consensus au radicogramme 𓊹[32] (R 8) (cf. *infra*, § 1.3). Bien entendu, ce que représente ce hiéroglyphe, en tant que simple signe, signe-mot ou déterminatif, est un problème susceptible d'introduire le sujet et d'éclairer, en théorie du moins, le sens donné dans l'Antiquité au NETJER en expliquant paradoxalement ce qu'il n'est pas.

1.3. On résumera donc le problème iconographique du radicogramme 𓊹. Les schémas mentaux perdurant malgré le temps[33], il est indispensable de tenter de pousser plus loin l'identification de l'objet représenté par le hiéroglyphe désignant le NETJER afin d'approcher la nature du consensus établi sur ce qu'il représente, que l'on peut ainsi résumer : un « mât divin dans ses bandelettes »[34]. Un tel consensus paraissait étayé, depuis 1898, par un métatexte tiré du papyrus des signes découvert à Tanis (Ier siècle) par William Flinders PETRIE. Ce papyrus, fragmentaire mais exceptionnel, donne des séquences s'inscrivant chacune dans trois colonnes écrites de droite à gauche, correspondant aux hiéroglyphes, classés par genre, leur translittération hiératique et un court commentaire permettant de les identifier ; pour le radicogramme 𓊹, le scribe donne le hiéroglyphe (1), sa translittération en hiératique (2) et la glose en hiératique (3) suivants[35] :

(1) Hiéroglyphe	(2) Translitt.	(3) Glose (ici transcrite en hiéroglyphes)
𓊹	Cf. *infra*.	 *jw=f qrs*, « embaumé/emmailloté ».

(3)

(2) (1)

1.4. Considérant qu'on avait affaire à un raisonnement circulaire, et me départissant d'un vocabulaire susceptible de fausser, d'approximation en approximation, la définition de l'objet à approcher – bâton, mât, perche, hampe, bande-

[32] Le nombre de noms de divinités ou d'épithètes comprenant le terme *nṯr*, est impressionnant si l'on en croit la consultation de LEITZ 2003 (éd.), IV, 389-577. On verra aussi BUDGE 1926, II, 401-408 ; FAULKNER 1981, 142 ; WILSON 1997, 557 ; *Wb* II, 357, 12-360, 12.

[33] Voir NEWBERRY 1947 ; MYERS 1950 ; *Wb* II, 357, 12 ; GARDINER 1973, 502 ; VON BISSING 1951 ; HORNUNG 1971, 20-30 = HORNUNG 1983, 33-42 ; BAINES 1991 ; MEEKS 2004, § 452 ; LEITZ 2003 (éd.), IV, 389 ; MEEKS 1988, 425-428.

[34] Cf. MEEKS 1988, 427 : « *Un mât enveloppé dans des bandelettes se terminant par un «fanion» strié perpendiculairement au fût* ».

[35] GRIFFITH 1889, 16 (col. XV, 2) et pl. III-IV.

rolle, oriflamme, fanion, emblème, bandelettes) –, une enquête grammatologique préliminaire en deux parties m'a amené à remettre en question cette théorie[36].

1.5. 1) À l'aide d'une sélection de hiéroglyphes significatifs et bien ancrés dans la chronologie, on parvient à la conviction que le signe est techniquement représenté par une armature végétale verticale revêtue d'un tissu ou d'une sparterie bicolore dans la partie basse, ligaturée d'une façon traditionnelle, et dont la partie supérieure, pourvue d'un élément sommital horizontal, procède d'une technique de tressage, le tout étant probablement le simulacre archaïque du NETJER qui n'a peut-être rien à voir avec un objet flottant au vent, mais plutôt avec une silhouette stylisée de dieu barbu[37] : la forme verticale, le corps ; et l'élément horizontal, l'appendice pileux — caractère sexuel secondaire — car ce dernier est une marque de la divinité (cf. *infra*, § 2.1.1).

1.6. 2) Quant à la glose du papyrus des signes de Tanis prise à témoin depuis maintenant plus d'un siècle, l'analyse contextuelle démontre qu'elle résulte soit d'une erreur d'interprétation de la part du scribe, soit d'une faute de copiste. Il est raisonnable de croire que la compréhension de l'étrange objet représenté par la silhouette du hiéroglyphe 𓊹, est très tôt perdue de vue, tandis que le hiéroglyphe ne permet pas moins, désormais sous une forme normalisée et détachée de son iconographie originelle, d'identifier bon nombre d'idées gravitant autour de la notion de NETJER, concept auquel les Égyptiens tenteront de donner un caractère d'objet idéel. Voilà un court résumé car les conclusions sur le caractère de l'objet réel n'ont pas d'incidence directe sur le contenu de cette présentation.

2. Le radicogramme *nṯr* 𓊹 et deux autres allogrammes : le faucon-paradigme du dieu 𓅆 et le cobra-paradigme de la déesse 𓆗

2.1. Paradigme humain || paradigme animal — hiéracomorphisme de *nṯr*

2.1.1. Le terme netjer

L'Égypte tire nombre de concepts de l'écosystème nilotique et de l'éthologie de ses hôtes, qui imprègnent le système hiéroglyphique et le lexique[38]. Au

[36] Aufrère, à paraître 1.

[37] Voir des silhouettes de personnages barbus taillés dans de l'ivoire d'éléphant : Baqué-Manzano 2004, 43-44 et 51-52.

[38] Aufrère 2007a. Pour désigner ce concept lié à la vallée du Nil, j'ai parlé de « niloécothéisme ».

cours des temps, la notion de NETJER a été écrite de diverses façons, qui permettent de se rendre compte de l'évolution de son contenu, la richesse du système hiéroglyphique favorisant les inventions graphiques et idéographiques. En termes d'ordre de grandeur, dans les Textes des Pyramides, NETJER est, d'après P. LACAU, rendu, au pluriel, par 𓊹𓊹𓊹 (425 fois), *nṯr.w*, ou 𓊹𓊹𓊹𓅱 (beaucoup plus rarement, 3 fois) ; et au duel, par *nṯr.wj* 𓊹𓊹 (16 fois)[39].

2.1.2. Ainsi, au lieu d'écrire NETJER à l'aide du seul radicogramme en question accompagné d'un trait (𓊹𓏤), permettant d'établir une superposition du signe-mot (idéogramme) et du concept NETJER, on ajoute un autre hiéroglyphe : l'homme barbu assis, à savoir le déterminatif de l'être divin 𓀭 (A 40) qui devient déterminatif, tandis que le précédent, – 𓊹 (R 8)[40] réduit à sa seule valeur phonétique trilitère *nṯr* –, perd son caractère de signe-mot. Le terme 𓊹𓀭, au moyen du déterminatif de l'homme assis à la barbiche tressée, paraît alors traduire le caractère anthropomorphique et divin du NETJER car le déterminatif est doté d'un appendice pileux, non pas droit, mais tressé et recourbé que l'on appelle communément 𓐍𓃀𓋴𓅱𓏏 *ḫbsw.t*[41]. Tous les dieux ne portent pas forcément cette barbiche tressée à extrémité recourbée[42], mais c'est là un attribut du divin, même pour des animaux fantastiques tels que les sphinx ou les agathodaimons[43], jamais cependant de l'être humain vivant que l'on pare d'attributs pileux très différents[44]. Seuls les cercueils anthropoïdes mâles sont pourvus de cet marque car les défunts, se dépouillant de leur statut d'êtres terrestres, accèdent à celui d'êtres divins ainsi reconnaissables. Naturellement, ce déterminatif du mot 𓊹𓀭 dénote une anthropomorphisation potentielle de la notion de NETJER, car la plupart des dieux reçoivent soit des formes

[39] LACAU 1954, 82. En tenant compte de l'état des Textes des Pyramides à l'époque de Kurt SETHE.

[40] MÖLLER 1909a, nos 547-548 ; MÖLLER 1909b, nos 547-548 ; MÖLLER 1912, nos 547-548.

[41] *Wb* III, 255, 13-14.

[42] Cette extrémité n'est pas effilée, mais doit être recourbée. Certains comme Ptah portent une barbe tressée droite. Les dieux s'appellent également « les barbus » en tant que résidents à Pount : 𓐍𓃀𓋴𓅱𓀭𓏥. Certains sphinx portent une barbe postiche droite. *Wb* III, 255, 15-16. Sur le lapis lazzuli et son aspect de régénération, voir AUFRÈRE 1991, II, 463-488.

[43] Le serpent du *Naufragé* est barbu : « il mesurait trente coudées et sa barbe dépassait deux coudées » (cf. LEFÈBVRE 1949, 35). De même les Agathodaimons de l'Époque gréco-romaine sont des serpents barbus.

[44] Le tressage de la barbe, à la place de la barbe hirsute du barbare, peut être assimilée à une manifestation de civilité et de propreté, quand le fait de se laisser pousser la barbe est celui de la négligence qui correspond au moment du deuil ; cf. DESROCHES-NOBLECOURT 1947.

humaines, soit des formes anthropoïdes ou hybrides[45], en rappelant que la barbe tressée – partie pour le tout – les ramène à un statut anthropomorphe. Ajoutons que la barbe tressée connote aussi la notion de jeunesse à laquelle est associé le lapis lazuli qui sert à la décrire ou à la représenter[42]. Toutefois, si l'Égyptien, sous la notion de NETJER, souhaite évoquer un dieu plutôt qu'un autre, il a également le choix de recourir à un déterminatif spécifique comme dans le nom 𓊹𓁩, qui, au vu du déterminatif, désigne Amon. Le mot « Dieu » serait ainsi affecté, mutatis mutandis, d'un exposant qui en définit la nature : « Dieu^Amon^ »[46].

2.1.3. La hiéracomorphisation allégorique de netjer

Antérieure à la deuxième forme (cf. *supra*, § 2.1.2), une troisième forme, très intéressante, associe la notion de NETJER à celle d'un membre de la famille des Falconidés, exprimée par le paradigme d'un faucon barbe ou de Barbarie (*Falco peregrinus [pelegrinoides]*, TEMMINCK 1829)[47], bien que plusieurs autres espèces relevant du genre *Falco* animent le ciel de la basse vallée du Nil[48]. Aussi fréquemment employée que le radicogramme *nṯr* associé à l'homme barbu assis NETJER 𓊹𓀭 (cf. *supra*, § 2.1.1), il existe une graphie 𓊹𓅆[49] où le déterminatif est très souvent formé par la silhouette d'un signe complexe : un faucon juché sur une enseigne 𓅆 (G 7)[50]. Dans une étape suivante, se libérant du radicogramme 𓊹, le terme NETJER peut alors n'être écrit idéographiquement que par le faucon sur son enseigne (𓅆)[51]. Pour résumer, on note que NETJER est représenté par l'objet divin 𓊹, puis par la combinaison 𓊹𓅆, et enfin par 𓊹𓀭, ce qui montre l'ordre dans lequel évolue cette notion : *nṯr* = signe-mot, *nṯr* (phonogramme) + faucon (déterminatif), *nṯr* (phonogramme) + dieu barbu (déterminatif).

45 Le rapport entre homme et animal est des plus ambigus, les mutations possibles de l'humanité à l'animalité, et vice versa ; cf. SPIESER, à paraître.

46 CLÈRE 1961, pl. 5 ; *Urk.* VIII, 69b ; cf. LEITZ (éd.), *Lexikon* IV, 389.

47 Voir http://avibase.bsc-eoc.org/ s. v. « Faucon de Barbarie ». Une intéressante bibliographie dans *Wikipedia*, *s. v.* « Barbary Falcon ».

48 AUFRÈRE, à paraître 2a, § 03-04.

49 Voir LACAU 1954, 122 avec les nombres d'occurrences dans les Textes des Pyramides.

50 Ce signe a son équivalent en hiératique sous deux formes : cursive et hypercursive ; cf. MÖLLER 1899a, n°s 188 et 188B ; MÖLLER 1899b, n° 188 ; MÖLLER 1912, n°s 188 et 188B.

51 *Wb* II, 358. La graphie 𓅆𓊹 est plus difficilement explicable ; cf. CAUVILLE 2001, p. 91 (= *Dendara* IV, 22, 2). Il est employé idéographiquement dans les pronoms suffixes et dépendants quand s'exprime le roi (GARDINER 1973, G 7), car ce dernier est fréquemment assimilé à un Horus, ce qui induit un rapport d'identité entre le roi, le faucon et son substitut grammatical.

2.1.4. Mais, jusqu'à l'Époque tardive, on voit fleurir une grande variété d'emplois de la silhouette de l'allogramme de 𓊹 : le faucon avec ou sans le trait, qui lui confère une valeur idéographique : 𓅃 (G 5) et 𓅃𓏺 ; — avec le flagellum 𓅆 (G 6) *nṯr*, ainsi que les pluriels correspondants : 𓅃𓅃𓅃[52], 𓅃𓏺𓅃𓏺𓅃𓏺[53], 𓅆𓅆𓅆[54], *nṯr.w*. Plusieurs formes associent ou non au faucon l'enseigne et / ou le flagellum dans le dos : 𓅃, 𓅃𓏺, 𓅆[55] auxquels correspondent des pluriels archaïques : 𓅃𓅃𓅃[56], 𓅃𓏺𓅃𓏺𓅃𓏺[57], 𓅆𓅆𓅆[58], ou à l'aide des trois traits : 𓅃𓏪[59], 𓅆𓏪[60], 𓅆𓏪[61] (𓅆𓏪[62]), 𓅃𓏪[63], etc., *nṯr.w*. Mais parfois, l'homme à tête de faucon combine les deux aspects (humain et falconidé) dans le pluriel *nṯr.w* 𓀭𓀭𓀭[64].

2.1.4 bis. Remarque

Dans les graphies plurielles de *nṯr* recourant aux silhouettes de plusieurs oiseaux – 𓅆𓅞𓅟[65], 𓅆𓅞𓅟[66], 𓅃𓅞𓅟[67], 𓅆𓅞𓅟[68], 𓅆𓅞𓅟[69], à savoir le faucon[70], l'ibis sacré (*Threskiornis aethiopicus*)[71] et le héron (*Ardea* sp.)[72], qui fréquentent la vallée du Nil[73] –, le faucon occupe systématiquement la première

[52] Cauville 2007, 55, 6.
[53] *Edfou* III, 1, 13.
[54] Cauville 2007, 96, 8 (*nṯr nṯr.w*).
[55] Cauville 2007, 156, 11.
[56] *Edfou* I/1, 41, 18.
[57] *Edfou* I/1, 48, 15 ; I/2, 199, 16.
[58] Cauville 2007, 232, 13 ; 239, 2 (Nout *ms nṯr.w*), 309, 8 (Harsiesis *wr šfj.t nṯr.w*).
[59] *Wb* II, 358.
[60] Clère 1966, pl. 5 (le dieu des dieux *nṯr nṯr.w* = Amon-Rê), 41, 55 ; Cauville 2007, p. 70, 5 ; 93, 6.
[61] Clère 1966, pl. 5 (le dieu des dieux *nṯr nṯr.w* = Amon-Rê), 41, 55 ; Cauville 2007, p. 172, 11.
[62] Clère 1966, pl. 5 (le supérieur des dieux *ḥrj nṯr.w* = Amon-Rê), 41, 55 ; Cauville 2007, 156, 11 et 14 ; 221, 11 ; 320, 10 (Hathor *ḥnw.t nṯr.w*).
[63] Cauville 2007, 102, 10.
[64] Je n'ai trouvé cette graphie que dans Budge 1926, I, 401.
[65] Cauville 2001, 103 (= *Dendara* X, 250, 2).
[66] Cauville 2001, 104 (= *Dendara* X, 340, 1).
[67] Cauville 2001, 234, 1.
[68] Cauville 2001, 176, 3.
[69] Cauville 2001, 104 (= *Dendara* X, 296, 2).
[70] Hoolihan 1986, 46-49.
[71] Hoolihan 1986, 28-30 ; Aufrère 2006b.
[72] Hoolihan 1986, 13-16.
[73] Voir une scène d'envol des oiseaux comprenant le faucon, l'ibis et le vautour ; cf. Clère 1966, pl. 41.

place de cette hiérarchie ornithomorphe[74], l'ibis la deuxième et le héron la troisième[75]. Cet ordre est très significatif, qui accorde au faucon la première place de cette triarchie divine animale.

2.1.5. Une nouvelle idée du signe-mot se profile dans la graphie du faucon sur un support et accompagné d'un trait , qui indique que NETJER est connoté par un faucon sur une enseigne, ce qui équivaut à l'expression du hiéracomorphisme du NETJER auquel feront écho les auteurs grecs (cf. *infra*, § 2.3.2). On ajoutera, pour le duel, deux faucons posés sur un support : *nṯr.wj*[76]. Si on laisse de côté la silhouette nue du faucon, qui peut aussi renvoyer, sans considération d'espèce, à l'animal (lequel se dit *bjk* > βηκις, ⲂⲎϬ ⲂⲎⲬ[77])[78] pour ne considérer que le faucon associé à d'autres objets, à savoir le sommet d'une enseigne portative () — marque d'exaltation et de manifestation[79] — ou le flagellum[80] () — marque de sacralité et de protection[81] —, ou encore les deux combinés (), on expose cette idée d'un faucon représentant allégoriquement et parfois symboliquement le NETJER[82].

2.1.6. Cependant, l'ornithomorphisme ou — plus exactement — le hiéracomorphisme de NETJER, n'est pas une règle générale de l'Égypte tardive. On peut se contenter de l'écriture archaïsante de NETJER comme dans le cas de Kôm-Ombo, où les rédacteurs usent du radicogramme archaïque *nṯr*, — voir

74 CAUVILLE 2007, 242, 4.

75 On notera également la graphie qui est écrite à l'aide de trois arrière-trains de félin ; cf. *Wb* II, 358 ; BUDGE 1926, I, 401a. Voir aussi CAUVILLE 2007, 91.

76 AUFRÈRE, à paraître 2a.

77 *Wb* I, 444, bas. *Bjk* désigne les Falconidés en général, à partir du représentant principal de l'espèce : le faucon pèlerin. D'après Horapollon (*Hieroglyphica* 1, 7) le faucon se disait *baieth*.

78 Sur le nom du faucon déterminé par la silhouette du faucon à flagellum, voir LACAU 1954, 111.

79 Sur le signe de l'enseigne, voir LACAU 1954, 114-117. Concernant l'emploi du signe comme déterminatif des noms de dieux, masculins ou féminins, voir LACAU 1954, 117-122.

80 Sur le flagellum, *nḫ3ḫ3*, qui est destiné à chasser les mauvaises influences et à distinguer un animal allégorique d'un animal réel, voir LACAU 1954, 46, n° 22 et 110-111.

81 En ce qui concerne l'association entre le faucon et le flagellum sur le dos : , il ne faut pas imaginer une transposition dans le domaine du réel. L'objet indique qu'il ne s'agit pas d'un animal ordinaire, mais bien d'un animal que l'on veut distinguer d'un autre car le flagellum est avant tout une marque de royauté avec le sceptre en forme de crochet (*ḥq3.t*). Voir LACAU 1954, 111. L'exemple est identique avec le faucon couché : (image du faucon sacré de Létopolis) : *loc. cit.*

82 Quoique, dès la dynastie « 0 », sur la massue du roi « Scorpion » et la palette de Narmer, des enseignes surmontées de faucons, liées à la dynastie hiéraconpolite, précèdent le cortège royal. Sur ces enseignes, voir MENU 1996.

les exemples : 𓊹𓊹𓊹𓊹𓏥[83] ou 𓊹𓀭𓏥[84], 𓊹𓁐𓏥[85] — quoique l'un des deux dieux vénérés dans le temple — Haroëris — fût bel et bien un Falconidé céleste[86].

2.1.7. Sur cette base, il est raisonnable de penser que le faucon, en des temps pré- et proto-dynastiques, était devenu, en quelque sorte, le paradigme du dieu, qui s'est imposé au masculin comme au féminin dans les noms de divinités, avant que la différenciation des sexes eût été rendue respectivement par un faucon et un cobra. Le fait qu'Horus, Falconidé divin, ait été promu comme dieu dynastique, sous la première dynastie thinite, le fait que l'Égypte, autant dans les deux parties du pays, ait vénéré de nombreuses divinités falconidées[87], a pu favoriser l'identification du faucon comme paradigme divin pour des raisons que l'on exposera ultérieurement (cf. *infra*, § 2.3.4).

2.1.8. Adorer le netjer, adorer le faucon divin

Le NETJER est considéré comme objet d'adoration dans l'expression si caractéristique 𓊹𓇼𓀢 *dw3 nṯr*, « adorer le NETJER » se composant ordinairement du signe 𓊹 *nṯr*, du verbe « adorer » 𓇼𓀢 (le signe de l'étoile *dw3*[88] associé au déterminatif de l'homme adorant) en vis-à-vis[89] ou non[90] du signe qui représente le NETJER. Dans les textes tardifs d'Edfou et de Dendara, où les faucons divins sont à l'honneur et font l'objet, dans le cas d'Edfou, d'un soin et d'un culte (cf. *infra*, § 2.3.1.), le signe 𓊹 peut être remplacé par son allogramme : le faucon. L'animal, posé ou non sur une enseigne (𓅆𓇼𓀢[91] ou 𓅆𓇼𓀢[92] ou 𓅆𓀢[93]), induit un face-à-face entre l'homme vénérant et le faucon vénérable. Ainsi, le faucon, dans cette micro mise en scène hiéroglyphique parfaitement équilibrée, — laquelle pourrait avoir théoriquement son pendant féminin avec le cobra :

83 GUTBUB 1995, 252 ult.

84 GUTBUB 1995, 265 ult.

85 GUTBUB 1995, 274, 14.

86 Un passage en revue systématique de GUTBUB 1995, n'a permis de déceler aucune trace d'un *nṯr* écrit à l'aide d'une silhouette de faucon.

87 Voir aussi Élien, *De Nat. Animal.* 12, 4.

88 On notera que le signe de l'étoile vaut également pour *nṯr* ; cette subtilité enrichit la composition.

89 *Edfou* V, 40 ; 141 ; 166 ; 180 ; VII, 92 ; *Dendara* IX, 22 ; 25 ; 180.

90 *Edfou* IV, 56 ; VII, 157 ; 268 ; 298 ; *Dendara* IX, 219 ; 233.

91 *Dendara* IV, 59, 10 ; *Edfou* I, 372 ; III, 35 ; IV, 210 ; IV, 308 ; V, 277. Voir aussi *Dendara* VIII, 35 et 42.

92 *Dendara* IX, 59 et 63.

93 *Dendara* IV, 308.

* (cf. [94] *dw3 nṯr.t tn* « adorer cette NETJERET ») —, représente bien l'allégorie de l'objet divin adoré, ce qui ne va pas sans une certaine identification du concept NETJER avec les qualités attachées au Falconidé (ou à l'Élapidé, selon le cas), ce qui n'est pas le cas du signe , objet archaïque dont la signification exacte s'était sans doute estompée ou même perdue. On voit que le truchement de la silhouette du faucon facilite le rapport à la notion de NETJER, dans la mesure où sa signifiance est devenue plus manifeste que , qui demeure un archaïsme encore très prisé.

2.1.9. Il est difficile de se détacher de l'idée que NETJER est aussi bien exprimé par un objet du passé, substitut (?) de statue archaïque, que par plusieurs silhouettes d'oiseaux au premier rang desquels se trouve le faucon ; mais, quel que soit le cas, dans l'écriture, l'animal jouait plus un rôle allégorique qu'il n'incarnait une réalité, c'est-à-dire sans que le hiéroglyphe  représentant NETJER correspondît à un animal en particulier ; le hiéroglyphe traduit une idéalité de cette notion par le truchement de l'animal sous-jacent à sa représentation, capable de l'animer, que celui-ci soit mort (cf. *infra*, 2.2.1) ou vivant, car  représenterait plutôt l'animal vivant que mort, lequel serait représenté sous la forme hiéroglyphique du faucon emmaillotté : .

2.1.10. Les sarcophages-falconisés ou sarcophages *rishi*

Étant admis que, dans la pensée égyptienne, les morts changent de statut ontologique, quand le processus d'osirification se démocratise, les Égyptiens, suivant le modèle des souverains, passent eux aussi à l'état de NETJER[95]. Cette promotion à l'état d'êtres immatériels induit, à partir de la Seconde Période intermédiaire, une transformation lumineuse manifeste par le truchement d'une allégorie sur le décor des sarcophages anthropoïdes de style *rishi* ; cette apparence de faucon aux plumes multicolores préfigure l'idée que l'on se fait de la lumière solaire représentée sous la forme d'un faucon dans le *Livre de sortir au jour* (cf. *infra*, § 2.2.4)[96] : la silhouette du défunt est enveloppée des plumes de la tête et du manteau[97] du Falconidé[98], qui ramène le mort royal[99] ou l'individu de statut moins élevé à l'idée d'un être de lumière. Un tel décor

94 *Edfou* V, 370.
95 On verra que le mort est appelé *nṯr*, selon des usages très divers.
96 Aufrère, à paraître 2a, § 1.4.8. B.
97 Il s'agit du plumage du dos et des ailes ; cf. Beaufrère 2004, 245-246, *s. v.* « manteau ».
98 Miniaci 2011 ; Miniaci 2007.
99 Voir la statuette du Louvre E 5351 (statuette de Thoutmôsis III en faucon) ; cf. Berman – Letellier 1996, 52-53, n° 10.

atteint son sommet à la XVIIIe dynastie, notamment avec le sarcophage en or de Toutânkhamon[100], aussi bien qu'avec les sarcophages de la IIIe Période intermédiaire, revêtus d'imitations d'un plumage de Falconidé dans le but de renforcer l'analogie entre le défunt et le faucon solaire. (On se souviendra également de la thématique de l'or dont on plaque les momies pour renforcer cette même analogie[101], jusqu'aux premiers siècles de notre ère, qui prouve que de telles croyances sont encore très ancrées chez les traditionnalistes dans toute l'Égypte et les oasis[102] ; cf. *infra*, § 7.2.). Il est également fréquent que le mort, dans les parages de sa tombe, soit représenté sous la forme d'une entité lumineuse telle que le *bꜣ* figuré comme un oiseau à tête humaine présentant des similitudes avec le faucon, même si le nom du *bꜣ* est écrit à l'aide de la silhouette d'un membre de la famille des Ciconiidae, le jabiru d'Afrique (*Ephippiorhynchus senegalensis*, SHAW 1800)[103] : 𓅡 (G 29-30), un grand échassier au corps noir et blanc et au bec rouge orangé, rayé d'une bande noire, et une tache jaune à la partie supérieure, sous réserve que l'espèce suggérée par le signe-mot 𓅡 eût un rapport analogique avec le concept désigné. L'idée d'un partage de traits similaires entre les sarcophages *rishi* et les représentations de *bꜣ*, est possible.

2.1.11. Le roi et le faucon

Il n'est pas utile, car cela nous entraînerait trop loin, de développer les liens que le souverain entretient avec le faucon, qui sont d'une grande banalité, et que l'on voit apparaître dans le nom d'Horus, mais aussi dans les pronoms suffixes de la première personne du singulier quand le locuteur est le roi, ou dans certains titres royaux comme *ḥm*, « Majesté ». C'est le roi en tant qu'Horus qui s'exprime, avec les qualités inhérentes à ce dieu et au faucon. Dans sa titulature, le roi est un Horus ou un Horus d'Or[104].

[100] DESROCHES-NOBLECOURT 1963, pl. XXXV (canope), pl. LV-LVI (sarcophage). Voir aussi p. 111 (le sarcophage de la cachette n° 55 de la Vallée des Rois).
[101] Parfois, il s'agit simplement de pastilles dorées ; cf. MACKE – MACKE-RIBET 1993.
[102] AUFRÈRE 1991, II, 377-381.
[103] HOOLIHAN 1983, 23-25.
[104] Sur la naissance de ce concept à l'Ancien Empire, on renverra à la thèse inédite de BORREGO GALLARDO 2010.

2.2. Autres images des NETJEROU

2.2.1. Le faucon chez Chairémon d'après Porphyre

La documentation, quand bien même tardive et écrite dans une autre langue que l'égyptien, n'en apporte pas moins des détails surprenants, qui permettent de juger peu ou prou du passé en raison de la permanence des traditions. Un texte de Porphyre de Tyr (234-305) qui écrit un passage dans lequel on devine la main de Chairémon (*fl.* 38-95)[105] (ce qui lui confère une autorité indiscutable sur le plan des connaissances sacerdotales)[106], explique pourquoi les Égyptiens, partant du principe que les animaux sont dotés d'âmes (ψυχή), représentent « Dieu » sous l'aspect de bêtes sauvages ou d'oiseaux, aussi bien que sous celui de l'homme, et que les formes hybrides ou composites que revêtent les dieux sont dues à ce que ceux-ci ont intentionnellement décidé d'une société entre les hommes et les animaux en sorte que les premiers adorent la puissance du dieu sous la forme des seconds. Cette information de Chairémon-Porphyre est juste car les animaux sacrés sont nommés  ou  *b3.w-nṯr.w*[107], « les âmes des dieux », de même que les étoiles et les constellations[108]. Cette vision diverge de celle de Philon d'Alexandrie (20 av. J.-C-45 apr. J.-C.), qui laisse entendre que les Égyptiens considèrent les animaux à l'instar de dieux[109] : « *En hommes très religieux ils ont voué au nom de Dieu le plus grand respect ; ils jugent les ibis, les vipères de leur pays et beaucoup d'autres bêtes, dignes de le porter* ». Dans la polémique qui fait rage entre Égyptiens (comprendre Égypto-Grecs) et Juifs d'Alexandrie du temps de Caligula et de Claude (38-41), il y a dans ces mots, on l'a vu, une ironie mordante[110], voire une subversion de la pensée égyptienne de la part de Philon. En vérité, les Égyptiens ne pensent pas les animaux sacrés comme des dieux, mais comme leurs hypostases (les arbres sacrés peuvent aussi être des hypostases divines).

[105] Il y a de grandes chances que le contenu du *De Abst.* 4, 9, de Porphyre, soit emprunté à Chairémon, auteur gréco-égyptien, présenté dans le chapitre précédent (4, 8) comme un stoïcien, à l'origine de maintes informations de Porphyre sur le clergé égyptien.

[106] Sur Chairémon, voir Aufrère, à paraître 3. Sur les *b3.w*, comme « manifestations divins », on se référera naturellement à Borghouts 1982.

[107] *Wb* I, 413, 4.

[108] *Wb* I, 414, 3. C'est également, entre autres, le nom que l'on donne aux livres savants ; cf. Schott 1990, n° 120 (p. 68).

[109] Philon, *Legatio ad Caium*, 163.

[110] Cf. *supra*, n. 5.

2.2.2. Laissons à présent parler Chairémon par la voix de Porphyre à propos du faucon[111] :

[1] *« Ceux qui ont excellé par leur sagesse et ont eu le plus de communication avec la divinité, ont découvert que quelques animaux sont plus agréables à certains dieux que les hommes,* **tel le faucon à Hélios,**
[2] *étant d'une* **nature** (φύσις) **faite d'un mélange de sang** (αἷμα) **et de souffle divin** (πνεῦμα),
[3] *prenant aussi l'homme en compassion et pleurant lorsqu'il rencontre un cadavre abandonné : il jette de la terre sur ses yeux, dans la persuasion où il est que* **la lumière solaire y réside** *;*
[4] *et ces mêmes hommes ont aussi remarqué que le* **faucon vivait très longtemps** *;*
[5] *qu'à sa mort,* **il acquérait une force divinatoire,**
[6] *que délivré de son corps, il* **était doté d'une grande capacité intellective,**
[7] *et que, étant très capable de deviner ce qui allait arriver, il animait des images divines et faisait bouger des chapelles*[112] *».*

2.2.3. Le faucon vivant

Cet écrit attribué à Chairémon nécessiterait un développement sur les rapports que pourraient entretenir les croyances égyptiennes et la philosophie stoïcienne au Ier siècle de notre ère, mais on se limitera à ce qui peut être utile à notre propos[113]. Ainsi, dans ce paragraphe, où il distingue le faucon vivant du faucon mort et établit le catalogue de leurs capacités respectives, Chairémon décrit ceux qui ont établi une hiérarchie parmi les animaux sacrés. La phrase : *« Ceux qui ont excellé par leur sagesse et ont eu le plus de communication avec la divinité »*, répond, dans la pensée de l'auteur égypto-grec, à la description des prêtres, vivant auprès des statues de dieux, soumis aux exigences de pureté et que personne ne peut approcher sinon en se soumettant aux mêmes obligations de pureté rituelle que celles auxquelles ils sont eux-mêmes soumis (ne sont pas contraints à ces mêmes obligations les pastophores et les néocores[114], que peut approcher le public[115]). Chairémon, considéré

[111] Porphyre, *De Abst.* 4, 9.
[112] Ἔτι δ᾽ ἐκ περιττῆς σοφίας καὶ τῆς περὶ τὸ θεῖον συντροφίας κατέλαβόν τισι τῶν θεῶν προσφιλῆ τῶν ζῴων τινὰ μᾶλλον ἀνθρώπων, ὡς Ἡλίῳ ἱέρακα, σύμπασαν μὲν τὴν φύσιν ἐξ αἵματος ἔχοντα καὶ πνεύματος, οἰκτείροντα δὲ καὶ ἄνθρωπον καὶ κωκύοντα ἐπὶ νεκρῷ κειμένῳ γῆν τε ἐπαμώμενον εἰς τοὺς ὀφθαλμούς, ἐν οἷς τὸ ἡλιακὸν κατοικεῖν πεπιστεύκασι φῶς, καὶ ζῆν μὲν ἐπὶ πλείονα ἔτη κατειληφότες, μετὰ δὲ τὸν βίον ἰσχὺν ἔχειν μαντικὴν καὶ εἶναι λογικώτατον ἀπολυθέντα τοῦ σώματος καὶ προγνωστικώτατον, τελεῖν τε ἀγάλματα καὶ ναοὺς κινεῖν.
[113] J'en ai dit quelques mots dans Aufrère, à paraître 3, § 7.4.2.
[114] Porphyre, *De Abst.* 4, 6.
[115] Seuls les pastophores peuvent prendre un état laïc d'après l'article 83 du Gnomon de l'idiologue (150-180 ap.J.-C.). Ils ne peuvent participer à une procession ou devenir prêtres d'après l'article 94. Cf. Reinach 1920.

comme hiérogrammate par la tradition[116], attribue donc aux sages (comprendre ceux des prêtres les plus distingués), la possibilité d'approcher la divinité et de vivre en contact avec les animaux sacrés. Il ne s'agit pas de n'importe quel contact, mais des soins qui concernent ceux-ci, entretien et nourrissage. D'autres formes de contacts n'étaient pas souhaitables. En effet, être concerné directement par l'embaumement des animaux sacrés, empêchait d'effectuer des tâches impliquant un état de pureté[117]. L'article 93 du Gnomon de l'idiologue[118], que l'on date des années 150-180, mais dont les règles édictées sont valables pour la période antérieure, précise qu'*« il est interdit aux embaumeurs d'animaux sacrés de devenir prophètes, de porter une chapelle dans une procession, ou de nourrir des animaux sacrés »*[119]. Cette phrase permet donc de décrire en creux les prophètes qui, eux, peuvent s'en occuper. Il existe ainsi pour le moins dans cette hiérarchie un écart entre les prophètes, en relation avec le faucon vivant (émanation du dieu), et nourrissant les faucons dans leur enclos, et ceux qui les embaument, apparemment frappés d'une impureté spécifique incompatible avec le fait de prétendre aux fonctions des premiers, ce qui n'empêche que les embaumeurs soient suffisamment purs pour briguer une charge sacerdotale[120]. Cela dit, on voit que le faucon vivant, parce qu'il est aérien, solaire, est au sommet de la hiérarchie des animaux aimés des dieux. On observera en outre que le faucon est analysé en termes stoïciens comme le montrent l'emploi des termes φύσις, que les Latins traduisent par *natura*, et πνεῦμα, le souffle naturel, à l'origine de la vie, *« concept central de la physique matérialiste stoïcienne »* et *« véhicule de Dieu, le principe créateur, la Raison* (logos) *»*[121]. La φύσις (*natura*) du faucon vivant correspond à un mélange de sang et de

[116] Voir *supra*, n. 105.

[117] On se souviendra pourtant que Hor, qui s'occupait de l'embaumement des ibis à Saqqâra-Nord, à une période qui correspond à l'adolescence de Ptolémée Philométor et de Ptolémée Évergète II, exerçait la fonction de pastophore ; cf. Ray 1976, 2. Or les pastophores ne sont pas prêtres d'après le Gnomon de l'Idiologue (article 82) ; cf. Reinach 1920, 130.

[118] Voir *BGU* V 1210 et pOxy. XLII 3014, Modrzejeswki 1977, 520-557, qui reproduit la traduction de Th. Reinach (accessible dans http://droitromain.upmf-grenoble.fr/Francogallica/Idiologi_fran.htm), laquelle est commentée dans Th. Reinach 1920 ; Carcopino 1922. Sur l'Égypte, voir Reinach 1922. Ces embaumeurs d'animaux sacrés sont appelés les *ḥrj.w-sštꜣ*, ainsi que les nomme Djedher-le-Sauveur (biographie, ligne 20) (cf. Jelinková-Reymond 1956, 99).

[119] Reinach 1920, 131.

[120] *Loc. cit.*

[121] Sur cette théorie du souffle, voir l'intéressante présentation de Tieleman 2013, 10-15. Celui-ci ajoute (p. 14-15) : *« Selon Praxagore, comme plus tard les Stoïciens, le* pneuma *était le véhicule des fonctions psychiques et se nourrit du souffle ainsi que des vapeurs cardiaques. Praxagore aussi a-t-il regardé le cœur comme l'organe principal et directif. En outre, il semble avoir*

souffle divin, dont découlent des qualités intellectives, idée que renforce la valeur trilittère que l'on donne au faucon : *sj3*, utilisée pour le dieu qui préside à l'intellection divine, Sia[122]. La durée de vie de l'animal est confirmée par l'observation puisqu'en captivité un animal vit 25 ans contre 13 années en liberté. On retrouvera à d'autres points de cette citation, que l'on expliquera au fur et à mesure, notamment la consécration du faucon à Hélios (cf. *infra*, § 2.2.9), la compassion du faucon pour les défunts (cf. *infra*, § 2.3.2) — qui trouve un écho chez Plutarque.

2.2.4. Le faucon mort/vivant

Les faucons morts (cf. *supra*, § 2.2.2, [5]) renvoient, en égyptien de tradition, à la notion notée par le terme  ou  *ʿḫm*. Mais ce terme a eu trois acceptions différentes. (I) À l'origine, représenté sous la forme d'un faucon accroupi, il finit par désigner l'« image divine », l'« image de culte »[123] –, en ronde bosse ou en bas-relief ; (II) puis le mot désigne le « corps du dieu », différent du *ba* ; (III) le « faucon » (cf. copte ⲁϩⲱⲙ, ⲁϧⲱⲙ[124]), qu'il soit un animal véritable (cf. le verbe *ʿḫm* « voler »[125]) ou une désignation des dieux (cf. le démotique[126]). Paradoxalement, aux Textes des Pyramides (1378c), il est dit :  « *Le roi Untel est descendu en tant que* ba, *attrapé au filet en tant que* ba, *(qui est) son aspect* »[127]. Dans le terme *ʿḫm*, on distingue un rapport entre l'image divine et le faucon juché sur une enseigne ou le faucon mort (cf. *supra*, § 2.1.3), mais il est vraisemblable que le faucon vivant serait plutôt rendu par *bjk*. Dans les textes funéraires démotiques, la désignation *p3-ʿḫ(m)* peut être donnée à un défunt ; cf. *Wsjr p3-ʿḫm NN*[128], qui signifie que ce dernier serait bien comparé à un faucon, c'est-à-dire à un être qui, changeant de statut ontologique, se déplacerait dans l'espace aérien et participerait du souffle divin (cf. *supra*, § 2.2.3).

contribué à la conception stoïcienne de la tension ». Sur la « tension » (τόνος), voir Laurand 2002, 58-60.

122 Voir Daumas 1985-1995, II, 297, n° 93 ; 299, n° 137. Le dieu Sia représente l'intellection ou, comme le dit Vandier (1949, 90), « la puissance du savoir ».

123 *Wb* I, 225, 15-17 et 226, 1-5.

124 Crum 1939 (2000), 25a. Fréquent comme nom personnel.

125 *Wb* I, 226, 6.

126 Erichsen 1954, 70.

127 Sur cette graphie de *b3*, voir Lacau 1954, 95.

128 Erichsen 1954, 70.

2.2.5. Pakhôme, « le faucon, l'aigle »

Il faut ajouter que, dans l'onomastique grecque, ce serait à la notion de faucon vivant que l'on fait allusion, notamment dans Π|αχῶμ (gén. Π|αχύμιος)[129] ou π|αχώμιος (gén. Π|αχύμιος), π|αχῶμις (gén. Π|αχύμιος)[130], voire dans des noms composés tels que Π|αχομ|βῆκις[131] ou Π|αχομ|βᾶκις[132] « Pakhôme-faucon », ou encore π|αχωμ|χῆμις[133], « Pakhôme d'Égypte », voire π|αχομ|πε|τε|νεφώτης et παχομ|πα|τε|νεφώτης[134] « Pakhôme-don-de-Nefôtès » ou encore παχομ|πε|τ|ῆσις[135] « Pakhôme-don-d'Isis ». Mais le nom copte Pakhôme (**ⲡ|ⲁϩⲱⲙ, ⲡ|ⲁϩⲱⲙⲉ, ⲡ|ⲁϧⲱⲙ, ⲡ|ⲁϧⲱⲙⲓ**)[136], survivance de cette tradition, renvoie plutôt à l'aigle qu'au faucon car les deux animaux ont une affinité de nature.

2.2.6. Les *netjerou* et leur corselet de plumes de Falconidé

Dans le domaine allégorique de la représentation des dieux, l'affinité avec l'espèce des Falconidés, est subtilement suggérée quand les dieux sont iconographiquement peints sous leur aspect anthropomorphe. Les NETJEROU mâles sont fréquemment parés de ce que l'on qualifie de « corselet » de plumes de faucon. Ce pseudo-vêtement, qui habille des dieux horiens ou solaires, est destiné à établir allégoriquement leur rapport au monde aérien (C'est également le cas pour les rois[137]). En complément de Chairémon[138], qui rappelle que la ψυχή (traduction du *ba*) n'est pas le propre de l'homme, mais qu'elle est présente chez tous les animaux, l'artiste signifie qu'en dépit de leur anthropomorphisme possible, la nature profonde des dieux est discernable, qui est liée à l'apparence d'un être ayant la capacité de se déplacer aisément dans l'air et la lumière et de s'y confondre.

129 Preisigke 1922, 297.

130 *Loc. cit.*

131 Crum 1939 (2000), 25a ; Foraboschi 1971, 243a.

132 Foraboschi 1971, 243a. On trouvera (Foraboschi 1971, 243a-b) une grande diversité de noms composés, qui prouve son caractère populaire.

133 Preisigke 1922, 297.

134 Foraboschi 1971, 243a.

135 Foraboschi 1971, 243a.

136 Crum 1939 (2000), 25a ; Heuser 1929, 17 (compris comme l'aigle [der Adler]) ; Brunsch 1984, 136 ; Hasitzka 2004, 66.

137 Voir le corselet de plumes de Toutânkhamon.

138 Porphyre, *De Abst.* 4, 9.

2.2.7. Le Falconidé solaire dans la création apollinopolite

Dans la polyphonie apollinopolite, où le Falconidé divin est considéré comme l'hôte divin de référence, le mythe fait intervenir, dans le champ de la création, un faucon fantastique aux ailes de minéraux précieux prenant possession des étangs primordiaux et y établissant son domaine[139]. Cette vision reproduit un instant privilégié qui, depuis l'aube des temps primordiaux, s'est gravé dans la mémoire des hommes, rappelant que l'animal est un maître de l'espace qu'il est capable de parcourir en un clin d'œil[140] au point qu'on verra se développer dans les textes d'Edfou une métaphore selon quoi l'Égypte, placée sous le regard du faucon divin, finit par devenir l'équivalent de ce même regard[141].

2.2.8. Le faucon du *Livre de sortir au jour*

L'image du faucon créateur planant au-dessus d'un champ de roseaux était préfigurée dans le *Livre de sortir au jour* (Livre des Morts) où le soleil apparaît sous la forme allégorique d'un faucon. Dans les chapitres relatifs à la transformation, la métamorphose du mort en faucon est un souhait revêtant plusieurs formes : le faucon d'or, le faucon divin[142], voire le faucon de mille coudées[143], sans oublier le mort que l'on vénère comme faucon émergeant du Noun[144]. Des ailes de feldspath vert[145] ou des dimensions d'anthologie soulignent que le plumage des Falconidés est rapporté à des couleurs de minéraux précieux sans autre correspondance avec l'air et la lumière que poétique en jouant naturellement avec la couleurs du plumage et de la madrure du faucon (cf. *infra*, § 2.2.9). À cette allégorie pérenne du faucon prenant son envol vers l'empyrée, les gens du pays n'ont pas facilement renoncé ; sans doute voyaient-ils dans les Falconidés plus qu'une simple allégorie pour désigner l'être solaire se déplaçant d'un horizon à l'autre, le dieu par excellence, lié à la lumière comme cela est le cas pour le grec *Zeus* et le latin *deus* (cf. *supra*, **§ 0.5**).

139 Goyon 1985, I, 3 et doc. C, § III (p. 30-33) et B, § III (p. 21-22).
140 Gardiner 1944.
141 Voir aussi Aufrère, à paraître 2b, § 2.1.
142 LdM formules 77 et 78. Ce faucon est visible dans la vignette ; cf. Barguet 1967, 145. Sur le contexte, voir Aufrère 2006a, 23-34.
143 LdM formule 110.
144 LdM formule 71.
145 Aufrère 1991, II, 545.

2.2.9. Le faucon madré solaire

Ce Falconidé solaire est bien identifié d'après Chairémon (cf. *supra*, § 2.2.2 [1])[146], qui rappelle que « ... *quelques animaux sont plus agréables à certains dieux que les hommes,* **tel le faucon à Hélios** », Hélios qui n'est autre que Rê, Rê-Horakhty des Égyptiens, ou Amon-Rê, grand rival d'Aton, car on notera au passage que la notion de Falconidé solaire a disparu de l'iconographie atonienne, laquelle a, pendant un temps, rompu avec la polyphonie naturaliste et a débouché sur un monde plus terne et dépourvu d'amour divin[147] ; cependant, s'il y a une grande différence entre le globe solaire (Aton) et la métaphore du grand faucon aux ailes de feldspath vert qui matérialise cet être qui s'envole, le globe est pourtant comparé au « *Vivant, Rê-Horakhty qui jubile dans l'horizon en son nom de Chou qui est à l'intérieur d'Aton* », ce qui signifie que la période amarnienne n'échappe pas à cette image du faucon dès lors qu'on évoque le principe de la lumière solaire[148] ; il est une subtile métaphore de l'être aérien et lumineux. Mais on n'en assiste pas moins, au cours du règne d'Akhenaton, à la défalconisation iconographique du soleil, d'ordinaire présenté, avant et après son règne, comme un globe aux ailes de faucon et qualifié de *s3b šw.t* « moucheté » ou « madré »[149], épithète se rapportant essentiellement au parement[150] de l'oiseau. Le disque solaire à une aile (,) ou aux ailes ()[151] de Falconidé sert à rendre plusieurs valeurs en lien avec les notions d'émergence (*pr*), de disque solaire volant (*ʿpj*), de poindre (*wbn*) et celle de Béhédite (*bḥd.tj*) sans compter qu'il représente également Rê en personne (*Rʿ*)[152].

2.3. Les faucons sacrés

2.3.1. L'entretien des faucons sacrés

Ayant parlé plusieurs fois d'enseigne dans le hiéroglyphe (G 7), on ne sous-entend pas pour autant l'idée de « perchoir » et, par suite, de faucon apprivoisé comme cela a pu être avancé[153] ; mais certains sanctuaires de l'Époque

[146] *Apud* Porphyre, *De Abst.* 4, 9.
[147] Voir, dans ce volume, la communication de Christian Cannuyer.
[148] Aufrère 1998, 36.
[149] Beaufrère 2004, 242, *s. v.* « madrure ».
[150] Beaufrère 2004, 278, s. v. « parement ».
[151] Ce choix n'a pas de prétention à l'exhaustivité.
[152] Daumas 1988-1995, III, p. 444-445.
[153] Lacau – Lauer 1965, pl. 31 : un signe *neter* avec une base élargie. Voir aussi pl. 36 : faucon posé sur le signe *neter*. Voir aussi p. 87, et n. 2 (perchoir à faucon, idée de Loret).

tardive possédaient bien des enclos à faucons, notamment là où l'on vénérait des Falconidés vivants, à Philae[154], à Athribis du Delta[155], et à Edfou notamment, lieu où il est question de l'« animal sacré » (*ʿw.t nṯr.t*) d'Horus, – faucon élu –, déterminé par un faucon flagellifère :  *ʿw.t* (*nṯr.t*)[156], dont les autres membres de l'espèce étaient entretenus par des prêtres spécialisés. Élien (211-235)[157] y évoque les prêtres d'Apollon (i.e. Horus par *interpretatio*), nourrissant et soignant les faucons — il parle de ἱερακοβόσκοι, « nourrisseurs de faucons » —, suggérant une fauconnerie sacrée[158]. Comme on l'a vu (cf. *supra*, § 2.2.3), la relation avec les membres vivants de l'espèce, leur nourrissage, est le fait de prêtres d'un grade élevé dans la hiérarchie sacerdotale, notamment les « prophètes » qui méritaient bien, dans ces conditions, le titre égyptien de « serviteur du dieu » (cf. *supra*, § 1.1). Dès lors, on comprend mieux pourquoi la silhouette de *Falco peregrinus pelegrinoides*, TEMMINCK 1829, par laquelle il faut entendre, non pas le faucon en tant que tel, mais un faucon (ἱεράξ) particulièrement distingué (ἱερός), et donc attaché à un lieu divin, a fini par devenir connaturelle à la notion de « dieu ». Naguère, dans son *Dictionnaire étymologique de la langue grecque*, CHANTRAINE formulait l'hypothèse que « ἱέραξ peut être dû en partie à l'influence de ἱερός »[159], ce qui

[154] Strabon, *Geogr.* 17/1, 49 : « *Ici, également, on vénère un oiseau, qu'ils nomment faucon, bien qu'il m'ait semblé n'avoir rien de commun avec les faucons de notre pays ou de l'Égypte, mais à la fois plus grand par la taille et très différent par la moucheture de son plumage. C'était, disaient-ils, un oiseau éthiopien. Chaque fois que le titulaire mourait et même avant sa mort, on faisait venir un autre oiseau d'Éthiopie. De fait, l'oiseau que l'on nous montra à ce moment-là était sur le point de mourir de maladie* » (Trad. P. CHARVET dans YOYOTTE – CHARVET – GOMPERTZ 1997, 183.) La remarque de Strabon est importante, qui concerne l'espèce car il est vrai que les différentes espèces de faucons ont bien des aires de répartition différentes.

[155] JELINKOVÁ-REYMOND 1956, 109-111 et 113-117. C'est le cas de la statue de Djedher-le-Sauveur (lignes 1-11), qui passe pour élever des faucons vivants en étant le « surveillant en chef du Faucon » (*n pꜣ bjk*) et en étant le « scribe des actes du Trésor du Faucon » et « celui qui prend soin des faucons vivants » ; cf. JELINKOVÁ-REYMOND 1956, 4-6. Il gère également le service de la momification (lignes 38-44) ; cf. JELINKOVÁ-REYMOND 1956, 109-110. Et il s'occupe de la gestion de la fauconnerie (lignes 75-81) ; cf JELINKOVÁ-REYMOND 1956, 113-117. En outre, Djedher-le-Sauveur est un spécialiste du traitement magique des envenimés et du soin des morsures de serpents. Il exerce la fonction de Dompteur de Selkis. Il a le statut de prêtre, et l'embaumement des faucons est confié à des spécialistes (cf. *supra*, n. 113).

[156] On trouvera de très nombreuses informations sur les faucons vivants dans ALLIOT 1949-1950, II, 565-607.

[157] Élien, *De Natura Animal.* 7, 9.

[158] Voir LORET 1903. On ne donne pas à celle-ci un sens cynégétique, puisque la chasse au faucon n'émerge qu'au Haut Moyen Âge, dans les steppes d'Asie centrale. La référence fondamentale est l'ouvrage de VAN DEN ABEELE 1990.

[159] CHANTRAINE 1968-1980, 456-457, *s. v.* ἱέραξ.

signifierait qu'il y a un terrain favorable, à l'Époque gréco-romaine, au rapprochement du faucon avec l'idée de « sacré » dans la mesure où, chez les Grecs, on le tenait pour un animal à part. La familiarité des Grecs avec une telle idée les aurait donc incités à considérer cette relation privilégiée, en Égypte, entre l'homme et le rapace.

2.3.2. L'explication naturaliste et le nuage conceptuel

2.3.2.1. *Faucon représentant Dieu chez Plutarque.* – Ayant abordé les domaines du religieux ou de la philosophie avec Chairémon chez Porphyre[160], qui écrit que le faucon est *« d'une nature* (φύσις) *faite d'un mélange de sang* (αἷμα) *et de souffle divin* (πνεύμα) » (cf. *supra*, § 2.2.2, [2]), il faut en venir au domaine naturaliste. La réponse à la question : « dieu *égale-t-il* faucon ? » paraît fournie au moins à trois reprises par Plutarque (36-125).

1) Dans son *De Iside* (vers 120 apr. J.-C.), il écrit ceci : *« Fréquemment aussi* **on représente Dieu** (ὁ θεός) *par un* **faucon**, *car il l'emporte par l'acuité visuelle et la rapidité du vol, et il est prédisposé à se nourrir de peu »*[161] (Γράφουσι δὲ καὶ ἱέρακι **τὸν θεὸν** τοῦτον πολλάκις εὐτονίᾳ γὰρ ὄψεως ὑπερβάλλει καὶ πτήσεως ὀξύτητι καὶ διοικεῖν αὑτὸν ἐλαχίστῃ τροφῇ πέφυκε).

2) Il ne semble pas que, par « Dieu », l'auteur béotien évoque Osiris dont il a parlé précédemment[162], car, expliquant le pentagramme de Saïs[163], qui comprend les hiéroglyphes suivants : — nouveau-né () — vieillard () — faucon () — poisson () — hippopotame (), il donne une explication générale : *« Ainsi le nouveau-né est l'emblème de la naissance, le vieillard celui de la décrépitude ;* **ils expriment Dieu** (ὁ θεός) **par le faucon** *; comme je viens de le dire, l'aversion par un poisson, à cause de la mer ; et l'impudence par un hippopotame, car on dit qu'ayant fait périr son père, il s'accouple à sa mère par la violence »* (Τὸ μὲν γὰρ βρέφος γενέσεως σύμβολον, φθορᾶς δ᾽ ὁ γέρων· **ἱέρακι δὲ τὸν θεὸν φράζουσιν,** ἰχθύι δὲ μῖσος, ὥσπερ εἴρηται, διὰ τὴν θάλατταν, ἵππῳ ποταμίῳ δ᾽ ἀναίδειαν · λέγεται γὰρ ἀποκτείνας τὸν πατέρα τῇ μητρὶ βίᾳ μίγνυσθαι)[164]. Et Plutarque d'ajouter ce propos qui, bien que d'apparence sau-

[160] Porphyre, *De Abst.* 4, 9.

[161] Plutarque, *De Iside et Osiride*, 51. Voir aussi Froidefond 1988, 223.

[162] Plutarque, *De Iside*, 51 : Τὸν δ᾽ Ὄσιριν αὖ πάλιν ὀφθαλμῷ καὶ σκήπτρῳ γράφουσιν, ὧν τὸ μὲν τὴν πρόνοιαν ἐμφαίνειν, τὸ δὲ τὴν δύναμιν ; *« Inversement (à Typhon), ils écrivent Osiris à l'aide d'un œil et d'un sceptre, qui sont respectivement la* **prévoyance** *et le* **pouvoir** *»*.

[163] Plutarque, *De Iside*, 33.

[164] On peut aussi comprendre cette phrase de la façon suivante : *« Qu'il soit jeune ou vieux, l'interdit du dieu (= faucon) est l'hippopotame »*. Il renvoie à la lutte mythique entre le faucon et l'hippopotame dans le Mythe d'Horus à Edfou.

grenue, entre en résonnance avec ceux tenus par d'autres auteurs : – « *On dit aussi que survolant les cadavres (laissés) sans sépulture, il leur répand de la terre sur les yeux* » (Λέγεται δὲ καὶ νεκρῶν ἀτάφων ὄμμασι γῆν ὑπερπετόμενος ἐπιβάλλειν). En effet, cette idée serait soit préfigurée par Chairémon (reproduite par Porphyre cf. *supra*, § 2.2.2, [3]), soit reformulée par l'auteur béotien à partir de celle de Chairémon, à ceci près que ce dernier explique que le faucon jette de la terre sur les yeux des morts car ils sont le siège de la lumière solaire avec laquelle l'animal entretient une affinité (Élien, sans rapporter l'idée à l'Égypte, prétend que lorsqu'il rencontre le cadavre d'un individu qui n'a pas été inhumé, il accumule toujours de la terre au-dessus de lui[165]). Les avis sont partagés sur l'égyptianité de cette croyance. Toutefois, la compassion qu'éprouve le faucon – expression de Dieu – pour l'homme ainsi que ses larmes pourraient rappeller la légende étiologique de la création de l'Humanité selon laquelle le soleil aurait suscité les hommes (*rmṯ*) de ses propres larmes (*rmj*)[166]. L'idée est bien que le faucon (solaire) prend soin des morts, qui peuvent présenter avec lui des affinités en ayant changé de statut ontologique[167]. Puis Plutarque ajoute ce fait curieux difficilement explicable de façon rationnelle : « *Enfin, lorsqu'il s'abat sur le fleuve pour boire, il tient droite son aile et ne la replie que quand il a fini : on voit par là qu'il est sauvé et qu'il a échappé au crocodile ; s'il se fait prendre, son aile reste comme elle était, toute droite* »[168] (La seconde proposition peut s'expliquer par l'allure de certains hiéroglyphes représentant des Falconidés : , , ).

3) En dernier lieu, Plutarque rappelle également, au moment où il décrit Typhon sous la forme d'un hippopotame, qu'« *au faucon appartient le pouvoir et le commandement* » (τῷ δ' ἱέρακι δύναμιν καὶ ἀρχήν)[169]. Il est clair que l'auteur béotien, qui dit, à propos du nom d'Osiris, qu'« *inversement (à Typhon), ils écrivent Osiris à l'aide d'un œil et d'un sceptre* » (écriture d'Époque

[165] Élien, *De Nat. Animal.*, 2, 42.

[166] Sur le lien entre les pleurs et l'homme, voir Mathieu 1986. Le respect pour la mort n'est peut-être pas la lecture grecque d'un fait égyptien. Sokaris, dieu funéraire de Saqqâra, est un faucon divin emmailloté, et ce dernier veille sur les morts. Plutarque peut aussi renvoyer à l'image d'Isis volant comme un faucon au-dessus du corps d'Osiris.

[167] Il renverrait ici aux rites grecs, d'après Porphyre (*De Abst.* 4, 9 ; cf. Élien, *De natura Animal.* 2, 42).

[168] Λέγεται δὲ καὶ νεκρῶν ἀτάφων ὄμμασι γῆν ὑπερπετόμενος ἐπιβάλλειν· ὅταν δὲ πιόμενος ἐπὶ τὸν ποταμὸν καταίρῃ, τὸ πτερὸν ἵστησιν ὀρθόν· πιὼν δὲ κλίνει τοῦτο πάλιν · ᾧ δῆλός ἐστι σεσωσμένος καὶ διαπεφευγὼς τὸν κροκόδειλον· ἂν γὰρ ἁρπασθῇ, μένει τὸ πτερὸν ὥσπερ ἔστη πεπηγός. Et aussi, si l'on renvoie à la seconde partie de la citation de Plutarque, au respect pour la mort, qui n'est probablement que la lecture grecque d'un fait égyptien. Sokaris, dieu funéraire de Saqqâra, est un faucon divin emmailloté, et ce dernier veille sur les morts.

[169] Plutarque, *De Iside*, 50.

ptolémaïque : )[170], « *qui sont respectivement la* **prévoyance** *et le* **pouvoir** » (Τὸν δ' Ὄσιριν αὖ πάλιν ὀφθαλμῷ καὶ σκήπτρῳ γράφουσιν, ὧν τὸ μὲν τὴν πρόνοιαν ἐμφαίνειν, τὸ δὲ τὴν δύναμιν). Une telle spéculation qui, correspond à une graphie réelle, pourrait bien être celle des hiérogrammates du Ier siècle, férus de jeux de mots en tous genres –, décrit dans le faucon le portrait potentiel de tous les dieux, en associant l'animal à un nuage conceptuel.

2.3.2.2. *Le faucon représentant Dieu chez Horapollon.* – Cette idée : « faucon *égale* dieu » a survécu jusque dans la seconde moitié du Ve siècle de notre ère chez Horapollon[171], que reflète cette citation : « *Lorsqu'ils veulent figurer un dieu, la hauteur, l'abaissement, la supériorité, le sang, ou la victoire, [ou Arès ou Aphrodite], ils peignent un faucon* ». On remarquera que Arès et Aphrodite égyptiens ne sont autres qu'Horus et Hathor, representés l'un et l'autre comme des faucons. Alors que Plutarque propose une spéculation extraite d'éléments dont il est raisonnable de penser qu'ils sont reformulés à partir de ceux de Chairémon, on peut induire, dans les termes d'Horapollon, la présence de la pensée de Chairémon. Horapollon lui a emprunté des mots-clés ou alors puise à la même source que lui, mais la première option semble plus raisonnable et il faut donc privilégier le fait que la source selon laquelle l'Égyptien représente *souvent* le NETJER par un faucon, est très probablement chairémonienne, laquelle est très bien informée sur le plan sacerdotal, ce qui n'exclut pas d'autres oiseaux, puisqu'on a précédemment montré (cf. *supra*, § 2.1.4 bis) que le faucon était systématiquement considéré comme le premier d'entre eux.

2.3.2.3. *Tableau comparatif.* — Si l'on tente de regrouper sur un tableau où l'on distingue le faucon vivant du faucon mort, on obtient, d'après les données de Chairémon, de Plutarque et d'Horapollon, le nuage conceptuel suivant[172] :

[170] *Wb* I, 359.

[171] Horapollon, *Hieroglyphica* I, 6.

[172] Le nuage conceptuel fonctionne très bien pour établir les qualités prêtées aux animaux sacrés des Égyptiens ; cf. AUFRÈRE 2011. On pourrait ajouter d'autres éléments au nuage, en partant des valeurs qui sont attribuées à différents signes hiéroglyphiques qui empruntent la forme du faucon, qu'il soit debout ou couché, vivant ou momifié, accompagnés ou non d'autres signes. Voir DAUMAS 1988-1995, II, 297-311. Mais cela nous entraînerait trop loin.

Faucon vivant		**Faucon mort**	
« Dieu » (§ 2.2.2 ; 2.2.9 ; 2.3.2.2)	Chairémon, Plutarque, Horapollon	*Force divinatoire* (§ 2.2.2, [5])	Chairémon
aimé d'Hélios (§ 2.2.2, [1] ; 2.2.9)	Chairémon	*Capacité intellective* (§ 2.2.2, [6] ; 2.2.3)	Chairémon
Nature (φύσις) = mélange de sang (αἷμα) et de souffle divin (πνεύμα) (§ 2.2.2, [2])	Chairémon	*Divination* (§ 2.2.2, [7])	Chairémon
Compassion pour les défunts (§ 2.2.2, [3])	Chairémon, Plutarque	*Animation des images divines et des chapelles* (§ 2.2.2, [7])	Chairémon
Acuité visuelle (§ 2.3.2.1)	Plutarque		
Rapidité du vol (§ 2.3.2.1)	Plutarque		
Frugalité (§ 2.3.5)	Plutarque		
Longévité (§ 2.2.2, [4])	Chairémon		
Pouvoir et commandement (§ 2.3.2.1)	Plutarque		
Hauteur (§ 2.3.2.2)	Horapollon		
Supériorité (§ 2.3.2.2)	Horapollon		
Victoire (§ 2.3.2.2)	Horapollon		
Abaissement (§ 2.3.2.2)	Horapollon		
Sang (§ 2.3.2.2)	Horapollon		
Arès et Aphrodite (§ 2.3.2.2)	Horapollon		

2.3.3. *Remarque*. – Compte tenu de ce qui vient d'être dit, le lien étroit entre le faucon et la divinité peut aussi expliquer pourquoi Hérodote[173] prétendait que toute personne tuant un faucon ou un ibis, volontairement ou non, ne pouvait échapper à la mort. Cette pratique donne de la force à l'idée présentée par Chairémon. Selon l'auteur d'Halicarnasse[174], les faucons étaient enterrés à Bouto, localités où les âmes de Bouto (ou âmes de Pê, dans le Delta)[175] sont représentées comme des êtres anthropomorphes à têtes de faucons, dans une gestuelle particulière[176]. Diodore[177], quant à lui, rappelle que lorsque les Égyp-

[173] Hérodote, II, 65, 5.

[174] Hérodote, II, 67, 2.

[175] Les momies de faucon d'Akhmîm sont dans des coffres aux faces trapézoïdales qui comprennent sur leurs flancs des génies de Pê et de Nekhen ; cf. Aufrère 1987, 23-24, n° 4 et pl. V ; Daressy – Gaillard 1905, 141-147.

[176] Ils sont représentés un genou en terre, levant un bras le poing serré, et l'autre serré sur la poitrine (geste *hnw*). Ils s'opposent aux Âmes de Nekhen, figurés identiquement, mais avec des têtes de chiens. Il s'agit des anciens souverains du Nord et du Sud, les uns et les autres étant des émanations d'Horus. Voir Vandier 1944.

[177] Diodore, I, 84, 3.,

tiens étaient à l'étranger ils rachetaient principalement chats et faucons et les ramenaient en Égypte, mais sans l'expliciter. Et plus loin dans son texte[178], on apprend que les faucons s'en prennent aux scorpions, aux cérastes et à toutes les bêtes mortelles. En ce qui les concerne, il s'agit là non pas d'une interprétation naturaliste, mais magique car Horus, dieu faucon par excellence, quoique spécifiquement associé aux Vipéridés, ce que confirme le P. ophiologique de Brooklyn[179], était celui qui avait pour charge de lutter contre les crocodiles, les serpents, les scorpions et les animaux dangereux du désert, comme le révèle l'iconographie des cippes d'Horus où le jeune dieu piétine ou empoigne par la queue les animaux dangereux et les subjugue[180].

2.3.4. *Les qualités intrinsèques du faucon et celles qui en découlent du point de vue des croyances :* l'ascension, la violence de l'attaque et la performance de la vue.

2.3.4.1. Pour quelles raisons les Égyptiens choisissent-ils un faucon, attendu que les hiérogrammates, au moins jusqu'au IVe siècle de notre ère, s'accordent sur le fait que ce rapace est une manière commode d'évoquer les caractéristiques du NETJER dont il est question sous le grec θεός de Plutarque et d'Horapollon ?

2.3.4.2. On a vu que, selon Plutarque (cf. *supra*, § 2.3.3), le faucon (ἱεράξ) est une manifestation de POUVOIR (δύναμις) et de COMMANDEMENT (ἀρχή), deux symboles qui découlent des observations relatives à l'espèce. On comprend qu'il est devenu le paradigme du divin puisqu'il incarne, d'un point de vue naturaliste, des qualités inhérentes à toute entité divine, ayant en partage l'air et la lumière. Rapace diurne, chassant au lever et au coucher du soleil, matinal et vespéral, le faucon pèlerin est lié au caractère immatériel de la lumière solaire. Profitant des courants ascendants, il vole à haute altitude où il devient un point minuscule qui se confond avec le rayonnement solaire. Il plane très haut dans l'empyrée à la recherche de proies, ce qui vaut à Horus, faucon divin, d'être « l'Éloigné » par excellence :  puisque le nom du dieu est formé sur la racine  *ḥrj* « être éloigné »[181] ; d'ailleurs, il niche toujours dans des lieux en position dominante.

2.3.4.3. Sa VITESSE est prodigieuse. Fondant sur sa proie et après un processus où il gagne de la hauteur, il atteint entre 320 et 380 km/h en piqué, parfois

178 Diodore, I, 87, 6 ; cf. Strabon I, 17, 40.

179 SAUNERON 1989, § 26, 27, 28, 29, 30, 33. Voir aussi la statue d'Almaza (musée du Caire JdE 69771) ; cf. BORGHOUTS 1978, 92.

180 AUFRÈRE 2013.

181 Son nom, dans les Textes des Sarcophages, est écrit ou .

davantage, domaine où il l'emporte sur les autres espèces. Sa prise est soudaine et violente, ce qui fait de lui un maître des airs prestigieux.

2.3.4.4. Le BUFFETAGE – on donne ce nom à la percussion se produisant entre les ongles[182] et la clef (ongle du talon)[183] de la main[184] du faucon tendue en avant et son objectif, lorsqu'il vole en piqué, est si violent que la proie peut être littéralement sectionnée en deux[185]. Dans le ciel d'Égypte où cette observation devait être commune puisque la Vallée du Nil est un couloir de migration, cette façon de tuer était si spectaculaire que les Égyptiens avaient doté l'assaillant de capacités spécifiques. Sa supériorité en termes de vitesse explique ainsi la notion de ***pouvoir*** (δύναμις) et son comportement à la chasse celle de ***commandement*** (ἀρχή).

2.3.4.5. Les performances de sa VUE sont proverbiales. Équipé d'une double fovéa (il possède des possibilités microscopiques en vision de près et télescopiques en vision de loin), il est en mesure de percevoir un pigeon volant à six kilomètres de distance. On comprend dès lors pourquoi des caractéristiques morphologiques empruntées au faucon se rapportent à la notion de vue, comme dans le verbe « voir » (*mꜣꜣ*), écrit avec l'œil, la moustache et la calotte du faucon :  mais sans le bec, pour isoler la notion[186].

2.3.5. *Le cœur et le* NETJER. – Pour les habitants de la basse vallée du Nil, le faucon est un référent allégorique de NETJER, d'autant que l'Égypte compte de nombreux dieux falconidés en Haute et en Basse Égypte, ainsi qu'en Nubie[187].

2.3.5.1. Reprenant ce qu'on a vu plus haut, il faut comprendre que, pour les habitants de la basse vallée du Nil, le faucon correspondait non à la notion de dieu, mais au référent symbolique sur lequel se construisait une telle notion et donc ce qui sert à l'illustrer, notamment au moyen des idées qui lui sont attachées : im-

[182] BEAUFRÈRE 2004, 271, s. v. « ongle ».
[183] BEAUFRÈRE 2004, 88, s. v. « Clefs ».
[184] BEAUFRÈRE 2004, 243, *s. v.* « Main ». On parle en revanche du pied de l'autour et de l'épervier ou de la griffe de l'aigle.
[185] MONNERET 1973.
[186] Encore qu'il y ait une grande probabilité qu'on puisse aussi parler de  comme d'une réinterprétation d'un groupe de signes tels que  doté de la valeur phonétique *jmꜣẖ*, ce qui n'empêche pas, naturellement, l'œil reconnaissable comme celui de *Falco peregrinus*, de témoigner du rapport très particulier à la vue perçante de ce dernier.
[187] LEITZ 2003 (éd.), IV, 231-298.

matérialité, invisibilité, éloignement[188] et distance, domination, légèreté (ajoutons que la forme[189], c'est-à-dire le faucon femelle, ne pèse pas plus de 2 kg), esprit, et caractère aérien, rapidité, vue perçante, large champ visuel, performance de près et de loin, ubiquité ou omniprésence, et enfin frugalité, sans oublier qu'il n'est pas sans lien avec l'image du temps suspendu, le temps solaire annuel[190].

2.3.5.2. Dans une invocation au défunt du ms. Golenischeff 514-8 et 520, une graphie cryptographique du nom du NETJER, sous la forme du hiéroglyphe du cœur 𓄣, l'associe au cœur et donc au siège de la pensée[191] ; d'ailleurs, le « cœur » (des dieux et des rois) se dit 𓊹𓍿𓂋𓄣 *nṯr*[192]. Il s'ensuit que NETJER « dieu » (*nṯr*) peut être écrit 𓇋𓃀[193], c'est-à-dire au moyen des éléments phonétiques qui servent d'ordinaire à écrire le mot « cœur » (𓄣, 𓇋𓃀𓄣)[194]. On a vu plus haut que le faucon, qui est le divin par excellence, a des capacités intellectives (cf. supra, § 2.2.1, [6]). L'emploi du hiéroglyphe du cœur pour écrire le mot NETJER, est signe que, sémantiquement, il n'est pas sans lien avec le siège des émotions et de l'intellect, sans oublier la notion de conception au sens de celui qui énonce des concepts[195]. Le cœur est l'élément du corps divin par excellence ; il est « la divinité dans l'homme » et l'instrument de la création[196]. Faudrait-il y voir une explication comme quoi, selon Aristote et Élien[197], le faucon ne mangeait pas le cœur de ses victimes puisque cet organe paraît être la partie divine de l'être ?

2.3.6. Netjer, l'être divin aux performances du faucon

Une étude récente montre l'importante part dans la religion égyptienne qui revient à la nature, le rythme des éléments et des hôtes de la nature dont les textes

188 L'éloignement des dieux est également traduit par l'emploi du signe-mot de l'étoile : ⋆, ⋆⋆⋆ (Budge 1926, I, 401) car ils sont également considérés sous un angle céleste. Voir aussi ⋆𓀭 (Budge 1926, I, 401).

189 Beaufrère 2004, 177-178, s. v. « Forme ».

190 Meeks 1990, 48.

191 Voir Herbin 1984, 256 et n. 22 ; cf. p. 272, n. y.

192 *Wb* II, 365, 5-6.

193 Herbin 1984, 256, n. 23.

194 *Wb* I, 59-60.

195 Voir Keimer 1957, 33-46. Horapollon (I, 36) précise : « *Quand ils veulent écrire le cœur, ils peignent un ibis. Car cet animal est mis en relation avec Hermès, le seigneur de tout cœur et de tout raisonnement ; et aussi parce que l'ibis a en lui-même une similarité avec le cœur, au sujet de laquelle les Égyptiens rapportent de nombreux récits* ». Les momies d'ibis affectent la forme d'un cœur humain (cf. Keimer 1957, 35).

196 Meeks 1988, 435-436.

197 Aristote, *Hist. anim.* 10, 11 ; Élien, *De Nat. Animal.* 2, 42.

égyptiens, depuis les plus anciens, se veulent le reflet[198]. L'analyse de l'Œil d'Horus exprime justement la nature du compromis entre l'œil humain et l'œil du faucon et par conséquent les possibilités remarquables du faucon prêtées à un NETJER. Celui-ci revêt aussi bien une forme anthropomorphique pour montrer que, conformément à ses désignations hiéroglyphiques, il se trouve à mi-chemin entre un être pouvant revêtir l'apparence d'un être humain (ce qui limite ses possibilités), et celles d'un être qui étend considérablement ses capacités dans le domaine sensible, qui sont les caractéristiques d'un dieu qui voit tout et entend tout à l'instar du faucon[199] et est capable de lire l'avenir comme lorsqu'on prête un faucon à Harpocrate[200]. Le parallélisme ÊTRE HUMAIN || FAUCON est bien établi par le signe hybride de l'Œil d'Horus qui donne à un dieu représenté sous une forme anthropomorphique, la qualité du regard du Falconidé et tout ce qui lui est associé[201]. D'ailleurs, l'œil divin  est lié à celui d'un Falconidé à travers l'Œil d'Horus[202]. Il est en effet évident que le faucon et ses habitudes font partie de la palette qui permet un étalonnage des concepts en les alignant sur des notions empruntées à l'observation de la nature ; dans cette palette conceptuelle naturaliste, le faucon occupe une place élevée, sans exclure d'autres oiseaux comme l'ibis ou le héron, considéré comme le *benou*, animal mythologique (cf. *supra*, § 2.1.4).

2.3.7. Faucons et présages

Complétons ce portrait. Il faut revenir aux performances divinatoires du faucon mort, mais qui posséderait déjà ces qualités de son vivant, car, d'après Diodore de Sicile[203], l'observation du vol des faucons permettait de lire l'avenir : « *Quelques-uns disent qu'on honore cet animal car les devins se servent des faucons comme présages pour prédire l'avenir aux Égyptiens* »[204]. Chairémon chez Porphyre (cf. *supra*, § 2.2.2, [5-7]) rappelle que le faucon qui avait quitté la vie avait la faculté de prédire l'avenir et était capable d'animer les images des dieux et de mettre leurs chapelles en mouvement (il veut dire que les faucons interviennent dans le proces-

[198] Aufrère 2007a.

[199] Aufrère, à paraître 2a-b.

[200] Voir Malaise 1993 et Malaise 1992, 1993. Harpocrate a des qualités en matière de mantique, ce qui explique la présence du faucon ou de la chouette, qui peut s'y substituer, auprès de lui.

[201] Wilson 1997, 557 : « *The god sign can be written with a falcon on a standard and the falcon alone stands for* nṯr. *At Edfu, the sign embodies "god", Horus Behedety, and "falcon"* ».

[202] Faulkner 1981, 143.

[203] Diodore de Sicile, *Bibl. Hist.*, I, 87, 7.

[204] Ἔνιοι δὲ λέγουσι τιμᾶσθαι τὸ ζῷον τοῦτο διὰ τὸ τοὺς μάντειςοἰωνοῖς τοῖς ἱέραξι χρωμένους προλέγειν τὰ μέλλοντα τοῖς Αἰγυπτίοις.

sus oraculaire, voire dans les songes comme dans le *Roman d'Alexandre*[205]). Ce texte de Chairémon paraît avoir un écho chez Jamblique[206], lequel explique que, pour révéler l'avenir, mages et sorciers égyptiens se servaient d'âmes de faucons tués et ensevelis selon certains rites[207] ; cette information suppose que les faucons inhumés à Saqqâra-Nord où s'étend leur nécropole[208] auraient fait l'objet d'une telle pratique, comme y incite à le penser le sacrifice rituel que l'on observe sur les chats du Bubasteion[209], sacrifiés à dessein, sans oublier que les prophètes de Nectanébo-le-Faucon, dernier souverain national, auraient rendu un culte aux grands faucons se trouvant dans les avant-cours des temples[210]. On observera que, d'après Hérodote, Bouto était un lieu d'oracle où l'on enterrait les faucons morts[211], mais Bouto est aussi un lieu associé à des dieux falconidés : les Âmes de Pê.

2.3.8. Le « livre » et le messager de la connaissance

Diodore[212] ajoute – les dieux pouvaient-ils trouver meilleur messager ? – que dans des temps reculés, un faucon[213] aurait apporté aux prêtres de Thèbes un livre où étaient consignés les honneurs à rendre aux dieux[214] : *« D'après certains, dans les temps anciens, un faucon apporta aux prêtres à Thèbes un livre entouré d'une bande pourpre qui contenait par écrit les cultes et les honneurs à rendre aux dieux. C'est pourquoi les hiérogrammates portent sur la tête une bande pourpre et une aile de faucon »*. À cette idée fait écho un texte égyptien de l'Époque gréco-romaine[215]. Il est donc le véhicule d'une connaissance transcendante, puisque le dieu choisit l'oiseau avec lequel il a, par nature, le plus d'affinité. D'après Diodore, c'est en souvenir de cet événement que les hiérogrammates ou ptérophores auraient porté les deux plumes de faucon fichées dans un bandeau[216]. Le message est clair puisqu'on en maintient le sou-

205 Aufrère 2000, 115.
206 Jamblique, *De mysteriis*, 6, 3 (F 499).
207 Aufrère 2000, 115-116.
208 Voir le plan de la nécropole de Saqqâra-Nord dans Ray 1976, 152-153.
209 Voir Charron 1990. Ces chats étaient-ils sacrifiés dans la même perspective d'inspirer des songes ?
210 On renverra à Yoyotte 1959. Voir aussi Aufrère 2000, 117.
211 Hérodote, *Hist.* 2, 67 (F l6).
212 Diodore, *Bibl. Hist.*, I, 87, 8.
213 Ces faucons sont-ils les ancêtres (*ḏr.tj*) ? cf. Cauville 2007, 235, 1 et 5.
214 Τινὲς δέ φασιν ἐν τοῖς ἀρχαίοις χρόνοις ἱέρακα βιβλίον ἐνεγκεῖν εἰς Θήβας τοῖς ἱερεῦσι φοινικῷ ῥάμματι περιειλημένον, ἔχον γεγραμμένας τὰς τῶν θεῶν θεραπείας τε καὶ τιμάς· διὸ καὶ τοὺς ἱερογραμματεῖς φορεῖν φοινικοῦν ῥάμμα καὶ πτερὸν ἱέρακος ἐπὶ τῆς κεφαλῆς.
215 Cf. *Edfou* VI, 6, 4. Voir Sauneron 1983, 84-85 : « La légende du livre tombé du ciel ».
216 Aufrère, à paraître 3, § 2.1.6.6.

venir par les rémiges de faucon, fichées dans la coiffe des ptérophores, qui sont les hiérogrammates, c'est-à-dire ceux qui ont la faculté ***d'accompagner*** les rituels par la récitation des formules sacrées et protectrices et qui sont les dépositaires du savoir rituel. Et ces formules que récitent les hiérogrammates qui portent ce signe symbolique, signe d'allégeance au faucon (sans oublier la présence du chien à l'avant de la coiffure, qui rappelle la vigueur de la voix), sont bien celles qui procèdent du faucon divin. On n'oubliera pas que les hiérogrammates, de par ce lien avec les faucons porteurs de la connaissance, et en lien avec le sang et l'esprit, ont également la capacité de révéler l'avenir[217].

2.3.9. Au terme de cette approche du faucon, la comparaison et l'analyse des éléments présentés me semblent suffisants pour établir en Égypte ancienne l'hypothèse d'un dieu compris sous l'idée d'un FAUCON-PARADIGME, auquel on prête des qualités exceptionnelles, idée étayée sur la base d'un étalonnage des propriétés inhérentes aux dieux, comparées à celles des hôtes de la nature.

2.4. Le cobra-paradigme de la déesse

2.4.1. L'ÉLAPIDÉ ET LA DÉESSE

Dans la version finale de cet article, je n'ai pu me résoudre à ne pas traiter le volet féminin du dyptique DIEU || DÉESSE, même si le pendant est moins marqué. Si, dans les textes hiéroglyphiques jusqu'à la Période tardive, en hiératique et en démotique, le DIEU mâle (et aussi la DÉESSE) est lié, dans plusieurs aires socio-religieuses, à un FAUCON-PARADIGME, léger, rapide et aérien (cf. *supra*, § 2), la DÉESSE serait associée, elle, jusque dans les textes hiéroglyphiques tardifs, à un COBRA-PARADIGME. Ce serpent qui appartient à la famille des Élapidés, est un animal chthonien, il connote le mouvement[218], la reptation, mais aussi la soudaineté et la rapidité, la dangerosité, la défense[219], la douleur aussi bien que la mort puisque l'animal diffuse son venin par injection ou vaporisation, ce qui signifie, dans ce cas précis, qu'on a affaire à un certain type de serpents, qui sont des Élapidés cracheurs[220] : tel est le cas lorsque la déesse se confond avec l'uraeus au front du démiurge ( *ḥrj.t-*

[217] Voir AUFRÈRE, à paraître 3, § 5.2.2.4 ; 5.2.4.2 ; 7.4.4.1 ; 7.4.6.1 ; 8.1.

[218] AUFRÈRE 2007b.

[219] Serpents et cobras sont associés aux portes dans l'architecture (dans les représentations funéraires et dans les hiéroglyphes).

[220] AUFRÈRE 2007c. C'est sans doute ces qualités de cracheur qui font dire à Horapollon (*Hieroglyphica* I, 1) : « *Les Égyptiens disent qu'ils représentent l'éternité au moyen de cet animal* (uraeus) *parce que, des trois espèces de serpents qui existent, les (deux) autres sont mortelles, mais celle-ci seule est immortelle ; et aussi parce que, quand il lance son souffle contre n'importe quel*

tp)[221]. Mais il faut reconnaître que l'espèce à laquelle est liée la déesse en tant que protectrice des moissons – notamment Ermouthis (Renenoutet) – est *Naja haje* Linnaeus 1754, lequel n'est pas cracheur de venin. Si les déesses ne sont pas pour autant exclues du champ des Falconidés, on les reconnaît à leur caractère protecteur et dangereux ; il existe en effet un lien entre elles et les serpents. Isis, par exemple, est à l'origine de la création de l'Élapidé qui mord la jambe de Rê qui lui cause des souffrances intolérables en vue de lui extorquer ses pouvoirs magiques[222]. Il s'ensuit que les déesses (*nṯr.t*) sont représentées sous la forme d'un Élapidé dressé et prêt à l'attaque, [223] ou flagellifère, c'est-à-dire un cobra *distingué* :  ; ou alors un cobra *exalté* par l'enseigne, et ce sous plusieurs formes : , , , [224], [225], pour distinguer ce signe d'un simple signe phonétique. Kôm-Ombo use, au pluriel, de la graphie [226]. Il existe une véritable homologie entre le signe  *nṯr.t* (cf. 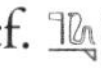[227] *nṯr.w nṯr.wt*) et celui où le faucon *nṯr* figure sur une enseigne : , tandis qu'au pluriel, les déesses figurent sur une enseigne : , , [228]. Nombre d'entre elles sont associées au cobra ou assimilées à des cobras, car le cobra empêche l'intrus de s'approcher en sorte qu'on voit souvent, dans l'expression *nṯr.w nṯr.wt* « les dieux et les déesses », les déesses-cobras en position agressive au pied de trois radicogrammes *nṯr* :  à la place de [229] ou [230]. On associe des hiéroglyphes statiques à des hiéroglyphes qui connotent l'agressivité. Parfois, c'est aussi le vautour qui sert à noter le nom de la déesse : [231], car les déesses incarnent la notion de maternité, le vautour servant à connoter la « mère » (la mère, homophone, se dit *mw.t*) et aussi de protection (*mkj*)[232] ; à Kôm-Ombo, on aime la graphie  [233] ; ce peut être encore la vache

animal, il tue sans même avoir mordu ». (Trad. Van de Walle et J. Vergote). Voir aussi *Hieroglyphica* I, 61 (à propos du basilic).

221 Aux époques ptolémaïque et romaine, il est fréquent que les déesses soient assimilées à l'uraeus de Rê. Voir Horapollon, *Hieroglyphica* I, 1.

222 Aufrère 2002 ; Koenig 1994, 158-162 ; Brix 2010, I, 142-146.

223 Cauville, 2001, p. 131 (signe-mot ou déterminatif d'un nom de déesse).

224 Cauville 2001, 130 (= *Dendara* IV, 14, 5).

225 Cauville 2007, 174, 2.

226 Gutbub 1995, 248, 11 (Hathor *ḏꜤm n nṯr.wt*).

227 Cauville 2007, 236, 11 (Isis : *ḥnw.t nṯr.w nṯr.wt*).

228 Cauville 2001, 130 (= *Dendara* III, 125, 12).

229 Cauville 2007, 242, 4.

230 Budge 1926, I, 401a-b. Cf. 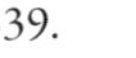 *Esna* III, p. 25, inscr. 204, A.

231 Cauville 2001, 104 (= *Dendara* VI, 4, 10).

232 Les cobras divins femelles sont dotés, soit d'ailes de faucon, soit d'ailes de vautour ; ils effectuent le geste de protection *mkj* ; cf. Spieser 2000, 337-339.

233 Gutbub 1995, 17, 5 (Haroëris *nb nṯr.w nṯr.wt*).

comme dans le pluriel : 𓅆𓅆𓅆[234]. Si les Égyptiens, dans la séquence *nṯr.w nṯr.wt*, combinent fréquemment le triple radicogramme 𓊹𓊹𓊹 (dieux) aux cobras 𓆗𓆗𓆗 (déesses), il est moins fréquent de trouver associés Falconidés (dieux) et Élapidés (déesses) tels que : 𓅆𓏪𓆗𓆗𓆗[235] ; mais dans les épithètes de la ville de Thèbes, on dit qu'elle est celle qui met au monde les dieux et qu'elle est la mère des déesses (𓅆𓏪 *bkꜣ.t nṯr.w mw.t nṯr.wt*)[236].

2.4.2. Le recours au COBRA-PARADIGME est bien le signe que, souvent, mais sans pour cela atteindre le même degré de systématicité dans la documentation que le FAUCON-PARADIGME pour les dieux, les déesses sont parallèlement associées au monde des Ophidiens ce qui sous-entend qu'on attribue aux premières le cortège de qualités et de pouvoirs qu'on prête aux seconds. Il est dommage que Porphyre, ayant recueilli des textes de Chairémon, n'ait rien trouvé à nous dire sur ce sujet, mais Horapollon, qui capte les souvenirs d'une lointaine tradition, rappelle, à côté des Vipéridés mal connotés[237], que les Élapidés sont synonymes de longévité[238], de renouvellement[239], de vigilance[240], de toute-puissance[241], un petit nuage conceptuel que ne dément pas l'approche des Élapidés divins, puisque plusieurs déesses revêtent leur forme lorsqu'elles sont préposées soit à la garde de l'héritier d'Osiris dans les marais de Chemmis (Outo), soit à la protection des temples ou des buttes sacrées, soit encore à la production des céréales (les serpents locaux jouent le rôle de Renenoutet protégeant les humeurs divines)[242]. Cette prophylaxie des céréales et donc de la richesse de l'Égypte revient donc à des Élapidés divins spécialisés. On note l'existence d'un parallélisme Falconidés || Ophidiens qui inscrit, dans un rapport céleste || chthonien, la relation des dieux et des déesses.

234 *Dendara* IV, 168, 11 (Hathor *ḥnw.t nṯr.w nṯr.wt*).
235 CAUVILLE 2007, 242, 4. Voir aussi *Edfou* I/1, 32, 16 ; cf. *Edfou* I/1, 47, 6 et 54, 17 (comparer avec *Edfou* I/2, 169, 1).
236 CLÈRE 1966, pl. 55. Voir aussi l'association faucon d'Horus et cobra d'Isis ; cf. CAUVILLE 2007, XXII.
237 La vipère, elle, connote la trahison, la haine et la crainte ; cf. Horapollon, *Hieroglyphica* I, 59, 60, 87, 111.
238 Horapollon, *Hieroglyphica* I, 1.
239 Horapollon, *Hieroglyphica* I, 2.
240 Horapollon, *Hieroglyphica* I, 59.
241 Horapollon, *Hieroglyphica* I, 64.
242 Cf. pJumilhac XII, 11 ; cf. VANDIER 1963, 123.

3. La question du choix : la traduction approximative de l'égyptien *NṮR* en θεός et la translittération en copte ⲛⲟⲩⲧⲉ

3.1. La traduction netjer > θεός

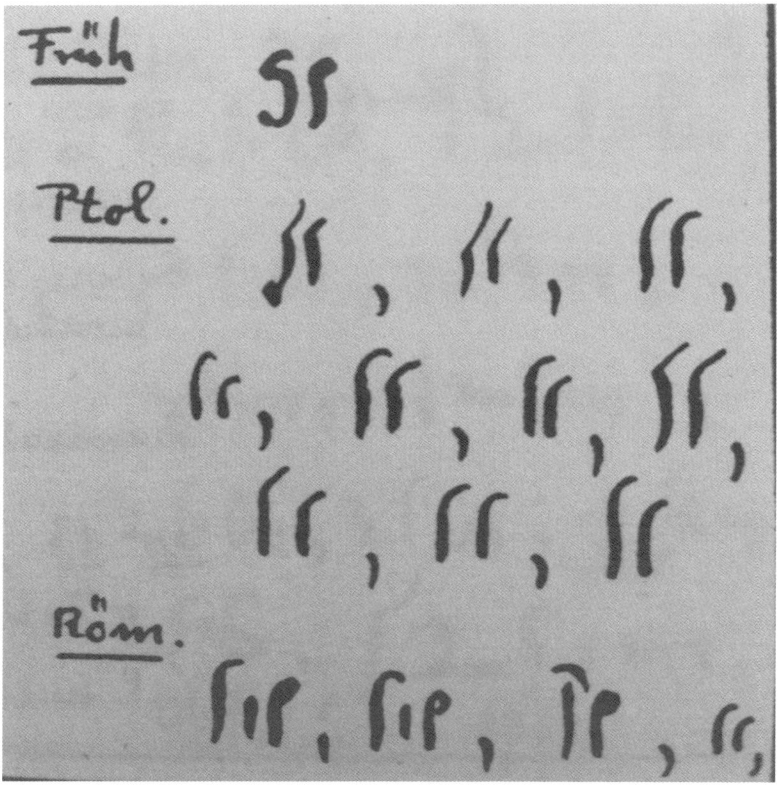

3.1.1. Les conclusions auxquelles on aboutit ne sont pas sans conséquence. Dès qu'on traduit la notion égyptienne de « dieu » en grec, le référent animal du mot NETJER s'estompe et même disparaît là où pourtant il est parfaitement obvie dans l'écriture hiéroglyphique. Les décrets de Canope et de Memphis (ou Pierre de Rosette), élaborés respectivement en 238 et 196 avant notre ère, traduisent systématiquement le terme NETJER par θεός[243], ce qui démontre

[243] Sethe 1904. Décret de Canope : (*Urk*. II, 126, 9 : || θεοί ; II, 128, 3 ; 132, 6 ; 137, 10 ; 145, 11 ; 147, 11 ; 148, 1 ; 140, ult.) ; = θέα (II, 143, 9 ; 150, 10 ; 151, 11) ; = θεαί (II, 149, 1). On notera que des mots tels que *ḥw.t-nṯr* (« demeure du dieu », sont rendus par ἱερόν « sanctuaire » (*Urk*. II, 127, 5 ; cf. 143, 9 ; 144, 2 ; 144, 3 ; 154, 1) ; = ἱεροί (*Urk*. II,

que, pour le clergé, qui choisit θεός, ce terme-là aurait correspondu approximativement au sens de NETJER (cf. *supra*, § 0.5). Empressons-nous de rappeler que les prêtres, en vertu des difficultés sémantiques à vaincre, proclament qu'ils traduisent *kata to dynaton*, ce qui signifie simplement qu'ils acceptent une synonymie approximative entre θεός et NETJER. Si θεός contribue à neutraliser le sens de NETJER en masquant le référent animalier sous-jacent[244], les citations de Plutarque fondées sur une tradition relayée au Ier siècle de notre ère, rappellent que cela n'a pas modifié pour autant l'angle de perception des Égyptiens ; d'ailleurs, lorsque ces derniers recourent à l'écriture démotique, ils emploient plus que jamais, pour écrire NETJER, le signe démotique servant à rendre le faucon sur une enseigne ( > dessin ci-joint), qui sert de déterminatif, quels que soient le genre et le nombre : *ntr*, *ntr.t*, *ntr.w*, *ntr.wt*, *ntr.wj*[245]. Mais il faut remarquer que le démotique n'use pas de jeux de mots graphiques comme dans les compositions hiéroglyphiques tardives, beaucoup plus libres en termes d'invention graphique et qui ouvre plus largement l'éventail conceptuel. Il contribue de ce fait, malgré le déterminatif, qui reprend la forme archaïque traditionnelle[246], à neutraliser le terme NETJER.

3.2. La translittération *netjer* || *nṯr*//*ntr* > ⲚⲞⲨⲦⲈ

3.2.1. Il faut considérer à présent la translittération du terme hiéroglyphique NETJER en copte. On vient de voir que la translittération a dépouillé NETJER de ses référents hiéroglyphiques phonétiques et notamment de ses déterminatifs, qui le ramenaient à des objets ou des êtres identifiables ; par cette standardisation de l'écriture, le terme s'est banalisé. Ce nonobstant, c'est bien ce même NETJER (ou plutôt NETER) que l'on retrouve plus tard en copte, avec un avantage, celui d'en noter la flexion vocalique, en fonction du genre et du nombre. On obtient donc des formes au masculin, à ceci près qu'on observe dans celles-ci la disparition de la consonne finale, laquelle mute en voyelles atones : -ⲉ (ⲚⲞⲨⲦⲈ) ou -ⲓ (ⲚⲞⲨϮ) selon le dialecte, disparition déjà perceptible dans l'écriture hiéroglyphique à l'époque tardive à partir de l'Époque saïto-perse, notamment dans les textes du cercueil en basalte d'une divine adora-

131, 2) ; 𓊹𓉐𓏥 = ἱεροί (133, 10) ; Pierre de Rosette : 𓅆𓅭𓅆 *nṯr s3 nṯr* (II, 173, ult.) ; 𓅆𓅆𓅆 *nṯr.w* = θεοί (II, 174, 2) ; normal = θεοί (II, 178, 7 ; 187, 1) ; 𓊹𓊹𓊹 = *nṯr.w nṯr.wt* θεοί (II, 187, 6).

244 Les graphies recourant au faucon pour écrire *nṯr ou nṯr.w* existent dans les décrets de Canope et de Memphis.

245 ERICHSEN 1954, 232-235.

246 Cf. MÖLLER 1912, n° III, 188B.

trice d'Amon, Ânkhnesneferibrê, fille de Psammétique II. Cette disparition n'est observable par le lecteur que lorsque le mot *nṯr*/*ntr* est uniquement écrit au moyen d'unilitères, ce qui est le cas sur le cercueil en question, où le scribe, sous l'influence de la langue parlée, s'oublie et écrit *nt* pour *nt(r)*. On le trouve dans l'expression : *« Combien ton corps doré est celui d'un dieu »* (*nb wj ḥ*ᶜ *w*=*k nt(j) nṯ(r)*) passage du sarcophage d'Ânkhnesneferibrê qui constitue un emprunt aux Textes des Pyramides et aux Textes des Sarcophages. Dans la graphie pour *nt(r)* on constate l'apocope du *r* final. En fait, cette graphie, qui n'apparaît pas dans les Textes des Pyramides, est la preuve que déjà à la XX-VIe dynastie on ne prononce plus *nṯr* mais, comme en copte, quelque chose comme *noute* ou *nouti* avec chute du *r* final. Lorsque, dans le texte du sarcophage, le terme « Dieu » est indiqué par un trilitère, on ne sait pas, en vérité, si le vocable a perdu ou non ce *r* final. On voit cependant que la graphie est intentionnelle et qu'elle procède du désir de la part du rédacteur de restituer la sonorité de la prononciation du mot « Dieu » dans le langage courant (on a reconnu une graphie rarissime de *nṯr* sans la consonne finale au temple de Kôm-Ombo : [247] *nḏ(r)*). Parfois on notera, que le pluriel de *nṯ(r)* dans le sarcophage d'Ânkhenesneferibrê est justement graphié, non pas ou comme on l'attendrait, mais [248]. De nombreux cas où la langue parlée réinvestit les graphies de la langue écrite existent dans l'écriture des temples de l'époque gréco-romaine pour les mots qui ont leur équivalent dans le langage courant,[249] et il ne faut donc pas s'en étonner. Par conséquent, si elle disparaît au masculin, la consonne finale de NETJER (*nṯr*) est résurgente respectivement au féminin singulier (dans l'onomastique seulement) : ⲚⲦⲰⲢⲈ (< *nṯr.t*)[250] et, au pluriel : ⲈⲚⲦⲎⲢ (< *nṯr.w* / *ntr.w*) ; toujours est-il que les exemples sont plus rares. En égyptien, il devait en être de même.

4. Nommer « Dieu » en égyptien et en copte : la « détermination »

4.1. Les Coptes, lorsqu'ils désignent dans leur langue « dieu », distinguent sur le plan grammatical « Dieu » ou « un dieu / les dieux des païens. » Si l'on

[247] Leitz 2003 (éd.), IV, 389b. Dans le document original, le dieu ne possède ni barbe ni signe *ouas* ; cf. *KO* 194, 2.

[248] Voir Sander-Hansen 1937, 11.

[249] Leitz, 2001, p. 168-169.

[250] Crum, 1939 (2000), 230b-231a-b : *f* ntwre dans Ψεν-τε-ντῶρις « Le fils de la déesse » et le toponyme : ni-te-ntwre, te-ntwri = Τε-ντυρίς, -ρα. Cependant que d'autres mots composés, dans lesquels entre le terme *nṯr*, échappent à la traduction, où il est alors employé en adjectivation. Cas de *Tȝ-Iwn.t-n-tȝ-nṯr.t*, « La Iounet-de-la-Déesse » (Tentyris) ; cf. Gauthier 1925-1929, I, 57. Voir aussi Černý 1976, 101.

admet qu'ils ont évité d'employer des mots ou des expressions pouvant être reconnus comme relevant d'un usage païen, on ne peut pourtant pas trouver plus « païen », on l'a dit, que le mot NETJER (cf. *supra*, § 0.5). Or que reste-t-il, sous bénéfice d'inventaire, des usages anciens liés à la désignation de « dieu » de l'égyptien en copte ? – question qui amène à faire quatre observations.

4.2. Première observation

Les textes égyptiens témoignent d'un usage consistant à marquer le respect, soit à l'égard d'un dieu en particulier en employant l'article démonstratif préposé au nom que, selon les grammairiens, il détermine, dans un but déictique : *p3-nṯr* « ***ce*** dieu (en particulier) »[251], « ***ce*** dit dieu », d'où « ***le*** dieu », forme également employée à propos du roi (lequel est souvent associé à l'image du faucon, en tant qu'équivalent d'Horus). Cette expression a des chances d'être une actualisation de la forme plus ancienne *nṯr pn*, qui s'emploie à propos des dieux, du roi et des défunts[252], mais le démonstratif *pn*, dans ce cas, est postposé au mot qu'il qualifie. Une autre expression similaire – *p3j-nṯr* « ce dieu-ci » – désigne, quant à elle, le roi mort[253], puisqu'un souverain, lorsqu'il meurt, change de statut ontologique et passe dans la catégorie divine. Le faucon communique au roi ses qualités, ce qui n'exclut pas les autres. Dans son protocole, le roi reste un Horus jusqu'à la fin de la civilisation égyptienne car il lui confère sa vitesse au combat et en matière de politique, alors que le lion et le taureau lui prêtent d'autres qualités propres à la vigueur.

4.3. Ce modèle s'est, semble-t-il, également imposé en Égypte dans d'autres cas, puisque l'on ajoute l'article lorsqu'il s'agit d'ennoblir un nom commun : tel est le cas du nom du dieu soleil *Rᶜ*, que rien, dans la prononciation, ne distingue de l'astre, nom commun (;). À partir de la XIXᵉ dynastie, on lui prépose l'article démonstratif : *p3-Rᶜ* [254]; on construit alors une nouvelle entité, qu'il faut comprendre comme « ***le*** soleil (par excellence) » donc « Soleil ». Dans l'onomastique grecque d'Égypte, des noms comme Πε-τε-φ-ρης « Le don-(de-)*le*-soleil » ==> Le don(-de-)Soleil (et non « Le-don-du-soleil »), vont dans le même sens.

[251] *Wb* II, 359, 18-20 ; LEITZ 2003 (éd.), IV, 389, cf. n. 7.
[252] *Wb* II, 359, 1-13.
[253] *Wb* II, 359, 21.
[254] Cf. les graphies démotiques : ERICHSEN 1954, 242.

4.4. Deuxième observation

D'où, dans l'onomastique grecque d'Égypte, par analogie, on discerne l'emploi du nom de dieu précédé de l'article atone dans un but de spécification. On trouve en effet en papyrologie, mention d'un Πε-τε-φ-νοῦθις[255] (= *P3-dj-p(3)-nṯr*), non pas « Le don-(=de-*le*)-dieu (quelconque) », mais le « Le-Don-de-*Dieu* », car il est évident, si on voulait donner une transposition graphique de l'idée, que *p(3)-nṯr* (p-netjer) équivaudrait à Netjer (pourvu d'une majuscule), comme une entité suffisamment importante en elle-même ; Πε-τε-φ-νοῦθις (*P3-dj-n-p(3)-nṯr*) est l'équivalent égyptien de Théodoros ; de même, on trouve, dans la même documentation papyrologique, des Ψεν-π-νούθης, des Ψεν-π-νούθ/τις[256], dont l'étymologie est *P3-šrj-n-p(3)-nṯr*, « L'Enfant-du-dieu » > c'est-à-dire « L'enfant-de-*Dieu* » ou Théopaïs.

4.5. Troisième observation

Dans le même ordre d'idée, les choses s'inscrivent dans la continuité en copte[257] ; quand on évoque le Dieu de la Bible, on l'écrit en employant l'article défini ⲡ-/ⲫ- ainsi : ⲡ-ⲛⲟⲩⲧⲉ, ⲫ-ⲛⲟⲩϯ (abrégé, comme *nomen sacrum*, *B* ⲫ-ϯ), pour élever ⲛⲟⲩⲧⲉ, ⲛⲟⲩϯ à un niveau de révérence[258]. On se rapporte, d'un point de vue étymologique, à l'expression *p3-nṯr*, ce qui aboutit à ⲡ-ⲛⲟⲩⲧⲉ ou à ⲫ-ⲛⲟⲩϯ, les contenus respectifs des formes égyptienne et copte se superposant exactement. Ariel Shisha Halevy, qui a consacré une étude au nom propre en copte, et qui s'arrête sur le cas de ⲡ-ⲛⲟⲩⲧⲉ, le qualifie de processus de « properization[259] » (terme intraduisible par un seul mot) d'un nom[260], c'est-à-dire d'élévation d'un nom commun à la qualité de nom propre[261]. Dès lors, il ne faut pas considérer ⲡ- comme un article, mais, comme

[255] Foraboschi 1971, 254 ; Preisigke 1922, 317.

[256] Foraboschi 1971, 347 ; Preisigke 1922, 488.

[257] Voir Vergote 1983, 186-188.

[258] Mais il n'est pas pour autant spécifique du nom de Dieu puisque la forme pré-vieux-copte *p*-noute le précède dans les textes magiques (Cf. *PGM* I, 58, 60 ; cf. Crum 1939 (2000), 230b-231a (*p*-noute o ou kai---nouci w).

[259] Shisha Halevy 2007, 426.

[260] Shisha Halevy 1989.

[261] Shisha Halevy 1989, 14 : « *Obs. (5)* pnoute *"God" (in Boh. Abbreviated as* "nomen sacrum" phti*, with* ph- *the so-called weak article) has a special homonymy value, of a unique high-properness "PN" (antithetic to* psatanas) *as well as of a non-unique determinated lexeme "god" (commutable with* ou-/hen-/n-/-noute*)* ».

il le dit, comme « a very properizing exponent »[262]. (C'est sans doute de la même façon qu'il faut comprendre le *p3-* de *p3-nṯr*).

4.6. Quatrième observation

Par conséquent, on voit que le copte **п-ноүте** ne s'aligne pas sur le nom de Dieu dans la Bible hébraïque, où 'Êl est parfois précédé de l'article pour désigner celui qui était *le* Dieu par excellence : *hâ-'Êl* [263], tandis que les Septante traduisent fréquemment les mentions de *'Êl* comme celles de *hâ-'Êl* par ὁ θεός ? Même si la Bible copte est traduite du grec, on ne saurait non plus plaider un décalque de **п-ноүте**, **ф-ноүϯ** à partir du grec ὁ θεός, « *le* dieu » = « Dieu », cependant que la pseudo-détermination du mot « dieu » (**ноүте**) au moyen de l'article défini masculin permet, en contexte biblique copte, de l'identifier à coup sûr comme Dieu masculin, étant clair que, dans ce cas précis, le copte suit plutôt la tradition de « properization » du nom de « Dieu », qui est un égyptianisme, ce qui n'est pas sans conséquence[264].

5. Comment nommer les dieux des païens : la non-détermination

5.1. NETJER a subi une transformation permettant de l'intégrer sans ambiguïté au vocabulaire copte, d'autant que c'est exactement le même mot qui sert à nommer « Dieu » avec une majuscule ou « le dieu » ou « les dieux » avec une minuscule[265]. Les Coptes emploient effectivement une forme singulière et plurielle pour désigner un dieu ou les dieux que l'on veut exorciser. Pour cette raison, au singulier, le copte fait une différence essentielle entre la forme précédemment étudiée – **п-ноүте**, **ф-ноүϯ**, avec un article défini, « ***le*** dieu » (= Dieu) –, et **оү-ноүте**, **оү-ноүϯ** précédés d'un article indéfini, « ***un*** dieu », c'est-à-dire « ***un*** dieu (quelconque) » tandis qu'au pluriel, on parle de **ентнр н̄ϩоογт** « (des) dieux mâles » et **ентнр нсϩіме** « (des) dieux femelles »[266], décalques d'expressions démotiques, lesquelles

[262] Shisha Halevy 1989, 14, n. 47.

[263] Cf. Ps. 58:20 ; Is. 42:5.

[264] Pour la déesse (égyptien *nṯr.t*), les Coptes recourent aussi à l'article t- : t-entwre/t-entwri. Elle est préfigurée par l'onomastique des papyrus grecs : Ψεν-τ-εντῶρις < *P(3)-šrj-(n)-t(3)-nṯr.t*, non pas « l'enfant de la déesse », mais « L'Enfant-de-Déesse ». Quand ils écrivent « *la*-déesse », on déduit qu'il y a une forme de révérence à son égard et même de crainte : Déesse ! un nom propre (celui d'Hathor).

[265] Budge 1926, I, 401a-b.

[266] Voir aussi *nṯr.w-ḥmw.t* « dieux-femmes > déesses » ; cf. Lefèbvre 1923, II, inscriptions 59, 4 ; 61, 20, 22 ; 81, 52, 55. Mais l'expression se retrouve avec *nṯr.t* « déesse ».

n'ont pas d'acception péjorative contrairement au copte : *n3-ntr.w ḥwṯ* « les dieux » (= dieux mâles)[267] et *n3-ntr.w s-ḥm.t* « les déesses » (= les dieux femmes)[268], à ceci près que le caractère indéterminé au pluriel de ϵΝΤΗΡ Ν϶ΟΟΥΤ ϵΤ ϵΝΤΗΡ ΝϹ϶ΙΜϵ, est rendu par l'article ø. Toutefois, l'égyptien classique possède des expressions telles que *nṯr.w ṯ3w* « dieux mâles »[269], *nṯr.w-ḥmw.wt*, « dieux femelles »[270] (cf. *nṯr.wt-ḥmw.wt*[271], « déesses femelles »), *nṯr.w ṯ3w ḥmw.wt* « dieux mâles et femelles »[272].

6. La nécessité d'un support

6.1. Nier la capacité à revêtir un corps

On admettra donc que « Dieu » avec majuscule et « (***les***) dieux » avec minuscule ont quelque chose en commun qui est leur appartenance à un même lexème ; mais, dans la pensée égyptienne, les seconds peuvent s'emparer d'un support, soit un corps, soit une statue[273] ; ils ont besoin, en d'autres termes, de matérialité, ce à quoi Théophile met fin en transformant toutes les statues du Sérapéum en marmites[274], – c'est-à-dire en objets usuels –, ne lais-

[267] Erichsen 1954, 235.
[268] Erichsen 1954, 234.
[269] Ou inversé : *ṯ3.w-nṯr.w* Budge 1926, I, 401a.
[270] Budge 1926, I, 401b.
[271] Budge 1926, I, 401b.
[272] Budge 1926, I, 401a-b.
[273] Voir les diatribes de Philon d'Alexandrie contre les idoles et les animaux sacrés (*Les chants de la Sybille hébraïque*, II) : *« Au lieu d'habiter les magnificences du pôle d'or, ils sont rongés par la rouille et enlacée dans le tissu serré de l'araignée. Insensés, vous vous prosternez devant des serpents, des chiens, des chats ! Vous adorez des oiseaux, des bêtes qui rampent sur la terre, des figures de pierre, des images fabriquées de vos propres mains, et même les amas de pierre qui sont sur les chemins. Vous adorez ces choses et beaucoup d'autres qui sont vaines, et qu'il est honteux de nommer ». Et de même, dans la Vita contemplativa, début : « Quant aux divinités des Égyptiens, il est honteux d'en parler. Ils prodiguent les honneurs divins à des brutes, et non pas seulement à celles qui sont inoffensives, mais aux plus féroces des bêtes sauvages; ils en choisissent dans chacune des régions sublunaires : sur la terre, c'est le lion ; dans l'eau, le crocodile de leur pays ; dans l'air, le faucon et l'ibis d'Égypte. Et pourtant, ils voient ces animaux naître, avoir besoin de nourriture, être voraces, insatiables, sales, venimeux, avides de chair humaine, sujets à toutes sortes de maladies, souvent périr de mort naturelle ou même violente ; et des hommes doux et traitables adorent des êtres indomptables et féroces ; des hommes doués de raison adorent des brutes ; des créatures apparentées à la Divinité adorent des animaux inférieurs à certaines bêtes fauves; les seigneurs et maîtres se prosternent devant ceux que la nature a faits leurs sujets et leurs serviteurs ! »*. Ce sont ces mêmes arguments que l'on retrouve dans le code de Théodose.
[274] Socrate le Scholastique, *Histoire ecclésiastique*, V, 16 : *« ... pour la démolition des Temples des Idoles. Ils furent abattus, les statues furent fondues, et changées en marmites, et en autres vases*

sant subsister que celle de Thot sous l'aspect d'un cynocéphale pour faire honte au « paganisme »[275]. Dans le même état d'esprit, Chénouté, dans sa fameuse diatribe contre le démon, lui tient le discours que son aspect est enchevêtré et méprisable, et lui dénie la capacité à revêtir aucune forme vivante quelconque, notamment dans les rêves, pour tromper ses victimes[276].

6.2. Tuer les dieux et marteler les hiéroglyphes

Depuis l'origine, le principe du NETJER repose essentiellement sur la représentation par le truchement d'une image en trois ou en deux dimensions, raison pour laquelle les premiers chrétiens égyptiens brisent non seulement les statues, mutilant têtes, bras et jambes des représentations des dieux traditionnels sur les parois des temples[277] ; de même, ils martèlent consciencieusement les êtres vivants des inscriptions hiéroglyphiques : qu'elles soient grandes ou petites, on stigmatise les manifestations de l'ancien monde divin, car elle n'est pas morte la croyance que le NETJER est une entité pouvant se transformer à volonté, en vertu de son rapport avec la nature et l'univers de la transformation et de la métamorphose.

7. Conclusion

7.1. Quand on parle de la notion de « dieu » (NETJER, ⲚⲞⲨⲦⲈ) dans l'Égypte ancienne, on risque de plaquer sur les dieux traditionnels une idée bien éloignée de celle que pouvait en avoir l'ethnie pharaonique, proche de la nature et de loin plus sensible que notre monde à l'interface entre l'ici-bas et

propres à l'usage de l'Église d'Alexandrie. Car l'Empereur les avait donnés à Théophile pour le soulagement des pauvres. Au reste Théophile fit fondre toutes ces statues, à la réserve de celle du Dieu que je viens de nommer, qu'il garda pour être exposée en public, de peur que les Païens ne niassent à l'avenir qu'ils l'eussent jamais adoré ». Voir la contestation dans Eunape de Sardes, *Vita Philosoph.*, chap. V (Maxime). Voir aussi Rufin d'Aquilée, *Hist. Ecclesiast.*, II, 23-30.

[275] Socrate (*Histoire ecclésiastique*, V, 16) évoque deux grammairiens dont l'un était prêtre de Zeus et l'autre prêtre de Thot : Ἑλλάδιος μὲν οὖν ἱερεὺς τοῦ Διὸς εἶναι ἐλέγετο· Ἀμμώνιος δὲ πιθήκου, *« Helladius était donc prêtre de Zeus ; Ammonios, celui d'un singe »*. On notera cependant que, dans le même temps, chrétiens et païens se mettent d'accord pour un consensus sur le sens de la « croix de vie » dans le temple de Sarapis, « croix de vie annonçant le christianisme » ; cf. Socrate, *Histoire ecclésiastique*, V, 17. J'emploie ce mot de « paganisme » comme une considération du christianisme pour les religions traditionnelles, mais le terme est fortement péjoratif et ne peut, par conséquent, s'employer sans risque d'amalgame.

[276] Aufrère 2009.

[277] Les exemples sont extrêmement nombreux dans tous les temples égyptiens.

le surnaturel, sensible aux jeux de mots et aux métaphores créateurs[278]. Tout indique, d'après le système et le lexique hiéroglyphiques, que le modèle d'un NETJER revêtant la forme d'un Falconidé, est une conception ancienne ayant perduré dans le temps et l'espace. Car pour l'Égyptien, le NETJER n'était pas une entité simplement abstraite, mais un être pouvant revêtir des formes variées, bien que le faucon l'emportât sur le plan de la richesse allégorique qu'il incarne.

7.2. Tissant avec son passé des liens spécifiques, l'Égyptien considère avec une perplexité d'autant plus grande la nature des concepts nouveaux qui tentent de s'imposer à son esprit. Depuis la nuit des temps, il a entretenu – dans ses croyances et sa magie – avec son biotope, sa faune, sa flore, des relations essentielles propices à la métamorphose en sorte qu'il n'imagine aucune divinité prisonnière d'une seule apparence, mais pense qu'elle est susceptible de prendre les traits les mieux adaptés aux circonstances et aux lieux, d'où ce formidable attrait pour les cultes animaux, qui connaissent un nouvel essor avec la XXXe dynastie, essor qui se prolonge au cours de la Période gréco-romaine, avec des milliers de momies animales — notamment de toutes les espèces de rapaces à Saqqâra-Nord[279] et ailleurs[280] –, autant de témoignages de piété par le truchement de l'animal support de la divinité, qui permettent de l'atteindre sur le plan oraculaire puisque l'âme des faucons morts, ainsi que le rappelle Chairémon, est capable de faire bouger les statues de culte et faire se mouvoir les chapelles (cf. *supra*, § 2.2.2. [7]) ; si fort est l'attrait pour les cultes animaux qu'au Ier siècle de notre ère, ils seront fustigés en termes vifs de la part des auteurs judéens comme Philon d'Alexandrie ou Flavius Josèphe ainsi que des Pères de l'Église[281]. Cela aide à comprendre que le faucon, paradigme du divin pour les Égyptiens, et sans doute d'autres animaux à des échelles diverses, ont été de nature à détourner les tenants des cultes traditionnels d'une vision chrétienne épurée de tout iconisme de Dieu, à l'instar des Juifs, une idée très présente à l'esprit des contemporains. Tacite[282] émet ce jugement-ci, qui oppose Égyptiens et Juifs : « *L'Égypte adore beaucoup d'animaux et se taille des images ; les Juifs ne conçoivent Dieu que par la pensée et n'en reconnaissent qu'un*

[278] MALAISE 1983. Les jeux de mots herméneutiques du Mythe d'Horus à Edfou sont tout à fait révélateurs. Voir AUFRÈRE, à paraître 4.

[279] SMITH 1990.

[280] On peut établir un catalogue de tous les rapaces monifiés : aigles, busards, milans, faucons, etc. ; cf. AUFRÈRE, à par. 2a, § 0.4, n. 10 (catalogue établi à partir de 500 rapaces étudiés par DARESSY – GAILLARD 1905).

[281] On renverra à RIES 1989.

[282] Tacite, *Histoire*, V, 5, 5.

seul. Ils traitent d'impies ceux qui, avec des matières périssables, se fabriquent des dieux à la ressemblance de l'homme ». Le discours chrétien prolongeant le discours juif, jusqu'à la fin du IVe siècle, Chénouté extirpe encore des pratiques traditionnelles ou admoneste ceux qui donnent le change, en allant à l'église pour souscrire à leurs obligations de chrétien, mais en poursuivant sous le boisseau le culte des images et les activités oraculaires. Les discours de l'archimandrite d'Atripé montrent le fossé entre des chrétiens convaincus et ceux des leurs soupçonnés de duplicité dans leur attitude (il parle des apostats)[283]. Cette réticence des seconds étant fondée par l'absence de tout référent naturaliste à la notion de « dieu » découlant d'une religion ayant éradiqué les concepts et les métaphores relevant de millénaires d'observations naturalistes, conduit dans leurs rangs à un scepticisme compréhensible, surtout lorsque les chrétiens du IVe siècle usent du même terme, doté du même « very properizing exponent », que celui qui avait été forgé au Nouvel Empire, et qui, à des yeux traditionnalistes, n'était nullement vidé de sa substance, car NETJER-ⲚⲞⲨⲦⲈ, tout comme *Zeus* ou *deus*, est associé à la clarté du jour et au rapace photophore. Pour une ethnie fermement ancrée dans ses convictions, ne plus considérer dans les faucons tournoyant dans le ciel des manifestations divines capables de délivrer des présages, était aussi impossible que de toucher avec les doigts l'or, matière sainte et solaire, comme le rappelle Chénouté[284] : « *Or, qu'est-ce que l'aigle* (ⲡ|ⲁⲉⲧⲟⲥ) *en qui l'on croit par chez vous, de même qu'Isis, le bloc de pierre ? – N'est-ce pas un oiseau ? N'a-t-on pas extrait cette pierre d'une montagne ? – Si vous considérez l'or à l'instar d'un présage*[285]*, au point de ne pas le recueillir en vos mains pour complaire aux démons en qui vous croyez, êtes-vous obligés de ne pas le dépenser pour vous pour ce dont vous avez besoin ? Et si vous vous souillez en le touchant, vous vous souillerez encore bien plus en le vénérant, sans même personne pour vous entendre ! – C'est ainsi que vous ignorez qui est Dieu ...*[286] » (il reconnaît que les Égyptiens du nome Panopolite ont le mépris de l'or monétarisé[287], conformément à un très ancien interdit qui consacrait l'or aux dieux). Pour Chénouté, qui tient le même discours que Philon, un oiseau est un oiseau, une statue de déesse une pierre de carrière ;

283 Aufrère – Bosson, à paraître.
284 Daumas 1956, 1.
285 Très curieusement, Chénouté emploie l'expression ϫⲁ ϣ (Crum, 1939 [2000], 564a), qui rend le grec οἰνίζεσθαι « observer le vol des oiseaux pour en tirer des présages ». Chénouté veut dire que l'or est regardé comme capable de rendre des présages de la même façon que les oiseaux dans le ciel. Cette croyance dans l'or, que l'on ne peut toucher car il est la chair du soleil, est bien connue ; cf. Daumas 1956.
286 Voir Amélineau 1914, 407-408.
287 Révillout 1883, 430.

mais, peine perdue, car les croyances relatives à l'or décrites par Chénouté font écho à une si ancienne tradition, et l'aigle (ⲁⲉⲧⲟⲥ) dont il parle et faisant allusion à sa région – Panopolis-Akhmîm[288] –, renvoie plus probablement à l'espèce des Falconidés, car l'aigle en tant que tel ne fait l'objet d'aucun culte connu en Égypte. (L'animal fréquente pourtant la vallée du Nil où il est assimilé aux Falconidés dominants.) L'association de l'aigle et de l'or ne procède pas du hasard car, en considérant ce qui vient d'être dit, le faucon et l'or véhiculent la même notion de lumière solaire. Dans sa diatribe contre les vénérateurs d'animaux sacrés, il ajoute plus loin : « *Mais vous adorez le serpent, l'horrible basilic, toutes les bêtes sauvages, les crocodiles et d'autres choses analogues, jusqu'à des insectes : et toutes ces choses vous les considérez comme des dieux*[289] ». Ce passage et d'autres, ancrés dans un paysage religieux vécu dont l'activité bat son plein, montrent que l'Égypte de Chénouté, au seuil du Ve siècle de notre ère, vivait encore en symbiose avec sa faune sacrée faisant ainsi écran à toute notion de Dieu autre que la traditionnelle, une faune sacrée parce qu'elle est le reflet de la polyphonie de la nature et qu'elle constitue, par ses hôtes, un réservoir de concepts et d'allégories.

L'allégorie est sans doute trop belle pour la passer sous silence. Il n'est peut-être pas sans signification que le faucon, ayant permis jadis d'établir les contours conceptuels des dieux égyptiens, fût pris en si mauvaise part dans le christianisme et devînt l'ennemi par excellence, le démon, et que, dans le *Physiologos*, ce prédateur rapace, « véloce », s'attaquât aux colombes – les chrétiens[290]. L'image du faucon buffetant ses proies était, pour ainsi dire, suffisamment éloquante, pour évoquer la soudaineté de l'attaque du malin.

[288] De la nécropole d'Akhmîm-Panopolis viennent des coffres renfermant des momies de rapaces ; cf. *supra*, n. 170.

[289] La traduction de Révillout (1883, 425) a beaucoup vieilli.

Pour mémoire, voir Révillout 1883, 426. Il ajoute plus loin « *les serpents, les scarabées et les animaux les plus immondes* » (Révillout 1883, 430). « *Si vous dites d'un veau, ou d'une vache, ou d'autres bêtes de sommes, que ce sont des dieux, vous êtes des maudits* » (p. 438-439), « *Si le chien ou le chat est votre dieu, vous êtes de plus en plus maudits* » (p. 439) – « *Où sont les crocodiles et tous les habitants des abymes que vous serviez ... ?* » (p. 440).

[290] Zucker 2005, 208-210.

Références

Alliot, M.
1949-1950. *Le culte d'Horus à Edfou au temps des Ptolémées*, *BdE* 20/1-2, Le Caire.
Amélineau, É.
1914. *Œuvres de Schenoudi* II, Paris.
Aufrère, S.H.
1986. « Remarques au sujet des végétaux interdits dans le temple de Philæ (= Études de lexicologie et d'Histoire Naturelle VIII-XVII) », *BIFAO* 86, p. 1-32 ; 1987. *Collections égyptiennes. Musées départementaux de Saine-Maritime*, Rouen ; 1991. *L'Univers minéral dans la pensée égyptienne*, 2 vol., *BdE* 105/1-2, Le Caire ; 1998. « Évolution des idées concernant l'emploi des couleurs – imitations de métaux et de minéraux précieux – dans le mobilier et les scènes funéraires en Égypte jusqu'à l'époque tardive (= Autour de L'Univers *minéral* XIII) », dans S. Colinart, M. Menu (éd.), *La couleur dans la peinture et l'émaillage de l'Égypte* ancienne (Actes de la Table Ronde Ravello, 20-22 mars 1997), Bari, p. 31-42 ; 1999. « Les interdits religieux des nomes dans les monographies en Égypte. Un autre regard » dans *La Bible et le Sacré* (Actes du colloque *L'Interdit et le Sacré* 20 mars 1998, Université Paul-Valéry, Faculté protestante de Théologie, Montpellier), Recherche biblique interdisciplinaire UPRES-A 5052 – CNRS, Montpellier, p. 69-113 ; 2000. « Quelques aspects du dernier Nectanébo et les échos de la magie égyptienne dans *le Roman d'Alexandre* », dans A. Moreau (éd.), *La Magie* I : *Du monde babylonien au monde hellénistique* (Actes du colloque international de Montpellier 25-27 mars 1999), Séminaire d'Étude des Mentalités Antiques (SEMA) – Université Paul Valéry, Montpellier, p. 95-118 ; 2002. « La sénescence de Rê. La salive, le serpent, le rire et le bâton dans les textes cosmogoniques et magiques de l'Égypte ancienne », dans B. Bakhouche (éd.), *L'ancienneté chez les Anciens* II : *Mythologie et religion* (Actes du colloque international des 22, 23 et 24 novembre 2001, Université Paul Valéry), Montpellier, p. 321-339 ; 2006a. « La "Campagne de Hotep" et la "Campagne des Roseaux" dans les Textes des Sarcophages et le Livre de Sortir au jour », dans M. Mazoyer (éd.), *L'homme et la nature. Histoire d'une colonisation* (Actes du colloque international tenu les 3 et 4 décembre 2004, à l'Institut catholique de Paris), Coll. *KUBABA*. Série Actes IX, Paris, p. 13-55 ; 2006b. « *Threskiornis aethiopicus*. Histoire d'un mouvement migratoire de l'ibis dans l'Égypte ancienne », dans M. Mazoyer (éd.), *L'Oiseau. Entre ciel et terre*, Paris, p. 11-34 ; 2007a. *Thot-Hermès l'Égyptien. De l'Infiniment grand à l'Infiniment petit*, Paris ; 2007b. « Aperçu de quelques ophidiens fantastiques de l'Égypte pharaonique », dans *Monstres et monstruosité dans le monde ancien*, Cahiers *KUBABA* IX, Paris, p. 11-36 ; 2007c. « La description de *Naja Nigricollis nigricollis* (Naja à col noir) chez Chenouté, ms. Ifao 1, fol. 10v°-fol. 11v° », dans *Actes des Xe journée francophone de Coptologie*, Lyon, p. 215-228 ; 2009. « Au sujet de ms. copte Ifao 1, 7r34-37. Chénouté : rêves, démon et psychanalyse », dans A. Boud'hors, C. Louis (éd.), *Études coptes* XI : *Treizième Journée francophone de coptologie (Marseille 7-9 juin 2008)*, Cahiers de la Bibliothèque copte 17, Paris, p. 1-17 ; 2011. « Dans les marécages et sur les buttes : le crocodile du Nil, la peur, le destin et le châtiment dans l'Égypte ancienne », *ENiM* 4 (2011), p. 51-79 ; 2013. « Serpents, magie et hiéroglyphes. Étude sur les noms d'ophidiens d'un ensemble de cippes d'Horus de Thèbes et d'ailleurs (Époque libyenne) », *ENiM* 6 (2013), p. 93-122 ; 2014. « An

example of metatextuality in the Great Text of Edfu : etiologic legends and exerpts of the Apollinopolite religious monograph » dans S. H. Aufrère, Ph. Alexander, Zl. Pleše (éd.), en coll. avec C. J. Bouloux, *On the Fringe of the commentary. Metatextuality in Ancient Near East and Ancient Mediterranean Cultures*, OLA 232, Louvain, p. 1-86 ; à paraître 1. « À propos de la théorie du « mât divin ꜥ dans ses bandelettes » : tracé d'un malentendu », à paraître ; à paraître 2a. « Au Pays de l'Œil d'Horus et de l'Œil d'Osiris ou l'Égypte comme regard du faucon divin (modèle : *Falco peregrinus pelegrinoides*, Temminck 1829) (Première partie) », à paraître ; à paraître 2b. « Au Pays de l'Œil d'Horus et de l'Œil d'Osiris ou l'Égypte comme regard du faucon divin (modèle : *Falco peregrinus pelegrinoides*, Temminck 1829) (Seconde partie) », à paraître dans *ENiM* ; à paraître 3. « Lost Profiles of Hierogrammats in Graeco-Roman Period : Manetho and Chairemon », dans Z. Pleše (éd.) *Alexandrian Personnae : scholarly Culture and Religious Traditions in Ancient Alexandria (1rst ct. BCE-4th ct. CE.)* (à paraître chez Mohr Siebeck, à Tübingen).

Aufrère, S.H. – Bosson, N.

à paraître. « Mouches de l'infection *versus* abeilles et miel des Écritures », dans N. Bosson, A. Boud'hors (éd), *Actes de la XVIe Journée francophone de Coptologie (Genève, 19-21 juin 2013)*, Cahiers de la Bibliothèque Copte, Paris.

Baines, J.

1991. « On the Symbolic Context of the Principal Hieroglyph for "God" », dans U. Verhoeven, E. Graefe (éd.), *Religion und Philosophie im Alten Ägypten. Festgabe für Philippe Derchain zu seinem 65. Geburtstag am 24. Juli 1991*, Louvain, p. 29-46.

Bakir, A. E.-M.

1966. *The Cairo Calendar*, Le Caire.

Baqué-Manzano, L.

2004. *Los Colosos del dios Min en el templo de Coptos. Etiología conceptual de una gran figura divina (iconografía, iconología y mitología)*, Thesis Ægyptiaca II, Barcelone.

Barguet, P.

1967. *Le Livre des Morts des Égyptiens*, *LAPO* 1, Paris.

Beaufrère, H.

2004. *Lexique de la chasse au vol*, Nogent-le-Roi.

Berman, L.M. – Letellier, B.

1996. *Pharohs. Treasures of Egyptian Art from the Louvre*, The Cleveland Museum of Art in association with Oxford University Press.

Beugnot, A.

1835. *Histoire de la destruction du paganisme en Occident* I, Paris.

Borghouts, J.F.

1978. *Ancient Egyptian Magical Texts*, *NISIBA* 9, Leyde ; 1982. « Divine Intervention in Ancient Egypt and its Manifestation (*b3w*) », dans J. Janssen, R. Demarée (éd.), *Gleanings from Deir el-Medîna*, Egyptologische Uitgaven 1, Leyde, p. 1-70 ; 1987. « *3ḫ.w* (*akhu*) and *ḥk3.w* (*hekau*). Two basic Notions of Ancient Egyptian Magic, and the Concept of the Divine Creative Word », dans A. Roccati, A. Siliotti (éd.), *La Magia in Egitto ai Tempi dei Faraoni* (Atti Convegno Internazionale di Studi Milano 29-31 Ottobre 1985), Verone, p. 29-46.

Borrego Gallardo, Fr.L.

2010. *El "titulo áureo" del rey durante el Reino Antigo egipcio. Estudio textual, semiológico e histórico*, Université autonome de Barcelone.

Bosson, N.
1999. « “Langue copte”, une réalité à visages multiples », dans N. Bosson, S.H. Aufrère (éd.), *Égyptes… l'Égyptien et le copte*, Lattes, p. 69-87.
Bresciani, E.
2006. *L'Égypte du rêve. Rêves, rêveurs et interprètes au temps des pharaons*, Paris.
Brix, N.
2010. *Étude de la faune ophdienne de l'Égypte ancienne*, Paris.
Brunsch, W.
1984. « Index zu Heuser's “Personennamen der Kopten” », *Enchoria* 12, p. 119-153.
Budge, E.A.W.
1926. *An Egyptian Hieroglyphic Dictionary*, 2 vol., Londres.
Carcopino, J.
1922. « Le Gnomon de l'Idiologue et son importance historique », *REA* 24, p. 101-117 et 211-228.
Cauville, S.
2001. *Dendera. Le fonds hiéroglyphique au temps de Cléopâtre*, Paris ; 2007. *Dendera. Le temple d'Isis. Texte*, Le Caire.
Černý, J.
1976. *Coptic Etymological Dictionary*, Cambridge.
Chantraine, P.
1968-1980. *Dictionnaire étymologique de la langue grecque. Histoire des mots*, 3 vol., Paris.
Charron, A.
1990. « Massacres d'animaux à la Basse Époque », *RdE* 41, p. 209-213.
Clère, P.
1961. *La Porte d'Évergète à Karnak* (2e partie), *MIFAO* 84, Le Caire.
Code Théodosien = Mommsen, Th. (t. latin) – Rougé, J. (trad.) – Delmaire, R. (intr. et notes)
2005. *Les lois religieuses des empereurs romains de Constantin à Théodose II (312-438)* I : *Code Théodosien Livre XVI*, Paris. Cf. site Web suivant : http://bcs.fltr.ucl.ac.be/slfrag3.html.
Crum, W.
1939. *A Coptic Dictionary*, Oxford.
Daressy, G. – Gaillard, Cl.
1905. *La faune momifiée de l'Antique Égypte*, CGC, Le Caire.
Daumas, Fr.
1956. « La valeur de l'or dans la pensée égyptienne », *RHR* 149, p. 1-17.
Daumas, Fr. *et alii*
1988-1995. *Valeurs phonétiques des signes hiéroglyphiques d'époque gréco-romaine* I-IV, Montpellier.
Dendara = Chassinat, É. – Daumas, Fr. – Cauville, S.
1934-2007. *Le temple de Dendara*, I-X, Le Caire.
Desroches-Noblecourt, Chr.
1947. « Une coutume égyptienne méconnue », *BIFAO* 45, p. 185-232 ; 1963. *Vie et mort d'un Pharaon*, Paris.
Edfou = Devauchelle, D. – Chassinat, É. – de Rochemonteix, M. – Cauville, S.
1897-1985. *Le temple d'Edfou* I-XV, Le Caire.

Erichsen, W.
1954. *Demotisches Glossar*, Copenhague.
Faulkner, R.O.
1981. *A concise Dictionary of Middle Egyptian*, Oxford.
Foraboschi, D.
1971. *Onomasticon alterum papyrologicorum. Supplemento al Namenbuch di F. Preisigke*, Milan.
Froidefond, Chr.
1988. *Plutarque. Œuvres* morales V/2 : *Isis et Osiris*, Paris.
Gardiner, A.H.
1944. « Horus the Behdetite », *JEA* 30, p. 23-60 ; 1973. *Egyptian Grammar Being an Introduction to the Study of Hieroglyphs*, 3e éd. révisée, Oxford.
Gauthier, H.
1925-1929. *Dictionnaire des noms géographiques*, 6 vol., Le Caire.
Germond, Ph.
2008. « Le papillon, un marqueur symbolique de la renaissance du défunt ? », *BSÉG* 28, p. 36-54.
Goyon, J.-Cl.
1985. *Les dieux-gardiens et la genèse des temples*, 2 vol., *BdE* 93/1-2, Le Caire.
Griffith, Fr.Ll.
1889. *Two Hieroglyphic Papyri from Tanis*, Extra Memoir *EEF*, Londres.
Gutbub, A.
1995. *Kôm Ombo* I : *les inscriptions du naos (sanctuaire, salle de l'ennéade, salle des offrandes, couloir mytérieux)*, Le Caire.
Hasitzka, M.
2004. *Namen in koptische dokumentarischen Texten* (stand 17/6.2004), Vienne.
Herbin, Fr.
1984. « Une nouvelle page du Livre des Respirations », *BIFAO* 84, p. 249-302.
Heuser, G.
1929. *Die Personennamen der Kopten* I (Untersuchungen), Leipzig.
Hoolihan, P.F.
1986. *The Birds of Ancient Egypt*, Le Caire.
Hopfner, Th.
1913. *Die Tierkult der alten Aegypten nach der griechisch-römischen Berichten und den wichtigeren Denkmälern*, Vienne.
Hornung, E.
1971, *Der Eine und die Vielen*, Darmstatd ; 1983. *Conception of God in Ancient Egypt. The One and the Many*, Londres.
Jelinková-Reymond, E.
1956. *Les inscriptions de la statue guérisseuse de Djedher-le-Sauveur*, *BdE* 23, Le Caire.
Keimer, L.
1957. *Interprétation de quelques passages d'Horapollon*, Suppl. aux *ASAE* 5, Le Caire.
KO = de Morgan, J. – Bouriant, U. – Legrain, G. – Jéquier, G. – Barsanti, A.
1895. *Catalogue des monuments et inscriptions de l'Égypte antique publié sous les auspices de S.A. Abbas II Helmi par la direction générale du Service des antiquités [de l'Égypte*]. Première série, tome second : *Kom Ombos*, première partie, Vienne.

KOENIG, Y.
1994. *Magie et magiciens dans l'Égypte ancienne*, Paris.
LACAU, P. – LAUER, J.-Ph.
1965. *La pyramide à degrés* V : *Inscriptions sur les vases, SAE*, Le Caire.
LACAU, P.
1954. *Sur le système hiéroglyphique*, *BdE* 25, Le Caire.
LAURAND, V.
2002. *Le vocabulaire des Stoïciens*, Paris.
LAYTON, B.
2004. *A Coptic Grammar*, Wiesbaden.
LEFÈBVRE, G.
1949. *Romans et contes égyptiens de l'époque pharaonique*, Paris ; 1923. *Le tombeau de Petosiris*, II, Le Caire.
LEITZ, Chr.
1994. *Tagewahlerei : Das Buch ḥ3t ḥḥ pḥwj ḏt und Verwandte Texte*, Wiesbaden ; 2001. *Die aussenwand des Sanktuars in Dendara. Untersuchungen zur Dekorationssytematik*, *MÄS* 50, Mayence ; 2003. *Lexikon der Ägyptischen Götter und Götterbezeichnungen*, 6 vol., *OLA* 115, Louvain.
LdM = Livre des Morts.
LOPEZ-MONCET, A. – AUFRÈRE, S.H.
1999. « Les Papillons ("Monarques") du tombeau de Khnoumhotep II à Béni-Hassan (Moyen Empire, XIIe dynastie) », dans S.H AUFRÈRE (éd.), *Encyclopédie religieuse de l'Univers végétal. Croyances phytoreligieuses de l'Égypte ancienne* I, *OrMonsp* 10, Montpellier, p. 265-278.
LORET, V.
1903. « Horus-le-faucon », *BIFAO* 3, p. 1-24.
MACKE, A. – MACKE-RIBET, Chr.
1993-1994. « Pastilles dorées découvertes sur des momies provenant de la Vallée des Reines », *Memnonia* 4-5, p. 157-164.
MALAISE, M.
1983. « Calembours et mythes dans l'Égypte ancienne », dans H. LIMET, J. RIES (éd.), *Le mythe, son langage et son message* (Actes du colloque de Liège et Louvain-la-Neuve 1981), Louvain-la-Neuve, p. 97-112 ; 1992. « Questions d'iconographie harpocratique », *AnnÉPHE* 101 (1992-1993), p. 115-120 ; 1993. « Le faucon et la chouette d'Harpocrate », dans Chr. CANNUYER, J.-M. KRUCHTEN (éd.), *Individu, société et spiritualité dans l'Egypte pharaonique et copte : Mélanges égyptologique offerts au Professeur Aristide Théodoridès*, Ath – Bruxelles – Mons, p. 147-158.
MATHIEU, B.
1986. « Les hommes de larmes : à propos d'un jeu de mots mythique dans les textes de l'ancienne Égypte », dans *Hommages à François Daumas*, Orientalia Monspeliensia 2, Montpellier, p. 499-509.
MEEKS, D.
1988. « Notion de "dieu" et structure du panthéon dans l'Égypte ancienne », *Revue de l'Histoire des religions* 205, p. 425-446 ; 1990. « Les oiseaux marqueurs du temps », *Bulletin du cercle lyonnais d'égyptologie* 4, p. 37-52 ; 2004. *Les architraves du temple d'Esna. Paléographie*, Paléographie hiéroglyphique 1, Le Caire ; 2012. « La hiérarchie des êtres vivants selon la conception égyptienne », dans A. GASSE, Fr.

Servajean, Chr Thiers (éd.), *Et in Aegypto et ad Aegyptum. Recueil d'études dédiées à Jean-Claude Grenier*, *CENiM* 5, III, Montpellier, p. 517-546.
Menu, B.
1996. « Enseignes et portes-étendards », *BIFAO* 96, p. 339-342.
Miniaci, G.
2007. « L'origine sociale dei sarcofagi rishi: un analisi archeologica », dans *Convegno Nazionale di Egittologia e Papirologia* 11 (= *Chianciano Terme* 87), p. 105-112 ; 2011. *Rishi coffins and the funerary culture of Second intermediate period Egypt*, Londres.
Möller, G.
1909a. *Hieratische Paläographie* I, Leipzig ; 1909b. *Hieratische Paläographie* II, Leipzig ; 1912. *Hieratische Paläographie* III, Leipzig.
Monneret, R.-J.
1973. « Techniques de chasse du faucon pèlerin *Falco peregrinus* dans une région de moyenne montagne », *Alauda* 41/4, p. 403-412.
Myers, O.O.
1950. « The neter-Pole and the Ashera », *JEA* 36, p. 113-114
Newberry, P.
1947. « The Cult of the 𓊹-pole », *JEA* 33, p. 90-91.
Preisigke, Fr.
1922. *Namenbuch*, Heildelberg.
Ray, J.D.
1976. *The Archive of Hor* (Texts from Excavations, Second memoir), Londres.
Reinach, Th.
1920. « Un code fiscal de l'Égypte romaine : le Gnomon de l'Idiologue », *Nouvelle revue historique de droit français et étranger* 44, p. 5-134 ; 1922. « De quelques articles du "Gnomon de l'Idiologue" relatifs au culte égyptien », *RHR* 43, p.16-25 ; 1977. « Un code fiscal de l'Égypte romaine : le *Gnomon* de l'idiologue (150-180 apr. J.-C.) », dans P.F. Girard, F. Senn (éd.), *Les lois des Romains*, Naples, p. 520-557.
Révillout, E.
1883. « Sénuti le prophète », *RHR* 8, p. 401-467 et 545-581.
Ries, J.
1989. « Cultes païens et démons dans l'Apologétique chrtienne de Justin à Augustin », dans *Anges et démons. Actes du colloque de Liège et de Louvain-la-Neuve 25-26 novembre 1987*, Homo Religiosus 14, Louvain-la-Neuve, p. 337-351.
Sander-Hansen, C.
1937. *Die religiösen Texte auf dem Sarg der Anchnesneferibre*, Copenhague.
Sauneron, S.
1983. *Villes et légendes d'Égypte*. 2e éd. rev et corr., *BdE* 90, Le Caire.
Schott, S.
1990. *Bücher und Bibliotheken im alten Ägypten*, Wiesbaden.
Sethe, K.
1904. *Hieroglyphische Urkunden der Grieschich-Römischen Zeit* I, Leipzig.
Shisha Halevy, A.
1989. *The Proper Name : Structural Prolegomena to its Syntax – A Case Study in Coptic*, Vienne ; 2007. *Topics on Coptic Syntax: Structural Studies in the Bohairic Dialect*, *OLA* 160, Leyde.

SMITH, H.S.
1990. « Les catacombes des animaux sacrés à Saqqara aux origines de l'Égypte pharaonique », *Les Dossiers d'Archéologie*, n°146-147, p. 114-119.
SOLER, E.
2011. « Les violences chrétiennes contre les synagogues dans l'Empire romain, pendant le conflit entre Théodose et l'usurpateur Maxime (386-388 apr. J.C.) », *Semitica et Classica* 4, p. 89-98.
SPIESER, C.
2000. *Les noms du Pharaon comme être autonomes au Nouvel Empire, OBO* 174, Fribourg; à paraître. « Animalité de l'homme, humanité de l'animal en Égypte ancienne ».
VAN DEN ABEELE, B.
1990. *La fauconnerie dans les lettres françaises du XII*e *au XIV*e *siècle*, Mediaevalia Lovaniensa, Leuven.
VAN DE WALLE, B. – VERGOTE, J.
1943. « Traduction des *Hieroglyphica* d'Horapollon », dans *CdÉ* 35, p. 39-89 et 199-239.
VANDIER, J.
1949. *La religion égyptienne*, Paris ; 1963. *Le papyrus Jumilhac*, Paris.
VERGOTE, J.
1983. *Grammaire copte* IIb : *Morphologie syntaxique. Partie diachronique*, Louvain.
VIGOUROUX, Fr.
1912. « Dieu », dans Fr. VIGOUROUX (éd.), *Dictionnaire de la Bible* 2/2, Paris, col. 1429.
VON BISSING, Fr.W.
1951. *Versuch zur Bestimmung der Grundbedeutung des Wortes* NUTR *für Gott im Altägyptischen, SBAW Jahr.* 1951, Heft 2.
Wb = ERMAN, A. – GRAPOW, H. (éd.)
1926-1961. *Wörterbuch der ägyptischen Sprache*, 5 vol., Leipzig.
WILSON, P.
1997. *A Ptolemaic Lexikon. A Lexicographical Study of the Texts in the Temple of Edfu, OLA* 78, Louvain.
YOYOTTE, J. – CHARVET, P. – GOMPERTZ, St.
1997. *Strabon. Le voyage en Égypte : un regard romain*, Paris.
YOYOTTE, J.
1959. « Nectanébo II comme faucon divin », *Kêmi* 15, p. 70-74.
ZUCKER, A.
2005. *Physiologos. Le bestiaire des bestiaires*, Grenoble (2e éd.).

LA MONOLÂTRIE ENTRE SUPERSTITION ET FANATISME : QUELQUES DONNÉES BIBLIQUES

Pierre Bordreuil †
(CNRS – UMR 8167 : Orient et Méditerranée, mondes sémitiques)

La Bible hébraïque présente, à plusieurs reprises et sous divers habillages littéraires, des données contrastées dont la confrontation doit permettre de mettre en évidence quelques éléments de l'histoire de l'idée de Dieu. À partir de l'état final de la version unifiée de cette histoire, représentée par le texte hébreu massorétique, on essaiera de replacer ces données à l'intérieur d'une évolution historique plausible.

On sait depuis longtemps qu'à côté de la théologie officielle, celle évoquée par les grands mythes mésopotamiens et levantins, il existait une religion populaire dont voici un exemple qui est rarement cité. Au chapitre 3 du livre d'Isaïe, parmi la longue liste des bijoux que portaient les femmes de Jérusalem[1] (v. 18), des colifichets en forme de petits soleils sont appelés *š\bīsīm*, ce qui rappelle le nom de la déesse solaire d'Ougarit Shapshou alors que le pluriel de l'hébreu *shemesh* qui désigne l'astre solaire lui-même devrait être *shamshim*. Les *š\bīsīm* sont suivis par les *śaharonīm*, bijoux en forme de croissants lunaires évoquant Shahr, nom du dieu araméen de la lune, alors qu'en hébreu le nom usuel de l'astre des nuits est *yareaḥ* d'où au pluriel *yeraḥīm*. Avant d'aborder le sujet proprement dit de cet exposé, on voit que ces deux exemples de bijoux-amulettes attestent l'existence, en pleine période royale, d'un polythéisme populaire, en l'occurence dédié aux deux principales divinités astrales désignées par leur nom : Shapshou et Shahar.

Les textes cunéiformes alphabétiques du XIIIe siècle av. J.-C. découverts depuis plus de quatre vingts ans à Ras Shamra-Ougarit sur la côte syrienne constituent certainement le principal apport extérieur à notre connaissance de la religion d'Israël. En effet, ils nous ont fait connaître la religion locale qui

[1] Bordreuil 2013.

peut être qualifiée de cananéenne et nous nous y référerons à plusieurs reprises au cours de cet exposé. Ces textes, relativement substantiels, en dépit de leur état de conservation trop souvent lacunaire, relèvent pour l'essentiel des genres littéraires qui sont les mythes, les légendes et les rituels. Les rituels en particulier mentionnent une pluralité d'êtres divins qui forment « l'assemblée »[2] ou le « cercle » des « fils de ʾIlou »[3]. Contrastant avec cette sorte de communauté divine, les textes mythologiques et légendaires portent surtout leur attention sur les deux dieux principaux du panthéon : ʾIlou et Baʿlou[4]. Cette prédilection, réservée le plus souvent à une seule divinité du panthéon local, relève d'une religiosité appelée traditionnellement « hénothéisme ».

L'essentiel des activités divines est attribué à ces divinités « majeures » : ʾIlou et Haddou-Baʿlou. Ils protègent les humains des calamités dues aux éléments déchaînés (tempêtes et séismes générateurs de raz de marée), aux famines que pouvaient engendrer plusieurs années consécutives de sécheresse. On pourrait peut-être risquer ici le terme d'hénothéisme binaire définissant une sorte de dithéisme, mais, si ʾIlou est appelé « le père de l'humanité », les Ougaritains sont appelés « le peuple du fils de Dagan », qui est Baʿlou et les textes alphabétiques accordent finalement la prééminence à ce dernier. Notons encore que ces dieux sont assistés par trois déesses ʿAnat, ʾAthirat et ʿAshtart.

Tout en suivant le déroulement chronologique des événements à partir de la reconstitution de l'époque patriarcale telle qu'elle présentée par la Bible, nous allons essayer de dégager les principales étapes du processus long et complexe que les auteurs bibliques ont reconstitué pour expliquer l'avènement final du monothéisme.

1. Les dieux des pères

Dans la longue suite des aventures de Jacob relatées dans la Genèse, comme dans la religion de la parentèle et de la descendance de son aïeul Abraham, il est fait mention à plusieurs reprises de « dieu(x) du/des père(s) ». Ainsi, lors de l'alliance entre Laban et son cousin germain Jacob dont nous avons déjà parlé (Gen. 31, 51-54), c'est le dieu d'Abraham qui est pris à témoin par Jacob tandis que c'est le dieu de Nakhor qui est pris à témoin par son fils Laban. En

[2] On retrouve cette idée de cour divine dans la Bible où il est question des « fils d'Élohim » (Job 1, 6).

[3] Pardee 2000, I, en particulier 92-142.

[4] Baʿlou signifie « Maître » ; à Ougarit, il est surtout l'apanage de Haddou, dieu de l'orage. Son héritier au Ier millénaire sera le dieu araméen Hadad, « Contrôleur des eaux des cieux et de la terre » : cf. Abou Assaf – Bordreuil – Millard 1982, l. 1 (ass.), l. 2 (aram.).

fait, Jacob ne jure pas par le dieu d'Abraham son aïeul, mais bien par celui de son propre père qui est appelé « l'Effroi de son père Isaac », alors que son dieu personnel est appelé « Taureau » ou « Puissant de Jacob » (Gn. 49, 24). La logique voudrait qu'un serment au nom du dieu d'Abraham mentionne soit « le Très Haut (*El-ᶜElyon*) » qu'Abram invoque ailleurs (Gn. 14, 22) et qui sera plus loin identifié à Yahweh (Gn. 14, 22), soit « le Montagneux (?) (*El-Shaddaï*) », nom sous lequel Yahweh se présente à Abram : « Je suis El-Shaddaï » (Gn. 17, 1), puis à Moïse: « Je suis Yahweh ! Je suis apparu à Abraham, Isaac et Jacob comme El-Shaddaï et par mon nom de Yahweh je n'ai pas été connu d'eux » (Ex. 6, 2). Le dieu de Moïse est donc censé récapituler ici ces deux formes antérieures d'apparition divine aux patriarches que sont El ᶜElyon et El Shaddaï. Cette interprétation assimile donc dans la longue durée deux noms divins à un troisième comme s'il s'agissait de noms d'emprunt dissimulant le nom véritable qui serait le tétragramme YHWH. En réalité, l'étymologie de El Shaddaï semble évoquer le caractère montagneux de la divinité et l'étymologie de El ᶜElyon lui confère un caractère ouranien qui n'est pas sans rapport avec la forme brève *ᶜly* qui est un titre du Baᶜlou d'Ougarit. On sait par ailleurs que, parmi les multiples interprétations qui ont été données du nom Yahweh au cours des siècles, celle de Julius WELLHAUSEN qui le considérait comme le dieu dont le vent est le souffle, rend peut-être le mieux compte de sa signification originelle, attestée par la théophanie de II Sam. 22, 10s. : *« Il inclina les cieux et descendit, un épais nuage sous ses pieds ; il monta sur un chérubin et vola, il apparut sur les ailes du vent ... »*[5].

Ps 91,1s. donne une image sensiblement différente des relations entre ces trois théonymes El Shaddaï-El ᶜElyon-Yahweh dont la séquence a été réduite par Ex. 6, 2 à un simple passage de relais : *« Toi qui habites dans le secret du Très-Haut, qui te loges à l'ombre de Shaddaï, dis à Yahweh : « Mon abri et ma forteresse, mon Dieu en qui je me confie»* ». Il s'agit plutôt ici de la reconnaissance, par un tenant des anciens cultes patriarcaux, de la souveraineté de Yahweh.

2. Les Dieux-parents

Une distinction devenue classique a été opérée depuis longtemps dans l'histoire des religions sémitiques[6], entre les dieux-parents et les dieux-maîtres. Les dieux-parents sont ceux des sociétés de nomades et de semi-nomades. On

[5] L'interprétation théologique proposée par la Bible, du nom mystérieux YHWH révélé à Moïse, propose une étymologie qui pourrait renvoyer à une désignation de l'« être ».

[6] Dhorme 1932, 229-244.

classe les dieux des patriarches parmi les dieux-parents, vénérés par des clans semi-nomades. D'après les récits de la Genèse, les clans patriarcaux sont en effet sur le point de se sédentariser en des lieux identifiés, précis et bien connus: ce sera Hébron pour Abraham, Beer Sheba pour Isaac et Béthel pour Jacob.

En ce sens, les récits patriarcaux présentent un état intermédiaire entre le culte de dieux des ancêtres nomades des patriarches et le culte des dieux de leurs descendants qui sont des semi-nomades en cours de sédentarisation. Pour leur filiaux adorateurs, ces dieux vont devenir progressivement «dieu du lieu» dont nous allons parler dans un instant.

Les relations complexes entre « le dieu du père », en l'occurrence « le dieu ancestral » et « le dieu du lieu », sont illustrées par l'épisode, relaté à II Rois 17, 24-28, de l'implantation par les Assyriens à la fin du VIIIe siècle dans le territoire de l'ancien royaume d'Israël de colons venus des marches orientales de l'empire pour remplacer les habitants de ce royaume eux-mêmes déportés en Assyrie. Or, ces colons continueront de vénérer leurs dieux ancestraux, tout en embrassant le culte du dieu de la dynastie israélite à telle enseigne qu'un prêtre de Yahweh sera ramené à Béthel où il sera chargé d'y réorganiser le culte traditionnel du dieu du lieu (v. 28).

3. Les Dieux maîtres

Le second volet de la répartition des divinités sémitiques concerne les dieux-maîtres. Leur principale caractéristique est de bénéficier d'une sorte de pied-à-terre, et d'être considéré pour cette raison comme des « dieux du lieu ». Au contraire des dieux patriarcaux qui étaient vénérés dans des sociétés pratiquant le semi-nomadisme, le culte des dieux-maîtres a été pratiqué dans les sociétés agraires, donc sédentarisées. Dans la corne occidentale du Croissant Fertile, dont font partie les régions du Levant, ils ont bénéficié d'une particulière faveur. La pratique de l'agriculture «à la pluie» a entrainé en effet la prééminence du dieu de l'orage dont il a été question il y a quelques instants et auquel les textes des Sémites de l'Ouest ont décerné le titre de Baal : « Maître ». Lui qui donne fertilité au sol, nourriture au bétail et aux paysans, en dépit d'une irrégularité trop souvent répétée des précipitations orageuses, mais qui donne aussi la fécondité aux femmes. L'attente des ondées elle-même confortait la prééminence de ce dieu auprès de qui on implore ardemment la venue de la pluie, ce dont témoignent à plusieurs reprises les récits mythologiques et légendaires d'Ougarit.

4. Le dieu du lieu : l'exemple de Silo

La Bible illustre de manière particulièrement frappante ce que pouvait être le culte d'un « dieu du lieu » avec les premiers chapitres de I Samuel qui marquent une étape importante en illustrant de manière très vivante la crise qui se développe autour du sanctuaire de Silo. Parmi les sanctuaires antérieurs à la concentration du culte sur Jérusalem, celui-ci occupe incontestablement la première place, probablement en raison de son antiquité et de sa situation dans la montagne d'Ephraïm au cœur de la Palestine (actuellement Seilûn à 20 kms de Naplouse). L'arche d'alliance y fut installée au temps des Juges. C'est aussi le lieu par excellence, le creuset où usages tribaux issus du nomadisme et croyances sédentaires d'origine cananéenne vont donner naissance au yahwisme primitif. Anne, restée stérile, vient demander au « dieu du lieu » un fils, le futur prophète Samuel, qu'elle fera « entrer dans la maison de Yahweh, à Silo » (I Sam. 1, 24).

5. Le Dieu du Roi

Avec la dynastie de David, le « dieu du lieu » va se confondre avec le « dieu du roi ». En amenant l'arche d'alliance depuis Silo jusqu'à Jérusalem (II Sam. 6), ville dépourvue jusqu'alors de traditions yahwistes, David transfère littéralement Silo à Jérusalem, mettant en quelque sorte le dieu du lieu vénéré comme sanctuaire traditionnel au service du dieu du roi. Au VIIe siècle, à Khirbet beit lei, un graffite évoquera « le dieu de Jérusalem ».

Comme on l'a dit plus haut, Ps. 91, 1 évoque vraisemblablement ce passage du culte des dieux patriarcaux El ʿElyon et El Shaddaï au culte yahwiste, peut-être sous la forme d'une exhortation adressée à un prosélyte. La prophétie de Natan (II Sam. 7) entérinera cette alliance entre Yahweh « Dieu du trône »[7] et la descendance davidique jusqu'à la prise de Jérusalem en 586.

Derrière ces caractérisations successives du dieu d'Israël, il va sans dire que les textes considèrent qu'il s'agit à chaque étape du même dieu. Or, si la Bible privilégie largement la figure et le culte de Yahweh, dans la réalité, on parlera plutôt d'hénothéisme officiel. En effet, dans le royaume du Nord aussi bien qu'en Juda, même si le culte du dieu du trône, en l'occurence celui de Yahweh, devait conserver une certaine prééminence, les rois sacrifient à tous les dieux du royaume, ce qui leur est d'ailleurs aigrement reproché par les prophètes et par les récits des livres des Rois. On peut donc présumer que l'Israélite pieux, à l'instar de ses rois, devait être davantage hénothéiste* que monothéiste et il semble alors avoir été admis que si YHWH exerçait une certaine souveraineté sur la terre d'Israël, il fallait aussi s'attirer la bienveillance d'autres dieux.

[7] J'emprunte cette heureuse expression à A. Sérandour (communication privée) qui me fait noter que lors de la prise de Samarie par Sargon II, Yahweh, dieu local du trône, demeure le dieu du pays dans la province annexée par le vainqueur (II R. 17, 24-28).

6. Le Dieu du peuple

La chute de la monarchie judéenne entraînera l'extension du rôle de Yahweh à l'ensemble des membres de la communauté. Il devient alors le « Dieu du peuple », littéralement de l'ethnie des « fils d'Israël » qui est consacrée à Yahweh, son dieu séculaire (Esd. 1, 2-4), par l'intermédiaire du clergé, gardien du temple et de ses rituels et en l'absence du médiateur disparu qui était le roi régnant.

Si l'assimilation des dieux des pères à Yahweh, telle qu'elle est exposée par Ex. 6, résout un peu rapidement la question en la traitant comme une simple mutation onomastique, d'autres textes donnent une présentation sensiblement différente en reconnaissant que les ancêtres du peuple avaient servi d'autres dieux : *« les dieux que vos pères ont servis au delà du Fleuve et en Égypte ... les dieux des Amorrhéens au pays desquels vous habitez »* (Jos. 24,14s.), ceux que l'on retrouve dans les panthéons syriens du Ier millénaire. C'est alors que Josué confesse : *« moi et ma maison, nous servirons Yahweh »*. Un autre éclairage est apporté par Deut. 32, 8s. : *« Quand le Très-Haut* (ʾEl ʿElyon) *répartissait les nations, quand il disséminait les fils d'Adam, il dressa les bornes des peuples d'après le nombre des fils d'Israël, car le lot de Yahweh, c'était son peuple, Jacob était sa part d'héritage »*. Cette affirmation, qui rappelle de manière étonnante ce qui a été dit en début d'exposé sur « l'assemblée » ou le « cercle » des « fils de Ilou » d'Ougarit, trouvera un écho dans le prologue du livre de Job (Job 2, 1) qui décrit la visite des « fils d'Elohim » auprès de Yahweh ; mais dans ce dernier texte, les rôles sont inversés : Yahweh n'est plus un subalterne du Très-Haut ; c'est lui maintenant qui reçoit l'hommage des fils d'Elohim.

On ne saurait surestimer la portée de Deut. 32, 8s. qui est inséré dans ce qu'on appelle habituellement le Cantique de Moïse. C'est en effet ici que l'on trouve la double affirmation de Yahweh comme dieu unique, non pas dans l'absolu, ce qui caractérisera plus tard le monothéisme, mais en liaison étroite avec son peuple. Dès lors, on pourra ici parler de monolâtrie, à condition de ne pas en détacher la dimension ethnique : Yahweh est le dieu de Jacob/Israël comme Milkom est le dieu des fils de ʿAmmon, comme Kemosh est le dieu de Moab. Pour ces deux dieux, en l'absence de sources, s'agit-il de l'hénothéisme accordant une faveur particulière à une divinité ou de monolâtrie ? Il est difficile de trancher, mais le seul dieu moabite mentionné par la stèle de Meshaʿ et par les textes bibliques est Kemosh et les Moabites sont appelés « le peuple de Kamosh » (Jér. 48, 46). Le haut lieu édifié par Salomon sur le Mont des Oliviers (I Rois 11, 7) est dédié respectivement à « Kamosh, abomination de Moab » et à « Milkom, abomination des fils d'Ammon », sans qu'il soit fait mention d'autres dieux.

7. La monolâtrie

L'attachement à un seul dieu, sans nier toutefois l'existence d'autres divinités, n'est pas sans exemples et on le retrouve dès le début du Ier millénaire, en Babylonie où Nabuchodonosor Ier veut étendre le pouvoir de Mardouk, dieu tutélaire de la capitale, sur l'ensemble du panthéon. En Assyrie, Sennachérib au VIIe siècle essaiera de remplacer Mardouk par Assour et un siècle plus tard, Nabonide essaiera de donner la primauté au dieu-lune Sin.

Le lien, désormais direct après l'exil babylonien, entre Yahweh et le peuple d'Israël, a certainement favorisé le développement d'une piété tournée désormais vers une seule divinité et concentrée progressivement sur Yahweh et son culte. De ce point de vue, la phrase célèbre de Ruth la moabite, disant à sa belle-mère Naomi qu'elle veut suivre au pays de Juda. « *Ton peuple sera mon peuple, ton dieu sera mon dieu* » (Ruth 1, 16) résume de manière lapidaire ce lien essentiel entre un seul dieu et son peuple. La confession de Ruth apparaît donc comme une sorte d'historicisation de l'attribution à Yahweh d'Israël en héritage, attribution qui est évoquée dans Dt. 32 et l'on parlera ici effectivement ici de monolâtrie ethnique.

Si l'hénothéisme consiste à opérer un choix en privilégiant une ou deux divinités dans le panthéon local, la monolâtrie va plus loin en laissant de côté les autres dieux qui sont inaptes à régir la communauté ethnique en question. Ces dieux, devenus étrangers, sont toutefois identifiés comme des dieux réels, même si leur puissance est en sursis puisqu'ils seront réduits à néant à la fin des temps. Le rejet de ces dieux étrangers comporte plusieurs degrés et, au IIe siècle av. J.-C., un verset du livre de Daniel reproche à Antiochos IV Épiphane* de n'avoir « *pas d'attentions pour les dieux de ses pères ... pour [la divinité] chérie des femmes, ni pour toute divinité ...* » (Dn. 11, 37). En effet, ce roi, instituant à Jérusalem le culte de Zeus olympien, va reléguer à l'arrière-plan les dieux syriens parmi lesquels figurait Adonis-Tammouz. On peut en déduire que, parmi ces dieux désormais étrangers, les dieux sémitiques avaient meilleure presse que les dieux grecs dont Zeus Olympien, devenu « *l'abomination de la désolation* » (I Mac.1, 54).

Enfin, le terme même de monolâtrie doit être relativisé ; en effet, la présence est attestée d'une déesse parèdre* de YHWH, en particulier chez les Judéens* établis comme colons militaires à Éléphantine en Haute Égypte au Ve siècle av. J.-C. Ceux-ci vénéraient à côté du dieu national une déesse ʿAnat qu'ils appelaient ʾAnat-Yahô et Ashim-Bethel. Deux siècles plus tôt, les inscriptions hébraïques de Kuntillet Ajroud, accompagnées d'images de la divinité, contiennent des bénédictions telles que : « *Je vous bénis par Yahweh de Samarie et par son Ashérah* », « *je te bénis devant/par Yahweh de Teman et son*

Ashérah » et l'on retrouve ici la conception de Yahweh comme « dieu du lieu ».

Les documents de Kuntillet Ajroud montrent que l'aniconisme du début du Décalogue est davantage le fruit d'une évolution séculaire qu'une donnée originelle du yahwisme. C'est le Deutéronome qui pendant le règne de Josias, vers 620, va essayer de centraliser à Jérusalem le culte de Yahweh, seul dieu du peuple judéen. Il s'agit pourtant encore de monolâtrie, puisque l'existence des autres dieux est admise, mais c'est en même temps la manifestation du refus de la soumission absolue exigée par le roi d'Assyrie. Encore au IIe siècle av. J.-C., le chapitre 9 de Daniel laissera encore la place aux dieux des nations qui, dans cette perspective, deviennent des anges. Le dieu d'Israël, seul objet d'adoration, joue alors un rôle d'arbitre.

Mais dès le VIIe siècle, en contribuant à renforcer la cohésion communautaire, la réforme deutéronomique*, que l'on a pu définir comme une « monolâtrie intolérante », entendait entraîner la religion nationale à considérer l'idolâtrie comme une forme de trahison. Toutefois, la polémique récurrente contre toute forme d'idolâtrie laisse entendre que, dans la pratique, la réalité en matière religieuse se situait souvent bien en deçà des règles deutéronomiques au caractère idéal manifeste.

8. L'influence perse. Le dieu du ciel

Il est évident que la politique nationale des Perses achéménides* incitait les divers peuples de l'Empire, en fonction de leur tradition nationale, soit à un hénothéisme national, chaque ethnie adorant son dieu séculaire et conservant ses propres rituels, soit à une forme de monolâtrie. On ne peut parler d'une évolution vers le monothéisme en faisant abstraction de l'organisation de l'empire perse qui lui a donné son cadre institutionnel.

En effet, cette politique pratiquée par les Achéménides a en quelque sorte contribué à donner le ton à l'avènement du monothéisme en proscrivant les dieux faits de bois ou de pierre, qui est une tradition ancienne des Perses, selon le témoignage unanime des auteurs anciens[8] et en réaffirmant la primauté du « dieu du ciel », bien attesté depuis déjà longtemps chez les Sémites de l'Ouest, qu'ils soient adeptes du Baal phénicien ou araméen. Il est certain que la structure même du premier empire oriental vraiment supranational allait dans le même sens.

[8] Voir les références dans Sérandour 2004, 47 n. 9.

9. L'avènement du monothéisme

Il faudra pourtant attendre l'apparition au Proche-Orient au premier siècle av. J.-C. du premier empire mondial: l'empire romain, étendant ses frontières de l'Espagne à l'Euphrate et son influence au delà encore, pour que le judaïsme avec Philon d'Alexandrie[9], puis le christianisme qui va surgir peu après, fasse sienne l'idée qu'il n'existe qu'un seul dieu sur l'ensemble de la terre habitée. On voit que l'idée d'un seul dieu pour la terre entière, c'est-à-dire le monothéisme intégral, s'est imposée au terme d'un lent processus séculaire.

Il ne faut pas oublier que la définition la plus ancienne, prémonitoire en même temps que la plus rigoureuse, du monothéisme, avait bien été donnée, négativement, par le prophète Isaïe (45, 22) : « *Ne suis-je pas YHWH et en dehors de moi il n'y a pas d'autre dieu ?* »[10]. De même, c'est ainsi qu'on peut entendre la confession de foi israélite : « *YHWH (est) notre Dieu, YHWH (est) un* » (Deutéronome 6,4). Mais on pourrait aussi comprendre cette affirmation ainsi: « ... *YHWH, (lui) seul* ».

L'élément, présent à toutes les étapes de cette évolution, et qui apparaît essentiel, est celui de la paternité divine. Si un élément fondamental de la piété humaine est le sentiment d'appartenance envers la divinité, c'est bien la relation filiale qui en donne l'image la plus concrète. À Ougarit, le théonyme *Ilib* de traduction incertaine : « dieu-père » ou « dieu du père », témoigne de la proto-histoire du « dieu des pères » ou du « dieu-père » des récits patriarcaux de la Genèse. Plus tard, Yahweh s'adressera ainsi à son oint : « *Tu es mon fils, je t'ai engendré aujourd'hui* » (Ps. 2, 7). La force de cette relation filiale revêt bien entendu une intensité singulière si le croyant a comme seul partenaire son dieu personnel à l'exclusion de tout autre.

L'existence d'un lien étroit entre monothéisme et dieu personnel ne devrait pas faire oublier celle d'un troisième élément complémentaire des deux précédents, à savoir le caractère universel du dieu qui est réputé unique. Comme on vient de le dire, une telle prise de conscience n'aurait guère pu se développer complètement avant que la terre habitée et ses populations ne soient perçues comme un tout.

9 Sérandour 2004, 51.

10 Caquot 2005 : « *C'est le cas pour ceux qui procèdent du monothéisme biblique : l'Islam, «Il n'y a de dieu que Dieu ...», et, avant lui, le Christianisme dont le dogme trinitaire adapte le monothéisme à la variété des fonctions exercées par le divin* ».

Conclusion

On ne doit certainement pas distinguer de manière trop stricte hénothéisme, monolâtrie et monothéisme et proposer des définitions figées de ces attitudes religieuses. On a vu au début de cet exposé que, si l'hénothéisme des Ougaritains tendait à privilégier la vénération de Baᶜlou dieu de l'orage, le rôle de ᵓIlou, le père de l'humanité, ne saurait être minimisé. De fait, c'est dans celle de Baᶜlou, jeune et actif qu'a pris sa source l'image de Yahweh, « l'homme de guerre » du Cantique de Moïse d'Exode 15, 3. C'est dans celle de ᵓIlou, vieillard sage et chenu, qu'a pris sa source l'image de « l'ancien des jours » de Daniel 7, 9. Toutefois, ces deux dieux majeurs représentaient davantage des personnifications de vertus cardinales comme la sagesse du vieillard (ᵓIlou) et la force de l'homme jeune (Baᶜlou) que des personnalités au sens plein du terme. La superposition de ces deux personnifications de vertus divines : ᵓIlou et Baᶜlou a amené à la représentation de Yahweh comme une personne, ce qui peut se concevoir aussi bien dans une perspective monolâtrique que monothéiste.

> *« Avec la monolâtrie qui admet la réalité de plusieurs dieux, mais choisit de n'en adorer qu'un seul, que ce soit au niveau de la collectivité ou de l'individu, le recentrement sur une seule divinité a certainement contribué à tisser des liens plus étroits entre le fidèle et son dieu. Davantage que l'hénothéisme collectif qui est affaire de religion, la monolâtrie, à l'échelon individuel ou à celui de la communauté ethnique, a été affaire de religiosité »*[11].

Toutefois, contrairement aux apparences, la monolâtrie, que j'ai située entre superstition et fanatisme, n'est pas intrinsèquement liée à une forme de tolérance et on a pu décrire l'idéologie deutéronomiste sous la domination assyrienne et néo-babylonienne comme une « monolâtrie intolérante »[12].

> *« Le terme «monothéisme» semble être un néologisme du XVIIe siècle ; les déistes parlaient de monothéisme pour désigner la religion universelle de l'humanité ; d'autres en revanche appliquèrent cette notion au judaïsme et au christianisme pour distinguer ces religions des autres croyances de l'Antiquité et pour affirmer la supériorité spirituelle et morale des religions monothéistes. Tandis que les premiers utilisent le concept de monothéisme dans un sens inclusif (tous les hommes sans le savoir vénèrent le même dieu), les seconds lui attribuent une fonction d'exclusion (la foi monothéiste permet de distinguer les religions bibliques des autres croyances). L'idée monothéiste peut donc se comprendre de deux manières opposées : d'une manière inclusive, et d'une manière exclusive. Comme on va le voir, ces deux points de vue se trouvent également dans les textes bibliques »*[13].

[11] Définition dans Caquot 2005, 1457s.

[12] Pakkala 1999, cité dans Römer 2006, 181.

[13] Römer 2010, 9.

On trouvera un exemple de monothéisme exclusif dans les scènes décrites dans Esdras 10 avec la prohibition des mariages mixtes et le renvoi des femmes étrangères y compris des enfants nés de ces unions (v. 44). Au contraire, la fameuse plaidoirie de Paul de Tarse devant l'aréopage athénien (Actes 17, 22-31) est en quelque sorte l'illustration d'un monothéisme inclusif: « *Athéniens, à tous égards vous êtes, je le vois, les plus religieux des hommes. Parcourant en effet votre ville et considérant vos monuments sacrés, j'ai trouvé jusqu'à un autel avec l'inscription : «au dieu inconnu». Eh bien ! ce que vous adorez sans le connaître, je viens, moi, vous l'annoncer* ». Le discours continue avec l'affirmation monothéiste que le Créateur, Seigneur du ciel et de la terre, n'habite pas dans des temples faits de main d'homme. Avec une grande habileté, l'Apôtre des Nations prend comme point de départ un dieu athénien, somme toute mineur et anonyme, pour l'identifier au dieu des Chrétiens, passant ainsi directement du polythéisme au monothéisme.

Pour terminer, citons encore Paul de Tarse qui, dans son épître aux Ephésiens, donnera dans les années 60 de notre ère la formulation la plus exacte en même temps que la plus concise du monothéisme universaliste : « *Un seul Dieu et Père de tous, qui est au-dessus de tous, par tous et en tous* » (Éph. 4, 6).

Références

CAQUOT, A.
2005. « Monothéisme (Bible) », dans J. LECLANT (éd.), *Dictionnaire de l'Antiquité*, Paris, 1457-1458.
ABOU ASSAF, A. – BORDREUIL, P. – MILLARD, A.R.
1982, *La statue de Tell Fekhéryé et son inscription bilingue assyro-araméenne*, Paris.
BORDREUIL, P.
2013. « Les bijoux astraux des femmes de Jérusalem (Isaïe 3, 18) », dans I. GAJDA, Fr. BRIQUEL-CHATONNET, C. FAVEAUD (éd.), *Mélanges offerts à François Bron*, Orient et Méditerranée 12, Paris, p. 259-264.
DHORME, É.
1932. « Le dieu parent et le dieu maître dans la religion des Hébreux », *Revue de l'histoire des religions* 53, 229-244.
PAKKALA, J.
1999. *Intolerant Monolatry in the Deuteronomistic History*, publ. of the Finnish Exegetical Society 76, Helsinki – Göttingen.
PARDEE, D.
2000. *Les textes rituels, RSO* XII, Paris.
RÖMER, Th.
2006. *La première histoire d'Israël, l'école deutéronomiste à l'œuvre*, Genève ; 2010. *Enquête sur le dieu unique*, Paris.
SÉRANDOUR, A.
2004. « Apparition d'un monothéisme dans la religion d'Israël (IIIe siècle av. J.-C. ou plus tard ?) », *Diogène* 205, p. 36-51.

LA RELIGION D'AKHÉNATON : MONOTHÉISME OU AUTRE CHOSE ? HISTOIRE ET ACTUALITÉ D'UN DÉBAT ÉGYPTOLOGIQUE[1]

Christian CANNUYER
Université catholique de Lille, Faculté de Théologie
Président de la Société Belge d'Études Orientales

C'est dans la seconde moitié du 19e siècle que la « révolution » religieuse promue par le pharaon Amenhotep IV/Akhénaton (regn. ± 1348-1331 av. J.-C.)[2] a commencé à être connue grâce aux premières descriptions de sa capi-

[1] Cet article reprend en partie et actualise CANNUYER, 2002, étude qui n'a pas bénéficié d'une bonne visibilité dans les milieux égyptologiques : LABOURY, 2010, l'ignore (comme, il est vrai, la plupart des travaux de ses collègues belges), et l'excellent essai de VOLOKHINE, 2008, avec lequel je m'accorde souvent, ne la connaît que par un résumé mis en ligne sur le site de Clio http://www.clio.fr/bibliotheque/pdf/pdf_akhenaton_precurseur_du_monotheisme_.pdf

[2] Ces dates sont celles données par VANDERSLEYEN, 1995, où l'on trouvera, 410 suiv., une utile synthèse sur l'épisode amarnien (très commode est aussi l'ouvrage de SCHLÖGL, 1993, auquel on peut renvoyer pour toutes les données factuelles). Elles ne tiennent pas compte de l'hypothèse d'une éventuelle corégence entre Amenhotep IV/Akhénaton et son père Amenhotep III, qui, selon ses partisans, aurait pu durer jusqu'à douze ans, le règne du pharaon « hérétique » devant alors se placer de 1359 à 1342 av. J.-C. environ. Un assez large consensus sest dégagé ces dernières années pour rejeter l'hypothèse d'une telle corégence, longue ou courte ; les arguments les plus forts contre cette théorie ont été donnés par GABOLDE, 1998 et 2005a, 30 ; bon résumé dans LABOURY, 2010, 87-92. On peut reprocher à Gabolde, dont les conclusions sont certes séduisantes, d'avoir lu trop rapidement Claude VANDERSLEYEN lorsqu'il l'accuse d'être résolument dans le « camp » des partisans de la corégence. Beaucoup plus nuancé, VANDERSLEYEN, 1995, 402-407, a surtout voulu montrer que si les arguments avancés par les défenseurs de la corégence n'étaient pas sans force, aucune « preuve » décisive ne pouvait être apportée pour ou contre l'hypothèse, « qui contraindrait l''adversaire' à l'acquiescement ». Pour convaincante qu'elle soit, la démonstration de Marc GABOLDE, injustement sévère à l'égard de VANDERSLEYEN, n'a pas apporté cette « preuve » absolument péremptoire. Or voici que la presse a relaté la découverte récente à Louqsor, par une équipe égypto-espagnole, d'inscriptions présentant ensemble les cartouches d'Amenhotep III et Amenhotep IV et indiquant que le règne de ce dernier aurait commencé dès l'an 30 (jublié *Ḥb-šd*) de celui de son père. Il faut bien sûr attendre la publication de ces documents pour se faire une opinion

tale Akhetaton (el-Amarna en Moyenne-Égypte), puis, dans les années 1920, par l'exhumation des vestiges des monuments construits par ce roi à Karnak et la fabuleuse découverte de la tombe de son successeur, Toutankhamon (1922)[3]. Certains égyptologues virent bientôt dans la réforme « amarnienne » l'émergence du premier « monothéisme » de l'histoire. Bannissant la foule des dieux d'antan et surtout l'impérial Amon thébain, protecteur de la dynastie, le roi s'était consacré au culte du seul « disque solaire » Aton ; afin de bien manifester la mutation radicale à laquelle il s'employait, il avait changé son nom d'Amenhotep (« Amon est satisfait ») en Akhénaton (« Celui qui est utile à Aton »[4]). Dans le même temps, il encourageait personnellement un art étrange, d'un vérisme à ce point excessif qu'il confine à un non-réalisme extrême[5], un saut qualitatif délibéré exprimant sans détour une rupture avec l'art si délicat, à la beauté raffinée et académique, qui avait prévalu sous le règne de son père Amenhotep III. Le rejet des anciennes traditions se trouva consommé lorsqu'en l'an 5 de son règne, le pharaon quitta Thèbes pour s'établir à quelque 300 km plus au nord, dans un site vierge, strictement délimité et réservé à Aton, en quelque sorte une ville en dehors de l'espace commun, Akhetaton (« L'Horizon d'Aton »). Là, épaulé par une épouse très aimée, l'énigmatique Néfertiti, et par une équipe soudée d'hommes nouveaux et zélés, il avait pu développer à souhait ses idées religieuses, exprimées notamment dans deux « Hymnes » retrouvés sur les parois des tombes de quelques dignitaires du régime. L'aventure avait cependant tourné court : après dix-sept ans d'un règne trop obnubilé par les questions religieuses et, dès lors, peut-être insouciant du délabrement progressif de l'influence égyptienne sur la scène asiatique, Akhénaton était mort dans des circonstances peu claires

précise de ce qu'ils apportent au dossier, mais sans doute celui-ci n'est-il pas si définitivement clos que certains l'ont prétendu.

3 Sur l'histoire de la redécouverte d'Akhénaton et de ses monuments à Karnak, à Amarna et ailleurs, voir van de Walle, 1976, les dix premiers chapitres de l'ouvrage d'Aldred, 1988, Hornung, 2001, 2-27, ainsi que Laboury, 2010, 15-42. Sur l'évolution de la perception de la religion d'Aton qu'ont développée les égyptologues, voir la remarquable rétrospective de Volokhine, 2008.

4 C'est la traduction convenue, qu'adopte par exemple Grandet, 1995, 10, mais qui, on le verra plus loin, peut être affinée.

5 Sur la naissance à Thèbes de l'art amarnien, dans les premières années du règne, sur son expressionnisme exacerbé, qui s'adoucira par la suite et se mâtinera de sentimentalisme, voir l'excellent exposé de Vandersleyen, 1995, 418-422 et 463-464, qui donne une importante bibliographie. Laboury, 2010, 208-223, et 2011, insiste sur le fait que la dimension « révolutionnaire » de cet art s'inscrit cependant dans la tradition, souligne ses motivations idéologiques et, s'agissant de la scultpure, attire l'attention sur certaines contraintes techniques.

et son décès avait été suivi d'un imbroglio dynastique inextricable[6], qui se termina par l'accession au trône de son fils, Toutankhaton, né de Néfertiti[7] vers 1328 av. J.-C. : ce roi-enfant restaura les cultes traditionnels, abandonna Akhetaton et prit le nom plus « théologiquement correct » de Toutankhamon (« Plénier de Vie est Amon »). Sa réputation est devenue universelle à la suite de la découverte en 1922 de sa tombe inviolée dans la Vallée des Rois. Sous les règnes postérieurs[8], on s'employa à extirper de la mémoire égyptienne le nom et l'œuvre de l'« hérétique d'Akhetaton », ses monuments furent systématiquement détruits ou remployés, son règne rayé des annales... Le « rêve d'Amarna » s'évanouit dans les sables du désert.

La lecture monothéiste de la religion d'Akhénaton

Dans la première moitié du XXe siècle, l'égyptologie a élaboré de la religion ou de la « réforme » d'Akhénaton une reconstruction qu'on peut juger un brin « romantique ». Akhénaton aurait balayé le polythéisme de la religion égyptienne traditionnelle et sa « contre-religion » marquerait l'avènement du premier monothéisme de l'histoire de l'humanité, le culte du Seul, de l'Unique Aton. Par le biais de présentations vulgarisées et d'inégale qualité, notamment celle, assez médiocre, d'Arthur Weigall, 1910[9], cette vision enthousiasmante de la religion amarnienne suscita l'intérêt de Sigmund Freud lui-même, qui, à la suite de l'égyptologue James Henry Breasted[10], salua en Akhénaton le maître de Moïse, postulant une filiation spirituelle directe entre les deux « prophètes monothéistes »[11]. La tétralogie romanesque de Thomas

6 Cet embrouillamini dynastique effroyable ne me retiendra pas ici. Les approches les plus récentes et les plus solides, aux conclusions parfois opposées, sont celles de Vandersleyen, 1995, Gabolde, 1998, 2008 et 2013, Dodson, 2009, Laboury, 2010, 329-356.

7 Cette filiation a été confirmée par de récentes recherches sur l'ADN des momies de la famille royale, du moins si l'on accepte la correction de leurs conclusions proposée par Gabolde, 2013.

8 Surtout, pense-t-on maintenant, sous la 19e dynastie, celle des Ramsès (à partir d'env. 1290 av. J.-C.) : cf. Laboury, 2010, 357-362.

9 Weigall christianise presque Akhénaton, dont il fait le « premier apôtre » du « vrai Dieu »... « un dieu de sincérité, d'honnêteté et de véracité qui sont des qualités que l'on ne trouvait pas toujours dans le cœur d'un Égyptien » (Volokhine, 2008, 133). La même attitude élogieuse et, par voie de conséquence très méprisante vis-à-vis du polythéisme traditionnel, se rencontre aussi chez Erman, 1905.

10 C'est en effet la thèse de Breasted, 1894, qui fut la première à suggérer sur un mode savant et convaincant un lien de dépendance entre le monothéisme d'Akhénaton et le monothéisme « mosaïque ». Volokhine, 2008, 182.

11 Freud, 1939 ; voir Assmann, 2001a et Krauss, 2000, 41 suiv. Les positions de Freud ont rapidement suscité des réactions négatives, notamment dans les milieux juifs, qui contes-

Mann, *Joseph und seine Brüder* (1933-43) contribua, elle aussi, à populariser l'idée d'un lien entre Akhénaton et l'aventure spirituelle d'« Israël en Égypte »[12]. La chronologie y invitait, qui avait de plus en plus tendance à situer Moïse et son enfance égyptienne au XIIIe siècle avant notre ère. Akhénaton ayant précédé d'environ un siècle la révélation mosaïque, celle-ci devait, en réalité, être héritière de la révolution amarnienne. Aton était le prototype de YHWH. Toute une littérature a relayé par la suite cette lecture « proto-monothéiste » du culte d'Aton, les travaux égyptologiques sérieux[13] y côtoyant l'essai un peu léger de Daniel-Rops, *Le roi ivre de Dieu* (1951)[14], quelques romans plus ou moins réussis[15], acidulés ou franchement tape-à-l'œil, jusqu'à certains délires ésotériques[16] ou égyptomaniaques parmi les plus ahurissants[17].

Cette vision « monothéiste » de la religion d'Akhénaton se fondait essentiellement sur l'interprétation des deux « Hymnes »[18] théologiques qu'on lit sur les parois de certaines tombes d'Amarna et dont on attribue avec quelque vraisemblance la composition au roi lui-même. Certes, on leur connaissait des antécédents et d'aucuns soupçonnaient Akhenaton d'avoir exacerbé, en quelque sorte, des tendances déjà présentes dans la théologie héliopolitaine

taient la validité de l'hypothèse d'un rapprochement entre le monothéisme atonien et celui d'Israël : par exemple ROSENVASSER, 1948, qui rétorqua que l'originalité de la doctrine d'Akhénaton consistait surtout dans le fanatisme avec lequel il avait voulu imposer ses vues à son peuple et dans la révolution artistique qu'il inspira .

12 Cf. GRIMM, 1992 ; E HORNUNG, 1993; ASSMANN, 2006.

13 Ainsi DESROCHES NOBLECOURT, 1963.

14 Dans ce livre qui a connu un grand succès dans les milieux catholiques en France, DANIEL-ROPS, alias Henri PETIOT, s'attarde notamment sur la comparaison entre le grand hymne à Aton d'Akhénaton et le Psaume 104, qui avait été abondamment utilisée par WEIGALL pour montrer l'influence de la religion amarnienne sur la Bible.

15 L'un des meilleurs dans le genre reste celui de S. STRUNSKY, 1928.

16 Par exemple AZIZ, 1980, qui développe jusqu'à l'extrême la thèse de Freud, allant jusqu'à identifier Akhénaton à Moïse. Dans la même veine, OSMAN, 1990.

17 Le sommet de la mystification a été atteint avec le livre de M. et R. SABBAH, 2000 dont il n'y aurait même pas à dire ici un mot si la grande presse francophone (notament *Le Figaro* à Paris, *Le Soir* à Bruxelles) ne lui avait consacré des pages entières. Exemple de l'immense naïveté ou de la malhonnêteté de ces « chercheurs », ils ressuscitent le rapprochement fumeux et sans aucun fondement imaginé par WEIGALL, 1910, 159-161 — en l'occurrence piètre linguiste — entre le nom d'Aton et Adonaï, l'une des désignations bibliques de Dieu ; cet argument, dont l'origine remonte en fait à Samuel Birch en 1878 (VOLOKHINE, 2008, 140, n. 16), avait beaucoup impressionné Freud mais il n'a aucune valeur scientifique.

18 Le « Grand Hymne », le plus célèbre, n'est attesté que dans la tombe du « père divin » Ay (Amarna, n° 25), qui deviendra pharaon à la mort de Toutankhamon ; le « Petit Hymne », quant à lui, est connu par plusieurs versions recopiées dans cinq tombes différentes avec de légères variantes. Une transcription hiéroglyphique commode et une traduction commentée de ces textes ont été publiées par GRANDET, 1995.

depuis l'Ancien Empire (3e millénaire av. J.-C.). Certains égyptologues influencés par les thèses « diffusionnistes » du P. W. Schmidt (1868-1954)[19], estimaient qu'un monothéisme originel conservé par les « sages » avait existé en Égypte dès les origines[20] — conviction qui, au fond, était déjà celle de Champollion[21] —, progressivement dégradé en polythéisme populaire. Sans aller jusque là, beaucoup tendaient à penser que les Égyptiens avaient, de tout temps, pressenti sous la profusion de leurs divinités, une certaine unité essentielle, manifestée par la propension à les amalgamer (syncrétisme associateur) ou à reconnaître à certains d'entre eux, surtout à Atoum ou à Rê (deux aspects du Soleil dans le système héliopolitain) une prééminence universelle et cosmique sans égale.

La religion d'Akhénaton aurait transformé ce monothéisme potentiel en monothéisme vrai. Aton, le « Disque solaire », le dieu d'Akhénaton, est Unique, Créateur de tout ce qui existe. Les lignes 63-65 du Grand Hymne ne l'affirment-elles pas explicitement ?[22] : « Qu'elles sont nombreuses les œuvres que tu crées, Mystérieuses à nos yeux ! Ô toi ce dieu unique, dont il n'y a pas

[19] Prêtre catholique et historien des religions, fondateur de la revue *Anthropos* en 1906, puis de l'Institut du même nom en 1932 (cf. Zimon, 1986), professeur à l'Université de Vienne, exilé en Suisse en raison de l'hostilité du régime hitlérien, W. Schmidt, dans le sillage d'Andrew Lang (*The Making of Religion*, 1898), postulait la croyance en un Être suprême au début et non pas à la fin du processus de formation de la pensée religieuse chez les peuples anciens, croyance qui serait le fruit d'une pensée logique et causale (cfr sa somme monumentale : *Der Ursprung der Gottesidee*, 12 volumes, 1912-1954). Cette thèse a eu une influence certaine sur le monde savant, plus particulièrement chrétien, et on en trouve des traces palpables chez des égyptologues comme Junker, 1940, 1951 et 1961, ou Drioton, 1955. Sur l'école « diffusionniste » dont Schmidt fut le chef de file, voir Ries, 1979, 88-95.

[20] Il transparaîtrait dans le fait que la littérature sapientiale, dès l'Ancien Empire, utilise volontiers le terme *nṯr*, « dieu », au singulier. Mais on a pu montrer que ce « dieu » des sages peut être une appellation générique pour « tout dieu », « le divin » en général, ou encore renvoyer à la « divinité locale » considérée comme *le* dieu par excellence. Voyez à ce sujet, Vergote, 1963 (article un peu ambigu dans ses conclusions, qui reste tenté par une interprétation monothéiste des sagesses étudiées ; discussions intéressantes *in fine*) ; Posener, 1981 ;Couroyer, 1987 ; Wente, 2002, 224-226.

[21] Voir Jacq, 1996. Le frère de Champollion, Jacques-Joseph, relaie cette conviction quand il écrit que la religion égyptienne « était un monothéisme pur, se manifestant extérieurement par un polythéisme symbolique, c.-à-d., un seul dieu dont toutes les qualités et attributions étaient personnifiées en autant d'agents actifs ou divinités obéissantes » (Champollion-Figeac, 1839, 245). Les mêmes accents tranchés se retrouvent chez le grand Brugsch, 1884-1888. Sur la survivance tenace de conceptions très semblables chez des égyptologues postérieurs, notamment français, voir Volokhine, 2008, 137-138.

[22] La traduction des extraits des Hymnes atoniens donnée dans cet article est de moi. La numérotation des lignes est celle de l'édition de Grandet, 1995. Autre bonne traduction récente : Mathieu, 2005.

d'autre[23], qui crées[24] la terre selon ton cœur, étant seul : les humains, le bétail et tous les petits mammifères, tout ce qui est sur la terre et marche sur ses pattes, ce qui est dans le ciel et vole de ses ailes, la Syrie, la Nubie et la Terre d'Égypte ». Ce dieu parfaitement Un s'est révélé au pharaon, Akhénaton lui-même, qui est en quelque sorte son prophète, le détenteur exclusif de sa vérité : « Nul ne te connaît excepté ton fils, Néferkheperourê Ouâenrê[25], auquel tu as donné d'être instruit de tes desseins et de ta puissance », dit encore le Grand Hymne (l. 101-103). « Je suis ton fils — renchérit Akhénaton dans le Petit Hymne (l. 43-44) —, celui qui est *akh*[26] pour toi, qui exalte ton nom, car ta force et ta puissance demeurent en mon cœur ». La physionomie du roi dans l'art atonien, spécialement dans les statues colossales retrouvées à Karnak, avec son visage mi-ange mi-faune, aux yeux en amande perdus dans une infinie contemplation, à la bouche hyper-sensuelle et aux narines palpitantes, traduirait la ferveur mystique d'un prophète visionnaire[27], un mysticisme inspiré dont les Hymnes seraient la transposition littéraire. Aton, l'Unique, est un dieu vivant (*ᶜnḫ*), à la fois transcendant et proche de sa création, qu'il domine, qu'il inonde de son amour, à laquelle il prodigue sans cesse la vie, embrassant de sa sollicitude tous les êtres vivants et tous les peuples de la terre, dans une perspective universaliste d'une étonnante générosité. Il faut ici citer longuement le Grand Hymne à Aton :

[23] On notera la frappante similitude entre cette formule et Isaïe 44,6 « *à part moi, il n'y a pas de dieu* », et la première partie de la profession de foi (*shâhada*) musulmane, *lâ ilâha illâ-llâh*, « *Il n'y a pas d'autre dieu sinon Allâh* ». On comprend que des écrivains égyptiens contemporains — tel, par exemple, Muhammad Husain Haikal (1888-1956) —, émules de la théorie du « pharaonisme » qui défend l'idée d'une continuité culturelle et spirituelle entre l'Égypte pharaonique et l'Égypte musulmane, aient vu en Akhénaton le premier apôtre du *tawHîd*, c.-à-d. du dogme islamique cardinal de l' « Unicité de Dieu ». Cfr Roemer, 1985, 127-128.

[24] La plupart des traducteurs rendent ce verbe au passé. Mais je crois, avec Grandet et d'autres, qu'il s'agit plutôt d'un imperfectif et qu'il faut traduire au présent.

[25] Il s'agit de l'autre nom du roi, écrit, comme le nom Akhénaton, dans un cartouche. Il peut, selon moi, se traduire : « Parfait de manifestations du Soleil est l'Unique du Soleil ».

[26] Cet adjectif qu'on traduit généralement par « utile » est celui qui intervient aussi dans le nom d'*Akh*énaton, auquel ce passage renvoie donc par manière de jeu de mots. La traduction « utile » me paraît non pas erronée mais insuffisamment riche, comme je le montrerai plus loin. L'idée fondamentale est plutôt que le roi est celui « qui révèle » Aton (ce que signifie également l'expression « qui exalte ton nom »), ce qui implique naturellement aussi l'efficacité et l'utilité du rôle du souverain au service du dieu.

[27] Cette physionomie « révèle, de la part des artistes qui sculptèrent ces statues colossales, tout un travail d'interprétation de la réalité, de sélection et d'accentuation des traits, afin de se conformer à la volonté du roi d'exprimer à travers lui non seulement l'image du Prophète touché par l'illumination divine mais sans doute l'image de Dieu même », écrit Tefnin, 1975. Voir aussi Laboury, 2010, 218.

« Quand tu apparais, parfait, à l'horizon du ciel,
Ô Aton vivant qui a inauguré la vie,
Tu es brillant dans l'horizon oriental
Et tu as rempli toute la terre de ta perfection.
Tu es magnifique, grand, étincelant,
Élevé au-dessus de toute terre.
Tes rayons embrassent les pays,
Jusqu'aux confins de tout ce que tu as créé.
Parce que tu es le Soleil, tu les atteins jusqu'en leurs confins
Et tu les lies pour ton fils que tu aimes.
Si éloigné sois-tu, tes rayons sont sur la terre
Et tu es dans chaque visage... [28]*» (l. 1-12)*
« Toi qui développes[29] *l'embryon dans les femmes,*
Toi qui crées la semence[30] *dans les hommes ;*
Toi qui fais vivre le fils dans le sein de sa mère ;
Toi qui l'apaises pour qu'il ne pleure plus ;
Nourrice dans le sein ;
Toi qui donnes le souffle pour faire vivre chaque être que tu crées,
Lorsqu'il sort du sein pour respirer, au jour de sa naissance,
Tu ouvres sa bouche et tu pourvois à ses besoins.
Quand le poussin dans l'œuf pépie encore sous la coquille,
Tu lui donnes le souffle à l'intérieur, pour le faire vivre.
Tu lui crées la maturité pour briser l'œuf de l'intérieur,
Il sort de l'œuf pour, en pépiant, manifester qu'il est complètement formé[31]*,*
Et il marche sur ses pattes sitôt qu'il en est sorti... ».
« Tu mets chaque homme à sa place et tu pourvois à ses besoins,
À chacun sa provende et son temps de vie.
Leurs langues sont diverses en leurs paroles,
Et leur apparence de même ;
Leurs couleurs de peau sont variées,
Car tu as diversifié les pays et les peuples étrangers.
Tu fais l'Inondation dans le monde inférieur

[28] Je m'en tiens à l'interprétation la plus répandue (*tw.k m ḥr.w nb*), sans suivre Grandet, 1995, 139, qui propose de reconnaître ici, sur base des parallèles du Petit Hymne, le verbe *tkn*, « être proche de, caresser ». Les parallèles du Petit Hymne, fort peu clairs eux-mêmes, montrent en tout cas que les scribes ont hésité sur le sens de cette phrase (soit dit en passant, cela révèle qu'il y a déjà à Amarna un processus de tradition du texte, ce qui mériterait d'être étudié en détail).

[29] Contre la plupart des traducteurs, Grandet, 1995,144, suggère de voir dans ce verbe et les suivants des formes passives accomplies ; on les comprend d'ordinaire comme des participes actifs, et je m'aligne sur cette position, l'interprétation de Grandet ne me paraissant nullement s'imposer.

[30] Littéralement, « l'eau », *mw*, dont le sens de « sperme » est bien attesté.

[31] Littéralement : « Il sort de l'œuf pour dire qu'il est complet (*dmḏj.f*).

Et tu l'amènes selon ton désir pour faire vivre les petites gens[32],
De même que tu les as créés pour toi,
Toi leur Seigneur à tous, qui te fatigues pour eux,
Toi, le Seigneur de toute la terre, qui brilles pour eux,
Ô Aton du jour, immense dans ta gloire.
Quant aux pays lointains, tu leur donnes aussi la vie,
Car tu as placé une Indondation dans le ciel, qui, quand elle descend pour eux,
Gonfle les torrents sur les montagnes comme le Grand Vert (le Nil)[33]
Pour arroser leurs champs et leurs villages.
Qu'ils sont efficaces tes desseins, ô Seigneur de l'Éternité.
Une inondation dans le ciel, voilà pour les peuples étrangers,
Pour toutes les bêtes des montagnes qui courent sur leurs pattes,
Et l'inondation qui vient du monde inférieur pour l'Égypte.
Tes rayons nourrissent tous les champs,
Tu brilles et ils vivent, et ils verdissent pour toi.
Tu fais les saisons pour développer tous les êtres que tu crées,
L'hiver pour les rafraîchir, le temps des chaleurs pour qu'ils te goûtent.
Tu as fait le ciel lointain pour y briller et contempler ce que tu crées,
Unique, brillant en ta forme de Globe[34] *(Aton) vivant,*
Apparaissant et resplendissant, lointain et proche à la fois.
Tu crées des millions de formes par Toi seul,
Villes et villages, champs, chemins, fleuve.
Tous les visages te contemplent face-à-face
Toi qui es Aton du jour, tout là-haut » (l. 45-96)[35].

À ces textes s'accorde l'iconographie spécifique du dieu Aton toujours représenté à Amarna comme le Globe solaire dont les rayons se répandent sur la terre en un éventail de lumière, générateur de vie (fig. 1) ; les petites mains qui les terminent et dont certaines présentent le signe de la vie *ânkh* devant les narines du roi ou de la reine symbolisent le don de la vie offert souverainement par le dieu.

[32] Litt. Les *rekhyt*, catégorie de la population dont nous ne percevons qu'imparfaitement la spécificité.

[33] Voilà un passage qui prouve que *w3ḏ wr*, le « Grand Vert », est bien le Nil, et non la mer comme on traduit généralement. C'est ce qu'a montré Vandersleyen, 1999 (pour notre passage voir spéc. p. 182). Il est clair que l'« inondation venue du ciel », c.-à-d. la pluie qui prodigue ses bienfaits aux pays de montagne (le rédacteur pense sans doute à la Galilée, au Liban et à la Syrie), ne peut être comparée à la « mer », dont l'eau salée est stérile ; c'est à l'eau nourricière du Nil qu'elle est évidemment assimilée.

[34] On aura remarqué que je traduis plus volontiers le nom « Aton » par « Globe » que par « Disque ». Je m'en expliquerai plus loin.

[35] Dans cette traduction, la plupart des occurrences du verbe « créer » sont traduites au présent, comme le fait, à juste titre selon moi, Grandet. La majorité des traductions les rendent cependant au passé mais c'est grammaticalement contestable.

Fig. 1. Akhénaton, Néfertiti et trois princesses font l'offrande du nom d'Aton au Globe solaire.

Tant de bienfaits suscitent la joie de la création tout entière, un mouvement continu d'adoration qui est évoqué dans l'un des passages les plus lyriques du Grand Hymne, un de ceux qu'on a voulu rapprocher du Psaume 104 (hébreu 103):

« À l'aube, dès que tu brilles dans l'horizon (...)
Les hommes s'éveillent et se dressent sur leurs pieds ;
C'est toi qui les fais se lever !
Sitôt leur corps purifié, ils prennent leurs vêtements
Et leurs bras sont en adoration vers ton lever.
La terre entière vaque à son travail.
Chaque troupeau est satisfait de sa nourriture ;
Arbres et herbes verdissent ;
Les oiseaux qui s'envolent de leurs nids
Déployent leurs ailes pour adorer ton énergie.
Tout le menu bétail se met à sauter sur ses pattes,
Tout ce qui s'envole et qui se pose vit lorsque tu brilles pour eux.
Les bateaux descendent le fleuve et semblablement le remontent,
Tout chemin s'ouvre lorsque tu apparais.

Les poissons à la surface du fleuve bondissent vers ta face,
Tandis que tes rayons pénètrent au sein du Grand Vert » (l. 25-44)

Ce culte universel et cosmique, célébré avec des accents qu'auraient appréciés saint François d'Assise, est associé par le Petit Hymne à la liturgie offerte quotidiennement dans le grand temple d'Aton à Amarna, dont il est significatif qu'elle se déroulait à ciel ouvert, dans une grande cour aux innombrables autels enveloppés de lumière, non, comme autrefois, dans la pénombre inquiétante d'un sanctuaire enclos :

« Dès que tu as dispensé tes rayons, toute la terre est en fête.
Musiciens et chanteurs s'époumonent de joie
Dans la large esplanade du Château du Benben[36]*,*
Ton divin sanctuaire au cœur d'Akhetaton,
La place véritable en laquelle tu te complais.
Offrandes et provisions sont en son sein déposées,
Ton fils purifié accomplissant ce que tu loues,
Toi, Aton vivant en ses apparitions.
Toutes tes créatures dansent devant ta face,
Et ton auguste fils est en exultation,
Le cœur empli de joie » (l. 26-36)

Le caractère révolutionnaire de la religion d'Akhénaton se concrétise par la proscription du polythéisme, la lutte contre la foule des autres dieux, dont le roi fit marteler les images et les noms, épurant même l'écriture hiéroglyphique de signes qui rappelaient des divinités, comme le vautour (dans le mot *mout*, « mère »), animal de la déesse Mout, parèdre d'Amon, ou comme le bélier, hypostase animale du même Amon, dans le mot *shefyt*, « crainte respectueuse ». Dans les textes d'Amarna, le pluriel *netjerou*, « dieux » est rigoureusement prohibé et l'expression *p3 nṯr*, « le dieu » (ou, si l'on veut, Dieu), est réservée au seul Aton[37]. Cet anti-polythéisme intolérant annonce l'exclusivisme monolâtrique de la Bible, l'intransigeance du Dieu d'Israël envers les Baals cananéens et les idoles des civilisations voisines.

[36] Nom du dispositif central du grand temple d'Aton à Amarna, qui était déjà celui de l'antique sanctuaire d'Héliopolis, par référence au *benben*, le tertre originel où, selon la cosmogonie héliopolitaine, se serait manifesté le Soleil lors de la création du monde et d'où il prend chaque jour son essor pour s'élancer vers le ciel. Voir Vergnieux et Gondran, 1997.

[37] Le roi, lui aussi, continue dans certains textes à être appelé *nṯr nfr*, « le dieu parfait », épithète royale traditionnelle en Égypte. Elle est cependant plus rare dans les documents amarniens que précédemment.

L'agressivité d'Akhénaton envers les dieux déchus s'exerçait au premier chef à l'encontre d'Amon, le grand dieu de Thèbes et de la dynastie, dont le nom même, interprété à l'époque comme signifiant « le Caché, le Mystérieux » était l'antithèse même d'Aton, dieu-lumière. Son clergé était devenu, grâce aux libéralités des pharaons de la XVIIIe dynastie, une puissance redoutable, un véritable État dans l'État. À la « réforme » religieuse d'Akhénaton, nombre d'égyptologues associèrent donc une sympathique « révolution » socio-politique et culturelle : s'opposer à Amon, c'était aussi combattre la toute-puissance, la richesse éhontée et l'obscurantisme de ses prêtres, c'était promouvoir une sorte de « séparation de l'Église et de l'État ». C'était enfin encourager l'avènement d'une nouvelle culture plus en phase avec les aspirations du peuple : en témoignerait un art qui fait place, à côté de la famille royale, aux représentations des gens du commun dans leurs occupations quotidiennes, libérés de l'omniprésence des dieux et du sacerdoce. De même, l'apparition, dans les textes d'Amarna, du néo-égyptien, un état de langue plus conforme à ce qu'on parlait réellement dans la vie de tous les jours, signifiait une distance avec l'« égyptien classique », la langue sacrée dont les carcans obsolètes restreignaient l'écrit au cénacle limité d'un milieu de scribes étroitement lié aux officines cléricales. La réforme religieuse d'Akhénaton aurait été également une révolution sociale, aux prémices décelables dès le règne de son grand-père, Thoutmosis IV (regn. env. 1397-1387 av. J.-C.), qui aurait eu maille à partir avec la clique des sacerdotes amoniens et aurait déjà pensé à concurrencer le culte d'Amon par celui d'Aton[38].

La révolution religieuse d'Akhénaton a donc été longtemps perçue par les égyptologues et est encore comprise aujourd'hui par le grand public comme l'instauration d'un premier monothéisme universel (ce sont les termes mêmes employés par mon *Petit Larousse* des noms propres à l'entrée Aménophis IV), dont on présume, avec plus ou moins d'assurance, qu'il a eu sa part dans le développement de la pensée de Moïse et du monothéisme juif, ainsi que le prouverait la dépendance du Psaume 104 par rapport au Grand Hymne d'Aton[39]. Enthousiaste, Eric Voegelin, qui a popularisé les théories de Karl

[38] Disons de suite qu'on n'y croit généralement plus : l'hypothèse d'une opposition précoce entre Thoutmosis IV et le clergé d'Amon se fondait sur un passage obscur et en fait inexploitable des Stèles frontières d'Amarna (cfr la nouvelle publication de celles-ci par Murnane et Van Siclen III, 1993). Si Thoutmosis IV a réellement fait preuve d'une piété appuyée envers les dieux solaires, aucune trace d'hostilité envers Amon n'est attestée durant son règne. Quant à son intérêt pour Aton, il a été surestimé à partir d'un scarabée conservé au British Museum, dont l'interprétation ne peut être trop sollicitée (sur tout cela, voir l'étude approfondie de Bryan, 1991, 149-150, 350-356, et celle de Dégremont, 2010).

[39] Cette question reste très débattue. Nombre de spécialistes de l'Ancien Testament récusent l'hypothèse d'une dépendance et estiment que les ressemblances entre les deux textes reflètent

Jaspers sur l'émergence de l'homme « axial », voyait en Akhénaton le premier réformateur à avoir perçu la spécificité de l'individu différencié du cosmos, libéré de la prison des mythes[40].

La révolution amarnienne et la religion d'Akhénaton : visions nouvelles

Cependant, dès les années 1950, des voix se sont élevées pour contester certains aspects de l'image qu'on se faisait de la « révolution amarnienne ». Progressivement, cette contestation, étayée par une analyse de plus en plus serrée des textes et de la documentation archéologique, a ébranlé les fondements mêmes de la lecture « pré-mosaïque » ou « proto-monothéiste » de la religion d'Akhénaton. Parmi les chercheurs qui ont été les artisans de ce renouvellement épistémologique, on citera Thausing, 1950, 1953, Fecht, 1960, Aldred, 1988, Redford, 1980, 1984, mais surtout Erik Hornung (1995) et Jan Assmann : il y a plus de quarante ans, celui-ci publiait dans une revue non spécifiquement égyptologique (Assmann, 1972) — sans doute était-ce intentionnel — un article qui faisait suite à deux importants travaux sur la théologie solaire (Assmann, 1969, 1970) et qui jetait les fondations d'un renouvellement complet de notre perception de la religion amarnienne. Cet article précédait de peu une première synthèse de ses opinions sur ce sujet (Assmann, 1975a).

Crise du polythéisme, regain de la théologie solaire et « théologie de la Volonté » au Nouvel Empire

Ce qui est particulièrement neuf dans la perception qu'a Assmann de la « révolution » amarnienne, c'est de la situer dans le cadre d'une évolution majeure de la religion égyptienne, une véritable « mutation idéologique »,

simplement des conceptions cosmologiques largement répandues dans tout le Proche-Orient ancien : voir, p. ex., Celada, 1970, Craigie, 1974. Pour sa part, Von Nordheim, 1979, considère que le Psaume 104 recèle plus d'influences mésopotamiennes et cananéennes qu'égyptiennes (l'étude de Krüger, 1993, va dans le même sens). D'autres biblistes estiment au contraire la comparaison probante, notamment pour des motifs stylistiques : ainsi Auffret, 1981, 1982, 1983 (mais voir la réaction négative de Renaud, 1982). Beaucoup d'égyptologues, dont certains ont aussi une solide formation de bibliste, continuent à défendre le bien-fondé du rapprochement : voyez Niccacci, 1995, et surtout Assmann, 2001a, 301, qui juge que les motifs mis en œuvre dans le Grand Hymne à Aton ont pu être intégrés dans la culture poétique cananéenne, puisqu'à l'époque amarnienne Canaan était sous administration égyptienne, et par là aboutir, des siècles plus tard, dans la Bible ; cette hypothèse était au fond déjà celle de Nagel, 1950, lequel croyait à un lien de dépendance indirect, par le biais d'un hymne phénicien ou cananéen.

[40] Voegelin, 1956, 101-110. Jaspers, pour sa part, n'avait pas reconnu les mêmes mérites au roi ; tout au plus voyait-il en l'épisode amarnien une lointaine et timide préfiguration de l'*Achsenzeit* (cf. Hornung, 2001, 24-25).

(Vernus, 1995) perceptible dès l'avènement de la XVIIIe dynastie (début du Nouvel Empire) et surtout à partir du règne d'Hatshepsout (env. 1479-1457 av. J.-C.), la corégente de Thoutmosis III. C'est les études préliminaires d'Assmann sur l'hymnologie solaire qui lui ont permis de prendre conscience petit à petit des changements ayant affecté la *Weltanschauung* égyptienne à cette époque[41]. Cette évolution se caractérise par deux phénomènes saillants : d'une part une « crise du polythéisme », d'autre part le renouvellement de la « théologie solaire » traditionnelle et l'affleurement de la « théologie de la volonté » (*Theologie des Willens*), dont le protagoniste majeur n'est autre que le bénéficiaire de ladite crise : le dieu Amon-Rê (Assmann, 1983). Crise du polythéisme tout d'abord : l'extraordinaire foisonnement du divin dans la religion égyptienne, la polysémie baroque de cette légion de dieux qui représentaient les énergies à l'œuvre dans la conservation de l'univers, la dialectique de l'Un et du multiple (Hornung, 1971) induite par toutes ces divinités aux généalogies et aux théologies imbriquées soulignant davantage leurs ressemblances que leurs individualités, tout cela semble tout à coup difficile à gérer. Le champ de vision des Égyptiens s'élargit, car ils sont confrontés, plus que par le passé et en raison des entreprises militaires des rois de la nouvelle dynastie, aux cultures voisines et aux religions des nations asiatiques. Or, la symbolique protéiforme du monde des dieux était extrêmement conditionnée par leurs origines locales, le morcellement culturel de l'Égypte protohistorique, d'incontestables déterminismes géographiques, l'enracinement dans les terroirs égyptiens. Ce cadre structurant s'était trouvé rétréci à mesure que la Vallée du Nil s'ouvrait à l'Asie. En tout cas, l'hymnographie et l'iconographie religieuses du Nouvel Empire, sans doute élaborées par un corps sacerdotal spécialisé dans la rédaction des « livres infernaux » transcrits dans les tombes royales dès le début de la XVIIIe dynastie, manifestent nettement une tendance à l'épuration, insistent sur l'Unité du divin plutôt que sur sa diversité. Tendance « antipolythéiste », « monothéiste » dira-t-on, qui débouche sur un regain de vigueur de la « théologie solaire », induite par « l'observation évidente de l'unicité du soleil, de son éloignement et, simultanément, de la proximité et de l'ubiquité de la lumière » (Derchain, 1988, 80). On reconnaît en l'astre diurne une icône du dieu Un et démiurge, issu du Noun (le chaos originel) lors de la « première fois » (*sp tpj*) et consubstantiel à lui, créateur des dieux par différenciation autogénétique, origine du monde et de la vie, des plantes, des hommes, des animaux[42]. Il s'agit là d'un premier effort

[41] Cela déjà été soupçonné par Breasted, 1912, p. 344-370.

[42] Cette montée en puissance de l'idée d'un dieu presque « transcendant » avait déjà été bien mise en lumière par Morenz, 1964a.

de conceptualisation du divin basé sur un mode de connaissance qui fait largement droit au monde sensible. On continue toutefois à attribuer au Soleil une personnalité anthropomorphe et on l'appelle indifféremment Khépri, Rê, (Rê-)Horakhty[43], Atoum ou même, rarement mais dès le règne de Thoutmosis Ier (env. 1496-1483 av. J.-C.)[44], « Aton ».

Mais Rê, le Soleil, de plus en plus perçu comme l'icône de l'Unité du divin[45], est en outre assimilé par les pharaons de la XVIIIe dynastie au dieu protecteur de leur lignée et de Thèbes, la mère-cité de leur dynastie : Amon, dont le clergé ne cesse d'étendre son influence sur la société, grâce aux prodigalités de la Couronne et aux richesses apportées par les conquêtes asiatiques ou nubiennes. Amon est aussi Amon-Rê ou Amon-Rê-Horakhty, le dieu suprême, l'Un sans égal, le roi des dieux (Imn-Ra-nsw-nTr.w, *Amonrasonther*). C'est, en définitive, lui le grand bénéficiaire de la crise du polythéisme égyptien. C'est en ce dieu que se manifeste aussi le plus nettement une nouvelle conception des rapports entre dieu et le roi, entre dieu et les hommes. Ce qu'Assmann appelle la nouvelle « Théologie de la Volonté »[46]. Celle-ci se serait substituée à une *Weltanschauung* de type assez « mécaniste » qui prévalait auparavant et considérait le monde comme une machine harmonieusement réglée selon la loi de Maât (équilibre dynamique du cosmos et de la solidarité sociale), dont les dieux représentaient les puissances fonctionnelles n'entretenant avec les hommes que des rapports peu personnalisés. Selon la nouvelle conception, Amon-Rê endosse les attributs de la *souveraineté* et s'affirme comme le seul créateur initial de l'Univers, dont dépendent à la fois les autres dieux, les hommes et toutes les créatures[47]. Ce dieu, dont la volonté s'identifie à la Maât, devient une *instance éthique*, il intervient désormais aussi dans la marche de l'histoire, notamment par les oracles grâce auxquels il peut désigner les rois ; il parle de plus en plus et d'abord au roi, auquel il peut inspirer voire ordonner

43 Rê-Horus-des-Deux-Horizons, nom qui évoque à la fois le cycle diurne et nocturne du soleil.

44 Comme l'a montré Cozi, 1997, le nom d'Aton, suivi du déterminatif spécifique des divinités masculines et donc personnalisé, apparaît dans la stèle de Tombos (Nubie), qui date de la seconde année du règne de Thoutmosis Ier. Ce nom est attesté dans d'autres documents du règne, mais sans ce déterminatif significatif.

45 Sur l'enracinement de la religion d'Aton dans le culte solaire traditionnel, voir Quirke, 2001.

46 Cela avait déjà été bien perçu par Morenz, 1964b, et par Brunner, 1963.

47 On a proposé, pour caractériser cette nouvelle théologie, le terme de « summodéisme » (Wente, 2002, 227-228) – pour faire la distinction avec l'hénothéisme, dénomination souvent employée mais qui ne correspond pas exactement au même phénomène – ; ce néologisme a cependant du mal à s'imposer en français.

de grands projets ; il est, de manière toujours plus insistante, un dieu « personnel », souverain suprême de l'Univers, dont la toute-puissance et la générosité sont symbolisées par le soleil et sa course régulière dans le ciel ainsi que dans le monde invisible et nocturne de la Douat, où il répand ses largesses sur les morts revivifiés. Des hymnes « solaires » célèbrent sur le ton d'un lyrisme inaccoutumé la beauté et la bonté du Créateur, son amour pour la création. Les prières de demande, les actions de grâce, les hymnes de supplication vont bientôt se multiplier, caractérisant la formation d'une piété dite « personnelle » ou « privée »[48].

Une expression particulièrement achevée de cette nouvelle théologie se trouve dans l'Hymne théologique à Amon, troisième du recueil du papyrus 17 de Boulaq (sous le règne d'Amenhotep III), dont voici des extraits représentatifs (IV, 1-4 ; VI, 2-VII, 3 ; IX, 2-6) :

« Salut à toi ! Rê, Seigneur de Maât,
dont le sanctuaire est caché, Seigneur des dieux ;
Khépri au milieu de sa course (céleste),
Qui a ordonné et les dieux sont venus à l'existence ;
Atoum, créateur des hommes (rekhyt)
Qui distingue leurs races et les fait vivre,
Qui différencie leurs peaux l'une de l'autre[49]*,*
Qui écoute la supplique de qui est dans l'oppression,
Dont le cœur est bienveillant lorsqu'on l'appelle (...)
Forme unique, qui crée tout ce qui existe,
Un qui demeure unique, créant les êtres,
Les hommes sont sortis de ses yeux[50]
Les dieux sont venus à l'existence à sa parole.
Il fait l'herbe pour permettre au bétail de vivre,
Et les arbres fruitiers pour les bonnes gens[51]*.*
Il fait ce dont vivent les poissons du fleuve
Et les oiseaux qui peuplent (?) le ciel.
Il donne le souffle à ce qui est dans l'œuf,

[48] B. Van de Walle ; 1954 ; Fecht, 1965, Sadek, 1989, chapitre 2. Cette « piété personnelle » est, contrairement à ce qu'on dit parfois, clairement antérieure à l'époque d'Akhénaton : Posener, 1975, Franke, 2003.

[49] Thème que l'on retrouve dans le Grand Hymne à Aton.

[50] Jeu de mots entre **rime* « pleurer » et **rôme* « homme », qui semble toutefois sans connotation anthropologique pessimiste.

[51] Litt. Les *henmemet*, terme désignant l'humanité, dont le sens précis nous échappe mais qui doit être positif.

Vivifie le petit du lézard et fait ce dont vivent les mouches,
Ainsi que les vers et les puces ;
Fais ce dont les souris ont besoin dans leurs trous
Et vivifie la gent ailée sur tout arbre.
Salut à toi ! qui crées cela dans sa totalité,
Un qui demeure unique, aux bras nombreux[52] *;*
Qui passes la nuit à veiller sur l'humanité endormie,
Cherchant ce qui est utile à son troupeau ;
Amon qui affermis[53] *toutes choses, Atoum, Horus-des-deux-Horizons.*
Louange à toi, dit-on universellement,
Nous t'acclamons parce que tu te fatigues pour nous,
Nous nous prosternons devant toi parce que tu nous as créés ! (...)
Roi unique parmi les dieux,
Aux nombreux noms, dont on ne connaît pas le nombre,
Qui se lève dans l'horizon oriental et se couche dans l'horizon occidental
Au matin de sa naissance, chaque jour,
En guise de tâche quotidienne (...)
Les dieux exultent de sa perfection,
Les babouins adorateurs l'exaltent,
(lui, le) Seigneur des barques-de-la-nuit et du-jour »[54]

Akhénaton : prophète du désenchantement

La « révolution » d'Akhénaton vient brusquer cette évolution, et d'une certaine manière l'interrompre ou plutôt la dévier, en démythologisant radicalement la vision égyptienne du monde — on peut parler d'une sorte de désenchantement, au sens weberien du terme — et en identifiant le dieu suprême et « Unique » au seul Globe Solaire Aton, en fait à la Lumière elle-même[55] considérée, dans une optique rationalisante, comme le principe explicatif exclusif, nécessaire et suffisant de toute la réalité. C'est un « monothéisme » radical. Assmann, Hornung et Grandet, pour ne citer qu'eux, maintiennent

[52] Cette image annonce l'iconographie d'Aton aux nombreux bras-rayons.

[53] Jeu de mots entre Imn, « Amon » et mn, « affermir ».

[54] Traduction d'après Barucq et Daumas, 1980, 195-200, avec quelques adaptations. N'étaient les noms d'Amon et d'Atoum, ce texte pourrait passer pour « amarnien », tant sur le plan de la qualité littéraire que pour sa « saveur monothéiste », mais le dieu y est au fond plus « humain » et bienveillant qu'Aton dans le Grand Hymne.

[55] Assmann et Hornung insistent beaucoup, à juste titre, sur le fait qu'Aton, plus que le disque ou le globe solaire, est en vérité la Lumière, considérée comme génératrice de toute l'existence.

cette dénomination, qui leur paraît justifiée, puisque l'Unicité affirmée d'Aton s'accompagne du rejet des autres dieux, d'une coupure violente avec l'univers polythéiste de Thèbes. C'est, selon les mots d'Assmann, la première fois qu'une religion se définit en termes de « différenciation », qu'elle établit le « monothéisme » sur la distinction entre le Vrai Dieu Unique, Aton, et le mensonge, la meute illusoire et inutile des « faux dieux » (ASSMANN, 2008). Dans son superbe isolement, cernée par quatorze stèles frontières où le roi proclame sa volonté de consacrer les lieux à Aton, la cité d'Akhetaton devient la manifestation (*akhet*) de l'Unicité du Globe, le lieu d'où sont bannies par excellence les divinités de pacotille. Le nom d'Aton lui-même, inscrit dans un double cartouche royal, sera modifié, vers l'an 8-9 pense-t-on, pour mieux témoigner du « désenchantement » de la théologie, de sa rationalisation croissante : en sa forme première, dite « didactique », apparue dans les précoces années du règne, à Karnak, ce nom s'énonçait : «(Vive)[56] Rê-Horakhty qui se réjouit dans l'Horizon / en sa qualité[57] de lumière solaire (Shou) qui est dans[58] Aton » (*Rʿ-Ḥr-3ẖ.tj ḥʿj m 3ẖ.t) (m rn.f m šw ntj m ʾItn*). Cette titulature comportait des scories de l'ancien polythéisme ; on y trouvait en effet le nom d'Horus, dieu faucon solaire mais aussi fils d'Osiris, et celui de Shou, dieu de l'air et vecteur de la lumière[59], premier-né du démiurge héliopolitain Atoum. Entre l'an 8-9 et l'an 12, s'opère une radicalisation et le nom, dit « dogmatique », devient : «(Vive) Rê[60], souverain des deux horizons, qui se réjouit dans l'horizon / en sa qualité de rayonnement[61] (?) qui vient

[56] Le signe *ʿnḫ*, qui précède le nom ne doit peut-être pas être lu.

[57] Littéralement : « en son nom » (*m rn.f*).

[58] Autre traduction possible et même préférable : « lumière solaire qui est Aton » (*m* d'identité). Aton *est* la Lumière. Les divergences de traduction du syntagme *m ʾItn* viennent de ce qu'en égyptien, la préposition *m* peut signifier tantôt « dans », tantôt « en tant que », tantôt « hors de ».

[59] Il est à noter, toutefois, que ce nom de « shou » est simplement suivi du déterminatif du disque solaire (déterminatif de la lumière) et non du déterminatif des divinités. Il est peut-être déjà traité comme un nom commun, mais il faut signaler que le nom d'Aton, lui non plus, n'est jamais suivi du déterminatif des divinités masculines à Amarna. On connaît aussi des variantes où « Horus » est écrit de manière purement phonétique, de sorte qu'on évite l'image du faucon, aux relents polythéistes : cf. SAMSON, 1978, 101-103.

[60] Ou peut-être tout simplement « Aton », car le globe solaire seul pourrait se lire indistinctement Rʿ ou ʾItn.

[61] *šw.t* : c'est l'interprétation du groupe hiéroglyphique énigmatique proposée par ASSMANN, 1984, 245 suiv. (et déjà par GUNN, 1923) ; FECHT, 1960, 91-117, suivi par HORNUNG, 2001, 86, lit plutôt *Rʿ-it ij m ʾItn* « Rê-le Père qui (re)vient en tant qu'Aton « . Selon cette interprétation, le nouveau nom d'Aton affirmerait davantage sa qualité de « Père solaire » et donc sa relation au roi, souverain (*ḥḳ3*) comme lui. À mon humble avis, l'interpréta-

d'Aton[62] » (*Rʿ ḥḳ3 3ḫ.tj ḥʿj m 3ḫ.t) (m rn.f m šw.t ij m ʾItn*). Outre qu'il insiste sur la royauté d'Aton, ce qui, on le verra, est important, ce nom indique, comme la première mouture, que l'essence divine est la lumière elle-même. On comprend dès lors à quel point il fallait que le culte se célébrât à l'extérieur, au grand jour, face à la lumière solaire elle-même, source de toute vie.

Une pure phénoménologie de l'existence

Parmi les aspects de la religion amarnienne mieux mis en exergue aujourd'hui, il en est un qu'avaient mal perçu les permiers égyptologues et qui surprend le grand public habitué à associer à la religion égyptienne la foi en l'immortalité. La certitude de la vie dans l'au-delà, la ferme espérance en la divinisation de l'homme après sa mort pour autant qu'il ait respecté la Maât (Assmann, 1995), disparaissent en effet du discours religieux. Dans les tombes d'Amarna, il n'est plus question d'Osiris, le dieu parfait, mort et ressuscité, archétype de l'immortalité de l'homme, plus question du monde des immortels[63]. Fini le passage de l'homme dans la sphère des dieux, évanouie sa participation au périple nocturne de la barque solaire. S'il n'est pas explicitement dit à Amarna que la mort est une fin, on n'y affirme plus avec la belle assurance de jadis qu'elle est une métamorphose ; tout au plus y a-t-il survie mal définie des défunts qui participent en tant que *bas* vivants[64] aux bienfaits du culte rendu à Aton dans son temple par le roi, et c'est du souverain qu'ils dépendent étroitement pour avoir quelque part aux offrandes quotidiennes[65]. Les textes et les images n'évoquent plus l'au-delà, mais la vie de la Cour, dans le sillage du roi omniprésent, seule source de bonheur dans la Lumière d'Aton, *ante et post mortem*.

Seule compte désormais l'existence. Aton, la Lumière, est la Vie même, le pur phénomène de l'existence. Quand la Lumière n'inonde plus sa création, l'existence de celle-ci s'éteint, elle est pour ainsi dire mise entre paren-

tion du second cartouche du nouveau nom d'Aton reste une crux et aucune des lectures proposées ne s'impose avec une certitude absolue. La solution est peut-être ailleurs.

62 Ou : « qui vient *en tant qu'*Aton », si l'on veut insister sur l'identité Aton = Lumière.

63 Freud voyait dans cette « négation » de l'au-delà une preuve de la filiation entre le monothéisme d'Akhénaton et celui d'Israël, puisque l'ancienne religion judaïque, elle non plus, ne faisait aucun cas de l'existence après la mort (cf. Krauss, 2000, p. 53).

64 Cf. Zabkar, 1954. La notion de *ba*, inadéquatement traduite par « âme », désigne une sorte de faculté d'interface, la possibilité de se mouvoir du pôle visible au pôle invisible de l'existence, de prendre forme, de s'incarner (Wolff-Brinkmann, 1968). À Amarna, le *ba* semble plutôt être une « présence » qui survit à l'individu.

65 Bon résumé de cette vision restrictive de la « survie » amarnienne dans Hornung, 2001, 112-113. Voir aussi Von der Way, 1996.

thèse. Dans la théologie solaire antérieure, le coucher du soleil à l'Occident n'interrompait pas sa course : de nuit, il prodiguait ses dons aux défunts immortels, dans la Douat, et, tel un bon berger, il continuait à veiller sur les vivants assoupis. Même dans ce texte si proche du Grand Hymne à Aton qu'est le bel Hymne de Souti et Hor (des jumeaux, chefs des travaux sous Amenhotep III), le sommeil est aussi comparé à la mort, mais la nuit n'est pas perçue comme une négation de la création ; le soleil y poursuit sa course, seule cesse l'activité humaine:

« Salut à toi, beau Rê de chaque jour, qui te lèves le matin, sans cesse ;
Khepri qui te fatigues en travaux.
Bien que tes rayons soient sur le visage, on ne les connaît pas (...)
Si tu traverses le ciel lointain, tout visage te voit.
Mais tu chemines aussi caché à leurs visages.
Quand tu te montres au matin, chaque jour, ta navigation
est prospère sous ta majesté.
En une brève journée tu parcours la route, des lieues
par millions et centaines de mille.
C'est un instant pour toi que chaque journée, et,
quand elle est passée, tu te couches.
Pour toi, les heures de la nuit sont accomplies pareillement,
Car tu les as réglées pour que ne cesse point un instant ton œuvre.
Tout œil voit par toi et on s'arrête de travailler quand Ta Majesté se couche.
Tu es matinal pour te lever le matin, ta clarté ouvre les yeux qui alors s'éveillent,
Et quand tu te couches dans la montagne occidentale,
alors ils s'endorment comme dans la mort » [66]

En revanche, lorsqu'Aton se couche l'existence s'éclipse. La vie s'arrête. C'est l'expérience de la mort. Les textes sont formels : « Ils (les hommes) ne vivent que lorsque tu brilles pour eux » (Petit Hymne, l. 13) ; « Voir tes rayons c'est être » (l. 51) ; « Te lèves-tu qu'ils vivent, te couches-tu qu'ils meurent. Tu es l'existence par toi-même, c'est de toi que l'on vit » (Grand Hymne, l. 105-106) ; « Quand on te voit on dit vivre, de ne pas te voir on meurt » (tombe de Panéhésy)[67]. En fait, c'est la réalité de l'invisible, de l'existence non-immédiate qui est tue, sinon niée. Le parcours du soleil n'est plus considéré que dans sa phase diurne, selon une trajectoire désormais non cyclique qui semble interrompue durant la nuit (Spieser, 2001). Dans la religion de l'Aton, il n'y a d'autre essence que l'existence. Il n'y a d'autre réalité

[66] Traduction légèrement adaptée de Barucq et Daumas, 1980, 187-188.
[67] *ḏd.tw ʿnḫ ptr.f mwt.tw m tm ptr.f* : trad. Grandet, 1995, p. 151.

que celle éclairée par la Lumière. La « mise entre parenthèse » voire la négation de l'au-delà, de l'immortalité, procède d'une volonté résolue de réduire la « religion » à une pure phénoménologie (TRAUNECKER, 1992, 100)[68]. Rien de ce qui n'est pas visible n'est. Le seul dieu est Aton, la lumière éclairante qui crée l'existence. La divinité est pur phénomène, elle n'est pas une essence cachée[69]. En dehors de cette lumière, point d'existence. C'est pourquoi le Grand Hymne à Aton évoque une création continue, toujours actuelle : Aton n'a pas créé lors de la « première fois » (ce concept important de la cosmogonie égyptienne traditionnelle disparaît complètement dans les textes amarniens), il crée chaque jour, *hic et nunc*, il *ne* crée *que dans* le jour. La nuit est une éclipse du créé. Point d'au-delà, dès lors, en dehors de l'ici-bas illuminé par Aton.

Le roi, intermédiaire obligé de la connaissance de dieu

Les textes amarniens le disent clairement et avec insistance : la révélation d'Aton passe impérativement par le roi, qui seul le connaît en son cœur, qui seul est à même de délivrer à son sujet un « enseignement » (*sb3j.t*) vrai. Akhénaton se proclame Fils d'Aton. Mais cette filiation affirmée va beaucoup plus loin que celle dont se targuaient les pharaons d'autrefois. Ceux-ci étaient considérés comme « fils de Rê » parce que la fonction royale était par nature « divine », dans la mesure où elle consistait à préserver dans la société humaine la Maât dont les dieux vivaient pour entretenir le cosmos, et par là contribuait elle-même à l'entretien de l'univers[70]. Icône de la Maât dans la société comme le soleil était l'icône de la Maât dans le ciel, le roi était par conséquent « Fils de Rê », il « faisait le dieu » (*ỉrỉ nṯr* : THÉODORIDÈS, 1985), comme on « fait boulanger » ou « ministre » ; il n'était dieu ni par essence ni par naissance, et les Égyptiens ne semblent jamais s'y être trompés, qui ont toujours su que leurs rois étaient aussi des hommes, mortels et parfois faibles (POSENER, 1960). La qualité de *nṯr*, « dieu », n'était d'ailleurs attribuée au

[68] LABOURY, 2010, 188, a toutefois raison de souligner que la vénération du Globe en tant que phénomène visible n'exclut pas une dimension plus symbolique et plus conceptualisée du culte, qui s'exprime par le rite très important de l'élévation du nom d'Aton. Selon une hypothèse séduisante de LURSON, 1999, ce serait peut-être cette innovation rituelle, préparée sous Amenhotep III, qui serait à l'origine de la naissance du rite de l'élévation de la Maât, les attestations de celui-ci présumées antérieures à Akhénaton étant sujettes à caution. Ce que j'ai écrit à ce sujet (CANNUYER, 2002, 47) est donc à corriger : il est faux de prétendre qu'Akhénaton a remplacé l'offrande de la Maât par l'offrande du nom.

[69] Le nom d'Amon, au contraire, signifiait « Caché, Mystérieux » ou, du moins, était interprété de la sorte.

[70] Pour l'époque ptolémaïque, mais avec valeur rétrospective : DERCHAIN, 1962.

souverain qu'à son avènement (MEEKS, 1988), lors de son initiation (*bs.t* : KRUCHTEN, 1989, 167-175) à la fonction divine de la royauté. Avec Akhénaton, est affirmée une étroite consubstantialité entre Aton et la royauté. Aton, en effet, est roi. Jusqu'alors, on n'entourait généralement pas le nom des dieux d'un cartouche royal, ou alors très exceptionnellement (SPIESER, 2002). Le nom complet d'Aton (didactique ou dogmatique) l'est systématiquement. Il est roi et son image canonique le représente en tant que Globe solaire paré de l'uraeus, le cobra dressé, un des plus vénérables symboles de la royauté pharaonique. Comme un roi, il est dit que sont célébrées pour lui des fêtes jubilaires (VANDERSLEYEN, 1995, 421, n. 6). Les statues ou les reliefs d'Akhénaton et de la reine Néfertiti sont fréquemment comme « tatoués » des cartouches d'Aton, à l'instar des statues des fonctionnaires marquées du nom royal. En contrepartie, seul le roi entretient une relation d'intimité exclusive avec Aton, qui est son Père.

Dans la mesure où — j'y reviendrai car cela me semble extrêmement important —, Aton est muet, seul le roi est habilité à parler en son nom (ASSMANN, 2001b, 218-221). Voilà un aspect plutôt inattendu de la « révolution » amarnienne : elle s'accompagne d'une surévaluation extraordinaire de la personne royale, de son autorité. Le seul interlocuteur des hommes devient Akhénaton, puisqu'Aton, son « père », ne dit mot. Aton en effet ne prend la parole dans aucun texte amarnien, à la différence significative des dieux et surtout d'Amon, qui, depuis le début du Nouvel Empire, étaient devenus très prolixes. Alors que l'évolution de la religion égyptienne conduisait les divinités à assumer de plus en plus une dimension « personnelle », c.-à-d. celle d'un « Je » en face d'un « tu » (que celui-ci soit royal ou roturier), Aton abdique toute personnalité au profit du roi, son porte-parole exclusif. Serait-ce la porte ouverte à un régime royal totalitaire, qui entendrait confisquer complètement tout discours, régenter toute la pensée et distinguer le vrai du faux (ASSMANN, 2007) ? Il semble bien qu'il en ait été ainsi : divers indices tendent à montrer que la « révolution » amarnienne s'est accompagnée d'une politique de coercition musclée sinon brutale et d'une exaltation démesurée de la personne royale et de sa famille...[71] Le dieu se tait, le roi dit tout. Le monothéisme justifie la monocratie.

[71] REDFORD, 1984, a beaucoup insisté, arguments à l'appui (notamment la présence envahissante, dans l'iconographie royale, d'hommes d'armes protégeant les souverains) sur cet aspect du règne d'Akhénaton, ce qui explique en partie l'antipathie manifeste qu'il éprouve à son égard (voir surtout p. 232-235) et qu'on retrouve, par exemple, chez VERNUS, 1998, 99. Déjà, ERMAN, 1905, avait accusé Akhénaton d'être le premier fanatique et le premier « despote éclairé » de l'histoire. Même HORNUNG, 2001, 138, aboutit à un constat sévère : « *Echnaton was vielleicht der erste Fundamentalist der Geschichte...* ». REEVES, 2001, 154-155, excessivement négatif à l'endroit de celui qu'il qualifie de « faux prophète », va même jusqu'à parler de « ter-

Hornung et d'autres ont bien montré que l'amour monogamique affiché par Akhénaton pour Néfertiti, alors qu'on sait très bien qu'il avait, comme les autres pharaons, des épouses secondaires, participe sans doute à la même idéologie. La reine fut gratifiée d'une titulature ronflante et d'un double cartouche, tandis que le Grand et le Petit Hymnes à Aton l'associent très étroitement au roi dans la faveur d'Aton. En somme, Aton, Akhénaton et Néfertiti « fonctionnaient » comme une triade divine exprimant l'unité profonde de la divinité et de la royauté, une unité bisexuée, génératrice de toute vie. Les petits retables en calcaire représentant le couple royal sous les rayons d'Aton et qui étaient sans doute destinés à des habitations privées avaient probablement pour but d'imprégner de cette idée le culte domestique. S'explique ainsi que dans maints tableaux des tombes amarniennes, c'est par priorité les souveraines qu'Aton inonde de sa lumière (fig. 2). De nombreux indices iconographiques laissent en outre penser qu'Akhénaton et Néfertiti étaient à Aton ce que, dans l'ancienne cosmogonie hélipolitaine, Shou (le principe masculin de l'air, vecteur de la lumière) et Tefnout (principe féminin de la chaleur) étaient à Atoum, le démiurge[72]. Ainsi, à la triade primordiale d'Atoum et de ses enfants Shou/Tefnout, se substituait celle d'Aton, du Roi et de la Reine, en lesquels était désormais concentrée toute la vie de l'univers et de la société humaine[73].

« Monothéisme » amarnien et monothéisme mosaïque

On est loin de l'image romantique d'un roi ivre de Dieu, épris d'amour pour sa belle, offrant par l'exemple des vertus familiales un reflet de la bonté divine envers les hommes et l'univers tout entier ! Il y a en tout cas un abîme entre le dieu de Moïse, ou plutôt du Premier Testament, et celui d'Akhénaton, et il faut résolument écarter l'idée d'une quelconque filiation entre le monothéisme amarnien et le monothéisme biblique[74]. Le développement tardif de

reur ». Volokhine, 2008, 136-137, a cependant raison de relativiser les choses, soulignant par exemple qu'à Hermopolis, tout juste en face d'Amarna, sur l'autre rive du Nil, aucune action violente n'a été perpétrée contre le grand dieu local Thot. En tout état de cause, l'iconoclasme amarnien s'est surtout acharné contre Amon et son entourage, les autres dieux restant plutôt saufs d'une vindicte royale en fait sélective (Bickel, 1997 ; Laboury, 2010, 198-202).

72 Fecht, 1960, 91-117 ; Radwan, 1985.

73 On peut se demander si les têtes étrangement « hydrocéphales » des princesses d'Amarna, qu'on a voulu interpréter comme des signes de dégénérescence, n'évoquent pas le caractère solaire du couple royal. Ces têtes font en effet penser à de petits globes solaires, comme en témoigne, dans le trésor de Toutankhamon, la fameuse tête du roi, traitée sur le même mode, qui surgit d'une fleur de lotus.

74 La question d'un lien possible et de toute façon médiat (en raison de la chronologie qu'induit la *Redaktionsgeschichte* des Ps.) entre le Grand Hymne à Aton et le Psaume 104 ne change

Fig. 2. Tombe de Parennefer en Amarna. Akhénaton et Néfertiti au balcon du palais. Aton est comme présent à l'intérieur du bâtiment (à gauche).

celui-ci, qu'on ne peut raisonnablement plus faire remonter plus haut que l'époque des prophètes, d'Osée surtout (vers 750 av. J.-C.), et qui n'a sans doute atteint son expression radicale qu'après l'exil à Babylone, avec le Deutéro-Isaïe et le courant deutéronomiste (VIe s. av. J.-C.)[75] — c.-à-d. à une époque où Akhénaton et son dieu ont été complètement effacés des mémoires — est d'ailleurs un argument dirimant contre l'hypothèse popularisée par Freud.

L'hérésie atonienne écrasée, la Théologie de la Volonté s'affirmera de plus belle à l'époque des Ramsès (v. 1290-1100 av. J.-C.) au profit d'Amon-Rê, « l'Un qui se fait millions », la Manifestation visible, en sa forme solaire, de la Toute-Puissance secrète (*ba* caché), dont tous les autres dieux ne sont eux-mêmes que des manifestations (*baou*)[76] :

« Celui qui a inauguré l'existence la premère fois,
Amon, qui est venu à l'existence au commencement,
Sans que son surgissement soit connu !
Il n'y eut pas de dieu qui vint à l'existence avant lui.

rien à l'affaire. Que cet hymne ait pu se frayer un chemin à travers l'hymnographie cananéenne jusqu'à la Bible n'implique évidemment pas que la théologie de YHWH ait été influencée par celle d'Aton.

75 Sur cette question, voir la remarquable mise au point de van Cangh, 1999 ; on lira aussi Smith, 2001, ainsi que les études rassemblées dans les recueils édités par Dietrich et Klopfenstein, 1994, par Nevling-Porter, 2000, et par Römer, 2010, 2014.

76 Assmann, 1993, 4e partie.

Il n'y avait pas d'autre dieu avec lui pour exprimer ses formes.
Il n'y avait pas de mère qui lui ait fait son nom.
Il n'y avait pas de père qui l'ait engendré et qui ait dit : 'C'est moi !'
(...) Le dieu divin qui est venu à l'existence lui-même.
Tous les dieux vinrent à l'existence lorsqu'il se fut
donné le commencement (...)
Il est plus éloigné que le ciel-lointain ; il est plus profond que la Douat.
Aucun dieu ne connaît sa véritable nature (...)
Ba-*caché* (ỉmn) *est son nom, tant il est mystérieux.* »[77]

Amon est le Dieu personnel infiniment bon, secours du pauvre et de l'opprimé, maître de l'histoire, bon pasteur de l'humanité..., « *protecteur du silencieux, qui sauve l'humble, qui donne le souffle à qui que ce soit qu'il aime et lui prépare une heureuse vieillesse à l'occident de Thèbes* »[78]. C'est dans le contexte de cette religion ramesside qu'apparaissent les plus beaux témoins de la piété personnelle égyptienne, où se disent des sentiments d'amour extrêmement élevés unissant l'homme à son dieu (Daumas, 1952, Cannuyer, 2001).

S'il n'y a aucune filiation possible entre la religion d'Aton et le monothéisme biblique, la naissance et le développement de ce dernier ont pu être influencés par ce « monothéisme d'Amon » postamarnien, qui a eu des répercussions manifestes sur les conceptions religieuses des peuples de la Mésopotamie et de Syrie-Palestine[79]. La grande différence reste néanmoins que le monothéisme biblique s'affirmera comme un monothéisme « politique », qui confronte le « vrai » et « seul » Yhwh — un Dieu de la Promesse et de l'Alliance dans l'histoire — avec les dieux des autres peuples, tandis que le « monothéisme » amonien est de nature pan- ou plutôt cosmothéiste, c.-à-d. qu'il confond l'unité de Dieu et celle de l'univers, dans une perspective radicalement anhistorique (Assmann, 1993).

La religion d'Akhénaton : « monothéisme » ou autre chose ?

Malgré la persistance de la plupart des auteurs à vouloir parler de « monothéisme »[80] lorsqu'il est question de la religion d'Akhénaton, je m'interroge sur le bien-fondé de cette appellation. Avant de pouvoir en juger, il faut souligner que notre documentation est d'une insuffisance chronique. En dix-sept ans de règne, Akhénaton n'a probablement pas eu le temps d'amener à matu-

77 Hymne théologique à Amon, papyrus de Leyde I-350, IV, 9-20, fin du règne de Ramsès II (vers 1220 av. J.-C.). Trad. Barucq et Daumas, 1980, 223-224.

78 Statue Berlin 6910. Trad. Barucq et Daumas, 1980, 202.

79 C'est la thèse que défend le livre sur ce point très convaincant de de Moor, 1997.

80 « *Car en dépit de réserves ici ou là émises, on ne voit pas de quel autre terme la qualifier* », écrit Grandet, 1995, 30.

rité sa pensée[81], qui a certainement évolué. Il n'a pas eu non plus l'opportunité d'élaborer un corpus d'« Écritures saintes », à supposer qu'il en ait jamais nourri l'intention. À part le Grand et le Petit Hymne à Aton, quelques autres textes un peu substantiels dans la tombe d'Ay, et les Stèles frontières d'Amarna, le maigre recueil des sources amarniennes (Sandman-Holmberg, 1938) est plein de redondances et ne donne pas grand chose à se mettre sous la dent pour juger de la « religion » d'Akhénaton. Celle-ci dévoile sa simplicité absolue en une dizaine de pages tout au plus. C'est peu. Quant à l'iconographie, elle ne permet pas, du moins en l'état actuel de la recherche, d'accroître sensiblement notre connaissance de la théologie. Nous sommes un peu dans la situation d'un historien des religions du futur qui aurait à reconstituer la théologie chrétienne en n'ayant à sa disposition que le texte des Béatitudes, l'Ancien Testament, les peintures des catacombes et quelques monuments judéo-chrétiens de Palestine. On devine ce que sa synthèse aurait de réductif[82]. Nous devons donc être sur nos gardes et ne pas nous laisser illusionner par des généralisations hâtives. D'autant qu'on s'aperçoit de plus en plus que la réforme amarnienne semble avoir surtout été confinée à Amarna et n'a eu qu'une influence limitée dans le reste du pays ; même dans la nouvelle capitale, certains dieux traditionnels, y compris Amon, restaient présents et pas seulement, semble-t-il, dans la clandestinité[83]. La religion d'Aton n'était peut-être pas si incompatible qu'on le croit avec la « polysémie divine classique » (Traunecker, 1992, 100 ; 2005). Dans la documentation officielle émanant des milieux proches du roi, ne manquent en outre ni les ambiguïtés ni les contradictions[84].

[81] Je suis d'avis, avec Vandersleyen, 1995, 461, qu'Akhénaton a joué un rôle personnel décisif — revendiqué maintes fois par les textes — dans l'éclosion et l'épanouissement de la « révolution amarnienne », malgré le fait qu'il soit sans doute monté sur le trône très jeune. Rien ne peut s'expliquer sans cela, même si des facteurs sociologiques et culturels collectifs ont eu leur part d'influence. Ceux-ci restent de toute façon, en raison de la nature de notre documentation, presque totalement inconnus.

[82] C'est la raison pour laquelle je suis assez réservé à l'endroit de l'utilisation du terme « atonisme » (p. ex. par Volokhine, 2008, Laboury, 2010) pour désigner la religion d'Aton. Ce mot en « –isme » suppose un système dogmatique, éthique et cultuel solidement charpenté, ce qui ne me paraît pas le cas. La religion d'Aton procède plutôt, me semble-t-il, d'un petit nombre d'intuitions fondamentales articulées à des tendances agissantes depuis longtemps (continuité bien soulignée par Kemp, 1991, 264, et par Corteggiani, 2007, 60 : « Dans une certaine mesure, l'atonisme n'est que l'exacerbation volontaire et passagère d'une tendance latente de la religion égyptienne ») ; mais elle n'a pas eu le temps de mûrir ni de développer toutes ses implications potentielles.

[83] Hari, 1984, Stevens, 2003.

[84] La place me manque ici pour traiter de cet aspect, qui est cependant important : voir Cannuyer, 2002, 75-81 ; voir aussi l'importante mise au point de Zivie, 2004, 71-76 et 141-164,

Si la religion d'Akhénaton est un monothéisme, tous ou presque consentent aujourd'hui à reconnaître qu'il s'agit d'un monothéisme d'un genre très particulier. Le terme « monothéisme », forgé au XVIIe siècle, est très marqué par son utilisation dans la tradition historiographique occidentale qui y a recouru pour souligner la spécificité du christianisme par rapport à d'autres traditions religieuses ; avec cette idée sous-jacente et au fond scandaleuse que le monothéisme représenterait forcément une plus-value dans l'évolution de la pensée religieuse, « la quintessence du religieux », selon Ernest Renan (Volokhine, 2008, 129-130). L'emploi de cette notion dans la littérature égyptologique a suscité quantité de confusions[85] surtout lorsqu'on abordait la question à mon avis sans objet du pseudo-monothéisme primitif ou du « monothéisme » des sages. Le concept implique l'idée d'un Dieu unique[86], personnel et transcendant, entretenant avec les hommes un lien d'amour et de bonté. Pour les Juifs, c'est le Dieu de l'Alliance, celui d'Abraham, d'Isaac et de Jacob, qui parle à Moïse, aux prophètes et par eux ; pour les chrétiens, c'est *Notre Père*, Dieu parmi nous (Emmanuel), le *Logos* (Parole) incarné en la personne de Jésus-Christ, l'Esprit Saint qui vivifie ; pour les musulmans, c'est Allah, qui parle « en langue arabe claire » dans le Coran et qui aime l'humanité d'un amour « matriciel » (*ar-Raḥmân*). La dimension « personnelle » de Dieu est indissociable de l'idée monothéiste[87]. Or, si Aton est Unique, c'est aussi un « monstre froid », malgré l'amour (*mr.wt*) dont le crédite le Petit Hymne[88]. Certes, il ne cesse de créer et de prodiguer ses bienfaits, mais un peu

sur le caractère limité et mal cohérent de la « réforme », qui devrait nous engager à éviter la systématisation.

85 Excellente mise au point dans Meeks et Favard- Meeks, 1993, 10-13, qui écrivent très justement : « *Aujourd'hui encore, le débat entre néo-monothéistes et néo-positivistes n'est pas clos... (et) n'en finit pas de révéler sa vraie nature : un enjeu d'idéologie et non d'égyptologie...* ».

86 Encore faut-il bien distinguer Unique et Un. L'Un du cosmothéisme amonien comme du néo-platonisme fait bon ménage avec le polythéisme, la pluralité des dieux magnifiant l'épanouissement généreux du divin. L'Unicité de Dieu, dans le monothéisme, est absolue et exclusive, à ce point absolue que le judaïsme et l'islam soupçonnent la théologie trinitaire chrétienne d'introduire une pluralité en Dieu. Sur ces questions, voir Manaranche, 1985, le recueil dirigé par Rahner, 1983, Schenker, 2003.

87 Bien mis en lumière dans le livre de Bottéro, Ouaknin et Moingt, 1997, où il manque malheureusement un chapitre sur le Dieu de l'islam.

88 Ligne 3 : « *De ton amour* (*mr.wt.k*), *tu as rempli les Deux-Terres (l'Égypte)* ». Mais le mot *mr.wt* est peu présent dans les textes amarniens, alors qu'il se rencontre à tout bout de champ dans l'hymnographie amonienne : cf. Cannuyer, 2003. Remarquons toutefois que l'aînée des filles d'Akhénaton s'appelait Mérytaton (« Celle qu'aime Aton »). Et il est vrai que le nom d'une des autres princesses, Ankhesenpaaton, la future épouse de Toutankhamon, témoigne aussi d'une relation très « sentimentale » entre Aton et la jeune fille (il signifie « Elle ne vit que pour Aton »

à la manière d'un automate ou d'un « distributeur automatique ». On a souvent relevé qu'Aton est un dieu muet. Jamais, dans aucun texte d'Amarna, il ne parle. Il crée sans mot dire ; en aucun cas il n'est un « Je », une personne. On n'est pas loin, avec Aton, du Premier Moteur d'Aristote, dont l'impersonnalité a justifié la grande réserve avec laquelle la théologie chrétienne médiévale a intégré la philosophie du Stagyrite[89]. Aton est un « dieu » qui semble démuni de la plus fondamentale des capacités de la personne, le don de l'expression, partant de la pensée. Alors que le divin avait tendance, depuis le début du Nouvel Empire, à se montrer de plus en plus « bavard » et accessible. N'est-ce pas là le motif principal du rejet de la religion d'Aton par les Égyptiens ?

Un texte très humble semble l'indiquer. C'est sans doute une des plus belles prières privées retrouvées en Égypte, et même une des plus belles prières de la littérature religieuse de tous les temps. Ce texte, un graffiti écrit sur un mur de la tombe thébaine d'un certain Païri, date des premières années qui ont suivi l'épisode amarnien puisqu'il est daté de l'an 3 du mystérieux pharaon Ankh(et)khépérourê Neferneferouaton, sur l'identité duquel on hésite (Néfertiti, ayant régné seule après son époux[90] ? Mérytaton, l'une des filles du couple royal, veuve du très énigmatique Smenkhkarê, lequel serait, pour Gabolde, à identifier au prince hittite Zananza ?)[91], mais qui a brièvement régné, après Akhénaton et avant Toutankhamon, et a sans doute été l'intiateur du retour à Thèbes, où, toujours selon notre graffiti, il aurait fondé son temple funéraire. La prière que confie cette inscription est due à un aveugle, Pawah. Les sentiments qui s'y expriment traduisent à mon sens une réaction d'une extraordinaire vivacité contre la sécheresse de la religion atonienne. Amon,

ou « que par Aton »). De même, le grand-prêtre d'Aton se nommait Méryrê (« L'Aimé de Rê »). Abstenons-nous donc de trop radicaliser nos « lectures » de la pensée amarnienne…

89 Elle n'a pu le faire qu'après que saint Thomas d'Aquin eut donné un visage au « Dieu » d'Aristote, l'eut « personnalisé » en l'identifiant au Dieu d'Abraham, à *Notre Père*. Cf. Mansion, 1960.

90 L'hypothèse reprend vigueur avec la découverte par Athena Van der Perre, membre de l'équipe de Harco Willems (K.U.Leuven), d'une inscription dans une carrière proche d'Amarna attestant que Néfertiti vivait encore et qu'elle était toujours « grande épouse royale » en l'an 16 d'Akhénaton, c.-à-d. à l'extrême fin du règne (cf. https://www.kuleuven.be/english/news/new-light-shed-on-the-life-of-nefertiti). D'aucuns estimaient jusqu'ici qu'elle avait disparu de la scène en l'an 12, peut-être tombée en disgrâce.

91 Voir l'exposé des problèmes, qui nous importent peu ici, dans Vandersleyen, 1995, 451-457 ; Gabolde, 1998, passim ; Dodson, 2009, 27-52 ; Laboury, 2010, 334-345.

comme « protecteur du pauvre »[92] y est présenté comme le dieu auquel aspire le cœur, comme la bonté et l'humanité mêmes[93] :

« Mon cœur désire te voir (...)
Tu fais qu'on soit rassasié sans qu'on ait à manger ;
Tu fais qu'on soit ivre sans qu'on ait à boire[94].
Mon cœur désire te voir,
Mon cœur est dans la joie, Amon, protecteur du pauvre !
Tu es le père de celui qui n'a pas de mère[95],
L'époux de la veuve.
C'est chose douce de prononcer ton nom ![96]
Il est comme le goût de la vie[97],
Il est comme le goût du pain pour l'enfant,
Comme l'étoffe pour quelqu'un qui est nu,
... comme le goût du fruit de... à la saison des chaleurs (...)
Tu étais ici alors que rien n'existait,
Tu étais ici et ce fut l'abondance (?).
Tu as fait que je voie les ténèbres (...)
Fais la lumière pour moi, que je te voie[98].
Penche vers moi ton énergie (ka),
Penche ton beau visage bien-aimé (...)
Fais que te voie ton humble serviteur, le scribe Pawah... »[99]

[92] Sur cette expression, qui va devenir courante et exprime au plus haut point la sollicitude d'Amon pour les *individus*, voir Vernus, 1993, 186-187, qui insiste à juste titre sur ses implications sociales : si Amon est considéré comme le « protecteur » ou le « vizir » du pauvre, c'est que l'État ne fait plus son travail. Dans notre contexte, l'expression en dit peut-être long sur le délabrement des institutions qu'avaient peut-être généré les rêveries philosophiques d'Akhénaton et son isolement à Akhetaton.

[93] La traduction est tirée de Barucq et Daumas, 1980, 204-205..

[94] Comme y invite le commentaire de Daumas, il n'est pas interdit de penser que nous avons ici une allusion à une sorte d'« ivresse mystique ».

[95] On pourrait voir dans cette affirmation une réponse à Akhénaton, qui disait de son « dieu » : « Tu es la mère et le père de ce que tu veux créer » (*ntk mw it n irj.k*) ; Petit Hymne, l. 14, Grandet, 1995, 124.

[96] On sort à peine d'un règne où le nom d'Amon était proscrit, pourchassé ! C'est symptomatique.

[97] Là aussi, comment ne pas percevoir une dénégation des prétentions d'Aton à être le seul dispensateur de la vie ?

[98] Cette demande est d'une beauté exceptionnelle. Le suppliant n'espère pas recouvrer la vue uniquement dans le but de mieux jouir de la vie, il demande cette grâce pour mieux « voir son dieu ».

[99] Il y a ici un jeu de mots entre le verbe *w3ḥ*, « étendre, pencher » et le nom de l'orant, Pawah (*P3-w3ḥ*).

« La Bible contient bien des prières de malades... Dans l'Évangile, on voit des aveugles implorer leur guérison, mais leur prière n'a rien de commun avec celle-ci », a écrit avec justesse André Barucq, 1989, 85. Aton ne pouvait pas être aimé. Avec Amon, les Égyptiens retrouvaient, à l'instar de Pawah, un dieu aimant et aimable, un dieu vers qui se tourner[100].

Comme l'écrit Grandet, 1995, 29, Aton « était non pas un dieu auquel le Soleil eût prêté sa forme (ce qui était le cas d'Amon-Rê), mais simplement le Soleil, que l'on considérait comme un dieu. C'était un dieu de philosophes. Pour l'Égyptien, c'était à peine un dieu. » On ne peut mieux dire. C'est d'ailleurs à mon avis la raison pour laquelle, dans les textes amarniens, le nom d'Aton n'est pas, sauf rares exceptions, suivi du hiéroglyphe classificateur du divin[101]. Mais alors pourquoi parler encore de mono*théisme*. Aton n'est pas un dieu, c'est un principe, l'*archè* de l'Univers. Comme l'a très bien vu Assmann, si la religion « amarnienne » ne préfigure en rien le monothéisme biblique,

[100] Hornung, 2001, 120-122, accorde lui aussi de l'importance à la signification de cette prière de Pawah dans le contexte post-amarnien. Toutefois, il me semble qu'il ne voit pas assez à quel point s'y manifeste une réaction presque à fleur de peau contre « l'inhumanité d'Aton ». La rapidité avec laquelle la contre-offensive « amonienne » s'est, dès la disparition d'Akhénaton, organisée avec l'aide de personnalités d'une grande culture théologique, dont certaines issues du milieu amarnien, est illustrée par la pénétrante étude de Willems, 1998 : le chef sculpteur royal Hatiay, probablement ancien chef des travaux à Amarna ayant été l'un des superviseurs de l'abandon de la cité — si on accepte l'identification et la datation proposées par Willems —, a participé dans toute l'Égypte à la restauration des cultes locaux ; dans la Stèle Leyde VI qu'il nous a laissée, un passage affirme finement l'identité fondamentale de Rê-Atoum et d'une kyrielle de dieux, dont maints d'entre eux sont liés au terroir hermopolitain. On voit ainsi, peu de temps après que l' « hérétique d'Amarna » eut rendu l'ultime soupir, la théologie solaire à tendance panthéiste reprendre le cours de son développement, en ce cas précis grâce à l'activité d'un homme d'humble origine qui avait été tiré de son obscurité provinciale par Akhénaton lui-même. Ay a dû jouer un rôle similaire sur le plan politique. Aussi n'est-il pas trop hasardeux d'avancer qu'Akhénaton fut d'abord trahi par l'élite nouvelle dont il s'était entouré.

[101] Alors que le nom de l'Aton est suivi de ce signe dans certains textes pré- et post-amarniens : cf. Goldwasser, 2006, qui tire argument de l'absence de ce déterminatif pour définir la religion d'Akhénaton comme un *mature monotheism*, c'est-à-dire un monothéisme absolu et exclusiviste affirmant la seule existence du Dieu Un, et non un *reduced monotheism*, c.-à-d. un monolâtrisme ne niant pas l'existence des autres dieux même s'il les méprise (monolâtrisme auquel Hari, 1984, assimilait la croyance amarnienne). Pour Goldwasser — je traduis —, « les concepteurs de la religion d'Amarna n'ont systématiquement pas ajouté le classificateur [dieu] après le mot Aton, parce que leur doctrine révolutionnaire avait effectivement aboli la pertinence d'une « catégorie : dieux ». Poser un quelconque classificateur [dieu] derrière le nom Aton aurait signifié qu'Aton était le dieu élu, mais encore *un dieu parmi beaucoup d'autres.* » (p. 275). Cela me paraît sollicité. Il me paraît plus simple de considérer qu'Akhénaton et ses « penseurs » savaient très bien qu'Aton n'avait que peu de choses à voir avec les « dieux », puisqu'il était profondément impersonnel. Il n'était qu'un principe.

elle ressemble fort, à des siècles de distance, à la pensée des présocratiques, qui étaient à la recherche de l'élément fondamental de l'univers, de l'*archè* pouvant rendre compte de l'existence de ce dernier dans son intégralité. Aton, par ailleurs et quoi qu'en laisse penser une lecture superficielle de son iconographie, n'est en rien transcendant[102] ; c'est un élément du monde matériel, la Lumière, ou plutôt le Globe[103] *et* la Lumière dont il est la source[104], dont l'immanence est totale[105] : voyez ces représentations du palais d'Amarna où le « Globe » se trouve non seulement au faîte du ciel, mais encore à l'intérieur de plusieurs pièces (fig. 2). Partout où pénètre la Lumière, Aton est présent[106]. Ce thème de la Lumière, source première et continue de l'existence, consonne étrangement avec certaines philosophies modernes ou avec des données de la

102 Le fort bon article de D. LORTON, 1994, conteste la légitimité de l'emploi du terme « transcendance » s'agissant de religion égyptienne, même lorsqu'on aborde les hymnes à Amon de l'époque ramesside ; dans ceux-ci il n'est jamais question de « transcendance » au sens philosophique : Amon s'y révèle immanent, présent au monde émané de lui, dans une perspective qu'on peut qualifier de « panthéiste », posant l'identité essentielle de dieu et de tout ce qui existe.

103 Il faut insister sur le fait qu'Aton est bien représenté comme le « Globe » solaire, à la rotondité tout à fait nette (DESROCHES NOBLECOURT, 1979, dit joliment, et sans doute pertinemment, qu'il s'agit d'un « sein solaire » ; cfr aussi CANNUYER, 1997) ; c'est un Globe et pas « un disque plat », comme l'ont montré en même temps et indépendamment l'un de l'autre VANDERSLEYEN, 1984 et KÁKOSY, 1984. La démonstration définitive en a été donnée récemment par MICHEL, 2012.

104 Je veux bien, avec HORNUNG et ASSMANN, qu' Aton soit la Lumière, mais il ne faudrait pas oublier pour autant que cette Lumière *n'est jamais dissociée* de la sphère visible et matérielle, quoiqu'il y ait, dans les textes amarniens, une certaine dichotomie entre *p3 ʾItn ʿnḫ wr*, « le Grand Aton Vivant », et *ʾItn*, « le Globe » (cf. ASSMANN, 1992 ; LABOURY, 2010, 190-191 ; je ne crois pas du tout à l'idée émise par Assmann, selon laquelle l'épithète anx, « vivant », serait utilisée pour distinguer Aton des idoles « mortes » que seraient les autres dieux). La première expression pourrait, selon moi, désigner « la Lumière » en tant que principe de toute vie, et le second « le Globe solaire », qui en est le dispensateur visible. Ce que le globe entoure (*šn*) est l'univers qui n'existe que par le Grand Aton Vivant. C'est au « Grand Aton vivant », à la Lumière, qu'Akhénaton identifie certainement l'ancien dieu « Rê », qu'il respecte et dont le nom est épargné par les martelages, sauf, quelquefois, dans le composé « Amon-Rê ». C'est ce « Grand Aton vivant » qui est le cœur de la religion amarnienne (TRAUNECKER, 2005, 178). Rappelons d'ailleurs qu'il est bien connu que dans les premiers temps de la réforme, à Karnak, Aton a été représenté, à l'instar de Rê, comme un dieu à tête de faucon . Voir, dans ce sens, les réflexions de BONGIOANNI, 1983.

105 Or, selon le *Vocabulaire philosophique* de Lalande, le monothéisme suppose « un seul Dieu, ***distinct du monde*** ».

106 Certes, la transcendance absolue de Dieu dans les religions monothéistes n'exclut pas une certaine présence volontaire au monde (la Shekinah juive ; la présence de YHWH dans le Buisson ardent ; la kénose divine en Jésus-Christ, Verbe de Dieu inhumané ; la Parole de Dieu faite livre dans le Coran), mais avec Aton, il s'agit de tout autre chose : une omniprésence *matérielle*.

cosmologie scientifique actuelle[107] ; il n'en demeure pas moins qu'il est difficile d'encore considérer Aton comme un dieu, a fortiori comme « Dieu ». La pensée d'Akhénaton ne représenterait-elle pas en fait la formulation du premier a-*théisme*, une philosophie purement naturelle[108], une sorte de « matérialisme transcendental », au sens kantien du terme ?

Une religion de la royauté, non de la volonté divine

Il faut insister qu'au centre de la « religion d'Aton », il y a la royauté[109]. Par là s'explique l'obstination d'Akhénaton à inclure le nom de son dieu dans un double cartouche royal et à timbrer le Globe d'un uraeus. Le « monothéisme » d'Akhénaton semble bien être un monisme politico-religieux, affirmant la consubstantialité entre le divin et le royal, entre l'unité de l'État et celle de l'Univers. N'est-ce pas ce qui est affirmé par le nom même d'Akhénaton, dans lequel le terme *akh* recouvre tout à la fois l'idée d'efficacité, d'utilité, mais aussi de lumière, d'éclairage, de révélation[110] ? À mon sens, la meilleure traduction du nom serait « Épiphanie d'Aton ». Le roi est « Celui qui révèle Aton efficacement et en pleine lumière », de même qu'Akhetaton, « l'Horizon[111] d'Aton »[112], est le sanctuaire[113] cosmique et politique où Aton est pleinement manifesté, comme nulle part ailleurs. Le pharaon ramène à lui le sens ultime de toute l'existence, la justification de toute cohésion sociale ; en se présentant comme le « vrai fils d'Aton »[114], non comme son fils « par délégation fonc-

107 William Matthew Flinders Petrie, le premier à avoir fouillé systématiquement le site d'Amarna, écrit déjà dans son *History of Egypt* (1894), p. 214 : « *If this were a new religion, invented to satisfy our modern scientific coneptions, we could not find a flaw in the correctness of this view of the energy of the solar system... a position which we cannot logically improve upon at the present day* » (cité par Hornung, 2001, 21).

108 Je rejoins ici totalement l'excellent article d'Allen, 1989, que d'aucuns ont accusé injustement d'être excessif.

109 Voir surtout Baines, 1998, 288 suiv. ; Montserrat, 2000, 40.

110 Je rejoins entièrement les conclusions de l'étude de Friedman, 1986.

111 C.-à-d. le lieu où la Lumière solaire passe de la potentialité à l'actualité, où elle se « dévoile », où elle devient « épiphane ». Cf. Englund, « 1984 ; Jansen-Winkeln, 1996.

112 Qui n'est pas vraiment une « ville », puisque, comme je l'ai montré (Cannuyer, 1985), le nom de la « capitale » d'Akhénaton n'est pas suivi du déterminatif traditionnel des villes, lequel, d'ailleurs, a sans doute été évité dans la graphie parce qu'à lui seul il pouvait à l'époque évoquer *La Ville* (*Nw.t*) par excellence, c.-à-d. *Thèbes*, la No-Amon biblique. Laboury, 2010, 244, attribue à Gabolde, 2005b, le mérite d'avoir souligné cette particularité ; Angenot, 2008, 19-20, a la rectitude de rappeler que je fus le premier à la signaler.

113 Le terme *akhet*, « Horizon », pouvait désigner, dans des temples, le sanctuaire de la divinité.

114 Une maxime connue dès les *Textes des Cercueils* affirme que le propre de la relation fils/père consiste en ce qu' « un fils est *akh* pour son père, un père est *akh* pour son fils ». Cf. Assmann,

tionnelle » ainsi qu'il en était de ses prédécesseurs, Akhénaton justifie un absolutisme royal désormais sans limite. Certains auteurs pensent même qu'Akhénaton concevait qu'entre lui et son père Aton, il y avait une quasi-consubstantialité, faisant du roi une sorte de lieu-tenant et porte-parole du Dieu muet, en somme un dieu lui-même pour ses sujets (Hornung, 2001, 62-64). Au Dieu-roi Aton dans le ciel correspond le Roi-dieu Akhénaton sur la terre. Les beaux hymnes à Aton et au roi qu'on trouve dans la tombe d'Ay[115], s'étendent avec lyrisme sur le fait qu'Akhénaton est le fils « issu des rayons » du Globe : Aton lui donne l'éternité, il le « crée chaque jour à sa ressemblance », il l'a « construit à son image en tant qu'Aton » ; le roi, auquel est étroitement associée sa comparse féminine, Néfertiti, est « le fils d'éternité qui est venu en tant qu'Aton », auquel est confiée « l'éternité comme roi à l'instar d'Aton ». « Ô fils d'Aton » conclut Ay, qui appelle le roi « mon dieu » (*p3.ỉ nṯr*), « tu es éternel... » Toutes ces affirmations confirment l'intime coalescence d'Aton et d'Akhénaton, de la divinité de l'un et de la royauté de l'autre.

On est ainsi naturellement poussé à une lecture « politique » de la révolution amarnienne, laquelle pourrait effectivement être d'abord une réaction contre la montée en puissance de la « théologie de la Volonté » : Akhénaton aurait-il perçu le danger qu'à terme celle-ci représentait, à savoir l'inféodation du pouvoir royal au bon vouloir d'Amon, par conséquent de ses prêtres ? En se faisant le fils authentique et le seul porte-parole autorisé d'un dieu Unique et muet, Akhénaton mobilisait aux mains de l'institution royale toute la norme éthique[116] et les orientations historiques de la société. Jamais la royauté n'avait été à ce point magnifiée. Il est symptomatique que sur les reliefs amarniens la différence d'échelle entre le roi, la famille royale et leurs « sujets » est effrayante, d'une disproportion jamais observable auparavant : Akhénaton semble régner sur un peuple de fourmis, le plus souvent humblement courbées devant la lumière d'Aton et de son « Épiphanie royale ». Quant à la vie dispensée par les « mains » d'Aton, elle n'aboutit que jusque sous les seules narines du roi ou de la reine. Jamais les gens du commun n'en sont gratifiés. Cette vie généreusement insufflée par Aton ne leur est transmise, dirait-on, que par le truchement du roi. Mais, comme rien n'est simple lorsqu'on se pique d'« amarnisme », il faut en même temps dire que, contrairement à ses ancêtres royaux,

2000, 87.

115 Traduction dans Lichtheim, 1976, 93-96 ; texte hiéroglyphique : Sandman, 1938, 90-93.

116 Voir à ce sujet l'important article de Bonnel, 1990 ; et aussi Van de Walle, 1979.

Akhénaton ne se présente jamais face-à-face à Aton sur un pied de stricte égalité. Il est toujours *sous* le Soleil, comme dépendant de lui[117].

*

* *

On l'aura compris. Pour ma part, je préfère me garder d'employer le terme monothéisme pour qualifier la religion d'Akhénaton[118]. Quelque floue que soit sa définition, son emploi renvoie inévitablement à une image de Dieu très marquée par le fait que le concept a été forgé par l'érudition occidentale en contexte chrétien[119]. Or il est clair que le Globe Aton est, dans la pensée d'Akhénaton, d'une nature très différente de cette image. Si, dans les cercles confinés de la recherche, certains choisissent de continuer à parler du « monothéisme » amarnien, en sachant pertinemment toutes les nuances que cet usage appelle[120], il est malsain de persister à relayer ce vocabulaire en direction du grand public, car il est de nature à induire bien des confusions. Aton n'a résolument rien à voir ni avec le Dieu des juifs, des chrétiens et des musulmans.

[117] Kruchten, 1989, 204, n'exclut pas que l'image des rayons-bras démesurés d'Aton, terminés par de petites mains, renvoient à l'expression *bsi a*, « faire passer (d'un univers à l'autre) » ; cela impliquerait qu'Aton n'appartient pas au même univers que ses créatures et que le roi, contrairement à ce qui a été dit plus haut. Cette suggestion s'harmonise bien avec le fait qu'Akhénaton n'est *jamais* figuré au même niveau que le Globe.

[118] La fort bonne entrée « Aton » du dictionnaire de Corteggiani, 2007, 59-63, opine dans le même sens.

[119] Volokhine, 2008, 139, rejoint en partie ma position, tout en concédant que « *tout dépend... de ce que l'on veut exprimer par ce terme [monothéisme], peu innocent, marqué par des idées préconçues* ». Et de conclure par une citation très bienvenue de Stroumsa, 2005, 29 : « *la prédilection pour ces termes, 'polythéisme' comme 'monothéisme', reflète ou cache parfois des attitudes apologétiques ou polémiques n'osant s'afficher dans nos sociétés où religion et laïcité restent en conflit, larvé ou aigu* ».

[120] Nuances qui, chez un Assmann, confinent parfois à l'ambiguïté, sinon à l'indécision, peut-être voulue.

Références

ALDRED, Cyril, 1988 : *Akhenaten, King of Egypt*, Londres/New York, 1988 (trad. française par Alain ZIVIE, *Akhenaton, roi d'Égypte*, avec une importante introduction actualisante du traducteur, Paris, 1997).

ALLEN, James P., 1989 : « The Natural Philosophy of Akhenaten », dans W.K. SIMPSON (éd.), *Religion and Philosophy in Ancient Egypt*, New Haven, 1989, 89-101.

ANGENOT, Valérie, 2008 : « A Horizon of Aten in Memphis ? », *Journal of the Society for the Study of Egyptian Antiquities* 35 (2008), 1-20.

ASSMANN, Jan, 1969 : *Liturgische Lieder an den Sonnengott. Untersuchungen zur altägyptischen Hymnik, I*, (Münchner Ägyptologische Studien, 19), Berlin, 1969.

— 1970 : *Der König als Sonnenpriester. Ein kosmographischer Begleittext zur kultischen Sonnenhymnik in thebanischen Tempeln und Gräbern* (Abhandlungen des Deutschen Archäologischen Instituts Kairo. Ägyptologische Reihe, 7), Glückstadt, 1970.

— 1972 : « Die 'Häresie' des Echnaton: Aspekte der Amarna-Religion, dans *Saeculum* 23 (1972), 109-126.

— 1975a : « Aton », dans *Lexikon der Ägyptologie*, I, Wiesbaden, 1975, 526-539.

— 1975b : *Ägyptische Hymnen und Gebete* (Die Bibliothek der Alten Welt. Reihe der Alte Orient), Zurich/Munich, [1975].

— 1983 : *Re und Amun. Die Krise des polytheistischen Weltbilds im Ägypten der 18.-20. Dynastie* (Orbis Biblicus et Orientalis, 51), Fribourg-Göttingen, 1983 (trad. anglaise par A. Alcock, avec de nombreux remaniements et compléments dus à l'auteur lui-même : *Egyptian Solar Religion in the New Kingdom. Re, Amun and the Crisis of Polytheism*, Londres/New York, 1995).

— 1984 : *Ägypten. Theologie und Frömmigkeit einer frühen Hochkultur*, Stuttgart /Berlin/Cologne/ Mayence, 1984.

— 1992 : *Akhanyati's Theology of Light and Time* (Proceedings of The Israel Academy of Sciences and Humanities, VII,4), Jérusalem, 1992.

— 1993 : *Monotheismus und Kosmotheismus. Ägyptische Formen eines "Denkens des Einen" und ihre europäische Rezeptionsgeschichte*, Heidelberg, 1993.

— 1995 : *Ma'at. Gerechtigkeit und Unsterblichkeit im Alten Ägypten*, Munich, 1995.

— 2000 : *Images et rites de la mort dans l'Égypte ancienne*, Paris, 2000.

— 2001a : *Moïse l'Égyptien. Un essai d'histoire de la mémoire*, trad. Laure Bernardi, Paris, 2001 (il faut préférentiellement lire dans l'édition américaine de cet ouvrage *Moses the Egyptian,* Cambridge Ma, 1997, le chapitre VI consacré à la religion amarnienne, car celui-ci a été abrégé dans le chapitre VII de l'édition allemande [*Moses der Ägypter,* Munich/Vienne, 1998], sur laquelle s'aligne l'édition française.

— 2001b : *The Search for God in Ancient Egypt*, trad. David Lorton, Ithaca — Londres, 2001.

— 2006 : *Thomas Mann und Ägypten. Mythos und Monotheismus in den Josephsromanen*, Munich, 2006.

— 2007 : *Le prix du monothéisme*, Paris, 2007.

— 2008 : « Le traumatisme monothéiste » et « L'iconoclasme comme théologie politique », dans *Ce que la Bible doit à l'Égypte*, Paris, 2008, 93-102 et 130-136.

AUFFRET, Pierre, 1981 : *Hymnes d'Égypte et d'Israel. Études de structures littéraires* (Orbis Biblicus et Orientalis, 34), Fribourg /Göttingen, 1981.

— 1982 : « Note sur la structure littéraire du Psaume 104 et ses incidences pour une comparaison avec l'hymne à Aton et Genèse 1 », *Revue des Sciences Religieuses* 56 (1982), 73-82.
— 1983, « Note sur la comparaison entre l'hymne à Aton et le Ps 104 à partir de leurs structures littéraires d'ensemble », *Revue des Sciences Religieuses* 57 (1983), 64-65.
AZIZ, Philippe, 1980 : *Moïse et Akhenaton*, (Les énigmes de l'Univers), Paris, 1980.
BAINES, John, 1998 : « The Dawn of the Amarna Age », dans David O'CONNOR et Eric CLINE (eds.), *Amenhotep III: Perspectives on His Reign*. University of Michigan Press, 1998, chapter 8.
BARUCQ, André, 1989 : *Prières de l'Ancien Orient* (Documents autour de la Bible), Paris, 1989.
BARUCQ, André et DAUMAS, François, 1980 : *Hymnes et prières de l'Égypte ancienne* (Littératures anciennes du Proche-Orient, 10), Paris, 1980.
BICKEL, Suzanne, 1997 : *Untersuchungen im Totentempel des Merenptah in Theben*, III *Tore und andere wiederverwendte Bauteil Amenophis' III* (Beiträge zur Ägyptische Bauforschung und Altertumskunde, 16), Stuttgart, 1997.
BONGIOANNI, Alessandro, 1983 : « Considérations sur les «noms» d'Aten et la nature du rapport souverain-divinité à l'époque amarnienne », *Göttinger Miszellen* 68 (1983), 43-52.
BONNEL, Roland G., 1990 : « The ethics of el-Amarna », dans Sarah I. GROLL (éd.), *Studies in Egyptology Presented to Miriam Lichtheim*, I, Jérusalem, 1990, p. 71-97.
BOTTÉRO, Jean, OUAKNIN Marc-Alain et MOINGT, Joseph, *La plus belle histoire de Dieu. Qui est le Dieu de la Bible ?*, Paris, 1997.
BRYAN, Betsy M., 1991 : *The Reign of Thutmosis IV*, Baltimore/Londres, 1991, p. 149-150, 350-356.
BREASTED, James Henry, 1894 : *De hymnis in Solem sub rege Amenophide IV redactis*, Berlin,1894.
— 1912 : *Development of religion and thought in ancient Egypt,* New York, 1912.
BRUGSCH, Heinrich, 1884-1888 : *Religion und Mythologie der alten Aegypter*, Leipzig, 1884-1888.
BRUNNER, Helmut, 1963 : « Der freie Wille Gottes in der ägyptischen Weisheit », dans *Les Sagesses du Proche-Orient Ancien. Colloque de Strasbourg 17-19 mai 1962*, Paris, 1963, 103-120.
CANNUYER, Christian, 1985 : « Akhet-Aton : anti-Thèbes ou sanctuaire du globe ? À propos d'une particularité amarnienne méconnue », *Göttinger Miszellen* 86 (1985), 7-9.
— 1997 : « Aton, nourrice dans le sein, succédané des maîtresses de la ménat », *Göttinger Miszellen* 157 (1997), 11-14.
— 2001 : « Prier au temps des Pharaons », *Notre Vie Liturgique. Études Inter-Religieuses* 6 (2001), Beyrouth, 17-39.
— 2002 : « Questions sur la religion d'Akhénaton et son prétendu monothéisme », *Mélanges de Science Religieuse*, 59/2 (2002), 23-82.
— 2003 : « Amour divin et Amour de Dieu en Égypte Ancienne », dan *Dieu Miséricorde, Dieu Amour. Actes du colloque VIII Patrimoine syriaque*, I, Beyrouth, 2003, 35-56.
CELADA, Benito, 1970 : « El Salmo 104, el Himno de Amenofis IV y otros documentos egipcios », *Sefarad* 30 (1970), 305-324.
CHAMPOLLION-FIGEAC, Jacques-Joseph, 1839 : *L'Égypte ancienne*, Paris, 1839.

Corteggiani, Jean-Pierre, 2007 : *L'Égypte ancienne et ses dieux. Dictionnaire illustré*, Paris, 2007.

Couroyer, Bernard, 1987 : « Le Dieu des Sages en Égypte, I », *Revue Biblique* 94 (1987), 574-603.

Cozi, Massimo, 1997 : « À propos des origines du culte atonien », *Göttinger Miszellen* 156 (1997), p. 33-36.

Craigie, Peter C., « The Comparison of Hebrew Poetry : Psalm 104 in the Light of Egyptian and Ugaritic Poetry », *Semitics* 4 (1974), 10-21.

Daumas, François, 1952 : « Amour de la vie et sens du divin dans l'Égypte ancienne », *Études Carmélitaines* 31e année (1952), 92-141.

De Moor, Johannes Cornelis, 1997 : *The rise of Yahvism*, Louvain, 2e éd., 1997.

Derchain, Philippe, 1962 : « Le rôle du roi d'Égypte dans le maintien de l'ordre cosmique », *Annales du Centre d'Étude des Religions* 1 (1962), 61-73.

— 1988 : « Encore le monothéisme », *Chronique d'Égypte* [= *CdÉ*] 63/125, 1988, 77-85.

Dégremont, Audrey, 2010 : «Thoutmosis IV et les divinités solaires», dans Christian Cannuyer et Alexandre Tourovets (éd.), *Varia Aegyptiaca et Orientalia Luc Limme in honorem* (Acta Orientalia Belgica, XXIII), Bruxelles, 2010, 29-42.

Desroches Noblecourt, Christiane, *Vie et mort d'un pharaon. Toutankhamon*, Paris, 1963.

— 1979 : « Le soleil sous les pharaons », *Le Courrier du CNRS*, juin 1979, 9-17.

Dietrich, Walter et M.A. Klopfenstein, Martin A., 1994 : *Ein Gott allein ? JHWH-Verehrung und biblischer Monotheismus im Kontext der israelitischen und altorientalischen Religionsgeschichte* (Orbis Biblicus et Orientalis, 138), Fribourg/Göttingen, 1994.

Dodson, Aidan, 2009 : *Amarna Sunset. Nefertiti, Tutankhamun, Ay, Horemheb, and the Egyptian Counter-Reformation*, Le Caire – New York, 2009.

Drioton, Étienne, 1955 : « La religion égyptienne », dans Maurice Brillant et René Aigrain (dir.), *Histoire des religions*, t. 3, Paris, 1955, 7-147.

Englund, Gertie, 1984 : « L'horizon et quoi encore. Quelques reflexions sur l'emploi de Axt dans les Textes des Pyramides », dans *Sundries in Honour of Torgny Säve-Söderbergh*, Uppsala, 1984, 47-54.

Erman, Adolf, 1905 : *Die aegyptische Religion*, Berlin, 1905.

Fecht, Gerhard, 1960 : « Amarna-Probleme (1-2) », dans *Zeitschrift für Ägyptische Sprache und Altertumskunde* 85 (1960), 83-118.

— 1965 : *Literarische Zeugnisse zur'Persönlichen Frömmigkeit' in Ägypten*, Heidelberg, 1965.

Franke, Detlef, 2003 : « Middle Kingdom Hymns », dans Sybille Meyer (ed.), *Egypt – Temple of the Whole World. Studies in Honour of Jan Assmann*, 2003, 95-136.

Freud, Sigmund, 1939 : *Der Mann Moses und die monotheistische Religion* ,Amsterdam, 1939.

Friedman, Florence, 1986 : « Ax in the Amarna Period », *Journal of the American Research Center in Egypt* 23 (1986), p. 99-106.

Gabolde, Marc, 1998 : *D'Akhenaton à Toutânkhamon*, Lyon, 1998.

— 2005a : *Akhenaton. Du mystère à la lumière* (Découvertes, 478), Paris, 2005.

— 2005b : « Amarna, la cité du roi-soleil », dans *Bibliothéque d'Egypte, Afrique et Orient*, Paris, 2005, 85-104.

— 2008 : « De la fin du règne d'Akhénaton à l'avènement de Toutânkhamon », dans *Akhénaton et Néfertiti. Soleil et ombres des pharaons*,Catalogue d'exposition, Milan - Genève, 2008, 95-108.
— 2013 : « L'ADN de la famille royale amarnienne et les sources égyptiennes », *ENiM* 6, 2013, 177-203 (en ligne sur le site : http://www.enim-egyptologie.fr).
GOLDWASSER, Orly, 2006 : « The Essence of Amarna Monotheism », dans Gerald MOERS, Heike BEHLMER, Katja DEMUSS et Kai WIDMARIER (éds), jn.t Dr.w. *Festschrift für Friedrich Junge*, I, Göttingen, 2006, 267-279.
GRANDET, Pierre, 1995 : *Hymnes de la religion d'Aton (Hymnes du 14e siècle avant J.-C.)*, coll. « Points – Sagesse » n° 97, Paris, Seuil, 1995.
GRIMM, Alfred, 1992 : *Joseph und Echnaton. Thomas Mann und Ägypten*, Mayence, 1992.
GUNN, Battiscombe, 1923 : « Notes on the Aten and his names »,*Journal of Egyptian Archaeology* 9 (1923), 168-176.
HARI, Robert, 1984 : « La religion amarnienne et la tradition polythéiste », dans *Studien zu Sprache und Religion Ägyptens. Zu Ehren von Wolfhart Westendorf...*, II, Göttingen, 1984, 1039-1055.
HORNUNG, Erik, 1971 : *Der Eine und die Vielen. Ägyptische Gottesvorstellungen*, Darmstadt, 1971 (trad. française plutôt médiocre : *Les dieux de l'Égypte, le un et le multiple*, Monaco, 1986, rééd. dans la coll. « Champs » n° 257, Paris, 1992).
— 1993 : « Thomas Mann, Echnaton und die Ägyptologen », *Thomas Mann Jahrbuch* 6 (1993), 59-70.
— 2001 : *Echnaton. Die Religion des Lichtes*, Dusseldorf/Zurich, 1995, 2001[2] (trad. anglaise : *Akhenaten and the Religion of Light*, New York, 1999).
JACQ, Christian, 1996 : *Jean-François Champollion. Textes fondamentaux sur l'Égypte ancienne. Présentés et commentés*, Fuveau, 1996.
JANSEN-WINKELN, Karl, 1996 : « «Horizont» und «Verklärtheit»: Zur Bedeutung der Wurzel Ax», dans *SAK* 23 (1996), 201-215.
JUNKER, Hermann, 1940 : *Die Gotterlehre von Memphis*, Berlin, 1940.
— 1951 : « Die Religion der Ägypter », dans Franz KÖNIG (éd.), *Christus und die Religionen der Erde*, II, Vienne, 1951, 565-606.
— 1961 : *Die Geisteshaltung der Ägypter in der Frühzeit*, Vienne et al. loc., 1961.
KÁKOSY, Laszlo, 1984 :« Solar Disk or Solar Globe ? » dans *Studien zu Sprache und Religion Ägyptens. Zu Ehren von Wolfhart Westendorf...*, II, Göttingen, 1984, 1057-1067.
KEMP, Barry, 1991 : *Ancient Egypt. Anatomy of a Civilization*, Londres – New York, 1991.
KRAUSS, Rolf, 2000 : *Moïse, le pharaon*, trad. Nathalie Baum, Monaco, 2000.
KRUCHTEN, Jean-Marie, 1989 : *Les Annales des prêtres de Karnak (XXI-XXIIImes dynasties) et autres textes contemporains relatifs à l'initiation des prêtres d'Amon* (Orientalia Lovaniensia Analecta, 32), Louvain, 1989.
KRÜGER, Thomas, 1993 : « 'Kosmo-theologie' zwischen Mythos und Erfahrung. Psalm 104 im Horizont altorientalischer und alttestamentlicher 'Schöpfungs'-Konzept », *Biblische Notizen* 68 (1993), 49-74.
LABOURY, Dimitri, 2010 : *Akhénaton* (Les grans pharaons), Paris, 2010.
— 2001 : *Amarna Art*, dans COONEY, Kara et WENDRICH, Willeke (eds.) *UCLA Encyclopedia of Egyptology*, Los Angeles, http://digital2.library.ucla.edu/viewItem.do?ark=21198/zz0026vj6m

LICHTHEIM, Miriam, 1976 : *Ancien Egyptian Literature*, II, Berkeley/Los Angeles/Londres, 1976.

LORTON, David, 1994 : « God : Transcendent, Dead, or Everything ? », *Göttinger Miszellen* 140 (1994), 53-65,

LURSON, Benoît, 1999 : « L'offrande du nom au Nouvel Empire. L'importance du sphinx Karnak-Nord Inv. 839 », *Zeitschrift für Ägyptische Sprache und Altertumskunde* 123 (1999), 55-60.

MANARANCHE, André, 1985 : *Le monothéisme chrétien*, Paris, 1985.

MANSION, Augustin, 1960 : « Le Dieu d'Aristote et le Dieu des chrétiens », dans *La philosophie et ses problèmes* (Mél. R. Jolivet), Lyon, 1960, 21-44.

MATHIEU, Bernard, 2005 : « Le Grand Hymne à Aton », dans *Akhénaton et l'époque amarnienne* (Bibliothèque d'Égypte, Afrique & Orient), Paris, 2005, 105-116.

MEEKS, Dimitri, 1988 : « Notion de 'dieu' et structure du panthéon dans l'Égypte ancienne », *Revue d'Histoire des Religions* 204/4 (1988), 425-446.

MEEKS, Dimitri et FAVARD-MEEKS, Christine, 1993 : *La vie quotidienne des dieux égyptiens*, Paris, 1993.

MICHEL, Marianne, 2012 : « La troisième dimension du mot itn. Astre, globe ou sphère », dans Christian CANNUYER et Nadine CHERPION (dir.), *Regards sur l'orientalisme belge suivis d'études égyptologiques et orientales. Mélanges offerts à Claude Vandersleyen* (Acta Orientalia Belgica, XXV), Bruxelles, 2012, 263-282.

MONTSERRAT, Dominic, 2002 : *Akhenaten: History, Fantasy and Ancient Egypt*. Londres, 2000.

MORENZ, Siegfried, 1964a : *Die Heraufkunft des transzendenten Gottes in Ägypten* (Sitzungsberichte der Sächsischen Akademie der Wissenschaften zu Leipzig. Philologisch-historische Klasse, 109/2), Berlin, 1964.

— 1964b : *Gott und Mensch im alten Ägypten*, Leipzig, 1964.

MURNANE, William J. et VAN SICLEN III, Charles C., 1993 : *The Boundary Stelae of Akhenaten*, Londres/New York, 1993.

NAGEL, Georges, 1950 : « A propos des rapports du psaume 104 avec les textes égyptiens », dans *Festschrift Alfred Bertholet zum 80. Geburtstag*, Tübingen, [1950], 395-403.

NEVLING-PORTER, Barbara, 2000 : (ed.), *One God or Many : Concepts of Divinity in the Ancient World* (Transactions of the Casco Bay Assyriological Institute, 1), 2000.

NICCACCI, Alviero, 1995 : « La lode del creatore. L'inno egiziano di Aton e la tradizione biblica », dans *Diaconus Verbi. Marijan Jerko Fucak 1932.-1992.*, Zagreb, 1995, 137-159.

OSMAN, Ahmed, 1990 : *Moses Pharaoh of Egypt. The Mystery of Akhenaten Resolved*, Londres, 1990.

POSENER, Georges, 1960 : *De la divinité du pharaon* (Cahiers de la Société Asiatique, 15), Paris, 1960.

— 1975 : « La piété personnelle avant l'âge amarnien », *Revue d'Égyptologie* (= *RdÉ*) 27 (1975), 195-210.

— 1981 : , « Sur le monothéisme dans l'ancienne Égypte », dans André CAQUOT et Mathias DELCOR (éd.), *Mélanges bibliques et orientaux en l'honneur de M. Henri Cazelles* (Alter Orient und Altes Testament. Veröffentlichungen zur Kultur und Geschichte des Alten Orients und des Alten Testaments, 212), Kevelaer / Neukirchen-Vluyn, 1981, 347-351.

QUIRKE, Stephen, 2001 : *The Cult of Ra. Sun-worship in Ancient Egypt*, Londres, 2001 (trad. française par Nathalie Baum, *Le Culte de Rê. L'adoration du soleil dans l'Égypte ancienne*, Monaco, 2004).

RADWAN, Ali, 1975 : « Einige Aspekte der Vergöttlichung des ägyptischen Königs », dans *Ägypten. Dauer und Wandel. Symposium anlässlich des 75jährigen Bestehens des Deutschen Archäologischen Instituts Kairo am 10. und 11. Oktober 1982* (D.A.I.K. Sonderschrift,18), Mayence, 1985. 53-69.

RAHNER, Karl, 1983 : (éd.), *Der eine Gott und der dreiene Gott : Das Gottesverständnis bei Christen, Juden und Muslimen*, Freibourg, 1983.

REDFORD, Donald, 1980 : « The Sun-Disc in Akhenaten's Program: Its Worship and Antecedents, II », *Journal of the American Research Center in Egypt* 17 (1980), 21-38.

— 1984 : *Akhenaten. The Heretic King*, Princeton, 1984.

REEVES, Nicholas, 2001 : *Akhenaten. Egypt's False Prophet*, Londres, 2001 ; trad. française par Bernard Gandelot, *Akhénaton et son Dieu. Pharaon et faux prophète* (Mémoires – Autrement, 108), Paris, 2004.

RENAUD, Bernard, 1982 : « Note sur le Psaume 104 - Réponse à P. Auffret », *Revue des Sciences Religieuses* 56 (1982), 83-89.

ROSENVASSER, Abraham, 1948 : « Abraham, Egipto e Israel y el monoteísmo hebreo », *Davar. Revista literaria. Publicacion bimestral editada por la Sociedad Hebraica Argentina* 16 (mars 1948), 54-69.

RIES, Julien, 1979, *Science des religions et sciences humaines* (Information et Enseignement, 11), Louvain-la-Neuve, 1979.

ROEMER, Hans Robert, 1985 : « Der Islam und das Erbe der Pharaonen », dans *Ägypten. Dauer und Wandel. Symposium anlässlich des 75jährigen Bestehens des Deutschen Archäologischen Instituts Kairo am 10. und 11. Oktober 1982* (D.A.I.K. Sonderschrift,18), Mayence, 1985, 127-128.

RÖMER, Thomas, 2010 : (préface et dir.), *Enquête sur le Dieu unique*, Paris, 2010.

— 2014 : *L'invention de Dieu* (Les livres du nouveau monde), Paris, 2014.

SABBAH, Messod et Roger, *Les secrets de l'Exode*, Paris, 2000.

SADEK, Ashraf Iskander, *Popular Religion in Egypt during the New Kingdom* (Hildesheimer ägyptologische Beiträge, 27), Hildesheim, 1989.

SAMSON, Julia, 1978 : *Amarna, City of Akhenaten and Nefertiti*, Warminster, 1978.

SANDMAN-HOLMBERG, Maj, 1938 : *Texts from the Time of Akhenaten* (Bibliotheca Ægyptiaca, 8), Bruxelles, 1938.

SCHENKER, Adrian, 2003 : « Le monothéisme israélite : un dieu qui transcende le monde et les dieux », dans ID., *Studien zu Propheten und Religionsgeschichte*, Stuttgart, 2003, 162-176 ; cf. ID. : « Émergence du monothéisme d'Israël », *Lumière et Vie*, 278 (2008), 45-53.

SCHLÖGL, Hermann A., 1993: *Echnaton — Tutanchamun : Daten, Fakten, Literatur*, (Sammlung Harrassowitz), 4e éd. augmentée, Wiesbaden, 1993.

SMITH, Mark S., 2001 : *The Origins of Biblical Monotheism*, Oxford, 2001.

SPIESER, Cathie, 2001 : , « Amarna et la négation du cycle solaire », *CdÉ* 76/151-152 (2001), 20-29.

— « Les cartouches divins », *Zeitschrift für Ägyptische Sprache und Altertumskunde* 129 (2002), 85-95.

STEVENS, Anna, 2003 : « The Material Evidence for Domestic Religion at Amarna and Preliminary Remarks on its Interpretation », *Journal of Egyptian Archeology* 89 (2003), 143-168.

STROUMSA, Guy G., 2005 : *La Fin du sacrifice. Les mutations religieuses de l'Antiquité tardive*, Paris, 2005.

STRUNSKY, Simon, 1928 : *King Akhnaton. A Chronicle of Ancient Egypt*, New York/ Londres, 1928 (trad. Marie Weynants-Ronday,: *Le roi Akhenaton. Chronique de l'Ancienne Égypte*, Bruxelles, 1933).

TEFNIN, Roland, 1975 : « Visage d'un colosse "osiriaque » » d'Aménophis IV », dans *Le Règne du Soleil. Akhnaton et Néfertiti*, catalogue de l'exposition tenue à Bruxelles, aux Musées Royaux d'Art et d'Histoire, 17 janv.-16 mars 1975, Bruxelles, 1975, 62-63.

THAUSING, Gertrude, 1950 : « Religiöse Revolution im alten Ägypten », *Wissenschaft und Weltbild. Monatsschrift für alle Gebiete der Forschung* 3 (November 1950), 99-406.

— 1953 : « Die Religion der Ägypter. Eine Betrachtung ihres Wesens », *Wiener Zeitschrift für die Kunde des Morgenlandes* 52 (1953), 7-26.

THÉODORIDÈS, Aristide, 1985 : « Faire le Dieu », *Annuaire de l'Institut de Philologie et d'Histoire Orientales et Slaves* 27 (1985), 87-102.

TRAUNECKER, Claude, 1992 : *Les dieux de l'Égypte* (Que Sais-Je ?, 1194), Paris, 1992.

— 2005 : « Amenhotep IV, Percepteur royal du Disque », dans *Akhénaton et l'époque amarnienne* (Bibliothèque d'Égypte, Afrique & Orient), Paris, 2005, 145-182.

VAN CANGH, Jean-Marie, 1999 : « Les origines du monothéisme biblique », dans Joseph DORÉ (dir.), *Christianisme, judaïsme et islam. Fidélité et ouverture*, Paris, 1999, 15-47.

VANDERSLEYEN, Claude, 1984 : « Amarnismes: le «disque» d'Aton, le «roi» asexué », *CdÉ* 59/117 (1984), 5-13.

— 1995 : *L'Égypte et la vallée du Nil*, t. 2 *De la fin de l'Ancien Empire à la fin du Nouvel Empire* (Nouvelle Clio, l'histoire et ses problèmes), Paris, 1995.

— *Ouadj our*, WAD wr. *Un autre aspect de la vallée du Nil* (Connaissance de l'Égypte Ancienne, 7), Bruxelles, 1999.

VAN DE WALLE, Baudouin, 1954 : « La piété égyptienne », *Ephemerides Theologicae Lovanienses* 30 (1954), 440-456.

— 1976 : « La découverte d'Amarna et d'Akhenaton », *RdÉ* 28 (1976), 7-24.

— 1979 : « Les textes d'Amarna se réfèrent-ils à une doctrine morale ? », dans Erik HORNUNG et Othmar KEEL (eds.), *Studien zu altägyptischen Lebenslehren* (Orbis Biblicus et Orientalis, 28), Fribourg/Göttingen, 1979, 353-362.

VERGNIEUX, Robert t M. GONDRAN, Michel, 1997 : *Aménophis IV et les pierres du soleil. Akhénaton retrouvé*, Paris, 1997.

VERGOTE, Jozef, 1963 : « La notion de Dieu dans les Livres de sagesse égyptiens », dans *Les Sagesses du Proche-Orient Ancien. Colloque de Strasbourg 17-19 mai 1962*, Paris, 1963, 159-190.

VERNUS, Pascal, 1993 : *Affaires et scandales sous les Ramsès. La crise des valeurs dans l'Égypte du Nouvel Empire*, Paris, 1993.

— 1995 : « La grande mutation idéologique du Nouvel Empire: Une nouvelle théorie du pouvoir politique. Du démiurge face à sa création », *Bulletin de la Sociéré d'Égyptologie de Genève* 19 (1995), 69-95.

— 1998 : *Les dieux de l'Égypte*, Paris, 1998.
VOEGELIN, Eric, 1956 : *Order and History*, I *Israel and* Revelation, Louisiana State Univ. Press, 1956.
VOLOKHINE, Youri, 2008 : « Atonisme et monothéisme : quelques étapes d'un débat moderne », dans *Akhénaton et Néfertiti. Soleil et ombres des pharaons*, Catalogue d'exposition, Milan – Genève, 2008, 129-141.
VON DER WAY, Thomas, « Überlegungen zur Jenseitsvorstellung in der Amarnazeit », *Zeitschrift für Ägyptische Sprache und Altertumskunde* 123 (1996), 157-164.
VON NORDHEIM, Eckhard, 1979 : « Der grosse Hymnus des Echnaton and Psalm 104. Gott und Mensch im Ägypten der Amarnazeit und in Israel », *Studien zur Altägyptische Kultur* 7 (1979), 227-241
WEIGALL, Arthur, E.P., 1910 : *The Life and Times of Akhnaton, Pharaoh of Egypt*, Edimbourg/Londres, 1910 (trad. française par Henri WILD : *Le Pharaon Akh-en-Aton et son époque*, Paris, 1936).
WENTE, Edward F., 2002 : « Monotheism », dans Donald REDFORD (ed.), *The Ancient Gods Speak. A Guide to Egyptian Religion*, Oxford, 2002, 224-230.
WILLEMS, Harco, 1998 : « The One and the Many in Stela Leiden VI », *CdÉ* 73/146 (1998), 231-243.
WOLFF-BRINKMANN, Elske Marie, 1968 : *Versuch einer Deutung des Begriffs « ba » anhand der Überlieferung der Frühzeit und des Alten Reiches*, Fribourg, 1968.
ZABKAR, Louis V., 1954 : « The Theocracy of Amarna and the Doctrine of the Ba », *Journal of Near Eastern Studies* 13 (1954), 87-101.
ZIMON, Henryk, 1986 : « Wilhelm Schmidt's Theory of Primitive Monotheism and its Critique within the Vienna School of Ethnology », *Anthropos*, 81/1-3 (1986), 243-260.
ZIVIE, Alain, 2004 : *La prison de Joseph. L'Égypte des pharaons et le monde de la Bible*, Paris, 2004.

LES HITTITES ET LEURS RAPPORTS AU DIVIN : QUELQUES RÉFLEXIONS INSPIRÉES PAR LES PRIÈRES *MUGAWAR* ET *ARKUWAR*

Julien De Vos
(Université catholique de Louvain – Societas Anatolica)

La prière hittite[1] nous est connue par des documents provenant des bibliothèques et des temples du site anatolien de Ḫattusa-Boğazköy, textes gravés sur des tablettes cunéiformes découvertes lors des fouilles menées par l'équipe archéologique et épigraphique allemande. Presque toujours capitale de l'empire hittite, Ḫattusa-Boğazköy reflète toutes les influences culturelles et toutes les grandes périodes chronologiques qui ont émaillé l'existence de l'État hittite[2].

1. Une histoire au carrefour des cultures

1.1. L'Ancien royaume

La domination hittite, d'abord marquée par une présence nésite accrue autour de la ville de Kultepe-Kaneš, se voit véritablement éclore sous les règnes du légendaire Labarna/Tabarna et de Ḫattusili Ier (*ca* 1650-1620 avant J.-C.). Ce dernier souverain, se proclamant « Grand Roi » et « Roi du pays du Hatti », transfère le siège dynastique de Kussar(a) à Ḫattusa-Boğazköy, cité connue auparavant comme une colonie assyrienne. Cet « Ancien royaume hittite » (*ca* 1675-1400 avant J.-C.), marqué par l'autorité grandissante des monarques sur les

1 Pour les hymnes et les prières hittites, cf. principalement Goetze 1950 ; Laroche 1964-1965 ; Laroche 1965 ; Houwink ten Cate 1969 ; Kühne 1975 ; Güterbock 1978 ; Marazzi – Nowicki 1978 ; Lebrun 1979 ; Lebrun 1980(a) ; Lebrun 1980(b) ; Marazzi 1981 ; Kellerman 1983 ; Marazzi 1983 ; Christmann-Franck 1989 ; Ünal 1991 ; Kammenhuber 1992 ; Greenberg 1994 ; Wilhelm 1994 ; de Roos 1995 ; Singer 2002a ; Schwemer 2008 ; Lorenz 2011. Pour les liens thématiques avec la littérature épique grecque, cf. également Bachvarova 2002.

2 Pour l'histoire hittite, cf. en dernier lieu Klengel 1999 ; Bryce 2005 ; Klock-Fontanille 2008.

autres cités du Hatti puis de l'Ouest anatolien (Arzawa et Wilusa), est également l'occasion de campagnes militaires menées vers l'Est de l'Anatolie, vers la Syrie du Nord et même Babylone (conquête – sans véritable lendemain ! – de Mursili Ier). Cette période voit naître, dans sa seconde moitié (*ca* 1525-1400 avant J.-C.), le premier décret fixant l'ordre de succession des souverains hittites (*Édit de Telebinu*) et la définition du rôle joué par l'assemblée du peuple [hit. *panku-*], mais aussi, par exemple, la première rédaction d'un code de jurisprudence.

Les influences culturelles et religieuses au sein de ce premier royaume hittite d'Asie Mineure sont nombreuses, tant « indigène » (culture Hatti préhittite) qu'« étrangère » (culture assyro-babylo-akkadienne), même si la composante majeure et le *nucleus* essentiel s'avèrent indéniablement indoeuropéens. La langue hittite, en particulier le dialecte nésite parlé dans la première capitale Kültepe/Kaneš/Neša, s'impose en Anatolie centrale comme le dialecte parlé et la langue officielle, tandis que la langue hattie fait office de langue liturgique. Un premier syncrétisme inévitable se produit au sein du panthéon, même si l'existence à la cour d'un panthéon officiel ne fait pas pour autant disparaître les panthéons locaux, et ce pendant toutes les périodes de l'État hittite. La déesse soleil d'Arinna, qui occupe la première place du panthéon dès Ḫattusili Ier, vient concurrencer le dieu soleil masculin Ištanu, alors que le grand dieu de l'Orage lui est associé.

1.2. Le « Pré-Empire » hittite

Par la suite, une nouvelle ère s'ouvre, communément dénommée « Pré-empire hittite ». Sous l'administration des souverains qui régirent cette deuxième époque, de Tudḫaliya Ier/II (?) à Tudḫaliya III (*ca* 1400-1344 avant J.-C.), de nouvelles campagnes de conquêtes sont menées, en particulier vers le Sud-Est et le Nord de la Syrie, où l'empire du Mitanni se pose en adversaire, jusque dans le Kizzuwatna cilicien dominé lui aussi, dans sa partie Nord-Est, par la composante hourrite. Dans leur volonté hégémonique d'établir leur pouvoir dans une grande partie de l'Asie mineure, des campagnes mènent les rois du Hatti à guerroyer dans le Sud-Ouest anatolien (Arzawa et Assuwa), des contacts accrus se développant à cette occasion avec les Mycéniens de l'Aḫḫiyawa, alors que la présence en Syrie du Nord est l'occasion de poser les premières bases des relations diplomatiques avec l'Égypte.

Cette période se caractérise à nouveau par une grande activité législative, les traités permettant de consolider la situation pour un temps et ce malgré les incartades répétées des Gasga pontiques. Les événements importants survenus en Syrie du Nord peuvent expliquer le replis des divinités kizzuwatniennes avec tout leur appareil cultuel vers des régions considérées comme plus sûres, comme par exemple la cité de Samuḫa.

1.3 L'Empire hittite

La prise de pouvoir et l'avènement de Suppiluliuma Ier sur le trône du Hatti marque le début de la dernière grande période de la domination hittite sur l'Anatolie : l'Empire hittite (*ca* 1344-1190 avant J.-C.). Fin organisateur et militaire de qualité, ce souverain (*ca* 1344-1322 avant J.-C.) établit fermement le contrôle du Kizzuwatna et de la Syrie du Nord (Alalaḫ, Karkemiš, Alep et Ougarit), au détriment non seulement du royaume du Mitanni sur le déclin, mais aussi en profitant de la perte de vitesse de l'influence égyptienne à l'échelle du couloir syro-palestinien. Ce roi crée aussi une constellation de petits royaumes qui dépendent de son administration tant au niveau fiscal que dans le domaine militaire, sanctionnant ses conquêtes par des traités avec les vassaux et n'hésitant pas non plus à placer ses fils sur les principaux trônes féodaux ou à garantir ses alliances par des mariages princiers ! La mort du roi et de son premier fils Arnuwanda II (*ca* 1322-1321 avant J.-C.), victimes de la peste qui ravage et affaiblit l'empire, conduit son deuxième fils Mursili II (*ca* 1321-1295 avant J.-C.) à guerroyer sur tous les fronts, tant contre ses vassaux du Sud que du Nord : Arzawa, Azzi/Ḫayasa, Gasga et Amurru, renouvelant avec ce dernier un traité de même qu'avec le royaume d'Ugarit.

Les actes politiques de ces souverains représentent déjà un tournant cultuel et religieux important pour l'Empire, car les trois groupes ethnico-culturels, consitués par les Hittites-Nésites héritiers de l'apport indoeuropéen et du legs culturel hatti, les Louvites majoritaires dans le Sud-Ouest et les Hourrites au Sud-Est, sont désormais réunis sous un même gouvernement, alors même que de fortes concentrations de populations sémitiques sont présentes de la Syrie du Nord jusqu'au Kizzuwatna ! Toutes les tendances religieuses seront respectées et honorées au niveau du panthéon impérial, la part belle étant progressivement faite à la composante hourrite prépondérante dans les sphères dirigeantes, au point qu'une hourritisation du culte va s'intensifier désormais au détriment des anciens cultes hattis. En outre, c'est sous le règne de Mursili II qu'apparaît la notion de divinité tutélaire du souverain, de la famille royale et même de l'État tout entier.

Muwatalli II (*ca* 1295-1272 avant J.-C.), outre ses démélés dans le Nord (Gasga) ainsi que dans le Sud-Ouest (Arzawa, Aḫḫiyawa et Wilusa), concentre ses efforts militaires sur les possessions syriennes, entrant en conflit avec l'Égypte pour le contrôle de l'Amurru (Qadeš). Toutes ces campagnes militaires sont certainement l'une des causes principales qui expliquent le déplacement éphémère de la capitale à Tarḫuntassa, l'administration du Nord-Est du royaume étant confiée à son frère Ḫattusili depuis Nérik et Ḫakpissa/Ḫakmissa (Amasya). De nombreux sanctuaires de lointaine origine hatti sont détruits, des cultes anciens sont abandonnés, et l'influence louvite, avec l'importance accrue des régions méridionales, se développe au sein de la vie religieuse de la cour. Muwatalli II adopte comme divinité personnelle le dieu louvite de l'orage Piḫaššašši.

Le règne écourté de Mursili III/Urḫi-Tešub (*ca* 1272-1267 avant J.-C.) marque le retour à Hattusa-Boğazköy, capitale de l'Empire également choisie par son oncle Ḫattusili III (*ca* 1267-1237 avant J.-C.) qui lui ravit le trône.

Ce dernier maintient les frontières de l'État, notamment face aux menaces que font peser non seulement les Gasga mais surtout l'empire assyrien naissant, en établissant des traités avec l'Amurru, Babylone et l'Égypte, tout autant qu'en favorisant des mariages inter-dynastiques ou en renforçant l'autorité du vice-roi de Karkémiš. Il réduit également les mouvements dissidents dans l'Ouest anatolien en menant campagne dans les pays louvites et en établissant un royaume vassal « tampon » autour de Tarḫuntassa sous l'égide du roi Kurunta. Son mariage avec la célèbre reine Puduḫepa, fille du grand-prêtre du sanctuaire kizzuwatnien de la ville sainte de Kummani et servante attentionnée du culte pratiqué à Lawazantiya[3], mais aussi son alliance avec le clergé du temple à Šamuḫa[4], ont favorisé l'introduction dans la religion officielle d'éléments hourrites kizzuwatniens. Soulignons que ces trois sanctuaires promeuvent le culte consacré à la déesse Ištar/Šauška/Ḫepat, qui devient la déesse tutélaire du monarque. Néanmoins, Ḫattusili III ne manque pas non plus d'appuyer son pouvoir sur un dieu représentant la tradition ancestrale, en l'occurrence le dieu de l'orage de Nerik. Il affiche ainsi sa volonté de galvaniser les énergies au nom d'une politique « nationaliste » et d'un retour aux sources. Les influences louvites sont également massives dans la vie culturelle, avec notamment l'entrée de divinités louvites dans le panthéon officiel.

Tudḫaliya IV, son fils et successeur (*ca* 1237-1209 avant J.-C.), maintient la cohésion de l'Empire, malgré les mouvements d'opposition rencontrés dans le Sud-Ouest (Aḫḫiyawa et Arzawa) et en Méditerranée orientale (Alasiya = Chypre). Dans l'Est du royaume (Ḫanigalbat), il fait front avec son vice-roi de Karkemiš contre les visées expansionistes des rois d'Assyrie. Passionné par le phénomène religieux, le roi est l'instigateur d'une vraie réforme religieuse et liturgique, fondée sur la réorganisation des sanctuaires et des cultes, ainsi que la réhabilitation d'anciennes fêtes ou la création de nouvelles fêtes mixtes. On assiste également à la recension et à la réorganisation des idoles qui peuvent partager à plusieurs le même toit, voire au renouvellement des statues manquantes ou détruites ainsi qu'à la construction de nouveaux temples comme, sous son impulsion, la création du sanctuaire fédéral de Yazĭlĭkaya au pan-

[3] Lebrun 1981 ; Lebrun 1983.
[4] Lebrun 1976.

théon hourrite prononcé ! Du reste, Tudḫaliya IV s'assure le concours personnel du dieu local Šarruma promu divinité protectrice du souverain, fils des divinités hourrites Tešub (dénommé jadis en hittite et en louvite *Tarḫunt-*) et de *Ḫ*ebat (assimilée à l'antique déesse soleil d'Arinna). Signalons que sous son règne, les éléments hourrite et louvite semblent dominer, au détriment de la culture proprement hittite. Cohabitent ainsi désormais, par exemple, les termes hatti ancien *(a)šḫap/w-* (*wašḫap/p-* au pluriel), avec le hittite *siuni-* [> *dyēw- = dieu indoeuropéen lumineux du ciel diurne, remplacé par ^{D}Ištanu > hat. Eštan, *siuni* devenant l'allographie de DINGIR], tout autant qu'avec le louvitte *maššani/a-* ou le hourrite *eni-*.

Sous Arnuwanda III (*ca* 1209-120079 avant J.-C.) et surtout Suppiluliuma II (*ca* 1207-1190 avant J.-C.), l'Empire hittite sur le déclin doit faire face à de menaçantes arrivées de populations, tant au Nord (Gasga) qu'au centre (Phrygiens) et au Sud (« Peuples de la mer/côtes »). Tous ces flux migratoires, notamment conjugués à une crise intérieure affaiblissant les structures du pouvoir ainsi qu'à des périodes de sécheresse conduisant à des carences en grain et des disettes, finiraient par contribuer à la dislocation de l'État.

2. La prière mugawar : une prière spécifique

2.1. Étymologie

La prière hittite *mugawar*[5], adressée à la divinité pour l'inciter à sortir de sa torpeur ou de sa bouderie, est une invocation accompagnée d'un « rituel (magique) de «mise en marge» », le *mugessar*. L'étymologie est assurée par le verbe hittite *mugai-*[6], en l'occurrence « faire bouger, ébranler ». Ce verbe, issu de la racine indoeuropéenne **meug*^{W}-, est donc à rapprocher du latin *movere* [hit. *siunin mugai-* = lat. *deum movere*]. La forme de l'infinitif *mugawar* représente donc une « (prière de type) mise en branle », son dérivé abstrait en *-essar* désignant « l'objet ou le contenu du *mugawar* », en l'occurrence les paroles et le rituel d'action [hit. *aniur-*] toujours soigneusement choisis et élaborés.

2.2. Un panorama de divinités

Les tablettes-catalogues des bibliothèques et des archives de Ḫattusa-Boğazköy, les prières conservées ainsi que les textes de rituels et de fêtes religieuses, révèlent que le genre *mugawar* est avant tout destiné aux divinités so-

[5] Pour cette prière spécifique, cf. Gurney 1940, 45-51 ; Laroche 1964-1965, 20-24 ; Houwink ten Cate 1969, 87 ; Bryce 2002, 141 ; Justus 2002 ; Singer 2002a, 5-6 ; Collins 2008, 77 ; Melchert 2010(a) ; Melchert 2010(b) : 226.

[6] *HW*, 144 ; *HEG* II/5-6, 226 ; *HED* VI, 177 et 183-184 ; Kloekhorst 2008, 585-596.

laires, au rang desquelles s'impose non seulement l'antique dieu soleil diurne Ištanu, mais aussi la déesse soleil de la terre Lelwani et surtout la déesse soleil d'Arinna, cette dernière divinité hattie étant assimilée plus tard à la déesse hourrite Ḫebat de Kummani. Toutefois, d'autres anciens dieux peuvent aussi être invoqués, tels le dieu de l'orage de Nerik – fils du grand dieu de l'orage du Hatti et de la déesse soleil d'Arinna –, ou encore le dieu Telebinu – en tant que grand dieu de Tawinia –. On retrouve aussi des dieux protecteurs [^{D}KAL] ou des divinités auxiliaires, en l'occurrence Uliliyašši, Walliyara et Agni. À l'époque impériale, à la faveur des syncrétismes observés, la prière *mugawar* peut aussi être adressée à des divinités considérées comme « étrangères » mais assimilées aux antiques divinités hatties, notamment la hourrite Ḫebat de Kummani ou encore Ištar de la steppe de Samuḫa[7] (= Šauška de Samuḫa), hypostase d'Ištar de Ninive. Signalons enfin que la prière *mugawar* peut aussi être adressée, par des particuliers, à l'égard d'un défunt.

2.3. Pratiques religieuses

Le corpus des prières royales hittites conservées met en évidence la longévité du *mugawar*, dans la mesure où non seulement le procédé est déjà présent dans la *Prière à la déesse Soleil de la Terre Lelwani* (*CTH* 371)[8] – prière traduite voire adaptée d'un modèle hatti plus ancien) –, l'*Hymne et prière au Soleil Ištanu* (*CTH* 372-374)[9] – adaptation par les scribes hittites d'une prière babylonienne dès le Pré-Empire –, la *Prière d'Arnuwanda et d'Ašmunikal au sujet de Nerik*[10] (*CTH* 375) – période du Pré-Empire –, l'*Hymne et prière à la déesse Soleil d'Arinna*[11] (*CTH* 376) de Mursili II (dé-

[7] Cf. essentiellement Lebrun 1976 ; Lebrun 1981 ; Lebrun 1983.

[8] Friedrich 1957 ; Lebrun 1980a, 83-91 ; Bernabé 1987, 251-253 ; Christmann-Franck 1989, 41-42 ; Ünal 1991, 793-795 ; Singer 2002a, 21-24 ; Singer 2002b.

[9] Goetze 1950, 400-401 ; Güterbock 1958 ; Güterbock 1974 ; Güterbock 1978 ; Kühne 1978, 167-169 ; Marazzi – Nowicki 1978 ; Güterbock 1980 : 42 ; Lebrun 1980a, 92-131 ; Carruba 1983 : 11 ; Marazzi 1983 : 325-326 ; Bernabé 1987, 259-262 ; Christmann-Franck 1989, 42-47 ; Klinger – Neu 1990 : 148-149 ; Catsanicos 1991, 9-11 ; Ünal 1991, 796-799 ; Wilhelm 1994 : 61-68 ; Cohen 2002, 69-72 ; Görke 2000 ; Singer 2002a, 30-40 ; Schwemer 2008.

[10] von Schuler 1965, 152-167 ; Goetze 1950, 399-400 ; Lebrun 1980a, 132-154 ; Neu 1983, 393-396 ; Bernabé 1987, 263-266 ; Singer 2002a, 40-43.

[11] Gurney 1940, 16-39 ; Goetze 1950, 396 ; Güterbock 1958, 244 ; Carruba 1969, 239 et suiv. ; Güterbock 1980 ; Lebrun 1980a, 155-179 ; Carruba 1983 ; Bernabé 1987, 267-271 ; Otten 1991, 109-110 ; Ünal 1991, 803-808 ; Haas 1994, 431 ; Singer 2002a, 49-54.

but de l'Empire), ainsi que l'*Hymne et prière à Telebinu*[12] (*CTH* 377) du même souverain.

La prière royale *mugawar*, nous l'avons évoqué, se compose de paroles et d'un rituel d'action, le *mugeššar*, réservés aux dieux. La plus ancienne d'entre elles, la *Prière à la déesse soleil de la terre Lelwani* (*CTH* 371)[13], en est un excellent exemple, à travers d'abord l'exhortation directe à la divinité :

> « *Salut déesse soleil de la terre ! Voici que le roi «met en branle» la déesse soleil de la Terre (...) penche un regard favorable, lève les mille cils et considère le roi avec bonté ; penche ton regard et écoute la bonne parole ; prête attention à ton serviteur et fais-lui [...]. Place-le en un lieu favorable et que la croissance existe pour le pays, que la prospérité règne dans la paix et que les pains de sacrifice, le nécessaire à la libation du vin [...] soient cultivés pour les dieux. Salut, dieu protecteur de la déesse Soleil de la terre ; que la justice soit cependant ton apanage ! Aussi toi, rassasie-toi et bois à grosses gorgées. Parle en termes favorables du roi devant la déesse soleil de la terre (...)* ».

Plein d'humilité, le souverain essaie donc d'attirer l'attention de la divinité en lui adressant sa supplique, afin d'agir sur elle de sorte qu'elle ne soit plus irritée contre lui. Il réclame ainsi sa pitié et sa justice ainsi que, par la suite, celles des dieux qui appartiennent à son cercle divin. Dans la *Prière au Soleil Ištanu*, le roi adresse ces paroles (*CTH* 372-374)[14] :

> « *Soleil, mon maître, maître équitable de la justice, roi de l'univers, toi, tu ne cesses de diriger le pays, toi seul accordes la victoire, toi seul dans ton équité prends toujours pitié, toi seul, oui, toi seul donnes satisfaction au* mugawar, *toi seul le soleil es miséricordieux, toi seul manifestes toujours de la pitié. À toi seul l'homme juste est cher et toi seul l'exhaltes. Ô soleil, fils pleinement adulte de Ningal, ta barbe est de lazzulite ! Voici qu'un simple mortel, ton serviteur, s'est prosterné devant toi et te répète : (...)* (discours historique et mythologique) ».

Survient alors la récitation d'un rappel historisant des fonctions du dieu et des qualités qui en découlent, voire même, dans les prières *mugawar* les plus élaborées, la récitation d'un mythe mettant en scène la divinité invoquée. À titre exemplatif, le mythe de Télébinu raconte la bouderie du dieu hatti de la végétation, englouti dans les marécages et dissimulé aux regards des dieux et des hommes, de sorte que la nature se meurt progressivement ! Pour garantir l'efficacité de la prière, il faut que l'analogie du problème à résoudre soit proclamée aux dieux en leur remémorant leurs propres souvenirs.

12 Gurney 1940, 16-23 ; Goetze 1950, 396-397 ; Lebrun 1980a, 180-191 ; Bernabé 1987, 273-275 ; Christmann-Franck 1989, 47-50 ; Singer 2002a, 54-56.

13 Cf. n. 8.

14 Cf. n. 9.

La prière *mugawar* est ainsi fondée sur l'efficacité analogique, l'officiant rappelant qu'en des temps très lointains, le monde divin a connu une situation analogue à celle qui est à l'origine de la prière et stipule la manière dont les dieux, grâce à divers subterfuges, ont rétabli l'ordre en agissant sur le dieu à l'origine du désordre. Le sage/prêtre/magicien réactualise donc des actions qui, dans le monde divin, se montrèrent jadis efficaces !

La récitation du mythe par l'officiant, le EN *mugešnaš*, constitue le rapport oral et explicatif des actes magiques qui suivent la récitation mythique. À son tour, le magicien doit lui aussi agir sur le dieu, c'est-à-dire réactualiser les faits qui, aux temps mythiques, ont permis de mettre un terme à la situation anormale. La prière *mugawar* s'accompagne dès lors d'un traitement magique réservé aux dieux seuls puisqu'il se réfère à une thérapeutique que les dieux appliquaient déjà entre eux. Les rites magiques sont spécifiquement destinés à capter l'attention du dieu et à créer autour de lui, notamment par le recours à son entourage divin, une ambiance contraignante susceptible de le faire sortir de sa bouderie.

Le plus souvent, l'officiant stimule volontairement la divinité en « chatouillant » ses narines avec des parfums et des fumets, ou encore par des offrandes plus précieuses comprenant des mets plus raffinés, comme le vin et l'alcool, consommation qui s'accompagne nécessairement par l'offrande sonore. Pour tirer la divinité de son mutisme ou pour contrer son hostilité engendrant une passivité manifeste, la prière *mugawar* et les rituels de *captatio benevolentiae* qui en font partie intégrante débouchent parfois aussi sur une attention particulière mise en scène au cours d'une fête plus spécifique, avec par exemple l'offrande d'arbres particuliers dont les rendements en fruits et dérivés sont particulièrement appréciés, tels le figuier ou surtout l'olivier, l'huile d'olive (kizzuwatnienne) étant particulièrement prisée pour la lustration et la toilette de l'idole divine. On peut même stimuler la bonne humeur du dieu, par exemple en tirant son idole sur un chemin recouvert de laine à la texture délicate ou voyante.

3. Une évolution de la pensée religieuse à Ḫattusa-Boğazköy

3.1. Le sens de la faute : (é)mouvoir la divinité

Si l'on observe les cas où l'usage de la prière *mugawar* est utilisée, signalons d'emblée que l'homme hittite, comme dans le cas des autres civilisations du Proche-Orient ancien, demeure un sujet des dieux, avec une vie conçue comme un service à rendre aux divinités. La vie de chaque être humain était fixée par les déesses du destin, ce qui ne signifie pas pour autant que les Hittites versaient dans un fatalisme radical. L'homme jouissait ainsi d'une relative liberté lui permettant de déjouer les plans divins, grâce notamment à la pratique des oracles ou de la divination, d'accomplir le bien et le mal, voire même de ne pas respecter les plans divins et de les dépasser. Les hommes ne comptaient pas pour peu de choses aux yeux des dieux hitites, une certaine forme d'amour les reliant à leurs créatures. Toutefois, les divinités étant absorbées par leurs nombreuses occupations, elles n'ont parfois plus de temps pour des tâches qu'elles jugeaient secondaires, ou qu'elles refusaient d'accomplir, retranchées dans un mutisme boudeur.

Les raisons de leur passivité reposent sur la notion de droit qui anime les pensées religieuses hittites. Un contrat [hit. *išḫiul-* = « traité »] relie le monde divin et le monde humain, dans lequel chacune des parties contractantes est partie prenante : en somme, un service contre une bénédiction, d'un humain vers un super-humain !

La non observance du contrat par les hommes, en l'occurrence le péché, signifie pour l'homme l'hostilité divine, pouvant se solder par des malheurs proportionnels à l'importance du délit, ou par une non-intervention. Le péché [hit. *waštul*] est donc essentiellement un dérèglement provoqué par l'homme dans l'harmonie devant régner entre les hommes et les dieux. Ces péchés, lorsqu'ils sont considérés comme graves relèvent pour le roi du domaine de la perfidie (ne pas respecter la parole donnée), de l'injustice envers les dieux (négligences cultuelles) ou encore du meurtre (et de la souillure qu'il entraîne).

Dans le cas d'une non-intervention de la divinité, c'est la prière *mugawar*, de facture ancienne, qui semble la plus appropriée, car elle est de nature à ramener la divinité à de meilleurs sentiments pour la pousser à agir. L'homme hittite semble plutôt se soumettre à la volonté des dieux, et tente par sa prière de le ramener à de meilleurs sentiments. Plutôt que de remettre en cause la décision du dieu qui se caractérise par son absence, il semble que l'officiant choisisse plutôt, dans une certaine mesure, de faire table rase des éléments du passé. Il supplie le divin de retourner à une situation d'équilibre et de justice, tout en mobilisant son action, et plutôt que de refuser les griefs, il implore la divinité de ne pas en tenir compte. Le péché ou la faute antérieure est donc, en quelque sorte, assumée personnellement sans une éventuelle décharge de sa responsabilité individuelle, comme le révèle particulièrement l'antique *Prière à la déesse solaire de la terre Lelwani* (*CTH* 371)[15] :

> « *Si son père* (celui du roi) *l'a mécontentée* (la déesse), *toi* (*idem*) *ne l'écoute pas. Si sa mère l'a mécontentée, toi ne l'écoute pas. Si son frère l'a mécontentée, toi ne l'écoute pas. Si sa sœur l'a mécontentée, toi ne l'écoute pas. Si un de ses proches, ou l'un de ses amis l'a mécontentée, toi ne l'écoute pas. Penche un regard favorable (...)* ».

[15] Cf. n. 8.

3.2. Des responsabilités assumées : la force de l'argumentation

Dans le cas d'un châtiment divin se concrétisant par une foule de malheurs envoyés à l'individu pécheur, il semble qu'une prière plus spécifique soit utilisée : la prière *arkuwar*[16], fondée sur le verbe hittite *arkuwai-* dont la racine trouve encore des traces dans le latin *arguo* ou *argumentum*. Il s'agit cette fois d'un argumentaire présenté par l'officiant, visant à justifier par le moyen d'une défense argumentée la position de l'humain devenue injustement victime de l'oppression du dieu. La présentation historique des événements antérieurs remplace ainsi le récit mythologique, le Hittite se sentant de moins en moins soumis à la décision jugée arbitraire voire aveugle des dieux. L'homme hittite refuse ainsi l'hérédité de la faute, pour privilégier le concept de responsabilité individuelle dans l'accomplissement d'un acte. Par la plaidoirie énumérant et justifiant ses décisions qui plaident en faveur de son innocence, il tente d'influer sur l'attitude et la volonté divine. Parallèlement, la faute et le péché avérés sont assumés à titre individuel, le repentir sincère étant une condition suffisante pour obtenir le pardon. Dès lors, l'homme hittite s'affirme davantage comme partie prenante du contrat qui le lie aux dieux, et tente par la défense qu'il présente de faire revenir les divinités sur les décisions prises. L'essentiel est donc, dans ce type de prière *arkuwar* qui permet de dialoguer avec le divin, de présenter une plaidoierie habile et structurée, à même de satisfaire les dieux au départ courroucés presque présenté comme inutilement vengeurs. Ce fait est révélateur d'une mentalité religieuse qui s'affranchit progressivement dès le début du Pré-Empire hittite, voire définitivement sous l'Empire (Mursili II), d'une certaine oppression exercée par le monde divin. Faisant preuve de rationalisme, l'homme hittite prend conscience de sa propre force et de sa liberté collective et individuelle, et ne s'affiche plus comme le serviteur docile des dieux, mais comme un humain discutant « d'égal à égal ».

En guise de conclusion, faut-il voir dans cette évolution la trace d'un éventuel scepticisme à l'égard des dieux ? Les dernières prières hittites adressées par les rois insistent toujours sur les liens étroits qui unissent l'humain au divin, car si les hommes ont besoin des dieux pour vivre heureux, les dieux ont besoin d'hommes épanouis pour assurer leur aisance ! En outre, c'est l'inactivité du dieu puis la décision injuste de la divinité qui est remise en cause, et non son utilité voire même son existence.

[16] Pour cette prière spécifique, cf. Laroche 1964-1965, 13-20 ; Houwink ten Cate 1969, 82-87 ; Lebrun 1980(a), 193, ainsi que 426 et suiv. ; Lebrun 1980(b) ; Sürenhagen 1981, 136 et suiv. ; Bernabé 1987, 240 ; Singer 1996, 47 et suiv. ; González Salazar 1997, 15 et n. 16 ; Melchert 1998, notamment 45-47 ; Bryce 2002, 140 ; Singer 2002a, 5 ; Collins 2008, 77 ; Beckman 2009, 249.

Références

Bachvarova, M.R.

2002. *From Hittite to Homer : The Role of Anatolians in the Transmission of Epic and Prayer Motifs from the Ancient Near East to the Ancient Greeks*, Thèse inédite, Chicago.

Beckman, G.

2009. « Hittite Literature », dans C.S. Erlich (éd.), *From an Antique Land. An Introduction to Ancient Near Eastern Literature*, Plymouth, p. 215-254.

Bernabé, A.

1987. *Textos literarios hetitas*, Madrid.

Bryce, Tr.R.

2002. *Life and Society in the Hittite World*, Oxford – New York ; 2005. *The Kingdom of the Hittites*, 2e éd., Oxford.

Carruba, O.

1969. « Die Chronologie der hethitischen Texte und die hethitische Geschichte der Grossreichzeit », dans W. Voigt (éd.), *XVII. Deutscher Orientalilstentag vom 21. bis 27. Juli 1968 in Würzburg, ZDMG.* Supplementa 1, Wiesbaden, p. 226-249 ; 1983. « Saggio sulla preghiera etea (a proposito di CTH 376) », dans O. Carruba, M. Liverani, C. Zaccagnini (éd.), *Studi orientalistici in ricordo di Franco Pintore*, StudMed 4, Pavie, p. 3-27

Catsanicos, J.

1991. *Recherches sur le vocabulaire de la faute. Apports du hittite à l'étude de la phraséologie indo-européenne*, Cahiers de *NABU* 2, Paris.

Christmann-Franck, L.

1989. « Hymnes et prières aux dieux hittites », dans A. Barucq, L. Christmann-Franck, J.-M. Durand, M. J. Seux, J.-M. de Tarragon (éd.), *Prières de l'Ancien Orient*, Paris, p. 40-57.

Cohen, Y.

2002. *Taboos and Prohibitions in Hittite Society. A Study of the Hittite Expression natta āra (« not permitted »), TH* 24, Heidelberg.

Collins, B.J.

2008. « Divine Wrath and Divine Mercy of the Hittite and Hurrian Deities », dans R.G. Kratz, H. Spieckermann (éd.), *Divine Wrath and Divine Mercy in the World of Antiquity*, Tübingen, p. 67-77.

de Roos, J.

1995. « Hittite Prayers », dans *CANE* III, p. 1997-2005.

Friedrich, J.

1957. « Ein hethitisches Gebet an die Sonnengöttin der Erde », *Rivista degli Studi Orientali* 32, p. 217-224.

Goetze, A.

1950. « Hittite Prayers », dans J.B. Pritchard (éd.), *Ancient Near Eastern Texts Relatinf to the Old Testament*, Princeton, p. 120-128.

González Salazar, J.M.

1997. « El curso del río Éufrates y su valor simbólico entre los hititas de Anatolia (segunda mitad del II.º Milenio a.C.) », *Gerión* 15, p. 11-25.

Görke, S.

2000. *Das Gebet des hethitischen Priesters Kantuzili*, M.A. thesis, Berlin.

Greenberg, M.
1994. « Hittite Royal Prayers and Biblical Petitionary Psalm », dans K. Seybold, E. Zenger (éd.), *Neue Wege der Psalmenforschung*, Freiburg, p. 15-27.
Gurney, O.R.
1940. « Hittite Prayers of Mursili II », *Annals of Archaeology and Anthropology* 27, p. 1-167.
Güterbock, H.G.
1958. « The Composition of Hittite Prayers to the Sun », *JAOS* 78, p. 237-245 ; 1974. « Appendix (to Lambert 1974) : Hittite Parallels », *JNES* 33, p. 323-327 ; 1978. « Some Aspects of Hittite Prayers », dans T.R. Segerstedt (éd.), *The Frontiers of Human Language* (Acta Universitatis Upsaliensis C 38), Uppsala, p. 125-139 ; 1980. « An Addition to the Prayer of Muršili to the Sungoddess and its implications », *AnSt* 30, p. 41-50.
Haas, V.
1994. *Geschichte der hethitischen Religion*, HdO 15, Leiden.
Houwink ten Cate, Ph.
1969. « Hittite Royal Prayers », *Numen* 16, p. 81-98.
Justus, C.F.
2002. « An Indo-European Mind at Prayer in Hattusa : A Royal Hittite Use of the *MUGAWAR* », *Sprache und Kultur* 3, p. 62-67.
Kammenhuber, A.
1992. « Hethitische Gebete », dans *Kindlers Literatur Lexikon* 3 (*Kindlers Neues Literatur-Lexikon* 18), Münich, p. 722-723.
Kellerman, G.
1983. « Les prières hittites : À propos d'une récente monographie », *Numen* 30, p. 269-280.
Klengel, H.
1999. *Geschichte des Hethitischen Reiches, HdO* 38, Leiden.
Klinger, J. – Neu, E.
1990. « War die erste Computer-Analyse des Hethitischen verfehlt ? », *Hethitica* 10, p. 135-160.
Klock-Fontanille, I.
2008. *Les Hittites,* Que sais-je ? 3349, 2e éd., Paris.
Kloekhorst, A.
2008. *Etymological Dictionary of the Hittite Inherited Lexicon*, Leiden.
Kühne, C.
1975. « Hethitische Texte II : Gebete », dans W. Beyerlin (éd.), *Religionsgeschichtliches Textbuch zum Alten Testament* 1, Göttingen, p. 169-204 ; 1978. « Hittite Texts », dans W. Beyerlin (éd.), *Near Eastern Religious Texts Relating to the Old Testament*, Philadelphie, p. 146-184.
Laroche, E.
1964-1965. « La prière hittite : vocabulaire et typologie », *Annuaire EPHE (5e section)* 72, p. 3-29 ; 1965. « Les noms hittites de la «prière» », *BSLP* 60, p. III-IV.
Lebrun, R.
1976. *Samuha, foyer religieux de I'empire hittite* (PIOL 11), Louvain-la-Neuve ; 1979. « La prière dans le Proche-Orient ancien. La prière hittite. Résumé des communications », *Akkadica* 11, p. 7-9 ; 1980a. *Hymnes et prières hittites*, Homo religiosus 4,

Louvain-la-Neuve ; 1980b, « Observations sur la prière hittite », dans H. LIMET, J. RIES (éd.), *L'expérience de la prière dans les grandes religions*, Homo religiosus 5, Louvain-la-Neuve, p. 31-57 ; 1981. « Studia ad civitates Samuha et Lawazantiya pertinentia I. Voeux de la Reine à Ištar de Lawazantiya », *Hethitica* 4, p. 95-107 ; 1983. « Studia ad civitates Samuha et Lawazantiya pertinentia II », *Hethitica* 5, 51-62 ; 1986. « La prière hittite », dans *Dictionnaire de Spiritualité*, Paris, p. 2196-2199.

LORENZ, J.

2011. « Duplikate und Anschlüsse zu hethitischen Mythen und Gebeten », *AoF* 38, p. 277-284.

MARAZZI, M.

1981. « Note in margine ad alcuni testi di preghiera ittiti », *VO* 4, p. 27–35 ; 1983. « Inni e preghiere ittite. A proposito di un libro recente », *SMSR* 49, p. 321-341.

MARAZZI, M. – NOWICKI, H.

1978. « Vorarbeiten zu den hethitischen Gebeten (CTH 372, 373, 374) », *OA* 17, p. 257–278.

MELCHERT, H.Cr.

1998. « Hittite *arku-* “Chant, intone” vs. *arkuwāi-* “Make a Plea” », *JCS* 50, p. 45-51 ; 2010a. « On Hittite *mūgāi-* », *Orientalia* 79/2, p. 207-215 ; 2010b, « Hittite *talliye/a-* “to draw, allure” », dans Y. COHEN, A. GILAN, J.L. MILLER (éd.), *Pax Hethitica. Studies on the Hittites and their Neighbours in Honour of Itamar Singer*, *StBoT* 51, Wiesbaden, p. 226-232.

NEU, E.

1983. « Überlieferung und Datierung der Kaškäer-Verträge », dans R.M. BOEHMER, H. HAUPTMANN (éd.), *Beiträge zur Altertumskunde Kleinasiens. Festschrift für Kurt Bittel*, Mayence, p. 391-399.

OTTEN, H.

1991. « Bemerkungen zum Hethitischen Wörterbuch », *ZA* 81, p. 108-119.

SCHWEMER, D.

2008. « Hittite prayers to the Sund-God for Appeasing an Angry Personal God. A Critical Edition of *CTH* 372-74 », dans M. JACQUES (éd.), *« Mon dieu, qu'ai je donc fait ». Les prières pénitentielles (dingir-šà-dab-ba) et l'expression de la piété privée en Mésopotamie*, Zürich, p. 1-43.

SINGER, I.

1996. *Muwatalli's Prayer to the Assembly of Gods Through the Stormgod of Lightning*, Atlanta ; 2002a. *Hittite Prayers*, *SBL* 11, Atlanta ; 2002b. « Kantuzili the Priest and the Birth of Hittite Personal Prayer », dans P. TARACHA (éd.), *Silva Anatolica. Anatolian Studies Presented to Maciej Popko*, Varsovie, p. 301–13.

SÜRENHAGEN, D.

1981. « Zwei Gebete Hattusilis und der Puduhepa », *AoF* 8, p. 83-168.

ÜNAL, A.

1991. « Hethitische Hymnen und Gebete », dans *TUAT* II/6, p. 791-817.

von Schuler, E.

1965. *Die Kaskäer : ein Beitrag zur Ethnographie des alten Kleinasien*, Untersuchungen zur Assyriologie und vorderasiatischen Archäologie 3, Berlin.

WILHELM, G.

1994. « Hymnen der Hethiter », dans W. BULKERT, F. STOLZ (éd.), *Hymnen der Alten Welt im Kulturvergleich*, Freiburg, p. 59-77.

LE MONOTHÉISME BIBLIQUE EN QUESTION ? L'AUTEL MYSTÉRIEUX DE TEL-TAANÂK

Frédéric GANGLOFF
(Centre d'Histoire des Religions – UCL)

INTRODUCTION

Pendant longtemps, la théorie dominante parmi ceux qui étudiaient le monothéisme biblique était que Moïse, véritable inventeur du monothéisme, avait porté un coup décisif au polythéisme des nations cananéennes. Le Dieu d'Israël n'affirme-t-il pas dans le prologue aux dix commandements ? : « *Je suis Yhwh, ton Dieu, qui t'ai fait sortir du pays d'Egypte, de la maison de servitude. Tu n'auras pas d'autres dieux face à moi (devant ma face)* ». Il n'était alors pas rare de lire des propos émanant d'éminents savants tels que W.F. ALBRIGHT et qui actuellement feraient plutôt frémir :

> « *Fort heureusement pour l'avenir du monothéisme, les Israélites de la Conquête étaient un peuple sauvage, animé d'une énergie primitive et d'une volonté impitoyable d'exister, car l'extermination des Cananéens permit d'éviter la fusion complète des deux populations sœurs, qui aurait eu pour inévitable effet de rabaisser les critères yahvistes à un niveau tel que tout rétablissement eût été impossible. Ainsi, les Cananéens, avec leur adoration orgiastique de la nature, leur culte de la fertilité exprimé par le symbole du serpent et de la nudité sensuelle, leur grossière mythologie, ont été remplacés par Israël, avec sa pastorale simplicité, sa pureté de vie, son monothéisme éthéré et l'austérité de son code éthique* »[1].

S'il est vrai que dans l'Ancien Testament nous trouvons les prescriptions ordonnant le renversement d'autels d'autres dieux ou la destruction d'installations cultuelles qui leur étaient consacrées, de nombreux termes bibliques expriment avant tout un jugement de valeur négatif : « abomination, ordures, horreur, détestation, faux dieux, non-divinités, ... ».

[1] ALBRIGHT 1951, 281.

Depuis lors, plusieurs éléments ont été pris en compte ces dernières décennies et ont révolutionné les approches du monothéisme biblique[2] :

- Les textes bibliques étaient longtemps les seuls à nous renseigner sur la religion pratiquée par l'Israël ancien. Or, il faut savoir qu'ils émanent majoritairement de cercles littéraires plus tardifs (VII/VIe siècle av. J.C). Ces cercles judéens-centristes prônent la centralisation de l'unique Temple de Jérusalem et la fidélité à un Yhwh jaloux et exclusif. La religion qu'ils préconisent ressemble plus à un idéal à atteindre et n'est guère le reflet du système religieux de l'époque.
- Les textes présentent d'emblée une vision tronquée et déformée de la religion du royaume du Nord (Israël), alors qu'ils partent d'un a priori positif pour le Sud; ils n'hésitent d'ailleurs pas à censurer ou à diaboliser toutes les influences qu'ils jugeront étrangères !
- L'archéologie, l'épigraphie, et l'iconographie du Proche-Orient ancien ont révélé ces dernières décennies un visage radicalement différent de la religion de l'Israël ancien. Elles ont montré, entre autres, que la coexistence entre divinités voisines et le respect des prérogatives des autres divinités trouvent aussi une certaine place dans l'Israël ancien. L'évolution du système religieux de l'Israël ancien ne se singularise plus par rapport à son environnement mais elle s'inscrit dans la longue durée et dans le contexte plus large du Proche-Orient ancien et de ses voisins immédiats (Egypte, Mésopotamie, Phénicie, Philistins, Araméens, Ammonites, Moabites, Edomites...).
- À cela s'ajoute un riche dossier iconographique qui indique qu'en Israël à l'époque royale, non seulement Yhwh n'était certainement pas le seul dieu vénéré, mais qu'en outre, il pouvait être représenté de manière humaine, astrale (soleil, lune), animale (taurillon, serpent) ou inanimée (pierre dressée).
- Des inscriptions épigraphiques et des trouvailles iconographiques attestent l'existence d'une parèdre ou de plusieurs parèdres de Yhwh : il pourrait s'agir des déesses Ashérah et/ou Anat[3] !
- Les perspectives rapidement esquissées sont prometteuses et passionnantes, mais elles ont également contribué à l'émergence de nouveaux défis à relever ou d'écueils à surmonter :

[2] Bons – Legrand 2011.

[3] Bernhardt 1967, 163-174 ; Day 1986, 385-408 ; Hadley 1987, 180-213 ; Olyan 1988 ; Hadley 1989 ; Hestrin 1991, 50-59 ; Dietrich – Loretz 1992 ; Loretz 1992, 147-198 ; Dietrich – Klopfenstein 1994 ; Binger 1995, 3-18.

- À la lumière de la recherche actuelle, il convient de rester prudent dans la définition de la religion de l'Israël ancien, quitte à reformuler des termes comme polythéisme, monothéisme, monolâtrie, hénothéisme… On pourrait y ajouter aussi celui de poly-yahwisme (*Yhwh de Samarie et de Teiman*). Le Yhwh vénéré au Nord est-il le même que celui qui est adoré au Sud ?
- Je serais enclin à me méfier des termes souvent employés, tels que religion officielle, culte d'état, religion familiale, culte privé, etc. Autant les fouilles ne nous donnent que des indications sommaires sur la/les religion(s) pratiquée(s) par les couches aisées de la population, autant nous ne savons pratiquement rien de la religion des plus modestes. Les textes, eux, ne sont que la version officielle et expurgée d'une certaine élite. Paradoxalement, les abus idolâtriques mentionnés concernent souvent le culte du Temple de Jérusalem.
- La religion pratiquée par l'Israël ancien pose, plus que jamais, des questions sur son identité dernière. Par exemple, peut-on à la lumière des découvertes récentes distinguer un Israélite d'un Cananéen, ou pratiquaient-ils la même religion ? C'est cette fameuse période intermédiaire entre le Bronze récent et l'entrée dans le Fer qui est au cœur de toutes les discussions et que je vous invite à revisiter à travers l'autel mystérieux de Tel Taanâk.

1. Tell- Taanâk (Akkadien : Tanuka ; arabe : T. Tiinnik)[4]

C'est une place forte localisée à l'extrémité sud de la plaine de Yizréel, non loin du Wadi Arah. Elle occupe une place stratégique à l'intersection de voies commerciales importantes : 1. Celle venant d'Akko au nord ; 2. Celle provenant de la *via maris* et qui se dirige vers le lac de Galilée ; 3. Celle menant de Jérusalem vers le sud. Taanâk est identifié avec Tell Tiinick, à environ 8 kilomètres au sud-est de Megiddo, dont il représente certainement l'arrière-pays. Le tell ancien couvre une superficie de 8 hectares et s'élance à cinquante mètres au-dessus de la vallée de Yizréel. Une mention de cette ville se trouve dans le récit de la conquête de Megiddo en 1468 par Thoutmosis III. Une source égyptienne évoque des *maryannu* – guerriers nobles ou mercenaires – capturés à Taanâk. Dans la Bible, le souverain de Taanâk apparaît dans la liste des 31 rois défaits par Josué (Jos 12, 21), conjointement avec celui de Megiddo. Toutefois, Josué 17, 11-12 s'empresse d'ajouter que Taanâk ne fut pas conquise par les Israélites. La fameuse bataille de Débora et Baraq se déroula à

[4] Glock 1975-78, 1138-1147 ; Glock 1983, 57-66 ; Nigro 1994, 168-180 ; Kreuzer 2006 ; Negev –Gibson 2006, 535-536.

Taanak, près des eaux de Megiddo (Juges 5, 19). D'après une liste de 1 Rois 4, 12, récapitulant l'organisation administrative de Salomon et qui semble plus théologique qu'historique, Taanâk se situerait dans le même district que Megiddo et Bet-Shéan. Le site est mentionné par la suite dans des documents de l'époque des croisés et des Ottomans.

Mais c'est bien la période du Bronze qui est le mieux représentée et qui atteste l'existence d'une ville solidement fortifiée entre 2700-2300. Des murailles imposantes en pierre, épaisses de 4 mètres, témoignent de son opulence, de même qu'un immense glacis. Le site reste occupé durant la période du Bronze Moyen. Une maison luxueuse datant de cette période a révélé sous son sol des sépultures d'enfants placés dans des jarres. Une violente destruction aurait eu lieu à la fin du Bronze Moyen II. Dans les débris, au-dessus d'un palais, se trouvaient 40 tablettes d'argile en akkadien datées du milieu du XIVᵉ siècle av. J.-C.

Le Bronze Récent a révélé, à l'ouest du tell, un palais au rempart solide et peut-être une citadelle. Quelques maisons du XIIᵉ siècle ont été exhumées ; l'une fut détruite vers la fin du siècle.

Puis une partie d'un mur et d'une tour datées du Fer I ont été mis au jour. C'est dans ce contexte que fut découvert un premier socle intéressant par l'archéologue autrichien E. Sellin entre 1902 et 1904[5].

2. Un premier objet mystérieux ?

Fig. 1. Dessin de face (J. Bretschneider)[6]

Fig. 2. Dessin du flan (Fr. Gangloff)

[5] Sellin 1904 ; Kreuzer 1997 ; Kreuzer 2004, 107-130.

[6] Bretschneider 1991, fig. 49b et tableau 56.

L'appareil, daté du Xe siècle av. J.-C. par E. Sellin, est fabriqué dans une épaisse couche de terre-cuite ; il est haut de 90 cm, large et profond de 45 cm. On peut l'admirer aujourd'hui au musée d'Istanbul. Il a été brisé en 32 pièces, éparpillées dans du remblai. Il fut reconstitué entièrement. Il n'est pas sûr que l'agencement et la reconstitution finale correspondent à l'original. Il est creux et comporte quatre côtés. Sur chaque côté une ouverture a été pratiquée. La forme d'ensemble est un peu bizarre : la base plus grossière se rétrécit vers le haut et se termine par une sorte de plateau au rebord carré. On y trouve de petits cercles ornementaux, et sur un côté, des volutes. Les motifs iconographiques sont caractéristiques de l'époque du Bronze Récent.

Sur les flancs de ce support sont superposées cinq formes entassées les unes sur les autres. Trois ressemblent à des sphinx imberbes, avec des têtes bien dégagées du reste du corps et projetées vers l'avant. Ils semblent porter quelque chose sur la tête, peut-être la couronne *Atef*. Les deux autres séries possèdent des têtes et des corps de lions, dont les pattes avant reposent sur la tête des sphinx. Ils retroussent leurs babines et montrent les dents. C'est leur aspect effrayant et apotropaïque qui est ici mis en évidence. Sur la base du socle, en plein milieu, se trouve le motif de l'arbre stylisé, connu dès le IIIe millénaire, flanqué de deux caprins (cf. fig 1). Fait insolite : leurs pattes sont dirigées vers l'extérieur, alors que les têtes touchent l'arbre comme s'ils s'en nourrissaient. L'arbre sacré ou arbre de vie est le symbole cultuel des déesses Ashérah et Anat qui évoquent la fécondité et la fertilité.

Sur le côté gauche du support, vers le centre, entre le corps du lion et du sphinx, se dégage un petit relief qui figure un enfant, ou un jeune homme, étranglant un grand serpent. Cette représentation rappelle le motif du jeune héros viril (Baal ?) maîtrisant les forces du mal ou domptant les puissances du chaos.

Si l'on récapitule les motifs représentés, ils évoquent à travers le motif de l'arbre stylisé, une déesse de fertilité, qui est mise en avant sur le panneau principal, alors que le jeune dieu masculin semble mis de côté. Il n'est pas la divinité principale. Est-il subordonné à l'élément féminin ? S'agit-il vraiment d'un couple ? De manière générale, on remarque qu'au Bronze Récent les divinités mâles et femelles ne sont plus autant représentées ensemble ; mais sont-elles pour autant mises en concurrence ?[7]

[7] Lapp 1964a ; Lapp 1964b ; Lapp 1967a ; Keel – Uehlinger 1992, 174-182.

3. Un second objet mystérieux en quatre étages

Lors de la première campagne de fouilles, effectuée en 1963, l'archéologue américain P.W. Lapp dégagea une grande cour au sud d'un bâtiment qui se trouve à l'ouest du tell. Elle contenait deux larges bassins, ainsi qu'une citerne. Il y trouva des débris de destruction qu'il data de la dernière partie du Xe siècle et qu'il assigna à la campagne du pharaon Shishak (918). Il dénombra aussi dans une zone identifiée à une aire cultuelle 138 astragales de porcs, 80 vases de poterie, des moules à figurines, des pierres rondes et des pierres dressées. Durant la troisième campagne de fouilles, en 1968, un nouvel objet remarquable fut découvert. Il se trouvait dans un dépôt de boue, avec d'autres restes datés de la fin du Xe siècle, au fond d'une citerne effondrée. Le matériel semble contemporain de celui exhumé dans l'aire cultuelle de l'objet précédent. Celui-ci fut jeté dans la citerne d'une hauteur de 10 mètres, puis écrasé sous des tonnes de gravas, pour être miraculeusement préservé et restauré[8].

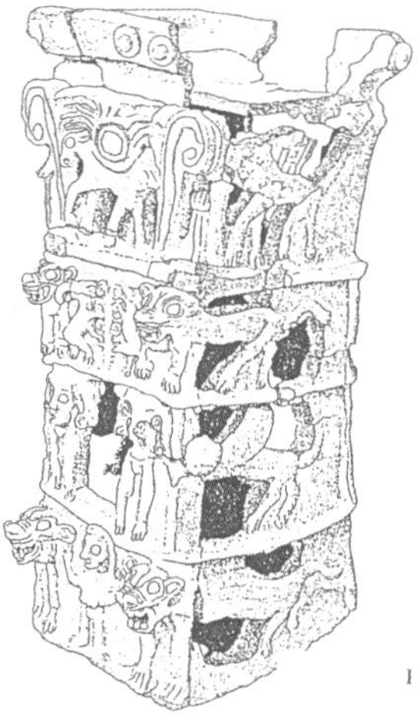

Fig. 3. Dessin de profil (O. Keel – C. Uehlinger)[9]

Il s'agit d'un support en terre-cuite de mauvaise qualité, ressemblant au premier (cf. fig 1). C'est un socle haut de 50 cm, large de 15 et profond de 16, visible au musée d'Israël à Jérusalem. Il est divisé en quatre parois (ou grades), chacune étant délimitée par un rebord. Les représentations se trouvent sur la

[8] Lapp 1967b ; Lapp 1968, 93-98 ; Lapp 1969a ; Lapp 1969b.
[9] Keel – Uehlinger 1992, 179 et fig. 184.

face et sur les deux côtés. L'arrière de la base et du troisième étage est fermé alors que le deuxième et quatrième sont ouverts. Aucune trace d'encens ni de brûlure ne furent relevés ; ce qui exclut d'y voir un encensoir, un brasero ou un brûle-parfum. Cela ressemble davantage à un socle cultuel soit pour y verser des libations soit y déposer de petites offrandes dans le bassin aménagé à cet effet et orné d'une frise avec de petits ronds.

4. 1ER ET 3È REGISTRES : LA SOUVERAINE DES LIONS ET DES CAPRINS

Fig. 4. Dessin de face (Fr. Gangloff)[10]

Le registre de base représente un motif iconographique connu dès le second millénaire et très populaire durant le Bronze Récent : la souveraine des lions/lionnes. La déesse est figurée nue, avec une coiffe hathorique, chevauchant des lions ou en compagnie de tels fauves. Les textes égyptiens la nomment *Qutshu* et plusieurs candidates entrent en ligne de compte, à savoir Ashérah, Anat ou Ashtart[11]. Habituellement la souveraine chevauchant les lions féroces exprime sa majesté et sa souveraineté. Ici la déesse nue est debout entre les fauves protecteurs et lève les bras. C'est surtout la fécondité et la fertilité qui sont soulignées ici.

Fig. 5. Dessin de face (Fr. GANGLOFF)[12]

[10] D'après l'original exposé au Israel Museum de Jérusalem.

[11] LECLANT 1960, 1-67 ; STADELMANN 1967 ; CORNELIUS 1993, 21-43. En Égypte, Ashtart est surnommée la souveraine des chevaux et des chariots.

[12] D'après l'original exposé au Israel Museum de Jérusalem.

Cette hypothèse est renforcée par le troisième registre sur lequel on retrouve, flanqué des lions protecteurs, le motif de l'arbre stylisé entouré par des caprins. Ils se tiennent sur les deux pattes arrière et grimpent avec leurs pattes avant pour brouter les fruits de l'arbre de vie. La symétrie de la scène avec le registre de base indique qu'il y a une correspondance voulue entre la représentation anthropomorphe de la déesse (cf. fig 4) et son symbole cultuel : l'arbre stylisé[13]. C'est de nouveau dans les domaines de la nature et de la fertilité qu'il faut rechercher l'identification de cette divinité.

6. Le 2e registre ouvert derrière : les Kerubim

Fig. 6. Registre ouvert[14]

Deux créatures avec un corps de lion, des ailes, et des têtes humaines ressemblent aux représentations classiques des sphinx ou se rapprochent des fameux Kerubim de la Bible. On connaît beaucoup de parallèles iconographiques du monde syro-phénicien ; et ce motif va se populariser de plus en plus lors des autres périodes du Fer. Ce qui intrigue ici, c'est l'espace vide entre les gardiens du seuil, marqué par une protubérance. Il ne manque visiblement

13 Cross 1973, 33 ; Kepinski 1982.
14 Negev – Gibson 2006, 536.

rien à l'intérieur et cette ouverture de l'avant vers l'arrière semble volontaire. Cela a été interprété comme l'illustration de la divinité invisible qui siège sur les Kerubim dans le Temple de Jérusalem (2 Rois 19, 14 ; Ez 37, 16) ou comme l'expression d'un « vide sacré ». Avec les Kerubim postés de chaque côté, nous avons peut-être les gardiens d'une entrée vers un sanctuaire ou le Saint des Saints[15] ?

6. Le 4e registre : Le cheval au soleil ailé

Le registre supérieur représente un soleil ailé sur le dos d'un animal ; il est figuré sur les trois côtés. Sur la face principale, l'animal est encadré de deux grandes volutes qui pourraient symboliser les piliers d'entrée devant les sanctuaires, temples ou Saint des Saints. L'animal pose quelques problèmes d'identification. Certains y voient un veau/taurillon[16]. Il est vrai que l'association du veau avec le Nord ou Israël est tentante. Néanmoins, l'absence de cornes pour prouver sa virilité soulève un sérieux doute. La queue assez fournie, sa croupe et la forme élancée de la gueule feraient plutôt pencher la balance en faveur du cheval[17]. Faut-il rapprocher cet objet et le récit biblique de la réforme de Josias (2 Rois 23), lui qui a supprimé les chevaux/chars du soleil contenus dans le Temple ? Si oui, nous aurions alors une ancienne représentation de Yhwh le cheval, jumelé avec un aspect solaire. Cette proposition et les précédentes vont être maintenant rediscutées dans un souci de mettre les quatre étages en relation les uns avec les autres.

7. Interprétations de l'ensemble

7.1. Quelle est la fonction de ces deux socles ?

1. Selon E. Sellin, il s'agirait d'un brasero qui servirait d'instrument de chauffage, comme l'indiquent les trous et le contexte non-cultuel[18] dans lequel l'objet a été découvert. Mais la forme, et surtout les motifs, ne correspondent pas aux braseros classiques de l'époque qui ont surtout une fonction pratique. Je pencherais plutôt pour un brûle-parfum ou un autel pour des holocaustes.

[15] Keel – Uehlinger 1992, 174-182.
[16] Lapp 1969c ; Hestrin 1987, 61-77 ; Weippert 1988, 472-473 ; Bretschneider 1991, 81 et 215.
[17] Glock 1975-78, 1147 ; Schroer 1987, 99 ; Taylor 1988, 557-566 ; Keel – Uehlinger 1992, 174-182.
[18] Sellin 1904 ; Gressmann 1909, 93-94 ; Vincent 1907, 181.

2. Pour le second, comme aucune trace de brûlure, de cendres ou d'encens n'y figure, il semble plus plausible d'y voir un autel destiné au dépôt de petites offrandes ou de libations. En ce qui concerne les deux supports, même si leur contexte d'origine reste problématique, leur fonction cultuelle ne fait guère de doute.

Nous l'avions évoqué pour le premier support, l'iconographie indique prioritairement la vénération d'une déesse de fertilité ou de fécondité à travers l'arbre stylisé[19]. Il pourrait s'agir d'Ashérah ou d'une autre déesse de type *Qutshu* (Ashtart-Anat). La présence, sur la partie latérale, du motif de l'enfant étrangleur de serpent pourrait renvoyer à un Dieu masculin, jeune, viril, luttant face aux forces du chaos. Baal pourrait ainsi faire l'affaire, mais il est rarement mis en relation avec Ashérah, sauf dans les textes bibliques polémiques. Peut-être pourrait-on également suggérer Anat. Quoi qu'il en soit, le fait que le jeune dieu masculin soit mis à l'écart, indiquerait qu'il n'est pas l'objet premier de la vénération des fidèles, mais que l'élément féminin gagne en puissance.

Le second support possède un matériau iconographique fourni. L'une des questions en suspens est la possibilité de comprendre l'ensemble comme une gradation qui progresserait à travers différents stades. Si l'on débute par le registre du bas, avec la « souveraine des lions », on pourrait y discerner une déesse de type *Qutshu* dont la nudité met l'accent sur les puissances procréatrices, avec la présence des lionnes comme gardiennes. Cette déesse aux bras largement écartés, accueillerait ses adorateurs et les renverrait vers le troisième registre ; son symbole cultuel est l'arbre stylisé flanqué de deux caprins (chèvres, bouquetins ou gazelles). La déesse cumule ainsi les fonctions de souveraine des lions et des caprins. Le second registre se présente comme l'entrée vers un sanctuaire ou un Saint des Saints gardé par deux Kerubim. Enfin, l'étage supérieur s'ouvre vers une dimension astrale et céleste par l'intermédiaire du soleil ailé. Le cheval est la monture d'une déesse de type *Qutshu* (Ashtart en Egypte) sous sa forme astrale. Nous aurions ainsi la progression suivante : 1. accueil de la déesse à travers son image anthropomorphe, 2. entrée vers le Saint des Saints – vestibule-, 3. on peut ensuite goûter de l'arbre de vie tout comme les caprins – la déesse présente à travers son symbole cultuel –, 4. dimension céleste et représentation de la déesse par son animal et son symbole solaire[20]. Cet autel pourrait être une sorte de réplique ou de maquette d'un temple, déposé dans une aire cultuelle, à une époque où les temples du Bronze

[19] Lipinski 1986, 87-96 ; Schroer 1989, 90-207.

[20] Beck 1990, 417-439 ; Keel – Uehlinger 1992, 174-182.

Récent avaient été détruits ou se faisaient plus rares. Nous aurions dans ce cas un échantillon précieux de ce passage du Bronze au Fer attestant une grande continuité iconographique et préparant les périodes bibliques. Une autre hypothèse séduisante serait de voir dans le dernier registre une représentation de Yhwh sous une forme bovine – le veau – portant sur son dos un soleil ailé, en référence à des pratiques cultuelles qui sévissaient au Temple de Jérusalem et que le roi Josias aurait tenté d'éradiquer au VIIe siècle. Dans ce cas, nous aurions l'association d'un couple divin : Yhwh et une déesse de type *Qutshu*.

8. Implications sur le monothéisme biblique

- La question de l'occupation du site à cette époque pose problème. Quelle ethnie aurait bien pu concevoir ces supports cultuels ? L'archéologie n'y répond pas de manière convaincante. Toujours est-il qu'il ne semble pas y avoir de discontinuité ou de nouvelle culture matérielle (entre fin XIIe et Xe siècles), mais davantage une réoccupation des lieux avec une tradition identique et des adaptations locales[21].
- Concernant la question du monothéisme biblique, le premier support présuppose la vénération d'une déesse de type *Qutshu* et peut-être d'un partenaire masculin, mais qui ne semble pas être Yhwh. Le second renvoie encore une fois à la déesse de type *Qutshu*, peut-être vénérée toute seule dans le cas présent (Ashtart) ! Ou, selon la dernière hypothèse mentionnée, la présence de Yhwh comme partenaire de la déesse et représenté de manière animale et astrale.
- La continuité iconographique est frappante ici dans une période chronologique charnière et sur un site urbain stratégique. De l'époque du Bronze Récent provient le riche répertoire iconographie de la déesse de type *Qutshu* comme souveraine des animaux (lions-caprins-cheval) flanquée des lionnes, gardiennes des lieux sacrés. De l'époque du Fer, on peut mentionner la popularité des sphinx (Kerubim) selon un modèle syro-phénicien, le soleil ailé, et une recrudescence de la figuration du symbole cultuel (ici l'arbre stylisé de la fig 5). À noter également, si notre hypothèse s'avère exacte, la miniaturisation de l'espace sacré du temple à travers la décoration d'un autel domestique comme substitut de l'édifice cultuel à une période sans temples massifs. D'ailleurs, les lions, kerubim, cheval/taurillon sont mentionnés comme des éléments de décorations en 1 Rois 7, 27-37 pour le mobilier du Temple de Jérusalem. Simple décor ou bien plus que cela ?

[21] Finkelstein 1996, 198-212 ; Finkelstein 1998, 208-218.

- Il reste un dernier élément troublant. Il s'agit du nombre important d'ossements de porc trouvés près d'un bassin et qui semblent renvoyer à des pratiques cultuelles. Y-a-t-il une relation entre ces deux supports, la vénération d'une déesse de type *Qutshu* et des sacrifices de porcs ? Cet élément pourrait-il servir ici de marqueur spécifique pour exclure une identité Israélite du site ? Pas si sûr que cela ! En effet, l'archéologie et les textes bibliques montrent que même les Israélites consommaient encore du porc, voire le sacrifiaient à Yhwh (cf. Es 65, 4 et 66, 3.17 ; Proverbes 11, 22)[22]. Cet interdit alimentaire, bien plus tardif et qui ne semble s'être imposé définitivement que sous les Hasmonéens, ne devait pas encore avoir cours à cette époque ni chez les Cananéens ni chez les Israélites. À condition de pouvoir les distinguer. Et c'est précisément toute la difficulté ...

22 Hübner 1989, 227 ; Hesse 1995, 215.

Références

ALBRIGHT, W.F.
1951. *De l'âge de la pierre à la chrétienté*, Paris.
BECK, P.
1990. *The Taanach Cult Stands : iconographic Traditions in the Iron I Cult Vessels*, From Nomadism to Monarchy. Archaeological and Historical Aspects of Early Israel, Jerusalem, p. 417-439.
BENZINGER, J.
1907. *Hebraïsche Archäologie* II, Tübingen.
BERNHARDT, K.H.
1967. « Ashera in Ugarit und im Alten Testament », *MIO* 13, p. 163-174.
BINGER, T.
1995. « Ashera in Israel », *Scandinavian Journal of the Old Testament* 9, p. 3-18.
BONS, E. – LEGRAND, Th.
2011. *Le monothéisme biblique. Evolution, contextes et perspectives*, Lectio Divinas 244, Paris.
BRETSCHNEIDER, J.
1991. *Architekturmodelle in Vorderasien und der östlichen Ägäis vom Neolithikum bis in das 1. Jahrtausend*, Alter Orient und Altes Testament 229, Neukirchen – Vluyn.
CORNELIUS, I.
1993. « Anat and Qudshu as the „Mistress of Animals". Aspects of the iconography of the Canaanite Goddesses », *Studi Epigrafici e linguistic sul Vicino Oriento Antico* 10, p. 21-43.
CROSS, F.M.
1973. *Canaanite Myth and Hebrew Epic : Essays in the History of the Religion of Israel*, Cambridge.
DAY, J.
1986. « Ashera in the Hebrew Bible and Northwest Semitic Literature », *JBL* 105, p. 385-408.
DIETRICH, M. – Loretz, O.
1992. *JHWH und seine Aschera. Anthropomorphes Kultbild in Mesopotamien, Ugarit und Israel*, Ugaritisch-Biblische Literatur 9, Münster.
DIETRICH, W. – Klopfenstein, M.A.
1994. *Ein Gott Allein? JHWH-Verehrung und biblischer Monotheismus im Kontext der Israelitischen und altorientalischen Religionsgeschichte*, *OBO* 139, Freiburg – Göttingen.
FINKELSTEIN, I.
1996. « Ethnicity and Origin of the Iron I Settlers in the Highlands of Canaan : Can the Real Israel Stand Up ? », *BA* 59, p. 198-212 ; 1998. « Notes on the Stratigraphy and Chronology of Iron Age Taanach », *Tel Aviv* 25, p. 208-218.
GLOCK, A.E.
1975-1978. « Taanach », dans *Encyclopedia of Archaeological Excavations in the Holy Land* IV, London – Jerusalem, p. 1138-1147 ; 1983. « Texts and Archaeology at Tell Taanneck », *Berytus* 31, p. 57-66.
GRESSMANN, H.
1909. *Altorientalische Texte und Bilder zum Alten Testamente*, Tübingen.

Hadley, J.M.
1987. « Some Drawings and Inscriptions on two Pithoi from Kuntillet Ajrud », *VT* 37, p. 180-213 ; 1989. *Yahweh's Asherah in the Light of Recent Discovery*, Cambridge.
Hesse, B.
1995. « Animal Husbandry and Human Diet in the Ancient Near East », dans *Civilizations of the Ancient Near East* I, New York, p. 203-222.
Hestrin, R.
1987. « The Cult Stand from Taanach and its Religious Background », dans E. Lipiński (éd.), *Phoenicia and the East Mediterranean in the First Millennium B.C*, Studia Phoenicia 5, Leuven, p. 61-77 ; 1991. « Understanding Asherah : Exploring Semitic Iconography », *BAR* 17, p. 50-59.
Hübner, U.
1989. « Schweine, Schweineknochen und ein Speiseverbot im Alten Israel », *VT* 39, p. 225-236.
Keel, O. – Uehlinger, C.
1992. *Göttinnen, Götter und Gottessymbole. Neue Erkenntnisse zur Religionsgeschichte Kanaans und Israels aufgrund bislang unerschlossener Ikonographischer Quellen*, Quaestiones Disputatae 134, Freiburg.
Kepinski, Chr.
1982. *L'arbre stylisé en Asie Occidentale au 2ème millénaire av. J.C*, Bibliothèque de la délégation archéologique Française en Iraq n° 1. Centre de Recherche d'Archéologie Orientale Université de Paris I n° 1, Paris.
Kreuzer, S.
1997. *Palästinaarchäologie aus Osterreich : Ernst Sellins Ausgrabungen auf dem Tell Taanek in Israel (1902-1904)*, Wien ; 2004. « Die Ausgrabungen des Wiener Alttestamentlers Ernst Sellin in Tell Taanneck (Taanach) von 1902 bis 1904 im Horizont der Zeitgenössischen Forschung », *Protokolle zur Bibel* 13, p. 107-130 ; 2006. *Taanach/Tell Ta'anek. 100 Jahre Forschungen zur Archäologie, zur Geschichte, zu den Fundobjekten und zu den Keilschrifttexten*, Bern.
Lang, B.
1985. « Yahvé seul ! Origine et figure du monothéisme biblique », *Concilium* 197, p. 55-64.
Lapp, P.W.
1964a. « The 1963 Excavations at Ta'anneck », *BASOR* 173, p. 4-44 ; 1964b. « Tell Ta'anak », *RB* 71, p. 240-246 ; 1967a. « The 1966 Excavations at Tell-Ta'anneck », *BASOR* 185, p. 2-39 ; 1967b. « Taanach by the Waters of Megiddo », *BA* 30, p. 2-27 ; 1968. « Tell Ta'anak », *RB* 75, p. 93-98 ; 1969a. « Tell Ta'anak », *RB* 76, p. 580-586 ; 1969b. « The 1968 Excavations at Tell-Ta'anneck », *BASOR* 195, p. 2-49 ; 1969c. « A Ritual Incense Stand from Taanak (hebr) », *Qadmoniot* 2, p. 16-17.
Leclant, J.
1960. « Astarté à cheval d'après les représentations égyptiennes », *Syria* 37, p. 1-67.
Lipiński, E.
1986. « The Syro-Palestinian Iconography of Women and Goddess », *IEJ* 36, p. 87-96.
Loretz, O.
1992. « Aschera, eine Frau an der Seite JHWH's : Die Entwicklung des bildlosen jüdischen Kults im Lichte der Ugaritischen Texte sowie die Inschriften aus Khirbet

el-Qôm, Kuntillet Ajrud und Tell Miqne », *Mitteilungen für Anthropologie und Religionsgeschichte* 7, p. 147-198.
NEGEV, A. – Gibson, S.
2006. *Dictionnaire archéologique de la Bible*, Paris.
NIGRO, L.
1994. « The "Nordostburg" at Tell Ta'annek. A Reevaluation of the Iron Age II B Defense System », *ZDPV* 110, p. 168-180.
OLYAN, S.M.
1988. *Ashera and the Cult of YHWH in Israel*, The Society of Biblical Literature. Monograph Serie 34, Atlanta.
SCHROER, S.
1987. *In Israel gab es Bilder: Nachrichten von darstellender Kunst im Alten Testament*, *OBO* 74, Freiburg-Göttingen ; 1989. « Die Zweiggöttin in Palästina/Israel », dans O. KEEL, H. KEEL-LEU, S. SCHROER (éd.), *Studien zu den Stempelsiegeln aus Palästina/Israel* II, *OBO* 88, Freiburg, p. 89-207.
SELLIN, E.
1904. *Tell Ta'annek*, Berlin.
STADELMANN, R.
1967. *Syrisch-palästinensische Gottheiten in Ägypten*, PdÄ 5, Leiden.
TAYLOR, J.G.
1988. « The Two Earliest Known Representations of Yahweh », *Journal for the Study of the Old Testament* 67, p. 557-562.
VINCENT, H.
1907. *Canaan d'après l'exploration récente*, Paris.
WEIPPERT, H.
1988. « Palästina in Vorhellenistischer Zeit », dans *Handbuch der Archäologie Vorderasien* II/I, München, p. 472-473.

L'ÉVOLUTION MONOTHÉISTE EN ARABIE DU SUD D'APRÈS LES SOURCES ÉPIGRAPHIQUES

Ekaterina Gushchina
(Dipartimento di Civiltà e Forme del Sapere – Université de Pise)

Introduction

Au sein des études sur la civilisation de l'Arabie du Sud antique la religion, reste toujours un des sujets essentiels. Son héritage épigraphique nous porte le message du pouvoir politique et religieux. Pendant des siècles, les panthéons sudarabiques se renouvelèrent et se transformèrent en fonction des changements politiques : les anciennes divinités, reléguées au second plan par celles qu'imposait la nouvelle tribu dominante, disparurent progressivement, soit en se réduisant au rang de simples sanctuaires, ce qui pouvait être le cas des montagnes ou des phénomènes naturels strictement localisés, soit en s'associant jusqu'à devenir une simple épithète apposée à l'une des nouvelles divinités. À partir du tournant de l'ère chrétienne, de profonds bouleversements commencent à s'opérer en Arabie du Sud. Dans le domaine religieux, on constate que les nombreux panthéons locaux tendent à se réduire à quelques divinités majeures ou même disparaissent complètement.

Les mutations cultuelles sont fixées, en particulier, dans le formulaire dédicatoire *sabéen* dans le *Corpus Insriptionum Semiticarum, Pars IV* (CIH)[1]. C'est, par exemple, le passage de la vénération du grand dieu sabéen Almaqah avec

[1] Actuellement, l'édition digitale du patrimoine épigraphique sudarabique se développe, en particulier à l'intérieur du projet CASIS : *Cataloguing and Fruition of South Arabian Inscriptions through an Informatic Support* (dirigé par A. Avanzini et coordonné par A. Prioletta). Pour des informations antérieures sur l'édition digitale du Corpus Sabéen (*Ancient/Middle/Central/Raydanite/Late/Undated Sabaic Inscriptions*), il convient de consulter le site web DASI : http://dasi.humnet.unipi.it/. Pour la périodisation paléographique, cf. aussi Pirenne 1956 ; Ryckmans[(2)] 1991-1993, 25-35. Pour la périodisation du sabéen, cf. Bauer 1966, 34-36 ; Avanzini 2003, 30-31.

d'autres divinités[2] vers l'augmentation de son état isolé vers la période de l'hénothéisme. Dans la période en question, juste à la veille du monothéisme sudarabique, Almaqah déborde de plus en plus du cadre de la tribu de Sabaʾ, et s'étend à une grande partie de l'Arabie du Sud. Plus nous avançons vers le monothéisme, plus les invocations finales à Almaqah augmentent à l'état isolé[3]. Une vaste image de cette évolution est présente dans les inscriptions provenant du temple fédéral sabéen d'Awwam, où vers le IVe siècle après J.-C. les inscriptions dédicatoires polythéistes disparaissent. M.B. Piotrovskiy l'avait déjà noté :

> « Il a eu lieu une certaine évolution du concept sudarabique avant l'apparition du monothéisme qui se manifestait dans le processus de domination dans les dédicaces d'une divinité principale qui avec le temps est devenue unique »[4].

L'abandon des temples païens dans le courant du IVe siècle entraîne un tarissement presque total des sources épigraphiques : pour les deux derniers siècles, on a jusqu'à présent découvert quelques dizaines de textes, le plus souvent de construction.

La rupture avec le polythéisme intervient dans les années 380 après J.-C. Les inscriptions royales Garb Bayt al-Ashwal 2 et RES 3383 en préservent la mémoire. Ces deux textes datés de 493 ḥim.[5], ayant pour auteurs le roi Malkīkarib Yuha'min, en corégence avec ses fils Abīkarib Asʿad et Dharaʾʾamar Ayman, commémorent la construction de deux nouveaux palais[6] à Ẓafār (*Ẓfr)*, capitale du Ḥimyar. Dans l'invocation finale, les souverains demandent « le soutien de leur seigneur, le Seigneur du Ciel » [*- b-mqm mr'-hmw Mr' S^{1}myn*] au lieu des divinités païennes. Un autre texte, Ja 856/3, parle du même roi Malkīkarib, en corégence avec un seul fils dont le nom a disparu, qui fait construire à Maʾrib un *mkrb*, terme nouveau désignant apparemment un lieu de culte[7]. La documentation citée affirme une nouvelle orientation religieuse du pouvoir. L'apparition d'une nouvelle religion a « nourri » l'unification

2 Cf., p. ex., CIH 410, CIH 573, CIH 429, CIH 519 ; CIH 398, CIH 409, CIH 581, etc. Sur l'attestation d'Almaqah et d'autres divinités du panthéon sabéen dans le CIH, cf. Arbach 2002. Pour l'évolution des symboles d'Almaqah, cf. Grohmann 1914, 6-19.

3 Cf., p. ex., CIH 93, CIH 95, CIH 314+954, CIH 407 et CIH 411+VA 5311.

4 Piotrovskiy 1985, 105-106.

5 Garb Bayt al-Ashwal 2/4 date du mois *ḏ-Dʾwn* 493 *ḥ*im. (± janvier 384 après J.-C.). Dans RES 3383/4, le nom du mois est perdu.

6 Garb Bayt al-Ashwal 2/2-3 : ... *byt-hmw Kl[n]//m* ; RES 3383/3 : ... *byt-hmw S^{2}wḥṭn.*

7 Cf. Lundin 1999, 22 ; Robin 2003, 105 et 122-123.

complexe[8] de l'empire ḥimyarite[9]. Dès lors, tous les textes connus sont monothéistes[10].

Cette contribution doit beaucoup aux travaux antérieurs, où notre argument avait été traité de manière complète et approfondie, comme les contributions de J. Ryckmans[11] et de Chr.J. Robin[12]. Nous voudrions maintenant y ajouter quelques notes. Ainsi, l'analyse comparative des inscriptions monothéistes (juives/judaïsantes, chrétiennes, d'attribution incertaine) du répertoire épigraphique sabéen actuellement disponible, nous a permis de réaliser quelques systématisations statistiques de *l'inventaire religieux*.

1. Inventaire

s^{1}lwm « *shalôm* » – 4 attestations (dont 1 est le monogramme)	
Robin Najr 1/3 :	*(ts^{1})ʿy w-(ḫms^{1} mʾ)tm* ***s^{1}lwm***
Ry 534+MAFY/Rayda 1/5 :	*ʾrbʿy w-ḫms^{1} mʾt±[m]* ***s^{1}lwm*** *w-****s^{1}lwm*** *mkrbn Bryk*
Ir 71 – 1 monogramme :	***s^{1}lwm***
ʾmn « *amen* » – 6 attestations	
Gar NIS 4/8 :	*qdmm w-ʿ(b)[rm] ks^{3}ḥ[m ʾ]****mn*** *//wrḫ-hw ḏ-Mḏrʾn*
Ibrahim al-Hudayd 1/11 :	*ṯmny w-ḫms^{1} mʾ[tm]* ***(ʾm)[n]***
Ir 71/6 :	*l-ḥyw ʾfs^{1}-hmw ʾ****mn***
Ry 403/6 :	*hmw (w)-byt-hmw ʾ****mn***
Ry 513/5 :	*//ḏ-Gdnm Rḥmnn w-ʾ****mn***
ZM 5+8+10/8 :	*mw[t ṣdqm … …] //w-ʾ****mn*** *wrḫ-hw ḏ-Ḥltn*
rb-Yhd (et variations) « *seigneur des Juifs* » – 3 attestations	
CIH 543/2 :	*Ys^{3}rʾl w- //ʾlh-hmw* ***rb-****Yhd ḏ-hrd(ʾ) ʿbd-*
Ja 1028/12 :	*wtf Tmmm ḏ-Ḥḏyt* ***rb-****Hd b-mḥmd*
Ry 515/5 :	*mqtt S^{2}rḥ(ʾ)//l ḏ-Yzʾn //****rb-****Hwd b-Rḥmnn*

[8] Il s'agit de l'unification « 1) politique : avec l'annexion de Sabaʾ et du Ḥaḍramawt ; 2) linguistique : avec la disparition du ḥaḍramawtite (et plus anciennement du madhābien et du qatabanite) ; 3) chronologique, avec l'abandon des calendriers et systèmes de datation locaux (ceux de Sabaʾ dès le début du IVe s., de Radmān et de Maḏḥī peu après) ; 4) religieuse ». Cf. Robin 2003.

[9] Robin 2003, 101 : L'ère ḥimyarite, *« qui s'impose au courant du IVe s., […] a pour le point de départ avril 110 av. J.-C., apparemment la date de fondation du royaume, avec une marge d'erreur qui n'excède pas cinq ans »*. Pour l'évolution de recherche du point de départ du calendrier ḥimyarite, cf. Beeston 1974 ; Robin 1981a ; Robin 1996a, 691 ; Beaucamp – Briquel-Chatonnet – Robin 1999, 17-19.

[10] Robin en cite deux exceptions : MAFY-Banū Zubayr 2, daté de 402-403 après J.-C. (512 ḥim), mais « *l'exception plus apparente que réelle* », et Gr 27 « *le plus ancien que les premiers textes monothéistes* ». Cf. Robin 2003, 106.

[11] Ryckmans[(2)] 1964a.

[12] Robin 1980 ; Robin 2003 ; Robin 2004.

Ys3rʾl *« Israël »* – 4 attestations

CIH 543/1 : *ḏ-b-s^{1}myn w-**Ys^{3}rʾl** w- //ʾlh-hmw rb-*
Gar Bayt al-Ashwal 1/3 : *b-ṣlt s^{2c}b-hw **Ys^{3}rʾl** w-b-mqm mrʾ-*
Gar FES II 7/2 : *tḥẓt-hw b[… …] //[… …]**Ys^{3}rʾl** w-b-rd[ʾ … …]*
Ibrahim al-Hudayd 1/8 : *b-rdʾ //s^{2c}b-hmw **Ys^{3}rʾl** w-b-rdʾ mrʾ-*

***ʾl** mrʾ s^{1}myn w-ʾrḍn « Dieu, seigneur du Ciel et de la Terre »* – 1 attestation[13]

Ry 534+MAFY/Rayda 1/1 : *hs^{2}qr mkrbn Brk l-ʾ**l**((l-ʾl[n])) //**mrʾ s^{1}myn w-ʾrḍn***

ʾln *« Dieu »* – 12 attestations

a) ***ʾln*** (état isolé) – 2 attestations

CIH 151+CIH 152/2 : *hmw w-ḫmr-hmw ʾ**ln** ± bryʾʾḏnm w-mqymtm*
RES 4111/2 : *//[… …]mw ḏn[… …] //[… …]b-ʾ**ln** b[… …]*

b) ***ʾln** ḏ-b-s^{1}myn « qui est au Ciel »* – 1 attestation

Ir 71/5 : *hmw Kwkbn b-rdʾ ʾ**ln ḏ-b-s^{1}myn** //l-*

c) ***ʾln** ḏ-l-hw s^{1}myn w-ʾrḍn « à qui appartiennent le Ciel et la Terre »* – 1 attestation

Ja 1028/1 : *//l-ybrkn ʾ**ln ḏ-l-hw s^{1}myn w-ʾrḍn***

d) ***ʾln** bʿl s^{1}myn « maître du Ciel »* – 5 attestations

Ag 2/5 : *mlkn H//rgb b-rdʾ ʾ**ln bʿl s^{1}myn** b-w//rḫn*
Ag 3/6 : *hw ʾlht Hṣ//bḥ w-ʾ**ln bʿl s^{1}myn** l-yrdʾn-*
B 8457/4 : *hmw T(k)rb b-rdʾ ʾ**ln** //**bʿl-s^{1}myn** w-b-*
Dostal 1/4 : *b-rd[ʾ]mrʾ-hmw (ʾ)**ln (b)ʿ(l) s^{1}my(n)** w-b-*
RES 5085/8 : *w-qṣm b-rd//ʾ ʾ**ln bʿl s^{1}myn** w-b-*

e) ***ʾl(n) bʿl s^{1}myn w-ʾrḍn** « maître du Ciel et de la Terre »* – 2 attestations

Ibrahim al-Hudayd 1/6 : *w-ḫyl mrʾ-hmw ʾ**ln** //**bʿl s^{1}myn w-ʾrḍn***
RES 4107/4 : *ʿdy mrymn (b)- //[rdʾ]ʾ**ln bʿl s^{1}myn w-ʾrḍ(n***

f) ***ʾl(n) mrʾ s^{1}myn w-ʾrḍn** « seigneur du Ciel et de la Terre »* – 1 attestation

Ry 534+MAFY/Rayda 1/1 : *w-l-ḫmr-hm ʾ**l(([n])) mrʾ s^{1}myn w-ʾrḍn***

ʾlhn (état isolé) – 2 attestations

a) *état isolé* – 1 attestation

CIH 540/3 : *nṣ^3//[r w-b-rdʾ ʾ**lhn** w-… …]ʾ s^1[ṯ mʾ]tm*

b) *« à qui appartient le Ciel […] »* – 1 attestation

Ry 507/1 : *//l-ybrkn ʾ**lhn ḏ-l-hw s^1[myn…]***

***ʾʾlhn** ḏ-l-hw s^{1}myn w-ʾrḍn « à qui appartiennent le Ciel et la Terre »* – 1 attestation

Ry 508/10 : *w-s^{1}ṯ mʾtm w-ʾʾ**lhn ḏ-l-hw s^{1}myn w-ʾrḍn***

mkrbn (nom du sanctuaire, en particulier une synagogue) – 13 attestations

CIH 151+CIH 152/2 : *Qyḥn br[ʾw … …] //[… …]**mkrbn** l-wfy-hmw w-*
Gar Bayt al-Ashwal 1/5 : *w-mknt mlkn l-**mkrbn** ʾḥlk f[… …]*
Gl 1194/4 : *ḏmr w[… …] //[… …]bn **mkrbn** b[… …] //[… … f] rʿhw w-*
Ja 856/3 : *w-[Ymnt … …] //(h)s^{2}qrn **mkrbn** Bryk l-wfy-hmw*
MAFRAY-Ḥaṣī 1/6 : *f-k-gzr l-**mkrbn** Ṣwryʾ//l w-ʿbrn ḏ-*

[13] Ce théonyme est attesté aussi dans le texte beaucoup plus antique en langue sabéenne, Haram 5/3 (période *A* selon la périodisation chrono-paléographique d'Avanzini 2008) : *ḏ-ʾhl Rymn ^{3}rs^{2}wʾl w-ʿṯ^{4}tr qyn Yḏmr{|}^{5}mlk.* Cf. Robin 1992, t. 1 fasc. 1 69-70.

MAFRAY-Ḥaṣī 1/7 : *ḏ-ḥẓrn f-l-***mkrbn** *f-l-ywfyn //w-*
MAFRAY-Ḥaṣī 1/13 : *ḏ-ʾl y(h)knn l-***mkrbn** *ʾrḍ-hw w-l-*
MAFRAY-Ḥaṣī 1/14 : *w-kl ḏ-yḥznn* **mkrbn** *bʾr t-mrbʿn //t-*
Ry 520/5 : *ʾyṯʿn w-Ḥlmlm hqs^{2}b//w* **mkrbn** *Yʿq b-hgr-hmw*
Ry 520/9 : *Rḥmnn w-hqs^{2}bw hw//t* **mkrbn** *Yʿwq bn mwṯr-hw*
Ry 534+MAFY/Rayda 1/1 : *Mr±[… …] brʾw w-hs^{2}qr* **mkrbn** *Brk l-ʾl((l-ʾl[n])) //mrʾ*
Ry 534+MAFY/Rayda 1/5 : *mʾt±[m] s^{1}lwm w-s^{1}lwm* **mkrbn** *Bryk*
YM 1200/6 : *w-hqs^{2}bn w-] //ṯwbn* **mk(r)↯[bn** *… …] //-hw w-rḥbn*

kns^{1}t (nom du sanctuaire) « *salle des assemblées religieuses, appartenant à synagogue (?)*[14] » – 1 attestation
YM 1200/7 : *//-hw w-rḥbn* **kns^{1}t** *↯[…]*

bʿt (nom du sanctuaire)[15] – 1 attestation
CIH 541/66 : M//rb w-qd s^{1}w **bʿt** //Mrb k-b-hw

qls^{1}n (nom du sanctuaire) – 1 attestation
Ja 1028/3 : *ʾs^{1}ʾr Yṯʾr k-dhr* **qls^{1}n** *w-hrg ʾḥbs^{2}n b-*
Ry 507/4 : *ʾs^{1}ʾr Yṯʾr | ^{4}k-dhrw* **(ql)s^{1}n** *w-hrgw ʾḥbs^{2}n b-*
Ry 507/5 : *b-[ʾ](s^2)ʿrn w-[dh]rw* **qls^{1}n** *w-hrgw w-ġnmw*
Ry 508/3 : *b-Ẓfr w-dhrw* **qls^{1}n** *w-wrd mlkn ʾs^{2}ʿrn*
Ry 508/4 : *ḥwr-hw w-dhr* **qls^{1}n** *w-ḥrb kl mṣnʿ*

Mrʾ « *Seigneur* » – 8 attestations

a) 5 attestations ***Mrʾ s^{1}myn*** « *seigneur du Ciel* »
MAFRAY-Ḥaṣī 1/3 : *w-S^{1}frm gz^{3}r l-***Mrʾ-s^{1}myn** *ʾrb(ʿ) ʿbrtm ʿbrn*
Gar Bayt al-Ashwal 2/3-4 : *b-mqm mrʾ-hmw* **Mrʾ s^{1}m//yn** *wrḫ-hw ḏ-*
RES 3383/4 : *b-mqm m//rʾ-hmw* **Mrʾ (s^{1}my)[n]** *wr(ḫ)-hw [… …*
ZM 5+8+10/5 : *//ʾmlkn ʾbʿl Rydn w-***Mrʾ s^{1}myn***[… …]// ḥyw b-*
ZM 5+8+10/6-7 : *w-l-yhʿnn-hmw* **Mrʾ***] //***s^{1}myn** *bn kl bʾs^{1}tm*

b) 2 attestation ***Mrʾ*** *s^{1}myn w-ʾrḍn* « *seigneur du Ciel et de la Terre* »
MAFRAY-Ḥaṣī 1/11-12 : *w-ḥrm w-s^{1}bʿn* **Mrʾ s^{1}my//n w-ʾrḍn** *bn*
Gar Bayt al-Ashwal 1/2-3 : *mrʾ ḥyn w-mwtn* **Mrʾ s^1//myn w-ʾrḍn**

[14] Pour l'analyse détaillée de ce terme, cf. Robin 2003, 123. Dans son œuvre, Robin désigne cinq noms du sanctuaire actuellement connus en sabéen. Outre les termes présentés dans notre liste, il cite encore *ms^{1}gd* (Robin 2003, 121) et *mknt* (Robin 2003, 124).

[15] Le formulaire monothéiste sudarabique contient des exemples de la pénétration « croisée » dans la terminologie religieuse. Ainsi, dans CIH 541/66 (*ḏ-Mʿn* 658 *ḥ*im.), inscription chrétienne d'Abraha, on relève le mot sémitique *bʿt,* employé pour l'église du Mārib (CIH 541/67), et qui se reconnaît dans le mot syriaque *biʿoto* – «œuf », et de là « coupole », puis « église ». Cf. Robin 2003, 124. Dans Ja 1028/, Ry 507/4,5 (*ḏ-Mḏrʾn* 633 ḥim.) et Ry 508/4 (*ḏ-Qyẓn* 633 *ḥ*im.), inscriptions juives datant du règne du Yūsuf, est utilisé le mot *qls*^{1}, la transcription en sudarabique du grec ἐκκλησία, qui indique probablement le lien avec l'origine byzantine du christianisme dans le sud-ouest du Yémen (puisque les églises nommées *qls*^{1} se trouvaient dans cette région). Cf. aussi Robin 1980, 90.

c) 1 attestation ***Mrʾ*** *ḥyn w-mwtn « seigneur des vivants et des morts »*

Gar Bayt al-Ashwal 1/2 :	***Mrʾ ḥyn w-mwtn*** *mrʾ s^{1}//myn w-ʾrḍn*

Rḥmnn *« le Clément »* – 56 attestations

a) Rḥmnn (état isolé) – 38 attestations

CIH 6/3 :	*hmw Yrs^{3} b-rdʾ* ***Rḥmnn*** *w-brʾ-[h]//w b-*
CIH 45+CIH 44/5 :	*w-rdʾ w-mqm] //[**Rḥm**]**nn** w-b-nṣr[mrʾ-*
CIH 537+RES 4919/9 :	*l-yṣlḥn l-hm±(w)* ***Rḥmnn*** *w-rṯdw byt-hmw*
CIH 538/2 :	*w-nṣḥt (ḥ)*[… …] //[… …]| ***Rḥmnn*** *ṣlḥm by*[… …]
CIH 541/93 :	*tryd ḍll//n b-ḥmd* ***Rḥmnn*** *wrdw ʾs^{2c} bn ḥg //b-*
CIH 542/5 :	*ḥmfm w-ḏlf*[… …] //[… … ***R***]***ḥ***[***m***]***nn*** *ʾrḍtm* [.] *y*[.]*m w-ṣrḏ*
CIH 644/1 :	*hmw Yrs^{3} b-*[*rdʾ* ***Rḥmnn*** … …] //[… … *b-rdʾ*
DhM 287/6 :	*w-hqs^{2}bn b-nṣr* ***Rḥ***[***mnn*** … …] //[… … *Mrṯdʾln*]*Ynf*
Fa 74/6 :	*mʾt*]*m*[w-*l-y]ṣlḥn* ***(Rḥmnn)***[*l-Ykrb w-Y*]*rs^{1}*
Gar AY n. 9 d/7 :	*w-mwglm b-zkt* ***Rḥmnn*** *wrḫ-h//w ḏ-Mʿn*
Gar NIS 3/5 :	*mrym- //hw b-rdʾ* ***Rḥmnn*** *w-b-rdʾ mlk(n)*
Gl 1194/7 :	*h*[*w…* …] //[… … *m*]*rʾ-hmw* ***Rḥm*[*nn*** … …] // [… …]*w mrʾ-hmw*[
Ha 11/4 :	*bn //S^{1}lmt //l-ys^{1}mʿn* ***R//ḥmnn*** *ṣlt-s^{1} //m // Mrṯdm*
Ibrahim al-Hudayd 1/10 :	*(ḫ)//mr-hmw b-hw* ***Rḥmnn*** *ḥywm ks^{3}ḥ[m] wr[ḫ]- //hw*
Ist 7608 bis/16 :	*Ykml w-h*[… …] //[… …]*s^{1}m* ***Rḥmnn*** *w-bn-hw krs^{3}ts^{3}*
Ja 547+Ja 546+Ja 544+Ja 545/14 :	*Thmt rmḥs^{3} ʿl-s^{1}m* ***Rḥmnn*** *mlkn ± //b-wrḫ ḏ-*
Ja 547+Ja 546+Ja 544+Ja 545/10 :	*ks^{3}ḥm //w-mrḍytm l-**Rḥmnn*** ±
Ja 857/3 :	*h(m)*[*w* … … *b-r*]*//(dʾ)**(Rḥm)nn*** *ḏ-b-s^{1}m(w)* [yn … …]
Ja 1028/9 :	*ʾwrḫm w-l-ybrkn* ***Rḥmnn*** *bny-hw S^{2}rḥbʾl Ykml*
Ja 1028/12 :	*w-qdm ʿly s^{1}m* ***Rḥmnn*** *wtf Tmmm ḏ-Ḥḍyt*
RES 4109/1 :	[*l-*]*(ys^{1})mʿn* ***Rḥmnn*** *//(Ḥ)mdm Ks^{1}dyn w-ʾ// hwt-*
RES 4699/1 :	[*… … l-y*]*s^{1}mʿn* ***Rḥmnn*** *ṣlwt* [… …]
RES 5064/2 :	*bn ʿwfm //l-s^{1}mʿn* ***Rḥmn<n>*** *//Wd-ʾb*
RES 5094/3 :	*b-Ḏʾnmn((ḏ-ʾnmn)) //b-ḫ(y)l* ***Rḥmnn*** *w-b-ḫyl-hmw*
Robin Viallard 1/3 :	*ḏ-ʾ//s^{1}wr b-nṣr* ***Rḥmnn*** *w- //ḥmd-rḥb w-*
Robin Viallard 1/5 :	*w-l-ys^{1}mʿn-h//mw* ***Rḥmnn*** *w-kl bhṯ-hw*
Ry 520/6 :	*//hw w-wld-hw* ***Rḥmnn*** *ḥyy ḥyw ṣdqm w-*
Ry 520/7 :	*w-l-ḫmr-hw* ***Rḥmnn*** *wld//m ṣlḥm s^{1}bʾm l-*
Ry 403/3 :	*Ykr* [… …]//*tk*[.]*t* ***mrʾ****-hmw* ***Rḥmnn*** *w-b-rdʾ ʾ//m(r)ʾ-*
Ry 403/5 :	*hw bny Rʿyn w-**Rḥmnn*** *l- //*[*y*]*ḥywn-hmw (w)-*

Ry 506/9 : *bn Ḥl//[b]n [b-]ḫyl* ***Rḥmnn*** *wrḫ-hw ḏ-ʾln*
Ry 508/11a : *hw w-b- //ḫfr* ***Rḥmnn*** *(ḏ)n ms¹ndn bn kl* [...]
Ry 508/11b : [...] *trḥm ʿly kl ʿlm* ***Rḥmnn*** *rḥmk mrʾ ʾt*
Ry 513/5 : *ʾbny Mlkm //ḏ-Gdnm* ***Rḥmnn*** *w-ʾmn*
Ry 515/5 : *Yzʾn //rb-Hwd b-****Rḥmnn***
Ry 520/8-9 : *ṣlḥm s¹bʾm l-s¹m-****Rḥmnn*** *w-hqs²bw hw//t mkrbn*
Wellcome A 103664/5 : *w-(l)-s¹*[... ...] //[... ...]*w* ***Rḥmnn*** *w-b*[... ...] //[... ...] *ḏn*
ZM 5+8+10/4 : *mr[y]m-hmy b-zkt* ***Rḥ[mnn*** *w-b-rdʾ ʾmrʾ*-b)

b) ***Rḥmnn*** *bʿl s¹myn « maître du Ciel »* – 5 attestations

CIH 537+RES 4919/5 : *frʿ-hw b-rdʾ]****Rḥmnn bʿl s¹myn*** *w-(b-*
CIH 537+RES 4919/10 : *hmw w-ʾlwd-hmw* ***Rḥm]nn bʿl s¹myn*** *wrḫ-hw*
Gar AY n. 9 d/1 : *[... ...]b-ḥmd* ***Rḥmnn bʿl s¹myn*** *w-b-*
Gar NIS 4/7 : *hmw S²bʿn b- //rdʾ* ***Rḥmnn bʿl s¹myn*** *l-ḫmr-*
Ry 520/5 : *Ḏlʿm l-mrʾ-hm/w* ***Rḥmnn bʿl s¹myn*** *l-ḫmr-*

c) ***Rḥmnn*** *mrʾ s¹myn « seigneur du Ciel »* – 1 attestation

MAFYS-Ḍuraʾ 3 = RES 4069/11 : *b-rdʾ w-nṣr* ***Rḥmnn mrʾ s¹myn*** *wrḫ-hw*

d) ***Rḥmnn bʿl*** *s¹myn w-ʾrḍn « maître du Ciel et de la Terre »* – 3 attestations

Gar Sharahbil A/12-13 : *w-mqm mrʾ-hmw* ***Rḥmnn bʿl//s¹(m)yn [w]-(ʾrḍn)***
Gar Sharahbil B/7 : *w-mqm mrʾ-hmw* ***Rḥmnn bʿl s¹myn w-ʾrḍn***
Ja 547+Ja 546+Ja 544+Ja 545/11-12 : *w-ʿl-s¹m* ***Rḥmnn mrʾ s¹my(n) w-ʾrḍ//n***

e) ***Rḥmnn*** *w-Ms¹ḥ- hw « et Son Messie »* – 2 attestations

CIH 541/2-3 : *w-[r]dʾ w-rḥ//mt* ***Rḥmnn w-Ms¹//ḥ-hw*** *w-*
Ry 506/1 : *b-ḫyl* ***Rḥmnn*** *w-****Ms¹ḥ-hw***

f) ***Rḥmnn*** *mrʾ s¹myn w-Ms¹ḥ- hw «seigneur du Ciel et Son Messie »* – 1 attestation

DAI GDN 2002-20/2-4 : *w-n(ṣ)[r] //w-rdʾ* ***Rḥmnn*** *//****mrʾ s¹myn //w-Ms¹ḥ- //hw***

g) ***Rḥmnn*** *ḏ-b-s¹myn « Qui est au Ciel »* – 2 attestations

CIH 542/7 : *mḥm[y]-hmw[... ...] //[... ... R]****ḥmnn ḏ-b-s¹myn*** *hn*
CIH 543/1 : *[b]rk w-tbrk s¹m* ***Rḥmnn ḏ-b-s¹myn*** *w-*

h) ***Rḥmnn*** *ʿlyn « Raḥmānān Très Haut »*[16] – 1 attestation

Ja 1028/11 : *ḥs¹s¹m w-mḫdʿm w-****Rḥmnn ʿlyn*** *b//n kl mḫdʿm*

i) ***Rḥmnn mtrḥmn*** *« Raḥmānān miséricordieux »*[17] – 1 attestation

Fa 74/3 : *b-nṣr w-rdʾ* ***Rḥmnn mtrḥm±(n)*** *w-b-nṣr*

j) ***Rḥmnn*** **ḏ*-Klʿn* – 1 attestation

CIH 539/4-5 : *w-mrḍym l-s¹m* ***Rḥmnn *ḏ*-Klʿn*** *|[... ...] //[... ...]Rḥmnn*

Le terme ***bʿl*** – 16 attestations

a) *ʾln* ***bʿl*** *s¹myn « maître du Ciel »* – 5 attestations

Ag 2/6 : *H//rgb b-rdʾ* ***ʾln bʿl s¹myn*** *b-w//rḫn Ṣyd*
Ag 3/6 : *ʾlht Hṣ//bḥ w-****ʾln bʿl s¹myn*** *l-yrdʾn-hmw*

[16] Traduction dans Robin 2003, 114.
[17] Robin 2003, 114.

B 8475/4-5 : *T(k)rb b-rḍʾ* ***ʾln //bʿl-s^{1}myn*** *w-b-rḍʾ*
Dostal 1/4 : *rḍ[ʾ]mrʾ-hmw* ***(ʾ)ln (b)ʿ(l) s^{1}my(n)*** *w-b-r(ḍʾ)*
RES 5085/8 : *qṣm b-rḍ//ʾ* ***ʾln bʿl s^{1}myn*** *w-b-rḍʾ*

b) *ʾln* ***bʿl*** *s^{1}myn w-ʾrḍn « maître du Ciel et de la Terre »* – 2 attestations
Ibrahim al-Hudayd 1/6-7 : *ḫyl* ***mrʾ****-hmw* ***ʾln //bʿl s^{1}myn w-ʾrḍn*** *w-*
RES 4107/4 : *mrymn (b)- //[rḍʾ]ʾ* ***ln bʿl s^{1}myn w-ʾrḍ(n***

c) *ʾlhn* ***bʿl*** *s^{1}myn w-ʾrḍn « maître du Ciel et de la Terre »* – 1 attestation
CIH 540/81-82 : *nṣr w-rḍʾ* ***ʾlhn b//ʿl s^{1}myn w-ʾrḍn*** *w-*

d) Rḥmnn ***bʿl*** *s^{1}myn « maître du Ciel »* – 5 attestations
CIH 537+RES 4919/5 : *hw b-rḍʾ]****Rḥmnn bʿl s^{1}myn*** *w-(b-rḍ)±ʾ*
CIH 537+RES 4919/10 : *w-ʾlwd-hmw* ***Rḥm]nn bʿl s^{1}myn*** *wrḫ-hw ḏ-*
Gar AY n. 9 d/1 : *[... ...]b-ḥmd* ***Rḥmnn bʿl s^{1}myn*** *w-b- //[...]*
Gar NIS 4/7 : *S^{2}bʿn b- //rḍʾ* ***Rḥmnn bʿl s^{1}myn*** *l-ḫmr- //hmw*
Ry 520/5 : *l-mrʾ-hm//w* ***Rḥmnn bʿl s^{1}myn*** *l-ḫmr-hmw*

e) Rḥmnn ***bʿl*** *s^{1}myn w-ʾrḍn « maître du Ciel et de la Terre »* – 3 attestations
Gar Sharahbil A/12 : *mqm mrʾ-hmw* ***Rḥmnn bʿl //s^{1}(m)yn [w]-(ʾrḍn)*** *w-*
Gar Sharahbil B/7 : *mqm mrʾ-hmw* ***Rḥmnn bʿl s^{1}myn w-ʾrḍn*** *[... ...]*
MAFRAY - Abū Ṯawr 4/7 : *nṣr w-rḍʾ* ***Rḥmnn bʿl s^{1}myn w-ʾrḍn*** *w//[rḫ-*

Bʿl s^{1}myn *« Maître du Ciel »* – 2 attestations
YM 1950/2[18] : *[... ...] //[... ... mr](ʾ)-hmw* ***(Bʿ)l-s^{1}myn*** *l-s^{1}(mʿ) ((l-ʾḫr)) ʿnt*
YM 1950/4 : *Ymnt w-l-ys^{1}mʿn* ***Bʿl-(s^{1})[myn*** *... ...] //[... ... wr]ḫ-*

krs^{3}ts^{3} *« Christ » [Vainqueur]* – 1 attestation
Ist 7608 bis/16 : *Rḥmnn w-bn-hw* ***krs^{3}ts^{3}*** *ġlbn [... ...]*

ġlbn *« [Christ] Vainqueur »* – 1 attestation
Ist 7608 bis/16 : *w-bn-hw krs^{3}ts^{3}* ***ġlbn***

Ms^{1}ḥ *« Messie »* – 3 attestations
CIH 541/2-3 : *w-rḥ^{2}mt Rḥmnn w-****Ms^{1}//ḥ****-hw w-Rḥ [q]ds^{1}*
DAI GDN 2002-20/1 : *b-ḫyl Rḥmnn w-****Ms^{1}ḥ****-hw mlkn ʾbrh z-*
Ry 506/5 : *Rḥmnn //mrʾ s^{1}myn //w-****Ms^{1}ḥ****-h(w) // (h)qḥ mlk//n ʾb(r)h*

[18] Gajda 2005, 22-26 fig. 1 ; Robin 2003, 103 ; Müller 2010, 57. L'inscription YM 1950 (*ḏ-Ḥrfn* [47]3 ou [48]3 *ḥ*im.), trouvée sur le site moderne de Ḥim Bayt Ġufr (région de Hamdān, le Yémen) serait la première mention du *Bʿl-s^{1}myn - « Seigneur du Ciel »*. Pour l'Arabie du Sud antique, cette appellation est une nouveauté (au lieu de *Bʿls^{1}mn,* grand Dieu du Proche Orient) qui indique la rupture de tradition antique avec l'introduction du nouveau culte monothéiste. D'après Chr.J. Robin, la nature monothéiste de ce texte est confirmée aussi par la formule *w-l-ys^{1}mʿn* (l.4), qui n'appartient pas au lexique du formulaire polythéiste. D'après la reconstruction historique du chercheur, le refus du polythéisme avait eu lieu en [47]3 ou [48]3 (l.5 – en lacune).

qds^1 *« [l'Esprit] Saint »* – 3 attestations

a) *« [l'Esprit] Saint »*[19] – 3 attestations

CIH 541/3 :	*Ms*^{1}*//ḥ-hw w-Rḥ [**q**]**ds**^{1} s^{1}ṭrw //ḏn ms^{3}ndn ʾn*
Ist 7608 bis/1 :	*[… … w-mn]fs^1 **qds**^{1} S^{1}myfʿ ʾs^{2}wʿ mlk S^1[bʾ*

b) 1 attestation[20]

CIH 541/117 :	*l-ġzw-hmw// w-**qds**^{1} bʿtn w-ʿwd//n w-*

Nous acceptons parfaitement ici la chronologie de l'évolution du monothéisme sudarabique élaborée par Chr.J. Robin, qui distingue les périodes suivantes : 1. le monothéisme de l'attribution incertaine, ou « *sans parti explicite* »[21] (de 380 à 522 après J.-C.) ; 2. le judaïsme du roi Yūsuf Asʾar Yathʾar (juin-juillet 522-525/530 après J.-C.) ; 3. le christianisme (525/530 – début des années 570 après J.-C.)[22]. Se basant sur cette périodisation, nous voudrions ajouter quelques remarques sur le matériel épigraphique en question.

2. La période monothéiste

2.1. Documents à l'attribution incertaine

Commençons par les documents monothéistes *à l'attribution incertaine*, qui invoquent le Dieu unique, sans aucun indice évident tendant vers le christianisme ou le judaïsme. La période monothéiste sudarabique semble commencer déjà vers les années 360 après J.-C. Les découvertes épigraphiques nous ont permis de citer des textes récents de nature monothéiste antérieurs à l'unification du Yémen sous le pouvoir ḥimyarite : B 8457/4-5[23] (daté de *ḏ-Ḫrfn* 464 ḥim.(?)[24], soit ± août 354 è. chr.) ; Ag 2/5[25], gravée sur le rocher à Ḍayq Buraʿ al-Aʿlā, dans la Région de Wadī Buraʿ (le Yémen), datée du mois *Ṣyd* 388 ère Maḏḥī[26] (± 358 è. chr.). Toutes invoquent Dieu - *ʾln bʿl s^{1}myn*. L'auteur du texte Ag 2 est un seigneur qui porte le titre de *wzʿ* (l. 2) – un ré-

[19] Traduction dans Beeston *et alii* 1982 (Dictionnaire Sabéen), 104 : « *sainteté* », « *saint* ».

[20] *Ibidem* : « célébrer la Liturgie en un lieu ».

[21] Robin 2003, 105, etc.

[22] Robin 2003, 105, 110 et 112.

[23] Prioletta 2012, 315-332 et fig. 1.

[24] L'attestation du nom du mois himyarite *ḏ-Ḫrfn* (août) fait penser que l'inscription est probablement datée en base du calendrier ḥimyarite (464 ḥim., ± 354 après J.-C.). En ce cas, dans l'ensemble avec Ag 2 (± 355 après J.-C.), c'est un des documents monothéistes sudarabique les plus antiques. Pour l'identification du souverain *Ḏrʾʾmr ʾymn*, mentionné dans le texte (l.6), cf. Prioletta 2012, 324.

[25] al-Aġbarī 2013, 174, fig. 1.

[26] Outre l'ère ḥimyarite, avant l'unification du pays, il y avait d'autres ères en usage dans les tribus voisines de Ḥimyar : celle de Maḏḥī, dont le point de départ se situe vers 30 avant l'ère

gent administratif de la région (de la tribu *Mḍḥym*), désigné par le roi. Le texte commémore la construction du *byt mlkn H//rgb* (l. 4-5), palais royal à Zafar (cf. Gar Sharahbil A/3), pour lequel le seigneur dirigeait l'extraction du marbre (Ag 2/4). Il est bien probable d'y ajouter aussi l'inscription Ag 3[27] (non datée), de même provenance que Ag 2, et dont l'auteur est le père du rédacteur de Ag 2/1-2. Même si le contenu du lexique religieux n'est pas suffisant pour associer ces textes à quelque religion, le contexte historique nous fait penser à leur caractère plutôt dirigé vers le judaïsme[28]. Voir aussi l'inscription judaïsante MAFRAY-*Ḥ*asī 1, dont l'auteur est un grand seigneur de Maḍḥī qui crée un cimetière réservé aux juifs (l. 4-5) : *[…] l-qtbr b-hn ʾyhdn w-b-hymntm b//n qtbr b-hmw ʾrmym d-l-ywfynn l-ʾhdd […]* – « … pour y enterrer les juifs, avec l'assurance d'éviter d'enterrer avec eux un non juif, ceci pour qu'ils s'acquittent de leurs obligations envers les juifs »[29]. Ce décret atteste de l'existence d'une communauté juive à Maḍḥī. Se basant sur l'analyse complexe du répertoire épigraphique en question, nous acceptons parfaitement la datation proposée par Chr.J. Robin de la fin du IVe ou de la première moitié du Ve siècle après J.-C.[30]. Ces documents, pour le moment, peuvent probablement être considérés comme les plus antiques inscriptions monothéistes en Arabie de Sud.

Pendant les 120 années suivantes, dès les années 400 jusqu'au règne de Maʿdīkarib Yaʿfur (mort en 522 après J.-C.), les *inscriptions royales* conservent un style homogène, avec des expressions vagues et des formules bien laconiques pour les invocations religieuses. **Gar** Bayt al- As²wal 2[31], RES 3383[32], Ja

chrétienne, et celle de Radmān (74 après J.-C.). Cf. Beaucamp – Briquel-Chatonnet – Robin 1999-2000, 17 ; Robin 1998, 121-151.

27 al-Aġbarī 2013, 174, fig. 2.

28 *« L'existence d'une communauté juive influente dans le royaume de Ḥimyar, signalée par Théophile vers milieu du IVe siècle après J.-C., est indirectement confirmée vers la même époque ou un peu plus tôt par les fouilles de la nécropole de Beth Sheʿarîm »*. Cf. Robin 2003, 104.

29 Traduction dans Robin 2003, 108.

30 *« Ce décret n'est pas daté. Cependant, le fait que Dieu n'y soit pas désigné par un nom propre (Il, Ilān, Ilāhān ou Raḥmānān), mais par les périphrases «Seigneur du Ciel» (mrʾ-s¹myn) ou «Seigneur du Ciel et de la Terre» (mrʾ-s¹myn w-ʾrḍn), suggère la fin du IVe siècle ou la première moitié du Ve »*. Cf. Robin 2003, 108.

31 Garbini 1970b, 161-163 et pl. 1/c ; Robin 1987, 151 et pl. 11/B ; Gajda 1997, 3-4 ; Müller 2010, 59.

32 Solá Solé 1959, 197-199 ; Garbini 1970b, 160-162, pl. 1/b ; Robin 1996a, 676, photo ; Gajda 1997, 4-5 ; Müller 2010, 58.

520[33], CIH 540[34], Garb ŠY (Garb ŠY-A[35], Garb ŠY-B[36]), RES 4069[37] et Ja 2484(?)[38]. Les *inscriptions des particuliers* suivent plutôt l'exemple des souverains, montrant aussi une inclination plus ou moins évidente pour le judaïsme : CIH 6[39], CIH 45+CIH 44 (?)[40], CIH 151 +CIH 152[41], CIH 537+ RES 4919[42], CIH 538[43], CIH 539[44], CIH 542[45], DhM 287[46], Dostal 1[47], Fa 74[48], Garb AY 9d[49], Garb FES II 8[50], Garb NIS 3[51]; Garb NIS 4[52], Gl 1194[53], Ham 11[54], MAFRAY - Abū Ṯawr 4[55], RES 3232 (RES 3232-41, 42, 44)[56], RES

33 Jamme 1955b, 117-118 et pl. 2 ; Lundin 1963, 43-45 ; Gajda 1997, 19-20.

34 Fakhry 1952, 74-79 ; Solá Solé 1960, 8-21 ; Gajda 1997, 26-44 ; Nebes 2004b ; Müller 2010, 68-73.

35 Garbini 1969, 559-566 et pl. 1-3 ; Gajda 1997, 46-49 ; Yule 2007, fig. 23 ; Müller 2010, 75-76.

36 Garbini 1969, 559-566 et pl. 1-4 ; Gajda 1997, 46-49 ; Müller 2010, 77.

37 Ryckmans(1) 1932, 289-295 (facsimile) ; Lundin 1960, 78-94 ; Gajda 1997, 65-68 ; Müller 2010, 87-88.

38 Jamme 1972, 85-86 et pl. 19 (facsimile) ; Gajda 1997, 89-91 ; Müller 2010, 97.

39 Mordtmann – Mittwoch 1931, 192-194, facsimile et photo ; Jamme 1961 ; Gajda 1997, 49-50 ; Müller 2010, 78.

40 Ryckmans(2) 1951 ; Müller 1976, 59-62 et pl. 3 ; Gajda 1997, 54-55.

41 Robin 1982, t. 2 87-89 et pl. 54 ; Gajda 1997, 162.

42 Ryckmans(2) 1951, 341-346 ; Beeston et alii 1982 ; Gajda 1997, 56-58 ; Calvet-Robin 1997, 203-205, cat. 121 (photo et facsimile); Müller 2010, 83-84.

43 Jamme 1971.

44 Gajda 1997, 156-157 ; Beeston et alii 1982 ; Stein 2003.

45 Gajda 1997, 155-156.

46 Site web : http://dasi.humnet.unipi.it/index.php?id=79&prjId=1&corId=7&colId=0&recId=594.

47 Müller 1974, 139-144, fig. 37 et pl. 11 ; Gajda 1997, 45-46 ; Robin 2003 ; Müller 2010, 74.

48 Ryckmans(1) 1952, 46-49 ; Ryckmans(2) 1964b ; Müller 1976a, 62-67 et pl. 4/5-6 ; Schmidt 1987, 139, 140 et pl. 14/d, 18/a ; Gajda 1997, 68-70.

49 Garbini 1970a, 546-547, pl. 43/c ; Gajda 1997, 70-71 ; cat. 2000, 393-394 ; Müller 2010, 92.

50 Garbini 1973a, 590-591.

51 Garbini 1973b, 43-45, pl. 3/a ; Ryckmans(2) 1991-1993, fig. 12 ; Robin 1991-1993d, 155; Gajda 1997, 158.

52 Garbini 1973b, 45-46, pl. 4 ; Jamme 1976 ; Beeston 1980b ; Gajda 1997, 71-72.

53 Schaffer 1972, 21-22, pl. 3/6 ; Gajda 1997, 58-59.

54 Bron-Beeston 1954, 60-62 ; Pirenne 1990, 86 ; Gajda 1997, 159-161.

55 Robin 1986, 181-197, photo ; Gajda 1997, 61-64 ; Müller 2010, 85.

56 Gajda 1997, 163-164. Mordtmann-Mittwoch (dans le RES) joint ce fragment (RES 3232-41) aux RES 3232-42 et RES 3232-44. Gajda (1997, 164) suggère la lecture de ces trois fragments du RES 3232 dans l'ordre suivant : l. 1=l. 1 du CIH 926 ; l. 2=l. 1 du CIH 925 et l .2 du CIH 926 ; l. 3=l. 1 du CIH 923, l. 2 du CIH 925, l. 3 du CIH 926 ; l. 4=l. 2 du CIH 923, l. 3 du CIH 925, l. 4 du CIH 926.

4069[57], RES 4109[58], RES 4111[59], RES 4699[60], RES 5064[61], RES 5085[62], RES 5094[63], Robin Viallard 1[64], Ry 520[65] et Twitchell 3[66].

2.2. Documents sans aucun indice religieux

Quelques documents importants se distinguent par *l'absence de toute allusion religieuse* : Ry 509, Ry 510 et BR-Yanbuq 47[67] composé par des Yaz᾿anides et daté du mois *ḏ-Ṯbtn* de 625 è. him. (± avril 515 è. chr.). « *Il est vraisemblable que, dans ces trois documents, l'absence de toute invocation religieuse n'est pas due au hasard* »[68].

3. Le judaïsme

3.1. Documents juifs

Gar Bayt al-Ashwal 1[69] est explicite, puisque son auteur s'appelle Yahuda - *Yhwd*᾿[70] (l. 1), qu'il invoque par « *les prières de Son «peuple d'Israël»* » - (l. 3), et qu'il accompagne le texte d'un graffite en écriture et en langue hébraïques dans le monogramme central. Les termes empruntés à l'araméen (*zkt, ṣlt,* etc.) le prouvent aussi. Le texte relève une invocation au souverain[71]. Il ne serait exclu d'attribuer à la même catégorie l'inscription fragmentaire

57 Ryckmans(1) 1932, 289-295 (facsimile) ; Lundin 1960, 78-94 ; Gajda 1997, 65-68 ; Müller 2010, 87-88.

58 Hayajneh 2002, 200-201, fig. 12 ; Bron 1986.

59 Robin 2003, 107.

60 Ryckmans(1) 1937, 244 (facsimile), 249 ; Ryckmans(2) 1964a, 417 ; Pirenne 1990, 86-87, fig. 27 ; Gajda 1997, 161-162.

61 Ryckmans(1) 1939b, 308 ; Stark 1939, pl. 8II.

62 Stark 1939, pl. 8 ; Ryckmans(1) 1939b, 312-316, pl. 9 ; Gajda 1997, 23-25 ; Müller 2010, 66-67.

63 Winnett 1941, 22-25.

64 Robin 1981, 43-47 et pl. 1 ; Jamme 1988, 52-58 ; Gajda 1997, 86-87 ; Müller 2010, 94.

65 Ryckmans(1) 1954, 99-105, pl. 1 ; Gajda 1997, 50-52 ; Müller 2010, 79 ; Robin 2003.

66 Jamme 1955/3, 152.

67 Bāfaqīh – Robin 1979, 49-57, pl. 5 ; Gajda 1997, 82-85.

68 Robin 2003, 109. Cf. les notes 67-69.

69 Garbini 1970b, 154 et suiv. ; Beeston 1972 ; Gajda 1997 ; Robin 2003, 106.

70 Pour l'origine de Yhwd᾿, « plutôt un Ḥimyarite converti qu'un juif de diaspora », cf. Robin 2003, 107.

71 L'invocation au roi Dhara᾿᾿amar Ayman, associé au trône dans les années 380-420 après J.-C., l. 3-4 : *Ḏ//r᾿᾿mr ᾿ym᾿n mlk S¹b᾿ w-ḏ-Rydn w-Ḥḍrmwt w-Ymnt.*

Gar FES II 7[72], relevée à Minkaṯ, qui cite elle-aussi le nom *d'Israël – Ys³rʾl*[73] (l. 2). La mention des rois [Dharaʾʾamar] Ayman avec le Ḥaśśān Yuhaʾ[min] permet de dater le texte des années 400-420 è chr.

3.2. Documents judaïsants

Divers documents appartiennent à ce corpus : CIH 543[74], Ja 1028[75], Ir 71[76], MAFRAY-Ḥaṣī 1[77], Müller-Tanʿim[78], Ry 403[79], Robin-Naǧr 1/3[80], Ry 534 + MAFY-Rayda 1/5[81], Ry 507[82], Ry 508[83], Ry 513[84], Ry 515[85].

Actuellement, il est à ajouter à ce groupe l'inscription Ibrahim al-Hudayd 1[86]. Ce texte de construction (provenance inconnue) daté du mois *ḏ-Ṯbtn* 580 è. *ḥ*im. (± avril 470 après J.-C.) contient aussi une invocation au *« peuple d'Israël »* (l. 7/8) : *b-rdʾ// s²ʿb-hmw Ys³rʾl.* Il désigne aussi deux invocations différentes à Dieu. L'une est *ʾln* (l. 5/6-7) : *w-b-// rdʾ w-ḫyl mrʾ-hmw ʾln// bʿl s¹myn w-ʾrḍn* – *« avec l'aide et la force de leur Seigneur ʾln, maître du Ciel et de la Terre »*. L'autre est *Rḥmnn* (l. 10).

[72] Garbini 1973a, 590, pl. 1/d ; Gajda 1997, 11. Le texte peut etre daté en base d'attestation (l.3) du souverain *[Ḏrʾʾmr] ʾym<ʾ>n w-Ḥs³n Yhʾ[mn...]*.

[73] *« La mention du peuple d'Israël est un indice sérieux, mais pas une preuve suffisante pour classer une inscription comme «juive» »*. Cf. Robin 2003, 107. Voir aussi l'analyse de CIH 543 : Robin 2003, 115-117.

[74] Abdallāh 1987, 3-8, pl. 1 ; Jamme 1988, 104-107 ; Gajda 1997, 152-153 ; Catalogue 2000, 392 ; Robin 2003.

[75] Jamme 1966, 39-55, pl. 10-13 ; Rodinson 1969, 26-34 ; Beeston 1981b, 16-18 ; Beeston 1985, 42-52 ; Robin 1991-1993a, 151-152 ; Gajda 1997, 102-109 ; Nebes 2005, 356-359, photo ; Robin 2008, 87-89, fig. 4 ; Müller 2010, 100-102.

[76] al-Iryānī 1988, 21-46 ; Robin 1991-1993a, 153, fig. 42 (facsimile) ; Gajda 1997, 153-154.

[77] Frantsouzoff 1996 ; Stein 2003.

[78] Müller 1973, 154-155, ainsi que 153 fig. 5 ; Robin 2003, 107 et 113.

[79] Ryckmans(1) 1949a, 84-85 (facsimile).

[80] Robin 1982, 84-85, pl. 51 ; Gajda 1997, 64-65 ; Müller 2010, 86.

[81] Ryckmans(1) 1955, 308-312, pl. 1 ; Robin 1977, 305-309 ; Robin 1996a, 703-706, fig. 4-5 ; Beeston 1981c ; Gajda 1997, 13-14 ; Robin 2003 ; Müller 2010, 62. Dans les l. 2-3, le souverain ʾbkrb ʾs¹ʿd, en corégence avec plusieurs frères, est nommé.

[82] Ryckmans(1) 1953, 284-295, pl. 3 ; Beeston 1985, 46-50 ; Gajda 1997, 97-100 ; Robin 2008, 91-93, fig. 3 ; Müller 2010, 103-104.

[83] Ryckmans(1) 1953, 267-317, pl. 4 ; Rodinson 1966-1967, 121-139 ; Gajda 1997, 92-96 ; Robin 2008, 82-85, fig. 1-2 ; Müller 2010, 98-99.

[84] Ryckmans(1) 1953, 312-313, pl. 6 ; Gajda 1997, 100-101 ; Robin 2008, 86.

[85] Ryckmans(1) 1953, 314-315, pl. 2 ; Robin 2008, 87.

[86] Gajda 2004, 197-202 ; Robin 2004, 882-883 ; Müller 2010, 81-82. Ce texte est considéré par Gajda comme un premier signe évident de conversion du Yémen antique au judaïsme. Voir cependant Gar Bayt al-Ashawal 1, presque d'un siècle plus ancienne.

Ce texte comporte aussi l'exclamation *(ʿm)[n]* – « *amen* » (l. 11). Le nom du roi *S²rḥbʾl [Yʿfr]* est attesté avec la titulature (l. 8-9) : *S²rḥ(b)-// ʾl mlk S¹bʾ w-ḏ-Rydn w-Ḥḍrmwt*.

Se basant sur l'attestation dans Ibrahim al-Hudayd 1 de l'exclamation cultuelle *ʿmn* – « amen », nous osons supposer, grâce à la présence de la même parole (l. 8: *(ʿm)[n]*), l'appartenance au même groupe de l'inscription ZM 5+8+10[87], plutôt qu'à ces inscriptions monothéistes *d'attribution incertaine*. Ce texte de construction daté du mois *ḏ-Ḥltn* 542 *ḥ*im. (± février 433 è. chr.), provient du site antique de *Ẓfr* (actuelle Zafār, le Yémen), comme Gar Bayt al-As²wal 1 (texte juif, voir ci-dessous). Dieu est appelé ici *Rḥ[mnn]* (l. 4), ainsi que *Mrʾ s¹mn* (l. 5 et 6/7). Une périphrase nomme les souverains : *ʾmlkn ʾbʿl Rydn* – « *les rois, Maîtres [de «maison»] de Raydān* ».

Ainsi, le judaïsme est attesté par toute une série d'inscriptions sudarabiques, toutes antérieures à l'occupation éthiopienne, après laquelle les rôles sont renversés : il s'efface totalement devant la religion des vainqueurs, le christianisme.

4. Le christianisme

Les documents chrétiens sont datés de 525/530 jusqu'au début des années 570 après J.-C. Le passé chrétien de l'Arabie du Sud ne contient qu'un inventaire bien restreint. Citons en quelques exemples. L'inscription ḥimyarite, dont on possède deux fragments indépendants (non datés), se rapporte aux événements liés à la persécution de Nagrān (octobre ou novembre après J.-C.)[88]. Le premier fragment, Ist 7608 bis[89], gravé sur le marbre et provenant du site antique de *Ḍfw*[90], appartient au règne de *S¹myfʿ ʾs¹wʿ* (± 530-535 après J.-C.). Bien qu'il soit incomplet et qu'il ne comporte pas de date dans son état actuel, on a identifié comme l'auteur le roi lui-même, *Procopius Esimiphaios* placé sur le trône himyarite par le roi éthiopien *l ʾṣbḥh (Kālēb* – « *Hellêstheaios* »*)*, l. 6 : *[mlkn ʾlʾ <ṣ>bḥh mlk Ḥbs²t]*, l. 14 : *[[... ʾlʾ ṣbḥ]h ngs²y ʾks¹mn]*, en remplacement du roi juif Yūsuf[91]. Le texte commence par une formule trinitaire dont ne reste que la fin (l. 1) : *[...n]fs¹ qds¹ [...]* – « [... *l'Es*]*prit Saint* » , et se termine par une seconde formule trinitaire, dont les derniers

[87] Müller 2009, 247-255 ; Müller 2010, 61.

[88] Cf. Blois 1990 ; Robin 1996a, 691 ; Beaucamp – Briquel-Chatonnet – Robin 1999-2000, 60-61 et 80-81.

[89] Ryckmans(1) 1946a, 165-172, pl. 2 ; Ryckmans(2) 1956 ; Rodinson 1970, 161-182 ; Ryckmans(2) 1976, 96-99, pl. 1 ; Gajda 1997, 113-117 ; Robin 2008, 96-98.

[90] Actuelle Ḍāf (Yemen).

[91] Cf. Robin 1996a, 691 ; Beaucamp – Briquel-Chatonnet – Robin 1999, 60-61 et 76-77.

mots manquent (l. 16) : *[b]-s¹m Rḥmnn w-bn-hw Krs³ts³ Ġlbn [...] – « au nom de* Rḥmnn, *et de son fils Christ Vainqueur* [...] ». Un second fragment, Wellcome A 103664 *« provient très probablement de la même inscription, même si aucun raccord n'est possible avec le fragment d'Istambul »*[92].

Sur base du répertoire épigraphique actuellement disponible, ce sont les quatre autres inscriptions chrétiennes qui proviennent du règne d'Abrahā (± 535-560/565 après J.-C.), le dernier souverain sudarabique connu, qui réussit à restaurer le trône ḥimyarite, conquérant ainsi son indépendance politique. Trois d'entre elles ont pour auteur le roi lui-même : CIH 541[93], Ry 506[94] et DAI GDN 2002-20[95].

Quelques mots encore sur l'inscription royale DAI GDN 2002-20[96], une des découvertes épigraphiques assez récentes, provenant de l'antique *Mryb* (Mārib, wādī Dhāna, le Yémen) et datée du mois *ḏ-Ḥltn ʾḫrn – « le Tardif »*, 658 è. ḥim. (± début mars ? [97] 549 après J.-C.). Contrairement au CIH 541/1-3 et analogiquement de Ry 506/1, l'invocation chrétienne initiale ne contient pas de référence à l'Esprit saint (l. 1-4) : *b-ḫyl w-n(ṣ)[r]// w-rdʾ Rḥmnn // mrʾ s¹myn// w-ms¹ḥ-h(w) – « par la force, et par l'aide et par le support de Rḥmnn, seigneur du ciel, et de son Messie »*.

Nous terminons notre étude de ce groupe de documentation par l'inscription chrétienne (?) du règne d'Abrahā : Ja 547+544+546+545[98], qui date de *ḏ-Mhltn* de 668 è. ḥim. (± novembre 558 après J.-C.). Elle comporte les invocations suivantes : Ja 544/4, avec *l-Rḥmnn – « pour* Rḥmnn » ; Ja 546/1-2,

92 Beaucamp – Briquel-Chatonnet – Robin 1999, 37-38. Beeston partageait lui aussi cette hypothèse. Dans la l. 5, où l'attestation de *Rḥmnn* est présente, il fait l'intégration : *[...]w Rḥmnn w-b[n-hw krs³ts³ ġlbn w-mnfs¹ qds¹]*, proposant de l'attribuer comme début de la formule trinitaire *[...]fs¹ qds¹* dans Ist. 7608. Cf. Beeston 1980a, 11-16, fig. 3. Voir aussi Gajda 1997, 117-119.

93 Lundin 1954, 3-23 ; Smith 1954, 425-468 ; Gajda 1997, 125-145 ; Müller 1999, 266-268 ; Simpson 2002, 56, fig. 18 ; Sima 2002, 126-132 ; Müller 2010, 110-117.

94 Ryckmans(1) 1953, 275-284, pl. 2 ; Sayed 1988, 131-135, photos ; Gajda 1997, 145-148 ; Müller 2010, 118-119. L'inscription commémore la réparation de la fameuse digue de Maʾrib, symbole de la civilisation sudarabique antique, et mentionne, entre autres, la célébration d'une messe dans l'église de la ville. Pour l'histoire de la digue, cf. par exemple Robin 1988 ; Robin 1991-1993, 64-69 ; Robin 1996b, 1230-1233.

95 L'attestation du nom royale d'Abrahā [*ʾbrh*] avec une longue titulature des souverains ḥimyarites: CIH 541/4; Ry 506 /1; DAI GDN 2002-20 /6.

96 L'inscription royale (Abraha, l. 6, etc.), avec la mention du souverain *[S²rḥb]ʾl Yʿf//r* (l. 14-15). Cf. Nebes 2004, 221-225, fig. 2a, b ; Müller 2010, 107-109.

97 Selon Nebes, le mois de *ḏ-Ḥltn ʾḫrn* se place entre les mois de *ḏ-Ḥltn et ḏ-Mʿn*. Pour la concordance chronologique de ce mois avec CIH 541, cf. Nebes 2004.

98 Jamme 1955, 275-279, pl. 2 ; Jamme 1979, 22-28 ; Gajda 1997, 148-150 ; Müller 2010, 120-121 ; Robin 1988 ; Sima 2000.

avec *ʿl s¹m Rḥmnn mrʾ s¹ymn w-ʾrḍn – « au nom de* Rḥmnn, *Seigneur du Ciel et de la Terre »* ; Ja 546/4, avec *ʿl s¹m Rḥmnn mlkn – « au nom de* Rḥmnn *Souverain»*. Même si la fin de deux des paragraphes est marquée par une croix (indice chrétien), l'examen des invocations divines, ainsi que la conclusion du texte par l'exclamation rituelle *s¹lm w-s¹lm*, fait penser à une adhésion plutôt formelle au christianisme. Comme les auteurs proviennent de la tribu de dhu-Hamdān, dont la famille dirigeante s'est convertie très tôt au judaïsme[99], on peut se demander si cette *tiédeur* religieuse ne provient pas d'un ralliement récent et quelque peu forcé.

Les textes épigraphiques qui conservent le souvenir du passé chrétien de l'Arabie du Sud sont peu nombreux[100], dont la plupart traduisent la christianisation forcée, imposée par l'Éthiopie après 525/530 après J.-C. Seuls quelques modestes documents témoignent de communautés chrétiennes *autochtones* antérieures à l'intervention éthiopienne, et seulement dans deux régions relativement marginales de l'empire Ḥimyarite, celle de Ḥaḍramawt et celle de l'oasis de Najrān, la ville où une importante communauté chrétienne se constitue dans le courant du Vᵉ siècle, sans rien devoir à l'Éthiopie.

Avec le règne de Yūsuf (518-525/530 après J.-C.) les choses deviennent plus nettes. On assiste à un retour en force du judaïsme, bientôt suivi de la riposte éthiopienne (525/530 après J.-C.). La défaite et la disparition de Yūsuf se placent entre l'été 525 et la mort de l'empereur Justin, le Iᵉʳ août 527. Le Yémen devient alors un protectorat abyssin et se convertit officiellement au christianisme. C'est de cette époque que datent la plupart de nos documents chrétiens. Quand la Perse conquiert le Yémen dans les années 570, la civilisation sudarabique est définitivement ruinée. Dans le *corpus* épigraphique actuel, aucun texte important n'est connu après le règne d'Abrahā : la dernière inscription datée, CIH 325[101], porte comme date 669 è. him. (± 559/560 après J.-C.). Cette période cruciale, l'une des plus passionnantes dans l'histoire sudarabique, se termine avec le triomphe des Arabes et de l'Islam, ayant laissé dans la tradition musulmane le motif nostalgique de la splendeur éteinte du Yémen Antique.

[99] Voir, par exemple, Ry 534 + MAFY-Rayda 1.

[100] Il est à citer, dans ce contexte, le groupe des textes chrétiens non datés (Robin 1980, 86-87 ; Beaucamp – Robin 1981, 48 suiv. ; Robin 2003, 109) BR-Yanbuq 10, inscription rupestre terminée par une croix et probablement contemporaine de BR-Yanbuq 47. Vu que le site de Yanbuq était souvent tenu pour ḥaḍramite, il se pourrait que l'auteur appartenait à la communauté chrétienne du Ḥaḍramawt. Ce texte pourrait être considéré comme témoin d'un christianisme sudarabique *autochtone*, puisque son caractère chrétien n'est pas dicté par l'opportunisme politique. Cf. Bāfaqīh – Robin 1979, 24-25, pl. 2.

[101] Rhodokanakis 1917 ; Müller 1991, 117-131, pl. 1 ; Müller 2010, 122-123 ; Gajda 1997, 168-169 ; de Maigret 2002, 250, pl. 46 (photo). Voir aussi Robin 1991-1993b, 15.

Références

ʿAbdallāh, Y.M.
1987. « The inscription CIH 543. A new reading based on the newly-found original », dans Chr.J. Robin, M. ʿA. Bāfaqīh (éd.), *Ṣayhadica*, Arabie préislamique 1, Paris, p. 3-9.
al-Aġbarī, F.
2013. « Nuqūš sabaʾiyya ǧadīda taḥtawī ʿalāʾ aqdam naqš tawḥīdī muʾarraḫ », *Rd* 8, p. 167-183.
Arbah, M.
2002. *Les noms propres du Corpus Inscriptionum Semiticarum, Pars Quarta: Inscriptiones Ḥimyariticas et Sabæas continens, Inventaire des inscriptions sudarabiques,* (Académie des Inscriptions et Belles-lettres. Istituto italiano per l'Africa e l'Oriente7, Paris – Rome.
Avanzini, A.
2003. « L'unité du sudarabique épigraphique: certitudes et limites », *Ar* 1, p. 27–38 ; 2004. *Corpus of South Arabian Inscriptions* I-III : *Qatabanic, Marginal Qatabanic, Awsanite Inscriptions*, Arabia Antica 2, Pisa ; 2008. « Criteri editoriali per la pubblicazione dello CSAI », *EVO* 31, p. 145–157.
Bāfaqīh, M. ʿA. al-Q. – Robin Chr. J.
1979. « Inscriptions inédites de Yanbuq (Yémen démocratique) », *Rd* 2, p. 15-76.
Beaucamp, J. – Robin, Chr.J.
1981. « Le christianisme en Arabie d'après les sources épigraphiques et archéologiques », dans *Travaux et Mémoires du Collège de France,* Monographies 8, Paris, p. 45-61.
Beaucamp, J. – Briquel-Chatonnet, Fr. – Robin, Chr.J.
1999-2000. « La persécution des chrétiens de Nagrān et la chronologie Ḥimyarite », *ARAM* 11-12, p. 15-83.
Bauer, G.M.
1966. *Yiazyk yiujno-araviyskoy pismennosti*, Moskva.
Beeston, A.F.L.
1956. *Epigraphic South Arabian calendars and datings*, London ; 1972. « Sabaean Marginalia », *AION* 32/3, p. 394-400 ; 1974. « New Light on the Ḥimyaritic Calendar », *AS* 1, p. 1-6 ; 1980a. « The South Arabian Collection of the Wellcome Museum in London », *Rd* 3, p. 11-16 ; 1980b. « Studies in Sabaic Lexicography II », *Rd* 3, p. 17-26 ; 1981a. « Notes on Old South Arabian Lexicography XI I », *Mus* 94, p. 55-73 ; 1981b. « Miscellaneous Epigraphic Notes », *Rd* 4, p. 9-28 ; 1985. « Two Biʾr Ḥima inscriptions re-examined », *BSOAS* 48, p. 42-52.
Beeston, A.F.L. – al-Ghūl, M. ʿA. – Müller, W.W. – Ryckmans, J.
1982. *Dictionnaire Sabéen (anglais-français-arabe)*, Louvain-la-Neuve – Beirut.
de Blois, F.
1990. « The date of the "Martyrs of Nagran" », *AAE* 1, p. 110-128.
Bron, Fr.
1986. « Palmyréniens et Chaldéens en Arabie du Sud », *SEL* 3, p. 95-98.
Brown, W. L. – Beeston, A.F.L.
1954. « Sculptures and Inscriptions from Shabwa' », *JRAS*, p. 43-62 et pl. 18-22.
Degen, R.
1974a. « Die hebräische Inscrift DJE 23 aus dem Jemen », *NESE* 2, p. 111-116, fig. 31 et pl. 9 ; 1974b. « Noch einal die hebräische Inscrift DJE 23 », *NESE* 2, p. 166-167.

Devos, P.
1974. « Quelques aspects de la nouvelle lettre ... de Siméon Beth-Ars²am », dans *IV Congresso Internazionale di Studi Etiopici, Roma 10-15 aprile 1972, Accademia Nazionale dei Lincei*, Problemi attuali di Scienza e di Cultura. quaderno 191, Rome : t. 1 p. 107-116.
Fakhry, A.
1952. *An archaeological Journey to Yemen (March-May 1947)* 3, Cairo.
Finster, B.
1978. « Die Freitagsmoschee von Ṣanʿāʾ », *BiMus* 9, p. 92-133 et pl. 22-64.
Frantsouzoff, S.A
1996. « A gezerah-decree from ancient southern Arabia : new approach to the interpretation of MAFRAY-Ḥaṣī 1) », *Aram* 8, p. 209-306.
Jamme, A.W.F.
1955a. « Inscriptions des alentours de Mareb », *CdB* 5, p. 265-281 et pl. 1-2 ; 1955b. « Inscriptions sud-arabes de la collection Ettore Rossi », *RSO* 30, p. 103-130 ; 1955c. « South-Arabian Antiquities in the U.S.A. », *BiOr* 12/5-6, p. 152-154 ; 1955d. « South-Arabian Inscriptions », dans J.B. Pritchard (ed.), *Ancient Near Eastern Texts relating to the Old Testament*, Princeton, p. 506-513 ; 1961. *La dynastie de Šaraḥbiʾil Yakûf et la documentation épigraphique sud-arabe,* Publications de l'Institut historique et archéologique néerlandais de Stamboul 9, Istanbul ; 1966. *Sabaean and Ḥasaean Inscriptions from Saudi Arabia*, *SS* 23, Roma ; 1970. « Liḥyanite, Sabaean and Thamudic Inscriptions from western Saudi Arabia », *RSO* 45, p. 91-113 et pl. 1-9 ; 1971. *Miscellanées d'ancien arabe II*, Washington ; 1972. *Miscellanées d'ancien arabe* III, Washington ; 1976. *Carnegie Museum 1974-75 Yemen Expedition*, Special Publication 2, Pittsburgh ; 1979. *Miscellanées d'ancien arabe IX*, Washington ; 1988. *Miscellanées d'ancien arabe* XVI, Washington.
Gajda, I.
1997. *Ḥimyar gagné par le monothéisme (IVᵉ-VIᵉ siècle de l'ère chrétienne). Ambitions et ruine d'un royaume de l'Arabie méridionale antique*, Aix-en-Provence ; 1998. « A new inscription of an unknown Ḥimyarite king, Marṯadʾīlān Yunʿim », *PSAS* 28, p. 81-88 ; 2004. « Une nouvelle inscription juive de Ẓafār », dans A.V. Sedov (éd.), *Scripta Yemenica. Issledovanija po Južnoj Aravii. Sbornik naučnyh statej v čest' 60-letija M.B. Piotrovskogo,* Moskva, p. 197-202 ; 2005. « The earliest monotheistic south Arabian inscription », *ABADY* 10, p. 21-29.
Garbini, G.
1969. « Una nuova iscrizione di S²araḥbiʾil Yʿafur », *AION* 29/4, p. 559-566 et pl. 1-4 ; 1970a. « Antichità yemenite », *AION* 30/4, p. 537-548 et pl. 19-26 ; 1970b. « Una bilingue sabeo-ebraica da Ẓafar », *AION* 30/2, p. 153-165 et pl. 1-2 ; 1973a. « Frammenti epigrafici sabei II », *AION* 33/4, p. 587-593 et pl. 1-5 ; 1973b. « Nuove iscrizioni sabee », *AION* 33/1, p. 31-46 et pl. 1-4.
Grohmann, A.
1914. *Göttersymbole und Symboltiere auf Südarabischen Denkmälern*, Wien.
Gruntfest, Y.B.
1973. « Nadpis "dvadzati chetyrekh cheredov" iz Beyt Ḥaḍira », dans *Drevnyaya Araviya. IX godichnaya nauchnaya sessiya Leningradskogo Otdeleniya Instituta Vostokovedeniya AN SSSR*, Leningrad, p. 71-81.

Igonetti, G.
1973. « Un frammento di iscrizione etiopica da Ẓafar », *AION* 33, p. 77-80 et pl. 1.
al-Iryānī, M.
1988. « Naqš min Nāʿiṭ (Iryānī 71-E.71) », *Dirāsāt Yamanīya* 33, p. 21-46.
Hayajneh, H.
2002. « Erneute Behandlung einiger altsüdarabischen Inschriften », *AAE* 13/2, p. 193-222.
Lewcock, R.
1979. « La cathédrale de Sanaa », *DA* 33 (mars-avril), p. 80-83.
Lundin (Loundine), A.G.
1954. « Južnoarabskaja istoriceskaja nadpis' VI v. n. e. iz Mariba », *EV* 9, p. 3-23 ; 1960. « Južnoarabskaja stroitel'naja nadpis' nachala VI v. », *EV* 13, p. 78-94 ; 1963. « Novye južnoarabskie nadpisi muzeja v Ṣanʿa, I », *EV* 15, p. 36-50 ; 1999. « The Jewish communities in Yemen during the 4th-6th centuries (according to epigraphic material) », dans *JDS, Proceeding of the Second International Congress, Institute of Semitic Studies*, Princeton – Haifa, p. 17-25.
de Maigret, A.
2002. *Arabia Felix. An exploration of the Archaeological history of Yemen*, London.
Mordtmann, J.H. – Mittwoch, E.
1931. *Sabäische Inschriften. Rathjens-v. Wissmannsche Südarabischen-Reise* I, Hamburg.
Müller, W.W.
1972. « Zvei weitere Bruchstüke der äthiopischen Inschrift aus Marib», *NESE* 1, p. 59-74, fig. 23-25 et pl. 8-9 ; 1973. « Ergebnisse der Deutschen-Jemen Expedition 1970 », *AfO* 24, p. 150-161 ; 1974. « Eine sabäische Inschrift aus dem Jahre 566 der ḥimjarischen Ära », *NESE* 2, p. 139-144, fig. 37 et pl. 11 ; 1976. « Neuinterpretation altsüdarabischer Inschriften : RES 4698, CIH 45+44, Fa 74 », *AION* 36/1, p. 55-67 et pl. 1-4 ; 1978. « Abessinier und ihre Namen und Titel in vorislamischen südarabischer Texten », *NESE* 3, p. 159-168, fig. 28 et pl. 11 ; 1991. « CIH 325: die jüngste datierte sabäische Inschrift », dans *Études sud-arabes. Recueil offert à Jacques Ryckmans*, PIOL 39, Louvain-La-Neuve, p. 118-131 ; 1999. « Die Stele des ʾAbraha, des äthiopischen Königs im Jemen », dans W. Daum, W.W. Müller, N. Nebes, W. Raunig (éd.), *Im Land der Königin von Saba. Kunstschätze aus dem antiken Jemen 7, Juli 1999-9. Januar 2000, Staatlichen Museum für Völkerkunde München*, München, p. 268-270 ; 2009. « Eine sabäische Inschrift aus Ẓafār aus Jahre 542 der himjarischen Ära », dans W. Arnold, M. Jursa, W.W. Müller, St. Procházka (éd), *Philologisches und Historisches zwischen Anatolien und Sokotra. Analecta Semitica In memoriam Alexander Sima,* Wiesbaden, p. 247-255 ; 2010. *Sabäische Inschriften nach Ären datiert. Bibliographie, Texte und Glossar*, Veröffentlichungen der Orientalischen Kommission 53, Wiesbaden.
Nebes, N.
2004. « A new ʾAbraha inscription from the Great Dam of Mārib », *PSAS* 34, p. 221-230 ; 2005. « Sabäische Texte », dans Fr. Breyer, M. Lichtenstein (éd.). *Staatsverträge, Herrscherinschriften und andere Dokumente zur politischen Geschichte. Texte aus der Umwelt des Alten Testaments. Neue Folge* II, Gütersloh, p. 331-367.
Petraček, K.
1964. « Südarabische Inschriften aus Ṣanʿāʾ », *AO* 32, p. 358-364.

PHILBY, H.S.J.B. – TRITTON, A. S.
1944. « Najran Inscriptions », *JRAS*, p. 119-129.
PIOTROVSKIY, M.
1985. *Yiujnaya Aravia v rannee srednevekovie. Stanovlenie srednevekovogo obscestva*, Moskva.
PIRENNE, J.
1956. *Paléographie des inscriptions sud-arabes. Contribution à la chronologie et à l'histoire de l'Arabie du sud antique*, Verhandelingen van de Koninklijke Vlaamse Academie voor Wetenschappen, Letteren en Schone Kunsten van België. Klasse der letteren 26, Brussel ; 1990. *Les témoins écrit de la région de Shabwa et l'histoire*, dans J.-Fr. BRETON (éd.), *Fouilles de Shabwa* I, Institut français d'Archéologie du Proche-Orient. Bibliothèque archéologique et historique 134, Paris.
PRIOLETTA, A.
2012. « A new monotheistic inscription from the Military Museum of Ṣanʿāʾ », dans A.V. SEDOV (éd.), *New research in archaeology and epigraphy of South Arabia and its neighbors. Proceedings of the « Rencontres Sabéennes 15 » held in Moscow, May 25th –27th, 2011*, Moscow, p. 315-332.
RHODOKANAKIS, N.
1917. *Studien zur Lexikographie und Grammatik des Altsüdarabischen. II Heft*, *SBAW* 185/3, Wien.
ROBIN, Chr.J.
1977. *Le pays de Hamdān et Ḫawlān Quḍāʾa (Nord-Yémen) avant l'Islam*, Paris ; 1980. « Judaïsme et christianisme en Arabie du Sud d'après les sources épigraphiques et archéologiques », *PSAS* 10, p. 85-96 ; 1981a. « Le calendrier Ḥimyarite : nouvelles suggestions », *PSAS* 11, p. 43-53 ; 1981b. « Documents de l'Arabie antique », *Rd* 4, p. 43-65 ; 1982. *Les hautes-terres du Nord-Yémen avant l'Islam II*, Uitgaven van het Nederlands Historisch-Archaeologisch Instituut te Istanbul 50), Istanbul ; 1986. « Du nouveau sur les Yazʾanides. Appendice. Les inscriptions Mafray-Abu Ṯawr 1-3», *PSAS* 16, 181-197 ; 1987. « L'inscription Ir 40 de Bayt Ḍabʿân et la tribu Ḏmry. Appendice : Les inscriptions Gl 1192, Gl 1197 et Gr 27 », dans Chr.J. ROBIN, M.ʿA. BĀFAQĪH (éd.), *Ṣayhadica,* Arabie préislamique 1, Paris, p. 113-157 ; 1988. « Quelques observations sur la date de construction et la chronologie de la première digue de Maʾrib, d'après les inscriptions », *PSAS* 18, p. 95-114 ; 1991-1993a. « Du paganisme au monothéisme », dans Chr.J. ROBIN (éd.), *AA* (*REMMM* 61), Aix-en-Provence, p. 139-155 ; 1991-1993b. « L'épigraphie de l'Arabie avant l'islam, intérêt et limites », dans Chr.J. ROBIN (éd.), *AA* (*REMMM* 61), Aix-en-Provence, p. 13-24 ; 1991-1993c. « Cités, royaumes et empires de l'Arabie avant l'Islam », dans Chr.J. ROBIN (éd.), *AA* (*REMMM* 61), Aix-en-Provence, p. 45-54 ; 1991-1993d. « Quelques épisodes marquants de l'histoire sudarabique », dans Chr.J. ROBIN (éd.), *AA* (*REMMM* 61), Aix-en-Provence, p. 55–70 ; 1992. *Inabbaʾ, Haram, al-Kāfir, Kamna et al-Ḥarāshif, Inventaire des inscriptions sudarabiques* I : *Fasc. A : Les documents. Fasc. B: Les planches,* Roma – Paris ; 1996a. « Le royaume ḥujiride, dit «royaume de Kinda» entre Ḥimyar et Byzance », *CRAIBL, p.* 665-714 ; 1996b. *Sheba.* II : *Dans les inscriptions de l'Arabie du Sud*, dans J. BRIEND, É. COTHENET (éd.), *Supplément au Dictionnaire de la Bible* 70, Paris, col. 1043–1254 ; 1998. « Décompte du temps et souveraineté politique en Arabie méridionale », dans Fr. BRIQUEL-CHATONNET, H. LOZACHMEUR (éd.),

Proche Orient ancien. Tems vécu, temps pensé. Actes de la Table-Ronde du 15 novembre 1997 organisée par l'URA 1062 « Études sémitiques », Antiquités sémitiques 3, Paris, p. 121-151 ; 2002. « L'écriture arabe et l'Arabie », dans *Du signe à l'écriture, Dossier hors série Pour la Science* (octobre-janvier 2002), p. 62-69 ; 2003. « Le judaïsme de Ḥimyar », *Ar* 1, p. 97-172 ; 2004. « Ḥimyar et Israël», *CRAIBL*, p. 831-908 ; 2005. « Ḥimyar au IVe siècle de l'ère chrétienne. Analyse des données chronologiques et essai de mise en ordre », *ABADY* 10, p. 133-152 ; 2008. « Joseph, dernier roi de Ḥimyar (de 522 à 525, où une des années suivantes) », *JSAI* 34, p. 1-125.

Rodinson, M.

1967. « Éthiopien et sudarabique », *Annuaire EPHE (*1966-1967), p. 121-139 ; 1969. « Sur une nouvelle inscription du règne de Dhoû Nuwâs », *BiOr* 26, p. 26-34 ; 1970. « L'inscription RES 3904 », *Annuaire EPHE 1970-1971,* p. 161-183.

Ryckmans(1), G.

1932. « Inscriptions sud-arabes. Deuxième série », *Mus* 45, p. 285-313 ; 1937. « Inscriptions sud-arabes. Quatrième série », *Mus* 50, p. 245-249 ; 1939. « Inscriptions sud-arabes. Sixième série », *Mus* 52, p. 297-319 ; 1946a. « Une inscription chrétienne sabéenne aux Musées d'Antiquités d'Istanbul », *Mus* 59, p. 165-172 et pl. 2 ; 1946b. « Les inscriptions monothéistes sabéennes », dans E. Leonardy (éd.), *Miscellanea historica in honorem Albert de Meyer*, Université de Louvain. Recueil de travaux de l'Institut de philologie. 3ème sér. 22ème fasc., Louvain – Bruxelles, t. 1 p. 194-205 ; 1949. « Inscriptions sud-arabes. Huitième série », *Mus* 62, p. 55-124 et pl. 1-8 ; 1952. *Epigraphical texts*, dans A. Fakhry (éd.), *An archaeological Journey to Yemen (March-May 1947)* II, Cairo ; 1953. « Inscriptions sud-arabes, Dixième série », *Mus* 66, p. 267-317 et pl. 1-6 ; 1954. « Inscriptions sud-arabes. Onzième série », *Mus* 67, p. 99-119 et pl. 1-2 ; 1955. « Inscriptions sud-arabes, Douzième série », *Mus* 68, p. 297-312 et pl. 1 ; 1957. « Graffites sabéens relevés en Arabie saʿudite », *RSO* 32, p. 557-563.

Ryckmans(2), J.

1951. *L'institution monarchique en Arabie Méridionale avant l'Islam (Maʿîn et Saba)*, *BiMus* 28, Louvain ; 1956. *La persécution des chrétiens himyarites au sixième siècle*, Uitgaven van het Nederlands Historisch-Archaeologisch Instituut te Istanbul 1, Istanbul ; 1964a. « Le christianisme en Arabie du Sud préislamique », dans *Atti Convegno internazionale sul tema l'Oriente cristiano nella storia della Civiltà. Roma 31 marzo-3 aprile 1963; Firenze 4 aprile 1963*, Problemi attuali di scienza e di cultura. quaderno 62, Roma, p. 413-453 ; 1964b. « La chronologie des rois de Saba' et ḏū-Raydān », Publications de l'Institut historique et archéologique néerlandais de Stamboul 16, Istambul, p. 1-29 ; 1976. « L'inscription sabéenne chrétienne Istambul 7608bis », *JRAS*, p. 96-99 et pl. 1 ; 1991-1993. « Le rôle de la paléographie dans la datation des inscriptions », dans Chr.J. Robin (éd.), *AA* (*REMMM* 61), Aix-en-Provence, p. 25-35.

Sayed, A.M.

1988. « Emendations to the Bir Muraygham inscription Ry 506 and a new inscription from there », *PSAS* 18, p. 131-143.

Schaffer, B.

1972. *Sabäische Inschriften aus verschiedenen Fundorten*, *SEG* 7, *SÖAW* 282/1, Wien.

Schmidt, J.
1987. « Antiken aus dem Stadtgebiet von Mārib », *ABADY* 4, p. 131-142.
Shahid, I.
1971. *The Martyra of Najran, new documents*, *SH* 49, Bruxelles.
Van den Branden, A.
1967. « Graffites arabes préislamiques de Mr. N. McMahon Turner », *BiOr* 24, p. 273-279.
Sima, A.
2000. *Tiere, Pflanzen, Steine und Metalle in den altsüdarabischen Inschriften. Eine lexikalische und realienkundliche Untersuchung*, Akademie der Wissenschaften und der Literatur. Veröffentlichungen der Orientalischen Kommission 46, Wiesbaden ; 2002. « Epigraphische Notizen zu Abraha's Damminschrift (CIH 541) », *AAE* 13, p. 126-132.
Smith, S.
1954. « Events in Arabia in the 6th century A.D. », *BSOAS* 16, p. 425-468.
Solá Solé, J.M.
1959. « La inscripción Gl 389 y los comienzos del monoteísmo en Sudarabia », *Mus* 72, p. 197-206 ; 1960. *Las dos grandes inscripciones sudarábigas del dique de Mârib*, Barcelona – Tübingen.
Stark, F.
1939. « Some Pre-Islamic Inscriptions on the Frankincense Route in Southern Arabia », *JRAS, p.* 479-498.
Stein, P.
2003. *Untersuchungen zur Phonologie und Morphologie des Sabäischen*, Epigraphische Forschungen auf der Arabischen Halbinsel 3, Rahden.
Yule, P.
2007. *Ḥimyar : Spästantike im Jemen (Himyar, Late antique Yemen)*. Aichwald.
Winnett, F.V.
1941. « A monotheistic Ḥimyarite inscription », *BASOR* 83, p. 22-25.

Catalogues

Calvet, Y. – Robin, Chr. J.
1997. *Arabie heureuse. Arabie déserte. Les antiquités arabiques du Musée du Louvre*. Avec la collaboration de Fr. Briquel-Chatonnet et de M. Pic, Paris.
2000 = *Yemen. Nel paese della Regina di Saba. Catalogo della Mostra, Palazzo Ruspoli, Fondazione Memmo, Roma 6 Aprile - 30 Giugno 2000*, Milan.
Simpson, St.J.
2002. *Queen of Sheba. Treasures from the ancient Yemen. Catalogue of an exhibition held at the British Museum*, London.

Abbréviations

AA	*L'Arabie antique de Karibʾîl à Mahomet. Nouvelles données sur l'histoire des Arabes grâces aux inscriptions*, Aix-en-Provence (*REMMM* 61).
AAE	*Arabian Archaeology and Epigraphy, Sydney – Copenhagen.*
ABADY	*Archäologische Berichte aus dem Yemen*, Mainz am Rhein.
AfO	*Archiv für Orientforschung*, Graz.
AO	*Archiv Orientàlnì*, Praga.
AION	*Annali dell'Istituto Orientale di Napoli, Napoli.*
Ar	*Arabia. Revue de Sabéologie*, Paris.
ARAM	*The Mandaeans, Antioch & Edessa & Cultural Interchange in the Arabian Peninsula, Louvain.*
AS	*Journal of Arabian Studies: Arabia, the Gulf, and the Red Sea*, Exeter.
BASOR	*Bulletin of the American Schools of Oriental Research, Boston.*
BiMus	*Bibliothèque du Muséon, Louvain-la-Neuve.*
BiOr	*Bibliotheca Orientalis*, Leiden.
BSOAS	*Bulletin of the School of Oriental and African Studies, London.*
CdB	*Cahiers de Byrsa*, Paris.
CIH	*Corpus Inscriptionum Semiticarum ab Academia Inscriptionum et Litterarum Humaniorum conditum atque digestum Pars Quarta : Inscriptiones Ḥimyariticas et Sabaeas continens*, Paris, t. 1-3, 1899-1930.
CRAIBL	*Comptes Rendus de l'Académie des Inscriptions et Belles Lettres*, Paris.
DA	*Dossiers de l'archéologie*, Dijon.
EPHE	*École pratique des hautes études, Paris.*
EV	*Epigrafika Vostoka, Moskva.*
EVO	*Egitto e Vicino Oriente*, Pisa.
JAOS	*Journal of the American Oriental Society*, New York – New Haven.
JRAS	*Journal of the Royal Asiatic Society, London.*
JSAI	*Jerusalem Studies in Arabic and Islam*, Jerusalem.
JYS	*Judaeo-Yemenite Studies*, Princeton.
Mus	*Le Muséon, Louvain-la-Neuve.*
NESE	*Neue Ephemeris für semitische Epigraphik, Wiesbaden.*
Rd	*Raydān, Aden.*
REMMM	*Revue du Monde Musulman et de la Mediterranée*, Aix-en-Provence.
RÉS	*Répertoire d'épigraphie sémitique*, Paris.
RSO	*Rivista degli Studi Orientali, Roma.*
PSAS	*Proceedings of the Seminar for Arabian Studies, London.*
Ṣayhadica	*Ṣayhadica. Recherches sur les inscriptions de l'Arabie préislamique offertes par ses collègues au professeur A.F. L. Beeston*, Paris.

SBAW	*Sitzungsberichte der Österreichische Akademie der Wissenschaften. Philosophisch-historische Klasse, Wien.*
SEL	*Studi Epigrafici e Linguistici sul Vicino oriente antico, Roma.*
SEG	*Sammlung Eduard Glaser, Wien.*
SS	*Studi semitici*, Roma.
SH	*Subsidia Hagiographica*, Bruxelles.
Travaux et Mémoires	*Travaux et Mémoires du Centre de Recherche d'Histoire et Civilisation de Byzance, Collège de France*, Paris.
YNAA	*Yiazyki narodov Azii i Afriki*, Moskva.

MONOTHÉISME SYRO-ANATOLIEN ?

René Lebrun
(Université catholique de Louvain – Institut Catholique de Paris – Societas Anatolica)

Introduction

Avant d'examiner la documentation syro-anatolienne pré-chrétienne relative à la thématique de ce colloque, il paraît utile de réfléchir à une approche du phénomène monothéiste, lequel peut être différemment interprété. Il existe de fait :

1. Un monothéisme régional, plus exactement à dénommer hénothéisme, lequel a tendance à exister et se maintenir actif dans les sociétés nomades. Partant de l'être humain et de ses préoccupations quotidiennes, il constitue une projection sublimée vers un super chef tribal (le dieu) de ce que la tribu nomade attend, souhaite pour être heureuse. À côté de cette divinité tribale, il existe en d'autres lieux, au sein de diverses tribus nomades, d'autres divinités tout aussi respectables.
2. D'autre part, il existe depuis une époque assez reculée un monothéisme absolu ou plus ou moins « métaphysique ».

Il est sans doute utile d'approfondir quelque peu ces deux points.

Dans le monothéisme régional, le dieu est anthropomorphique, essentiellement « mâle », en fait une sorte de super-chef de clan. Ce dieu « clanique » fait l'objet d'un culte semblable à celui dévolu aux dieux du polythéisme urbain, ce qui implique notamment un grand et constant souci de le nourrir et de l'honorer dignement afin d'attirer ses faveurs. Ce type de monothéisme est déstabilisé du fait d'une éventuelle sédentarisation et ainsi du contact des migrants avec des cultes très anciens et élaborés propres aux cités au sein desquelles ils s'installent. De fait, la vie des cités s'avère de plus en plus complexe et, par conséquent, une divinité unique s'avère, pensait-on, incapable de répondre aux exigences vitales de la cité[1].

[1] Dès le IIe millénaire av. J.-C., nous observons ainsi dans le cadre de la civilisation hittite, notamment grâce aux listes des traités et aussi grâce aux descriptions des fêtes locales les catégories suivantes :

Le monothéisme « absolu » ou « quasi absolu » se développera sous l'action d'un ou de plusieurs sages, des sortes de pré-philosophes/prophètes. Ce mouvement de sagesse grandit en dehors de la religion officielle, en marge de l'influence des prêtres[2]. Ainsi, dans la cité, laquelle est non reliée à une religion théoriquement révélée, une réflexion libre concernant le concept divin connaît une possibilité de développement. Ce n'est sans doute pas le fruit du hasard si ce que nous appelons à la suite des Grecs « philosophia », est né ou s'est développé en Asie Mineure, elle-même héritière éventuelle de conceptions relatives au divin issues d'autres lieux, d'autres époques dans lesquels nous rangeons néanmoins le monde sumérien, hourrite, ou hittite, des foyers de science, de réflexions sur la condition humaine, le cosmos et les rapports hommes-dieu[3].

La situation anatolienne

Les recherches entreprises en Turquie depuis plus d'un siècle ont mis en évidence l'existence de lieux de regroupement, de sédentarisation dès une époque très reculée, à savoir les VIIe et VIe millénaires av. J.-C. : ainsi, les sites de Haçilar et surtout de Çatal Höyük en constituent une belle illustration[4]. Nous y découvrons une forme de civilisation développée comportant une organisation architecturale déjà remarquable allant de pair avec un réel savoir-faire artistique : les peintures murales, les poteries, sculptures, flèches, poignards et colliers en fournissent une illustration exhaustive. On se trouve en présence d'une civilisation déjà très élaborée, apparemment ni indo-européenne, ni sémitique ; nous la qualifierons de vétéro-anatolienne. Dans ce

A. Panthéon local : 1. Dieu de l'orage + déesse-mère et divinité enfant ; 2. divinité protectrice des forêts, animaux ; 3. éventuellement une divinité guerrière protectrice de la communauté ; 4. les antiques forces chthoniennes.

B. Panthéon étatique : 1. Dieu de l'orage + une divinité solaire (souvent la déesse Soleil d'Arinna) avec mention d'enfants divins ; 2. les divinités protectrices des forces vives de la nature : sources, forêts, animaux sauvages ; 3. les dieux guerriers ; 4. les forces primitives/chthoniennes : montagnes et rivières.

Des divinités étrangères viendront s'intégrer dans ce schéma basique (par exemple, la divinité lunaire, Šaoška forme hourrite d'Ištar de Ninive) tout comme joueront les syncrétismes (ainsi, la déesse Soleil d'Arinna assimilée officiellement à la hourrite Ḫebat).

[2] Cf. Doré 1993 ; Lebrun 1993, 123-138 ; Römer 2010.

[3] Il est clair que les plus anciennes traces d'une intellectualisation du monde se trouvent dans les civilisations sumérienne et hourrite. Pour le monde sumérien, à l'origine de tout se trouve le dieu AN, lequel aura, certes, une descendance. Cf. Dhorme 1949, 22-26.

[4] Çatal Höyük constitue le plus grand site néolithique d'Asie Mineure : env. 6500 – 5650 av. J.-C. Cf. Mellaart 1967 ; Mellaart 1969, 77-118.

monde, la réflexion part du réel « hic et nunc », des réalités sociales et vitales : ainsi, mâles et femelles sont indispensables tant dans le domaine humain qu'animal ; la femme (la femelle) est dès lors perçue comme essentielle et l'on comprend aisément l'importance de la déesse-mère, toujours représentée de façon anthropomorphique, tandis que son probable associé, à savoir le dieu de l'orage pourvoyeur de la pluie bienfaisante était, quant à lui, représenté sous la forme d'un taureau (statues, rhytons, peintures). Tout naturellement, au couple primitif déesse-mère et dieu de l'orage seront associés un ou plusieurs enfants, c'est-à-dire le reflet de la structure familiale dans sa perspective de continuité. Il semble néanmoins que la place d'honneur, en plusieurs lieux en tous cas, était réservée à la Déesse-mère identifiée à la Terre-Mère ou à son émanation indispensable qu'était la source fécondante. Plus tard, au IIe millénaire, dans le cadre de la civilisation hittite, plusieurs panthéons locaux maintiendront à leur tête une déesse-mère, qualifiée de déesse-reine (DINGIR. MUNUS.LUGAL) : nous pouvons ainsi mentionner Abara, déesse reine hourrite de Samuḫa, Ḫantidassu, déesse hittite de Ḫurma, Kataḫḫa (= reine en langue hattie) déesse reine hattie d'Ankuwa, Kataḫḫa, déesse reine de Katapa, Ḫallara, déesse reine de Tunna (act. Porsuk), Ḫannaḫanna, déesse reine de Ḫubesna = cl. Kybistra. D'autre part, au royaume syrien de Kargémiš, lequel deviendra royaume vassal de l'État hittite avec à sa tête un fils de Suppiluliuma Ier promu vice-roi de l'imperium Hethaeorum[5], le panthéon de la ville est clairement dominé par Kubaba, grande déesse-mère, dont le culte se répandra progressivement en Anatolie orientale puis occidentale sous le nom de Cybèle[6].

Si nous considérons la situation du Hatti central à l'époque pré-hittite (pré-indo-européenne) dont nous décelons les traces dans le fameux mythe de Télibinu[7], nous observons l'émergence d'une triade dominée par le dieu de l'orage, la déesse-mère et leur fils, Télibinu, le dieu agraire par excellence. Dans le cadre de l'empire hittite au sommet de sa puissance, soit au XIIIe siècle, nous observons que le panthéon officiel – hourritisé et tel que notamment révélé ostensiblement par les reliefs du sanctuaire rupestre de Yazĭlĭkaya presque contigu au palais royal – est dominé par le dieu de l'orage (Tešub), la

[5] Il s'agit de Piyassili lequel régnera à Kargémiš sous le nom hourrite de Šarri-Kušuḫ « Kušuḫ (nom du dieu Lune hourrite) est roi ».

[6] Le panthéon de Kargémiš est dominé par le dieu de l'orage (Tarḫunt), Koubaba et Nikaruḫa. Le culte de Koubaba va gagner de proche en proche l'Anatolie et finir par rayonner en Anatolie occidentale sous le nom de Cybèle. Cf. Laroche 1960, 113-128 ; Hawkins 1981, 147-175.

[7] Cf. la bonne introduction et la traduction partielle dans Vieyra 1971, 529-537.

grande déesse Soleil d'Arinna assimilée à la déesse hourrite Ḫébat, et le dieu fils Sarrumma, d'origine cilicienne (louvite)[8].

Ces observations tendent à montrer :

- d'une part la constance d'un culte dominant de la déesse-mère lequel peut comporter quelques variantes ;
- l'enracinement profond d'une triade calquée sur le modèle familial, dont on retrouvera des reliquats dans la triade chrétienne : Dieu le Père, Dieu le Fils et Marie, bien que ces réalités divines soient subtilement nuancées.

Même s'il y a une conscience d'une réalité cosmique unie dénommée « Ciel-Terre » (cf. hourrite *eše-ḫaburni*, hittite *nepis-taganzipa-*), les divinités célestes supplantent progressivement les dieux infernaux dont la figure de proue est évidemment la Terre-Mère. Néanmoins, on ne sort pas d'un certain polythéisme (parfois réduit au minimum) calqué sur le modèle familial. Parallèlement, il convient d'observer que l'être divin est de plus en plus perçu comme une énergie, un vivant invisible, imperceptible par nos sens sauf dans quelques cas tels que la foudre/l'éclair, le comportement curieux/inhabituel d'un animal. À des dates méthodiquement choisies telles que les changements saisonniers ou la commémoration d'un événement extraordinaire (= les fêtes), cette énergie peut rejoindre un réceptacle terrestre : l'idole thériomorphe (taureau, cerf, félin[9] ou anthropomorphique ou encore l'animal lui-même). Dans cette optique, on comprendra l'importance de la canonicité des idoles.

Après 1050 av. J.-C., nous avons une lacune dans la documentation surtout pour les débuts du Ier millénaire. Y eut-il dans le monde syro-anatolien des influences de sages égyptiens, de prophètes hébreux ? Nous sommes dans un état d'aporie documentaire si bien qu'à ce jour il nous faut admettre que nous ne disposons d'aucune trace de vrai monothéisme aux environs des VIIe/VIe siècles av. J.-C. Néanmoins, au VIe siècle av. J.-C., la place primordiale de la déesse Terre, mère de toute chose, est encore reconnue dans l'Hymne homérique 30 (rédigée en grec ionien) : « *Je vais chanter la Terre, la Mère de tout* »[10].

D'autre part, comme il n'existe pas de traces de religion révélée, en fonction de circonstances défavorables il est possible qu'un réel scepticisme à l'égard des dieux poliades se soit développé librement parallèlement à la reli-

8 À l'origine, probablement un dieu montagne cilicien portant ce nom.

9 Rappelons que le taureau est l'animal sacré du dieu de l'orage, que le cerf/la biche est celui des divinités protectrices des forces vives de la nature et le félin semble lié aux divinités guerrières.

10 Γαῖαν παμμήτειραν ἀείσομαι ἠυθέμεθλον.

gion officielle. Le rôle des sages s'accroît et la littérature de sagesse proche-orientale en constitue un excellent témoin. Face à des problèmes de plus en plus complexes, la solution, selon les sages, doit partir de l'homme et non immédiatement de l'appel au secours auprès des dieux. Plusieurs villes syro- anatoliennes, certes ouvertes à l'étranger et ainsi à diverses influences, deviennent des lieux où la recherche, l'observation des faits sans a priori, bref la libre réflexion se dynamisent ; nous pouvons ainsi citer Éphèse, Milet, Lesbos, Tarse, Samos, Rhodes, Alep, Côs, bref toutes villes ou îles déjà très importantes dans la seconde moitié du IIe millénaire[11].

C'est au Ve siècle av. J.-C. ou même un peu avant que nous percevons un tournant à localiser surtout en Anatolie occidentale. Une première figure marquante se détache : l'ionien Xénophane de Colophon (570-475 av. J.-C.), à la fois poète et philosophe, opposé à Homère tout comme à Hésiode pour leur présentation erronée du monde divin. On retiendra de lui notamment les phrases[12] :

- dieu est un (εἷς), le plus grand parmi les dieux et les hommes (fr.23) ;
- le dieu n'est semblable aux mortels ni d'aspect, ni d'esprit (fr.23) ;
- (le dieu) voit tout, entend tout (fr.24) ;
- confondu avec toutes les choses, il est sphérique, impassible, immuable et rationnel (témoignage de Timon cité par Sextus Empericus, Hyp. Pyrrh.I, 225).

Une conception épurée, non anthropomorphique de la divinité se dégage à la suite d'une réflexion sur la nature et l'homme.

On retiendra ensuite la figure d'Héraclite d'Éphèse, ville majeure de l'Anatolie occidentale, antique capitale du royaume louvite d'Arzawa, sanctuaire de la déesse Artémis, et grand foyer des débuts du christianisme. Ce philosophe présocratique, de tendance aristocratique vécut entre env. 550 et 480 av. J.-C. Le début de son œuvre conservé par Sextus Empericus est éclairant ! L'univers est réglé par le Logos : *« Ce Logos, qui est toujours, les hommes sont incapables de le comprendre, aussi bien avant de l'entendre qu'après l'avoir entendu la première fois »* (Sextus Empericus, Contre les mathématiciens, VII 132 ; 22 B 1 DK). L'influence d'Héraclite fut considérable dans l'Antiquité, mais aussi auprès des philosophes modernes : Hégel se réclamait de lui pour sa logique et Heidegger en faisait un grand penseur de la vérité, c'est-à-dire de la manifestation de l'être.

[11] Au IIe millénaire av. J.-C., les dénominations bien établies sont : *Apasa* = Éphèse (capitale du grand royaume de culture louvite d'Arzawa), *Milawanda* = Milet, *Lazba* = Lesbos, *Tarsa* = Tarse, *Halpa* = Alep, **Kuwa* = Côs.

[12] Pour l'édition des fragments de Xénophane de Colophon, cf. HEITSCH 1983.

Cadrant davantage avec le Ve siècle av. J.-C. et le début du IVe siècle, il convient de signaler le rôle d'Hippocrate de Côs (460-375 av. J.-C.), le « père » d'une médecine rationnelle, basée sur l'observation et opposée à une médecine religieuse, ayant recours aux remèdes magiques, identifiant souvent la maladie à une punition, justifiée ou non, décidée par une divinité. La laïcisation de la médecine constitua une étape importante, certes, mais n'impliquait pas la négation d'un dieu ou des dieux. Ainsi, la médecine d'Hippocrate n'est pas athée, mais elle place le polythéisme en situation d'échec.

Même si nous nous écartons de l'Anatolie, il nous semble utile de signaler l'émergence du scepticisme concrétisée par Protagoras d'Abdère (Thrace), lequel dut enseigner à Athènes vers 444 av. J.-C. et fut l'auteur d'un « Περὶ θεῶν ». Au cœur de l'Athènes classique il clamait son doute quant à l'existence des dieux, ce qui n'implique pas pour autant une position athée, mais simplement le refus du polythéisme. Il en allait autrement pour son jeune contemporain, Diagoras de Mélos, lequel se proclamait ouvertement ἄθεος.

Conclusion

Revenant plus directement au monde anatolien, nous conclurons cette contribution en soulignant le rôle très important du stoïcisme dans le développement de la croyance en un dieu unique, lequel s'avère être aussi une providence. Bien que cette école fût fondée à Athènes (le Portique = stoa) par Zénon et que les grands maîtres du stoïcisme y dispensassent leur enseignement dans cette ville, il n'en reste pas moins vrai que les maîtres du stoïcisme ancien et moyen naquirent dans le monde syro-anatolien : Zénon, le fondateur, naquit à Citium/ Kition dans l'île de Chypre, Cléanthe naquit à Assos, sud de la Troade, Chrysippe à Soloi en Cilicie, et à leur suite nous devons citer Zénon de Tarse, Diogène de Séleucie, Antipater de Tarse, Panétius de Rhodes ou encore Posidonius d'Apamée. C'est dans son hymne à Zeus que Cléanthe clame sa foi en un être divin suprême aux noms multiples dont celui de Zeus, lequel est Principe et Maître de la Nature, qui gouverne tout selon la raison universelle[13].

[13] Cf. *l'Hymne de Cléanthe à Zeus* rapporté par Stobée Ecl. I 1, 12 p. 25, 3 et publié par von Arnim, *Stoicorun veterum fragmenta* , I 537.

Références

DHORME, E.
1949. *Les Religions de Babylonie et d'Assyrie*, Mana, Les anciennes religions orientales 2, Paris.
DORÉ, J. – LEBRUN, R.
1993. *Sagesses de l'Orient ancien et chrétien*, Sciences théologiques et religieuses 2, Paris.
HAWKINS, J.D.
1981. « Kubaba at Karkamis and Elsewhere », *Anatolian Studies* 31, p. 147-175.
HEITSCH, E.
1983. *Xenophanes – Die Fragmente*, Munich – Zurich.
LAROCHE, E.
1960. « Koubaba, déesse anatolienne, et le problème des origines de Cybèle », dans *Eléments orientaux dans la religion grecque ancienne*, Strasbourg – Paris, p. 113-128.
LEBRUN, R.
1980. *Hymnes et prières hittites*, Homo Religiosus I 4, Louvain-la-Neuve ; 1993. « Les formes de la sagesse syro-anatolienne au second millénaire avant Jésus-Christ », dans DORÉ – LEBRUN 1993, p. 123-138.
LECLANT, J.
2005. *Dictionnaire de l'Antiquité*, Paris.
MELLAART, J.
1967. *Çatal Hüyük, A Neolithic Town in Anatolia*, Londres ; 1969. *Villes primitives d'Asie Mineure*, Bruxelles.
RÖMER, Th.
2010. *Enquête sur le dieu unique*, Le Monde de la Bible, Paris.
VIEYRA, M.
1971. « Les textes hittites », dans *Les religions du Proche-Orient*, Paris, p. 461-566.

« NE FAIS PAS CONFIANCE À UN AUTRE DIEU » UN DIEU OU PLUSIEURS DIEUX EN MÉSOPOTAMIE ?

Jan TAVERNIER[1]
(Université catholique de Louvain – Louvain-la-Neuve)

1. INTRODUCTION : UNE RELIGION POLYTHÉISTE

La religion mésopotamienne, c'est-à-dire les religions babylonienne et assyrienne[2], a généralement été conçue comme une religion polythéiste, vénérant une multitude de divinités. C'est d'ailleurs le cas pour toutes les religions du Proche-Orient ancien (Égypte, Anatolie[3], Elam, etc.), la seule religion monothéiste à l'époque étant la religion de l'Israël ancien. Il faut cependant noter que même cette religion était à l'origine une religion polythéiste, dans laquelle il n'y avait pas que Jahvé qui jouait son rôle, et qu'elle ne devint monothéiste qu'après la Captivité babylonienne[4]. Il y avait aussi Ašera, son épouse, et la Bible fait également mention des « fils de dieu » (Genèse 6 ; Job 1 ; Psaume 29).

Un coup d'œil sur les sources textuelles mésopotamiennes nous montre que la religion mésopotamienne est essentiellement polythéiste. Dans les grandes listes de dieux (par exemple An = Anum), de nombreuses divinités (jusqu'à 2500) sont mentionnées. En 1914, DEIMEL comptait 3300 noms

1 Cette recherche a été financée par la Politique scientifique fédérale belge au titre du Programme Pôles d'attraction interuniversitaires (PAI 7/14 : « Greater Mesopotamia/ Reconstruction of its Environment and History »).

2 Certains auteurs préfèrent distinguer les deux religions, tandis que d'autres auteurs plaident pour une vraie religion mésopotamienne. Cf. HARTMANN 1980, 50 n.1.

3 Les Hittites, qui pratiquaient « eine extreme Form des Polytheismus » (AKURGAL 1961, 49) ou un polythéisme « in the fullest possible sense » (BRYCE 2002, 135), appelaient même leur pays « le pays des mille dieux » (KARASU 2003, 232-234 ; VAN GESSEL 1998-2001, 978-979 ; BECKMAN 2006-08, 334).

4 Cf. KEEL – UEHLINGER 1992 ; LORETZ 1992 ; DIETRICH – KLOPPENSTEIN 1994 ; SOMMER 2009, 145 ; FINKELSTEIN – SILBERMAN 2001, 241-242 ; NOCQUET 2010.

divins et, en 1938, TALLQVIST en retenait 2400. Même si on peut accepter que certains noms fussent des épithètes de telle ou telle divinité et que le nombre des dieux diminuait graduellement par absorption/syncrétisme, le ciel mésopotamien reste peuplé par un grand nombre de divinités (DE LIAGRE BÖHL 1956, 68). En fait, les inscriptions royales mésopotamiennes et les textes rituels sont une belle illustration de ce polythéisme (PORTER 2000, 224-228 pour la période néo-assyrienne).

En tout cas, il est certain que le nombre de divinités a diminué au cours de l'histoire mésopotamienne (WALLIS BUDGE 1908, 10-14 ; LAMBERT 1957-71, 545-546 ; VAN DIJK 1957-71, 539-540). La diminution du nombre des dieux ne s'est pas faite par l'élimination des cultes, mais par l'usage du syncrétisme et de l'identification. En Mésopotamie, ce syncrétisme et cette identification se manifestaient sur deux niveaux : théologique et politique. Sur le plan théologique, les habitants d'une ville mésopotamienne commençaient à identifier des dieux d'autres villes qui avaient un profil similaire à leur propre divinité (un peu comme les Grecs, qui avaient tendance à syncrétiser des divinités non grecques aux divinités grecques les plus proches). Ainsi Utu de Larsa fut identifié au dieu Šamaš de Sippar. De la même façon, Ningirsu de Lagash, Ninurta de Nippur et Zababa de Kish furent syncrétisés, et on peut encore citer le syncrétisme entre Asalluhi, fils d'Enki, et Marduk[5], ou celui entre Nanna et Sîn, les dieux lunaires. Sur le plan politique, l'identification se manifestait avec la conquête d'une ville plus petite par son voisin plus puissant. Dans ce cas, la divinité principale de cette plus petite ville fut simplement absorbée par la divinité protectrice de la plus grande ville. Un exemple est le syncrétisme entre Marduk de Babylone et Tutu de Borsippa (LAMBERT 1990, 120-121). Cela implique aussi qu'un seul dieu pouvait avoir plusieurs noms. Dans l'*Enuma elish*, Marduk en compte 50 (VI 121 – VII ; cf. SERI 2006).

2. TENDANCES MONOTHÉISTES OU UN VRAI MONOTHÉISME ?

2.1. Tendances monothéistes

Néanmoins, plusieurs savants ont argumenté qu'il y avait au moins des tendances monothéistes dans la religion mésopotamienne. Déjà en 1896, PINCHES (1896, 8) le formulait de la façon suivante : « *The fact is, all these*

[5] Selon SOMMERFELD (1987-90, 362 ; aussi ABUSCH 1999, 543-544), ce syncrétisme, attesté déjà au début de la période paléo-babylonienne (c'est-à-dire avant l'empire paléo-babylonien), avait pour but une liaison forte entre Marduk et Enki (et sa ville Eridu), car Asalluhi était le fils d'Enki.

gods were really one ». Dans son étude, Pinches voulait démontrer que la religion mésopotamienne connaissait une tendance monothéiste, avec Marduk comme dieu supérieur en Babylonie et Aššur ayant une position semblable en Assyrie[6]. Selon Pinches, cette tendance ne signifie pas que la religion mésopotamienne fut plus monothéiste que polythéiste. Elle implique simplement que les dieux pouvaient devenir des attributs l'un de l'autre. L'argument principal de Pinches est le texte 81-11-3, 111 (CT 24 50 ; cf. *infra*).

Il faut ici souligner que c'est le système d'absorption qui est toujours utilisé pour démontrer des tendances monothéistes (Wallis Budge 1908, 14) : les autres dieux sont absorbés par un dieu, ils deviennent des simples attributs, des hypostases de ce dieu supérieur (Hartmann 1980, 61 et 65).

Cette théorie, c'est-à-dire celle des tendances monothéistes, selon laquelle un dieu (par exemple Marduk ou Aššur) absorbait tous les autres dieux (autrement dit : tous les dieux sont des attributs d'un dieu supérieur), a été reprise par plusieurs auteurs qui lui ont donné différents noms : « polythéisme monarchique » (Jeremias 1904, 28 ; Nikiprowetzky 1975, 73), « tendances monothéistes » (Jeremias 1904, 225 et 47-48 ; Jastrow 1912, 105-106 et 132[7] ; Hehn 1913, 96-99 ; Hartmann 1965-66, 328), « hénothéisme » (Baentsch 1906, 17 et 42 ; Baumann 2006, 18), « traces de monothéisme » (Wallis Budge 1908, 10), « monotheiotétisme » (Landsberger 1926 ; von Soden 1985), « monothéisme panthéistique » (Meek 1950, 196), « monolâtrie » (Schmökel 1961, 274 ; Baumann 2006, 18), « tendances monothéisantes » (Schmökel 1961, 296-297), « hénothéisme temporaire » (Van Selms 1973, 343[8] ; Sperling 1987, 24), « polythéisme sophistiqué » (Lambert 1975, 191), « hénolâtrie » (Hartmann 1980, 79), « monothéisme naissant » (Saggs 1984, 204), « monothéisme prag(ma)tique » (Machinist 1991, 199), « tendances hénothéistes » (Bottéro 1998, 122), « concepts monistiques » (Krebernik 2002, 42),

6 En 1897, Hommel (1897, 145) parle d'un monothéisme assyrien avec des origines arabes. Ailleurs (Hommel 1897, 309-310), il confirme le caractère polythéiste de la religion babylonienne. De son côté, Delitzsch (1902, 46-47) estimait que le monothéisme fut importée en Babylonie dans la période paléo-babylonienne par des tribus cananéennes et que plus tard le polythéisme babylonien redevint la religion dominante dans la région. Selon Langdon (1931, 89 et 91), la religion sumérienne fut monothéiste, ayant seulement An comme divinité. Cette idée est démentie par Meek (1950, 190-194) et Van Dijk (1957-71, 539-540).

7 Dans le premier volume de sa grande étude sur la religion babylonienne et assyrienne (Jastrow 1905, 15), cet auteur avait encore une attitude très négative vis-à-vis des tendances monothéistes dans la religion mésopotamienne.

8 Par ce terme, Van Selms veut indiquer un hénothéisme, imposé dans un temps de crise et seulement valable pour la durée de cette crise.

« monothéisme insulaire » (Baumann 2006, 16 et 18) et « monolâtrie situative » (Baumann 2006, 17).

Le célèbre assyriologue Wolfram von Soden s'est aussi exprimé à ce sujet dans diverses publications. En 1936 (von Soden 1936, 449 ; aussi Falkenstein – von Soden 1953, 51), il reprenait l'idée de Baentsch (1906, 17) en estimant que le monothéisme aurait été la dernière phase logique de l'évolution religieuse en Mésopotamie, mais que les théologiens mésopotamiens n'ont jamais pu atteindre ce niveau (aussi Meek 1950, 197 ; Lambert 1975 ; Lambert 1990 ; Nikiprowetzky 1975, 76 ; Bottéro 1998, 96 et 126). En 1985 (von Soden 1985), il adopta et adapta la théorie de Landsberger (1926, 369). Celui-ci avait introduit la notion « Monotheiotetismus », pour indiquer que, pendant la période sumérienne déjà, la distinction entre les dieux était relativement vague : la somme des influences de la divinité sur le monde est désignée par *nam*, une notion qui pourrait être attribuée à chaque dieu (plutôt un être divin qu'un dieu). Plus concrètement, selon von Soden (1985, 12-13), les Mésopotamiens se concentraient sur une déesse-mère et un dieu-père, parce que le syncrétisme fonctionnait selon les genres.

Plus récemment, en 1975 et 1990, l'assyriologue anglais Lambert[9] écrivait que la religion babylonienne n'était pas un système purement polythéiste (« sophisticated polytheism »), avec Marduk comme dieu des dieux. Selon lui, Marduk absorbait tous les dieux, qui devenaient ainsi des aspects de Marduk. Zarpanitu, son épouse, les autres déesses et les démons restaient néanmoins autonomes[10]. Cela semble affaiblir un système monothéiste, mais Lambert remarque justement que les chrétiens n'hésitent pas non plus à incorporer des démons et des anges dans leur religion monothéiste. Comme déjà dit, Lambert croit que les Babyloniens ont essayé de créer un monothéisme réel et que les tendances monothéistes reflétées dans plusieurs textes n'ont pas retenu l'attention qu'elles méritaient.

2.2. Une religion essentiellement monothéiste

Encore plus récemment, l'Assyriologue finnois Simo Parpola (1993 ; 1997, xv-xliv ; 2000) a poursuivi et élargi cette théorie en ce qui concerne les Assyriens. Selon lui, la religion assyrienne est essentiellement monothéiste et ce monothéisme ne se situait pas seulement dans les niveaux spécialisés de la population, comme cela avait été avancé par d'autres auteurs (Delitzsch

[9] Déjà prudemment dans son article sur « Gott » dans le *Reallexikon der Assyriologie* (1957-71, 546).

[10] Si toutefois Zarpanitu n'avait pas absorbé toutes les autres déesses (Lambert 1990, 121).

1902, 49 ; JASTROW 1905, 260 et 422 et 1912, 132-133 ; LAMBERT 1975, 198-199 ; BOTTÉRO 1998, 124 et 126). Au contraire, il pense que le monothéisme fut largement propagé dans toutes les couches de la société assyrienne (élites et peuple) par les festivals religieux, l'iconographie, la mythologie et les cérémonies de la cour, et cela comme le fondement de l'idéologie impériale (PARPOLA 2000, 166-167 et 206-207)[11].

Le concept principal de la religion assyrienne est « Dieu = tous les dieux », ce qui implique une distinction entre un dieu universel, immanent et transcendent d'un côté et, d'un autre côté, ses « powers, aspects, qualities, or attributes » (PARPOLA 1997, xxi ; PARPOLA 2000, 166), c.à.d. les autres dieux. Cela signifie que, sur un niveau superficiel, la religion assyrienne était encore polythéiste, mais sur un niveau plus profond, la même religion était monothéiste, avec Aššur comme Dieu unique. Cela explique, selon PARPOLA, pourquoi Aššur est parfois appelé « (Le) Dieu » dans des textes cultuels assyriens (ex. KAR 215 rev. ii 9 ; PARPOLA 1993, 185 n. 94) et pourquoi il n'est jamais mentionné en tant que membre du conseil divin, la réflexion céleste du conseil royal. Ce conseil était composé des grandes divinités (UKKIN DINGIR^{meš} GAL^{meš} = *puḫur ilī rabûti* [ex. SAA 3 13:1]), mais Aššur ne figure jamais parmi eux, simplement parce qu'il est la « totalité des dieux ».

Bien qu'il soit conscient des attestations d'autres dieux dans les textes assyriens, PARPOLA (2000, 179-200) croît que ces dieux n'étaient pas des dieux autonomes. Les neufs « grands dieux » (Anu, Ea, Sîn, Šamaš, Marduk, Ištar, Ninurta/Nabû, Adad et Nergal), à première vue gardant leurs propres particularités, sont en réalité, quand ils sont pris ensemble, un groupe homogène et bien organisé. Les différentes formes de ce groupe sont : les dieux comme des fonctionnaires (leurs fonctions étant étroitement liées et même se chevauchant[12]), les dieux comme une assemblée (reflétant le conseil royal[13]), les dieux comme une famille, les dieux comme des chiffres, les dieux comme un corps[14], les dieux comme un arbre, les dieux comme des vêtements d'Ištar, les dieux comme des couleurs, les dieux comme un arc-en-ciel.

[11] Cf. déjà JEREMIAS (1904, 25), qui explique qu'il y avait aussi dans la religion populaire une tendance monothéiste.

[12] Un exemple donné par PARPOLA est le groupe de Sîn, Šamaš et Adad, qui sont tous les trois des juges, bien reconnaissant qu'ils représentent chacun des aspects différents de la juridiction.

[13] Selon PARPOLA (1995, 381-383), les huit hauts fonctionnaires de l'empire assyrien étaient en accord avec huit « grands dieux » (Anu n'étant pas inclus) et par conséquent leur conseil royal était en accord avec l'assemblée des grands deux.

[14] Anu serait la couronne ; Ea et Sîn seraient les oreilles ; Ištar serait le cœur ; Marduk et Šamaš seraient les bras ; Ninurta/Nabû seraient les pieds ; Nergal serait le pénis.

Le roi assyrien possède une place très importante dans le système reconstruit par PARPOLA (1993, 167-168 ; 1997, xxxvi-xliv ; 2000, 190-193 ; GRUENWALD 1995, 122-123 ; ATAÇ 2010, 169), faisant partie d'une triade assyrienne (Aššur, Ištar/Mullissu[15] et le roi). Comme le roi fut identifié à l'arbre sacré, il devint automatiquement l'incarnation terrestre du dieu tout-puissant Aššur[16] ou, autrement dit « Il est l'image du Dieu invisible, le premier-né de toute création ; car c'est en lui que tout a été créé dans les cieux et sur la terre » (Col. 1:15-17). Notons que FRAHM (2000-01, 42-43) appelle cette derrière idée le résultat d'une « parallellomanie » de PARPOLA. Selon FRAHM, les parallèles entre Jésus Christ et le roi néo-assyrien ne se trouvent nulle part dans les sources historiques.

Iconographiquement, la dimension divine-cosmique du roi est reflétée dans son vêtement cérémoniel, « clouté partout avec des étoiles d'or et brodé avec des représentations de l'arbre sacré » (PARPOLA 2000, 191).

En outre, selon PARPOLA, le roi n'était pas un simple être humain. Bien qu'il ait une mère humaine, il avait aussi une mère divine, c'est-à-dire Ištar/Mullissu et donc il était partiellement humain et partiellement divin, comme Gilgameš, fils de Lugalbanda et de Ninsun et le prototype du roi parfait[17]. L'idée de la mère divine et de l'élévation divine est parfois attestée dans les prophéties néo-assyriennes, où il est quelques fois appelé « mon roi » (SAA 9 1.3:11, 1.6:30, etc.) ou « mon veau » (1.9:29, 2.6:20, 7 rev. 11) par la déesse. Les citations les plus explicites sont[18] :

(1) *« Je suis ton père et ta mère. Je t'ai élevé entre mes ailes »* (SAA 9 2.5: 26'-27') ;

(2) *« Je suis ta sage-femme magnifique, je suis ta nourrice excellente »* (SAA 9 1.6:16'-18') ;

15 Mullissu est un aspect d'Ištar (KREBERNIK 1998-2001, 456). En Assyrie, elle représentait surtout Ištar comme reine des cieux (PARPOLA 2000, 194-195). Elle fut l'épouse d'Aššur (KREBERNIK 1998-2001, 458) et sa sainteté et luminosité sont très présentes dans les textes assyriens : « She is glorious, most glorious, the purest of the goddesses! ...Like Aššur, she wears a beard and is clothed with brilliance. The crown on her head gleams like the stars; the sun disks on her breasts shine like the sun » (SAA 3 7:2-8).

16 L'idée du roi comme représentant du Dieu sur terre est iconographiquement illustré par la scène de l'arbre sacré, le roi et les genii (PORTER 1993, 338-339). Voir aussi PARPOLA (1995, 385).

17 Dans l'Epopée de Gilgameš (I 46), le roi urukéen est appelé « En lui, deux tiers sont divins, un tiers est humain ».

18 Mention doit être faite de l'opinion divergente d'ATAÇ (2010, 169-170). Selon lui, ces descriptions du roi sont plutôt une référence à l'élite culturelle et scribale de l'empire, bien que le roi soit aussi loué dans ces textes. Pour plus de citations textuelles, voir PARPOLA (1997, C n. 183).

(3) *« (Mullissu), la Dame de Ninive, la mère qui m'a enfanté »* (SAA 3 3 rev. 14) ;
(4) *« Je n'ai pas connu père ni mère. J'ai grandi dans le giron de mes déesses »* (SAA 3 3:13).

Il faut en tout cas noter que l'imagerie des termes « vache et veau » (« cow and calf » ; PARPOLA 2000, 193 ; motif représentant une vache qui lèche son veau tétant) est extrêmement répandue chronologiquement ainsi que géographiquement dans le Proche-Orient ancien. Au niveau chronologique, elle apparaît déjà dans la culture mésopotamienne depuis le milieu du IIIe millénaire av. J.-C. (COOPER 2000, 440). Au niveau géographique, elle n'est pas limitée à l'Assyrie, mais était répandue dans tout le Proche-Orient ancien[19] et elle apparaît aussi dans les prophéties bibliques (KEEL 1980, 46-141 ; NISSINEN 1991, 268-298 ; NISSINEN 1993, 242-247 ; PARPOLA 1997, xxxvii et *ic* n. 164) et dans le christianisme, en deux variations : brebis et agneau ainsi que mère et enfant.

Dans l'opinion de NISSINEN (1991, 287-288), cette imagerie avait surtout une fonction pratique plutôt qu'ontologique, c.à.d. elle ne servait que pour la légitimation du roi. PARPOLA (1997, xxxix-xlii) est d'accord avec cette idée, mais ajoute quand même une fonction ontologique à cette imagerie et conclût en accentuant les liens forts entre le roi néo-assyrien, le pharaon égyptien et le Messiah juif, qui partagent le même symbolisme.

En tout cas, il n'existe pas d'unanimité sur la position exacte du roi néo-assyrien ou sur son rôle ésotérique, comme l'a montré très récemment KARLSSON (2013, 75-76).

Ensuite, dans les textes et l'iconographie, Ištar/Mullissu est à identifier dans sa fonction de mère du roi avec la déesse égyptienne Hathor, avec la déesse Ašera des hébreux, avec l'esprit saint gnostique et avec l'esprit saint chrétien. PARPOLA y ajoute comme argument en faveur de ses identifications que, dans les inscriptions, elle est dotée de l'épithète « vache sauvage » (*arḫu ṣīrtu* ; *rīmtu*), ce qui la connecte à Ninsun, également une « vache sauvage » (WILCKE 1998-2001, 503) et la mère de Gilgameš, le roi parfait (PARPOLA 2000, 190 et 194). Les cornes de la vache sont une connexion entre la lune et Ishtar/Mullissu, « fille de la lune ».

Ayant reconstruit ce système assyrien, PARPOLA estime que ce monothéisme et ces idées sur le roi assyrien s'est répandu par les conquêtes assyriennes sur tout le Proche-Orient ancien et par conséquent, le monothéisme assyrien serait la vraie origine du monothéisme israélite (*elōhîm* « les dieux »

[19] Par exemple, en Égypte, l'image bien connue est liée à la déesse Hathor, la mère d'Horus et la nourrice du pharaon, l'équivalent égyptien d'Ištar/Mullissu.

~ *ilāni* « les dieux »[20] ; le *menorah* ~ l'arbre sacré) et chrétienne. Dans ce contexte, Ištar/Mullissu serait à identifier au Saint Esprit du gnosticisme, qui est à son tour le précurseur du Saint Esprit chrétien (PARPOLA 1997, xv, xxvi – xxxi, xxxvi-xliv ; PARPOLA 2000, 195-196), tandis que le roi assyrien serait l'équivalent de Jésus-Christ et, évidemment, Aššur serait Dieu. De cette façon, PARPOLA crée une triade supérieure assyrienne, élément précurseur de la triade chrétienne. Il appelle même ses recherches sur la religion assyrienne « my work on the origins of Christian beliefs » (PARPOLA 1997, x)[21]. L'idée d'une triade a été critiquée par FRAHM (2000-01, 41-42), pour qui les différences entre Ištar et le Saint Esprit chrétien sont plus grandes que les similarités. Un exemple est que le Saint Esprit chrétien ne possède pas du tout l'aspect militaire d'Ištar.

Toujours selon PARPOLA, ces aspects d'Aššur - le seul dieu à être transcendant et immanent et qui a crée les autres dieux - sont clairement visibles dans plusieurs épithètes de ce dieu, comme attestés dans des textes néo-assyriens. Ils sont même activement propagés dans l'empire (PARPOLA 2000, 170-171). Les exemples sont :

(1) *« Le Dieu »* (cf. *supra*) ;

(2) *« Seigneur de tous les pays, le roi de la totalité des cieux et de la terre »* (TCL 3 314 ; inscription de Sargon II) ;

(3) *« Le créateur de soi-même, le père des dieux, celui dont la stature est devenue extraordinaire dans l'Apsu, le roi du ciel et de la terre, le seigneur de tous les dieux, le progéniteur*[22] *des dieux Igigi et Anunnaki »* (SAA 12 86:7-11 ; dédicace par Sennachérib de nouveau personnel au temple d'Akitu) ;

(4) *« L'extrêmement grand, le prince des dieux, l'omniscient, le vénérable, l'extraordinaire, l'Enlil des dieux*[23]*, celui qui décrète les destins, ..., créateur des créatures des cieux et de la terre, ..., créateur des dieux, géniteur d'Ištar, cœur insondable, celui dont le discours est craint, dont le commande est d'une grande portée »* (SAA 3 1:1-18 ; hymne à Aššur) ;

[20] Comme le mot hébreu, malgré sa forme plurielle, fait référence à Jahvé, le terme *ilāni* serait également décliné comme un singulier. Pour confirmer cela, PARPOLA (1993, 187 n.97) cite quelques noms de personne, comme Ilāni-aḫa-iddina « Dieu a donné un frère », Ilāni-eriš « Dieu a demandé », Iqbi-ilāni « Dieu a commandé » ou Remanni-ilāni « Dieu, aie pitié avec moi », où les formes verbales sont clairement des singuliers. Toutefois, on peut aussi traduire *ilāni* comme un collectif (« la totalité des dieux »).

[21] Selon FRAHM (2000-01, 38-45), il est peut-être possible qu'Ištar fut l'objet d'une culture de mystères en Assyrie (cf. aussi OPPENHEIM 1966, 253-256), mais cela ne justifie pas l'idée de PARPOLA qui va trop loin en identifiant Ištar avec l'Esprit Saint et avec une doctrine ésotérique concernant l'âme.

[22] Le verbe utilisé ici est *šapāku* « verser ».

[23] Notons brièvement que, dans le texte TCL 3 315, Marduk est également intitulé *« l'Enlil des dieux »*, impliquant que Marduk a le même niveau qu'Aššur.

(5) *« Aucun dieu ne comprend pas le* [...] *de ta majesté, ô Aššur. Le sens de tes [conceptions majestueux] n'est pas compris »* (SAA 3 1:26-29).

La théorie de Parpola a été (partiellement) acceptée par d'autres auteurs, comme Gruenwald (1995, 116-124) et Oshima (2011). Gruenwald défend spécifiquement la méthodologie utilisée par Parpola[24], qui, dans son opinion, va au-delà de la vision traditionnelle des autres spécialistes. Plus précisément, il défend le fait que des documents médiévaux peuvent être utilisés pour expliquer les documents anciens. En fait, il généralise l'usage des liens entre présent et passé en disant que des *« historical links exist between two cultural or religious phenomena in spite of the fact that the individual links have to be assumed rather than can clearly be shown »* (Gruenwald 1995, 117). Toutefois, cela reste un point de départ assez dangereux, car une telle généralisation peut justifier n'importe quelle suggestion, plausible ou pas.

Qui plus est, les diverses théories ont aussi causé une certaine confusion chez d'autres auteurs. Par exemple, Baumann (2006, 14-15), Landsberger et von Soden se trouvent alors dans la même zone d'influence que Parpola, mais il faut explicitement mettre l'accent sur la différence entre les deux thèses : Parpola défend un vrai monothéisme, tandis que Landsberger et von Soden plaident pour un être divin supérieur parmi plusieurs dieux.

D'un autre côté, la théorie de Parpola a aussi été fortement critiquée par plusieurs autres auteurs (Cooper, Frahm, Porter, etc.). De plus, cette réaction montre clairement que Parpola est le seul à parler d'un « monothéisme assyrien » (Baumann 2006, 15). La critique concerne les arguments iconographiques ainsi que les arguments textuels. Ces deux niveaux sont traités dans la section suivante. Il faut seulement signaler ici que la discussion se focalise sur les *« degrees and aspects »* de la divinité au lieu de *« either or »* (Karlsson 2013, 76).

Notons également les remarques de Karlsson (2013, 127-128), qui ne s'accorde pas à l'idée de Parpola (1993, 1997) de la propagation du monothéisme dans le Proche-Orient par des stèles et des traductions des inscriptions en araméen. En fait, ces idées étaient déjà démenties avant (mais aussi après) les publications de Parpola (McKay 1973 ; Cogan 1974 ; Holloway 2001). Actuellement, les auteurs s'accordent sur le fait que les Assyriens ne se mêlaient pas au culte des dieux des pays étrangers[25] et une telle attitude

[24] Par contre, selon Frahm (2000-2001, 43-44), le problème principal de l'idée de Parpola est méthodologique. Parpola utiliserait d'une façon naïve et sans critique des notions occidentales pour expliquer une religion orientale.

[25] Dalley (2008, 173) parle même d'une tolérance religieuse, qui était une des bases du contrôle néo-assyrien.

est même typique pour les sociétés proche-orientales, selon Robertson (2005, 209).

3. Les arguments et leur critique

Évidemment Pinches, Lambert, Saggs et surtout Parpola, etc. font usage de plusieurs arguments pour leur thèse, dont certains ont déjà été évoqués. Bien que la grande partie des arguments se base sur des sources historiques textuelles, quelques arguments iconographiques doivent aussi être discutés.

3.1. Arguments iconographiques

3.1.1. L'arbre sacré

Le principal argument iconographique en faveur d'un monothéisme mésopotamien est l'arbre sacré (Parpola 1993, 161). Cet arbre stylisé est un motif artistique que l'on trouve fréquemment dans l'art mésopotamien dès le IVe millénaire et qui s'est répandu au IIe millénaire dans l'art de tout le Proche Orient ancien (y compris l'Égypte). Il apparaît même dans l'art de la civilisation de l'Indus (Parpola 1993, 161). En outre, Parpola évoque la similarité de l'arbre sacré de la Mésopotamie et l'Arbre de la Vie qui est attesté dans l'art juif, chrétien, bouddhiste et musulman.

Dès 1500 av. J.-C. environ, une nouvelle forme de l'arbre apparaît dans l'art assyrien, une évolution qui aboutit dans la forme finale de l'arbre assyrien dès le règne de Tukulti-Ninurta Ier (1243-1207 av. J.-C.). Selon Parpola (1993, 163), c'est grâce aux conquêtes de l'empire néo-assyrien aux VIIIe et VIIe siècles que cette nouvelle forme de l'arbre s'est étendue aux arts de tout le Proche-Orient ancien, forme qui est toujours attestée dans l'art sassanide (224-642 ap. J.-C.). Ensuite Parpola (1993, 165), se basant sur la littérature antérieure, estime que le symbolisme religieux de l'arbre et la raison pour laquelle l'arbre a été choisi comme symbole impérial sont très difficiles à trouver, malgré une littérature moderne abondante sur ce thème. Ceci est dû à la quasi non-existence de sources textuelles sur cet arbre, qui ne figure jamais dans les textes cunéiformes.

En tout cas, deux points sont clairs pour Parpola (1993, 166) :

(1) Dans les reliefs néo-assyriens, l'arbre, positionné au centre, représente l'ordre divin, ordre maintenu par le roi assyrien en tant que représentant humain du dieu Aššur ;

(2) Régulièrement, le roi lui-même est remplacé par l'arbre, qui constitue alors une personnification du roi. Inversement, le roi peut aussi remplacer l'arbre dans l'iconographie. L'arbre représente l'ordre divin, tandis que le roi représente la réalisation de cet ordre dans le monde humain. Le roi est la véritable image du Dieu. Ceci explique la popularité de l'arbre, qui non seulement

constitue une légitimation de la domination assyrienne sur le monde, mais qui justifie également la position élevée du roi dans ce système (PARPOLA 1993, 167-168 ; PARPOLA 2000, 188-192)[26]. De plus, un relief dans le palais d'Aššurnasirpal II présente le roi comme physiquement fondu avec l'arbre, un signe de perfection, comme l'orthographie assyrienne du nom de Gilgameš le montre : selon PARPOLA, le nom de Gilgameš contient dans toutes ses orthographies l'élément *« arbre d'équilibre »* (*« Tree of balance »* ; cf. PARPOLA 1998, 323-324).

La non-existence du matériel textuel concernant l'arbre implique que l'arbre représente une doctrine ésotérique (PARPOLA 1993, 168-190). Malgré qu'il y ait beaucoup de références à une ésotérie mésopotamienne (déjà JEREMIAS 1904, 10), on ne compte presque pas de vrais documents ésotériques, par conséquent le symbolisme religieux fut très important pour l'ésotérie.

Cette doctrine ésotérique aurait un grand parallèle dans le *kabbalah* juif, et plus particulièrement dans l'arbre séfirotique, un arbre symbolique qui contient des notions comme « Couronne », « Sagesse », « Compréhension », « Miséricorde », « Jugement », « Beauté », « Victoire », « Gloire », « Fondation », et qui connecte ces notions à des chiffres. Comme l'arbre sacré, l'arbre séfirotique a une double fonction : il est une image du macrocosme ainsi que du microcosme, c'est-à-dire le monde humain.

PARPOLA insiste sur le fait qu'on peut maintenant facilement remplacer les notions incluses dans l'arbre séfirotique par les grands dieux assyriens. On aurait donc les associations Anu - Couronne, Ea - Sagesse, Sîn - Compréhension, Marduk - Miséricorde, Šamaš - Jugement, Ištar - Beauté, Nabû et Ninurta - Victoire, Adad/Girru – Gloire, et Nergal – Fondation (cf. aussi PARPOLA 2000, 186-188). Après avoir établi ces associations, PARPOLA remplit les chiffres des dieux mésopotamiens et note qu'un seul Dieu, Aššur, ne figure pas dans le diagramme. Par conséquent, Aššur doit être identique au Dieu transcendent du Kabbalah, En Sof. De plus, le nom d'Aššur indique lui-même le fait qu'Aššur est le seul dieu (cf. *infra*). Le diagramme dévoile trois générations divines successives (Anu/Sîn/Ea, Ištar/Šamaš/Marduk et Nergal/Adad/Ninurta), ce qui correspond avec la configuration triadique des volutes, nœuds et cercles de l'arbre assyrien. En outre, les générations divines ainsi construites suivent parfaitement les générations divines attestées dans les textes mésopotamiens des IIe et Ier millénaires av. J.-C.

[26] Le lien entre roi et arbre est mis en connexion par ATAÇ (2010, 162) avec le lien égyptien entre le pharaon et le pilier *djed*. ATAÇ, qui considère l'arbre assyrien comme l'expression visuelle du couple bipolaire *ki* « terre » et *an* « ciel » ou, autrement dit, le domaine ésotérique et le domaine exotérique.

En plus, le chiffre 30 est très présent et si on additionne tous ces chiffres, on obtient 360, le nombre de jours dans l'année cultuel assyrienne.

3.1.2. Le disque solaire ailé

Le deuxième motif iconographique discuté ici est fréquemment attesté dans l'art assyrien, surtout sur des sceaux, mais également sur des reliefs dans les palais royales néo-assyriens (par exemple dans le palais d'Aššurnazirpal II à Nimrud). Selon Parpola (2000, 171-172 et 203-205), ce disque solaire est une image de la transcendance et de l'immanence d'Aššur. Le caractère solaire est représenté par le disque lui-même qui est une référence à Aššur comme un océan infini de lumière qui engloutit le monde entier[27]. L'image d'un être divin au milieu du disque est un symbole d'Aššur comme père et roi divin, de qui émanent tous les autres dieux, c'est-à-dire la totalité des dieux.

En outre, le disque serait aussi dans l'opinion du savant finnois une représentation d'une triade néo-assyrienne, ici iconographiquement représentée par trois figures qui se trouvent au-dessus du disque solaire : Enlil/Marduk (au milieu), le père, Ninurta/Nabû (à la droite), le fils et Ištar/Mullissu (à la gauche), la mère. Parfois, l'unité de cette triade est symbolisée par le remplacement des trois figures par une ou deux volutes. On trouverait ainsi l'exact parallèle de cette triade néo-assyrienne (père, mère, fils), ainsi que la triade Aššur-Ištar/Mullissu-roi, dans les triades gnostique et chrétienne.

Finalement, Parpola (1993, 185 n. 94) croit que le fait que le disque solaire puisse être remplacé par deux cercles pointés concentriques est identique au diagramme kabbalistique avec En Sof comme monade universelle. Par conséquent Aššur et En Sof sont les mêmes.

3.1.3. La théorie de Parpola critiquée

Sans entrer dans la discussion détaillée sur ces motifs iconographiques, on peut signaler que Cooper (2000, 430-438) et Frahm (2000-01, 34-37 ; aussi Weippert 2002, 11) ont fortement démenti cet argument de Parpola, qui a probablement été une victime de son propre enthousiasme car, comme Cooper le montre clairement, les ressemblances entre l'arbre sacre assyrien et l'arbre séfirotique sont extrêmement superficielles[28]. En outre, il est

[27] L'orthographe ^{d}A-šur signifiant « eau brillante » renforcerait cette idée. Cf. Parpola 2000, 173.

[28] Dans ce contexte, Cooper (2000, 434) se demande, avec un peu d'ironie, comment Parpola interpréterait la similarité entre l'arbre mésopotamien et l'arbre Palenque mésoaméricain.

très dangereux de chercher des liens entre image et texte dans la culture mésopotamienne (GELB 1963, 144-146).

Avant d'entamer cette discussion, il est aussi impératif de mentionner quelques idées alternatives sur l'arbre sacré et les scènes dans lesquelles il apparaît[29]. Déjà en 1890, TAYLOR (1890, 384-393) avait lancé l'idée que l'arbre entouré par des *genii*, tenant dans leurs mains un seau et un objet ovale, soit une représentation d'une pollinisation d'un dattier, un procédé agricole essentiel pour la culture des dattes. La théorie de TAYLOR fut largement acceptée jusqu'à ce que GADD (1948, 91-92) propose que les *genii* représentaient une force magique de l'arbre et qu'ils passaient cette force au roi.

Une troisième idée (PARKER-MALLOWAN 1983, 37-39 ; RUSSELL 1998, 687-693) est que l'arbre, la représentation d'un dattier, et les *genii* qui l'entourent sont des symboles apotropaïques qui protègent le roi et le palais (étant situés dans les entrées des chambres).

Plus récemment, la théorie de la pollinisation fut reprise par PORTER (1993, 133-138 ; aussi ALBENDA 1994, 132-133). Selon PORTER, les *genii* tiennent un objet ovale dans leurs mains, ce qui représente la fleur mâle du dattier. La scène avec l'arbre représente en fait une pollination du dattier. Néanmoins, ce procédé agricole est symbolisé, représentant le roi assyrien qui reçoit de l'abondance divine. PORTER ajoute que le dattier fut intensivement connecté à Ištar, déjà dans la période médio-assyrienne.

Enfin, GIOVINO (2007, 197 et 201) croit que l'arbre est un objet cultuel qui n'est pas un arbre actuel, mais un objet construit, représentant un arbre (pas un dattier). Certains de ces objets peuvent représenter Aššur, d'autres étaient des références à d'autres divinités assyriennes, par exemple Ištar/Mullissu.

Il y a donc plusieurs alternatives pour l'hypothèse de PARPOLA.

COOPER insiste que l'interprétation de l'iconographie mésopotamienne est souvent rendu très difficile par le manque de matériel textuel. De plus, il est extrêmement difficile de trouver dans l'iconographie mésopotamienne des choses qui sont fréquemment mentionnées dans les textes, parce que les artistes et les scribes intellectuels ne partageaient pas le même vocabulaire. L'idée de PARPOLA que la non-existence presque totale de matériel textuel concernant l'arbre signifie que le symbolisme de cet arbre fut une doctrine ésotérique doit donc être abandonnée. En outre, des doctrines ésotériques mésopotamiennes furent tout à fait mises sur argile par les scribes mésopotamiens (COOPER 2000, 430-431).

[29] Pour une discussion détaillée des diverses théories, voir GIOVINO (2007).

Concernant le diagramme des dieux construit par PARPOLA, COOPER (2000, 437-438) remarque simplement que tous les grands dieux se trouvent dans ce diagramme parce que PARPOLA les a mis dedans et qu'Aššur ne s'y trouve pas (ce qui, pour le savant finnois, prouve qu'Aššur se trouvait au-dessus des autres dieux et qu'il fut donc le seul dieu en Assyrie), parce que PARPOLA a choisi de ne pas le mettre dedans, bien que le dieu assyrien puisse être placé aisément dans plusieurs places du diagramme. Utilisant une telle méthode, COOPER conclut qu'il est facile d'identifier Aššur avec En Sof.

FRAHM (2000-01, 36) ajoute que le symbolisme de l'arbre devait être transmis comme tradition par un milieu ésotérique et mystique pendant plus de deux millénaires sans qu'il fut mentionné dans aucune source historique. Évidemment, c'est est assez problématique. PARPOLA (1993, 163 n.14) l'admet lui-même, les différentes représentations de l'arbre dans l'art assyrien sont très distinctes, ce qui plaide contre l'usage des arbres comme symbole universel.

Un autre problème (FRAHM 2000-01, 36-37) de la thèse de PARPOLA est la connexion entre les aspects kabbalistiques, les dieux assyriens et les nombres divins, thèse néanmoins défendue par GRUENWALD (1995, 123-124). Pour n'en donner qu'un exemple, PARPOLA fait un lien entre Marduk, le *hesed* kabbalistique signifiant « pitié » et le nombre 50. En fait, dans l'*Enuma eliš*, Marduk (et ses 50 noms) est implicitement lié au nombre 50. Dans un commentaire sur l'*Enuma eliš* (CT 13 32: Vo 12), il est même explicitement lié à ce nombre. Toutefois, cette connexion vaut seulement pour Marduk en tant que remplaçant d'Enlil (aussi représenté par 50), c'est-à-dire dans le rôle du roi des dieux. Par contre, quand on veut lier Marduk à *hesed*, ce n'est pas dans sa fonction de roi des dieux, mais dans sa fonction de dieu miséricordieux (c'est-à-dire dans son aspect d'Asalluḫi), une fonction qui n'a rien à voir avec le nombre 50.

3.2. Arguments textuels

3.2.1. Arguments lexicaux et leur critique

(1) Une phrase dans un des traités d'Esarhaddon (SAA 2 6:393-394) : « *Dans le futur et éternellement Aššur sera ton dieu et RN sera ton seigneur* ». PARPOLA (2000, 167 et n.4) l'interprète par « *Comme tu n'auras qu'un seigneur, tu n'auras qu'un dieu* » et le compare au *credo* islamique : « *Il n'y a pas de dieu sauf Allah et Mahomet est Son messager* ». Néanmoins, il faut noter que les formules de malédiction dans ces traités énumèrent une multitude de divinités. Qui plus est, comme Aššur est bel et bien le dieu impérial de l'empire néo-assyrien, il est donc logique que c'est lui qui figure dans un tel rôle dans ces traités. Cela ne veut quand même pas dire que les autres divinités n'existaient plus. Pour en donner un parallèle, ce n'est pas parce que les Hittites avaient le dieu de l'orage et la déesse Soleil d'Arinna comme couple divin impérial, qu'ils abandonnaient leurs autres dieux ;

(2) Aššur est toujours nommé le premier dans des listes de dieux. Toutefois, cela ne démontre pas du tout l'existence d'un monothéisme en Assyrie. De plus, dans l'*Hymne de couronnement* daté de l'époque d'Aššurbanipal, le premier dieu est Šamaš (Porter 2000, 267) ;

(3) Le nom et les logogrammes d'Aššur (Parpola 1993, 206-208). Son logogramme AN.ŠÁR veut dire « *L'Univers du ciel* », « *Totalité des dieux* », « *Dieu universel* » et « *Dieu est beaucoup* » et confirmerait dès le XIVe siècle av. J.-C. la transcendance d'Aššur. Le dieu AN.ŠÁR, connu surtout par l'épopée d'*Enuma eliš*, précède avec son épouse KI.ŠÁR (« l'Univers de la terre ») la naissance d'Anu et tous les autres dieux (cf. Livingstone 1989, xvii). Parpola considère AN.ŠÁR comme étant l'univers métaphysique, tandis que son épouse représente l'univers physique, « *a realm of darkness, evil, imperfection, ignorance and death* ». De ces deux univers tous les autres dieux émanent.
En addition, le signe AŠ, premier élément du nom Aššur, signifie « *Le seul dieu* » dans des milieux assyriens scolaires. Parpola ajoute à cette construction également DINGIR AŠ « *Dieu et le seul* », « *Le seul dieu* », etc. et y voit un « *striking parallel* » à l'attitude kabbalistique envers le texte non vocalisé de la Bible. Il conclut que le nom d'Aššur est même une explication étymologique du nom d'En Sof, le dieu du *kabbalah*, et croit d'avoir trouvé un nouveau lien ente la religion mésopotamienne et la religion juive.
Un problème se situe ici sur le niveau méthodologique. Parpola dit que, même si Marduk et d'autres dieux voient leurs noms mystiquement analysés, le dieu suprême Aššur doit certainement avoir été l'objet d'un tel mysticisme. Parpola en déduit qu'Aššur fut le seul dieu dans la religion assyrienne. Une telle idée se base sur des faits qui n'ont pas été démontrés de façon convaincante.

(4) Quelques noms de personnes confirment, selon Parpola (1993, 187 n. 97 ; 1997, lxxxi n. 16 ; 2000, 172), la doctrine d'Aššur comme la totalité des dieux : Aššur-ṣalam-ilāni « Aššur est l'image des dieux » (WVDOG 110 28:7 ; cf. Frahm 2000-01, 33 n. 3), Gabbu-ilāni-Aššur « Aššur est tous les dieux » (Parpola 2000, 172) ou « Tous les dieux sont Aššur »[30] (PNA 1/2, 414). On pourrait ajouter également les noms Aššur-bēl-ilāni (« *Aššur est le seigneur des dieux* » ; PNA 1/1, 171), Aššur-etel-ilāni (« *Aššur est le prince des dieux* »), Aššur-etel-ilāni-mukīn-apli (« *Aššur, le prince des dieux, est celui qui établit le fils* »), Aššur-etel-ilāni-mukīnni (« *Aššur, le prince des dieux, est celui qui établit* » ; cf. PNA 1/1, 183-184) et Ninurta-tukul-Aššur[31] « *Ninurta est l'arme d'Aššur* ». Parpola estime aussi que l'élément *ilāni* « les dieux » doit être

[30] Hunger, dans l'article de PNA. En tout cas, cette traduction ne nie pas le polythéisme (Baumann 2006, 18).

[31] Certains auteurs (Brinkman 1968, 101 ; Grayson 1972, 143 ; Grayson 1998-2001 ; Freydank 1991, 33-34 et 77 ; Baker 2000, 557) préfèrent lire ce nom comme Ninurta-tukulti-Aššur « *Ninurta est la confiance d'Aššur* ». Bien que cette orthographe (mdMAŠ-KU-*ti-aš-šur*) soit attestée dans quatre listes royales néo-assyriennes (AfO 4 5 iii 43 ; JNES 13 218 Vo iii 32 ; JNES 13 219 Vo iii 19 ; KAV 10 i 3), quelques textes documentaires médio-assyriens donnent explicitement le nom Ninurta-tukul-Aššur (Smith 1877, 23 ; Weidner 1935-36, 1

identifié au dieu Aššur même (cf. aussi *supra*, n. 20). Un nom Ilāni-aḫa-iddina *« Les dieux ont donné un frère »* serait donc le même qu'Aššur-aḫa-iddina *« Aššur a donné un frère »* (Esarhaddon). Trois autres exemples sont les variations Aššur-iqbi *« Aššur a commandé »* (PNA 1/1, 189-190) ~ Ilāni-iqbi *« Les dieux ont commandé »* (PNA 2/1, 512), Iqbi-Aššur (PNA 2/1, 560-561) ~ Iqbi-ilāni (PNA 2/1, 561) et Remanni-Aššur *« Ô Aššur, aie pitié de moi »* ~ Remanni-ilāni *« Ô dieux, ayez pitié de moi »*. Ces variations onomastiques et le fait que l'élément *ilāni* est construit avec un verbe au singulier confirme selon Parpola que la multiplicité des dieux (*ilāni*) fut conçue comme une divinité dans la période néo-assyrienne. Afin de renforcer cette théorie, Parpola ajoute la variation Gabbu-ilāni-ereš *« Tous les dieux ont demandé »* ~ Ilāni-ereš *« Les dieux ont demandé »*.

Toutefois, Parpola oublie de mentionner quelques autres noms qui affaiblissent son monothéisme autour d'Aššur. En effet, plusieurs éléments des noms qui se construisent avec Aššur ou *ilani* sont aussi attestés avec d'autres divinités. Quelques exemples sont :

(a) Gabbu-Adad *« Adad est tout »* (PNA 1/2, 412), Gabbu-Ea (PNA 1/2, 412), Gabbu-ilāni *« Les dieux sont tout »* (PNA 1/2, 414) ;

(b) L'élément *iqbi « il a commandé »* est très fréquemment utilisé avec d'autres dieux, cf. par exemple Adad-iqbi (PNA 1/I, 26) et Ninurta-iqbi (PNA 2/I, 551-552) ;

(c) Aššur-remanni (PNA 1/I, 210-211), Ištar-remanni (PNA 2/I, 576), Remanni-Adad, Remanni-Aššur, Remanni-ilāni, Remanni-ilu, Remanni-Ištar, Remanni-Marduk, Remanni-Nabû, Remanni-Šamaš (cf. PNA 3/I, 1038-1044) ;

(d) Rīmūt-Aššur, Rīmūt-Babû, Rīmūt-Bēl, Rīmūt-Gula, Rīmūt-ilāni, Rīmūt-ili, Rīmūt-Ištar, Rīmūt-Nabû, Rīmūt-Nergal (cf. PNA 3/I, 1045-1047).

On peut donc conclure avec Porter (1999, 685) que ces noms et surtout Gabbu-ilāni-Aššur sont des exemples d'une alternance des divinités, et pas d'une absorption des autres dieux par Aššur. Même si un nom Gabbu-ilāni-Aššur démontre que dans certains milieux assyriens, c'était Aššur qui jouait le rôle du dieu tout-englobant et unique, cela ne veut pas dire que cette perception fut l'idée de base de la religion assyrienne (Frahm 2000-01, 33).

Un jeu de mots a été évoqué par Gruenwald (1995, 123) en faveur de la connexion entre l'arbre sacré et les dieux, le mot araméen pour « arbre » étant, selon cet auteur, *ilan*, tandis que le mot akkadien pour « les dieux » serait *ilani*. Toutefois, cette idée peut être abandonnée. En araméen biblique, le mot désignant un arbre est en effet אִילָן (*ʾīlān*)[32]. Par contre, la désignation akkadienne des dieux est *ilāni*. De plus, les deux mots ont une étymologie différente :

n.1 ; Saporetti 1970, 354-356 ; Parpola 1993, 204) : ^{md}Nin.urta-tu-kúl-Aš-šur (KAJ 187:7, 282:5) ou ^{md}Nin.urta-tu-⌜kúl⌝-^{d}A-šur (KAJ 214:4).

[32] La séquence initiale אִי est la notation d'une *ī* longue (Muraoka – Porten 1998, 34 ; Rosenthal 2006, 15).

l'araméen אֱלָה est une forme *qitāl*, tandis que le mot pour « arbre » est formé avec un suffixe *-ān-* (Bauer – Leander 1927, 189 et 196).

3.2.2. Les sources textuelles

Dans cette section, plusieurs textes qui ont été utilisés ou qui pourraient être utilisés pour le postulat d'un monothéisme mésopotamien, seront discutés. Ces textes reflètent clairement la croyance en plusieurs dieux, bien que certains de ces textes mettent l'attention primordiale sur un seul dieu (Porter 2000, 228).

3.2.2.1. Rituels : *Le rituel tākultu* (3R 66 et K. 9925 ; KAR 214)

Une description d'un rituel appartenant à la religion étatique assyrienne se trouve sur deux tablettes, éditées par Frankena (1954) et datant du Ier millénaire, mais remontant à la période médio-assyrienne, ce qui implique que le contenu de ces textes fut actuel en Assyrie depuis le début de la période médio-assyrienne (XIVe siècle : formation de l'empire) jusqu'à la fin de l'état néo-assyrien (VIIe siècle). Cela implique que le rituel fut exécuté pendant plus de sept siècles et que, par conséquent, les sentiments religieux qu'on y trouve étaient aussi valables dans cette large période de temps[33].

Ayant un concept ambivalent du divin (comme un et beaucoup), les deux textes formant un rituel sont extrêmement intéressants pour l'étude présente sur la mentalité religieuse mésopotamienne. Les textes mettent l'accent sur le polythéisme mésopotamien, mais évoquent en même temps une sorte de tendance religieuse « *to see one or another particular god as representing an especially intense concentration of divine powers and qualities* » (Porter 2000, 230).

L'origine du rituel *tākultu* est sans doute assyrienne (Porter 2000, 231) :

(1) Bien que les tablettes actuelles aient été copiées aux VIIIe et VIIe siècles av. J.-C.[34], elles contiennent des traces du dialecte médio-assyrien ;
(2) Les deux textes sont trouvés en Assyrie (3R 66 à Ninive et KAR 214 à Aššur) ;
(3) Les deux textes concernent des arrangements pour l'exécution d'un rituel d'état dans des endroits purement assyriens : le temple d'Aššur à Aššur, d'autres temples dans cette ville et des temples partout en Assyrie.

[33] Cette constatation est confirmée par la présence en dessous du sol du temple d'Aššur de quelques récipients avec une inscription disant qu'ils étaient faits pour le rituel *tākultu* (Porter 2000, 233).

[34] L'une de ces tablettes (3R 66) a été produite durant le règne de Sargon II (721-705 av. J.-C. ; Frankena 1954, 2-3), tandis que l'autre (KAR 214 iv 5,26) mentionne le nom du roi Aššur-etel-ilāni (626-623 av. J.-C.).

Dans le rituel en question il s'agit d'une présentation symbolique des offrandes de nourriture aux dieux, résidents dans plusieurs temples, par le roi et un prêtre.

Les deux textes concernés nous donnent des renseignements intéressants sur la façon dont les Assyriens concevaient le divin : comme étant un ou plusieurs. En effet, les textes montrent que la religion assyrienne a probablement connu les deux. D'un côté, le grand nombre de divinités (246) pour lesquelles le roi assyrien fait ses offrandes, confirme la pluralité du divin et dénonce un monothéisme strict. Les différentes divinités sont effectivement appelées telles quelles et sont reconnues comme « *individual loci of divine power* » (Porter 2000, 233).

De l'autre côté, le rituel montre l'identification apparente de plusieurs dieux, impliquée par la juxtaposition de deux noms divins dans un nom, ce qui confirme l'existence d'une croyance que plusieurs dieux pouvaient être équivalents plutôt que séparés. Les noms composés sont : Aššur-Adad (3R 66 v 22,35,36[35], vi 16), Aššur-Aššur (3R 66 v 24, vi 11 ; K. 9925 ii 13), Aššur-Bēl (3R 66 iv 20, v 25, vi 11,38 ; K. 9925 ii 13), Aššur-Dajjāne (3R 66 i 16,22), Aššur-Ištar (3R 66 v 24), Aššur-Ištar ša Arbaʾil (3R 66 vii 18), Aššur-Sumuqan (3R 66 i 21), Bēl-Aššur (K. 9925 ii 16), Dagan-Aššur (3R 66 i 14), Ningal-Aššur (3R 66 v 17), Ninurta-Aššur (3R 66 i 20) et Ištar-Zû ša Arbaʾil (3R 66 vii 26).

Évidemment, le supporter par excellence de la théorie monothéiste (Parpola 1997, lxxxi n. 13) utilise ces deux textes pour prouver que le dieu suprême, Aššur, qui est lié aux sept autres dieux, incorporait ces dieux. Toutefois, quelques objections doivent être exprimées (Porter 1999, 685 ; Porter 2000, 235-237) :

(a) Le rituel énumère 246 divinités ;
(b) Les noms composés sont seulement attestés dans 3R 66 et ses textes parallèles (ex. K. 9925). Ils ne figurent pas dans le texte KAR 214 ;
(c) Si l'hypothèse de Parpola est correcte, cela voudrait dire que, dans le cas du nom Ninurta-Aššur, c'est Ninurta qui absorbe Aššur. Ninurta serait donc le dieu suprême ;
(d) Le caractère exact du lien entre les dieux n'est pas spécifié. Il peut s'agir (1) d'un nouveau dieu, qui intègre les aspects des deux dieux nommés, (2) d'une vraie absorption d'un dieu par l'autre ou (3) d'une assimilation des deux dieux comme étant séparés, mais essentiellement identiques ;
(e) Dans le texte, beaucoup de dieux sont accompagnées par une épithète : un

[35] Dans les lignes 35 et 36 il s'agit d'autres hypostases d ce dieu. Toutefois, ces deux hypostases (« *qui est le sujet d'Aššur* » et « *qui a été vaincu par Aššur* ») indiquent une infériorité à Aššur.

nom géographique (ex. Nergal de la ville de Kār-Nergal, Ištar du pays de Pinaṣ), un mot indiquant le rôle spécifique du dieu (ex. Ea le roi, Aššur le conquérant), un mot indiquant la forme physique du dieu (ex. Ištar les Étoiles, Ištar la Lumière), ou le mot *ṣalmu « statue, représentation visuelle »* ;
(f) Les noms composés ne sont pas mentionnés ensembles mais répandus partout dans le texte. Les deux derniers arguments montrent que les épithètes sont descriptives, identifiant une forme particulière du dieu et non pas impliquant l'absorption totale du deuxième dieu.
(g) Les dieux dits absorbés figurent ailleurs dans le texte comme dieux indépendants.

Porter (1999, 685 and 2000, 237-239) croit que les noms composés veulent indiquer, par la mention d'une fonction commune, un dégré d'équivalence entre les dieux. Le deuxième élément des noms composés est en fait aussi une épithète, très fréquente dans les textes. Cela veut dire que Aššur-Adad signifie *« Aššur dans la forme dans laquelle il ressemble Adad ; Aššur en tant que dieu de l'Orage »*. Cependant, le fait qu'Aššur est parfois nommé « le premier dieu » indique qu'il était un dieu inhabituellement puissant, un dieu qui intégrait en soi plusieurs aspects d'autres dieux. Toutefois, ajoute Porter, cela ne veut pas dire qu'Aššur absorbait les autres dieux et que la religion était par conséquent monothéiste. Le nombre peu élevé des noms composés confirme cela. On peut seulement noter que la distinction entre quelques divinités est moins stricte, mais que cette idée reste un courant sous-jacent dans le rituel *tākultu*.

Les textes confirment néanmoins aussi le statut puissant d'Aššur, *« an unusually powerful god »*. Selon Porter (2000, 237-238), un dieu qui incorpore en lui-même des pouvoirs et qualités d'autres dieux, modestes (ex. Sumuqan) ou grands (ex. Adad).

Il est intéressant de constater qu'Aššur est seulement associé aux autres grands dieux (Adad, Bēl, Ištar) quand il se trouve au début du nom composé dehors son propre temple à Aššur. La plupart de ces connections se trouvent même hors de la ville d'Aššur. La remarque de Porter (2000, 238) que les Assyriens « worshipped Aššur in several locales as a god who in some sense embodied in himself the powers or qualities of several other great gods » est vraie, mais doit être nuancée, parce que cet aspect du dieu Aššur n'est pas attesté à la ville d'Aššur elle-même.

3.2.2.2. Hymnes

Plusieurs hymnes ont été mentionnés dans les discussions sur la vraie nature de la religion mésopotamienne et surtout pour démontrer des tendances monothéistes. Dans la section suivante, les hymnes seront classés par type : les hymnes qui identifient des dieux et des lieux, les hymnes qui identifient des dieux.

3.2.2.2.1. Dieux et lieux

Hymne à Baba (KAR 109+343)

Le premier hymne discuté ici est un long hymne à Baba (VAT 9670 ; cf. Ebeling 1918, 49-52), dans lequel la déesse Baba est identifiée à des déesses d'autres villes/temples sur un critère géographique. Ainsi, Baba est identifiée à Ningal, Aya, Ištar, etc. Les phrases sont du type *« En Babylone, l'entrée des dieux, elle est Ninaha-kuddu »*.

Hymne à Nanâ (K.3933+)

Une deuxième hymne de ce type est celui à Nanâ (cf. Reiner 1974, 224-233) qui a été trouvé en plusieurs copies (Reiner 1974, 223-224) et qui date d'avant 744 av. J.-C. Dans cet hymne suméro-akkadien, qui n'est pas un texte bilingue (les lignes akkadiennes ne sont pas une traduction des lignes sumérienne ; Reiner 1974, 222), Nanâ dit qu'elle est par exemple appelée *« La fille de Sîn »* à Ur. Les autres identifications sont énumérées dans le tableau suivant :

Ville	Temple	Déesse	Epouse de
Eridu	Eunir	Damkianna	Ea
Dilmun	Ekarra	Šuluḫḫītu	Enzag et Meskilak
Isin	Egalmah	Gula/Ninkarrak, Bau	[ ]
Nippur	Ekur	Ungal-Nibru	[ ]
Hursagkalama	Ekišibba	Isḫara, Bau	Zababa
Kuara	[ ]	[ ]	[ ]
Babylon	Esagil	Zarpanitu	Marduk
Borsippa	Ezida	Nanâ	Nabû
Sippar	Ebabbar	Nanâ	[ ]
Akkad	Eulmaš	Anunītu	[ ]
Karkar	Eugalgal	Šala	Adad
Der	Edimgalkalama	Manzat	Ištarān
Diniktu	Egula	Nisaba	Ḫaya
Kutha	Emeslam	Mammītu	Meslamtea
Me-Turna	Esaḫulla	A[ ]	[ ]
Uruk	[ ]	[ ]	[ ]
[ ]	[ ]	[ ]	Nergal
[ ]	Enamtila	Šimaliya	--
Šubria	[ ]	Pirig.gal	--
Aššur	Emetebalaš	Šerua	Aššur
Raqanan	É.gal Tabiri	Ištar	[ ]

3.2.2.2.2 Dieux et dieux

Hymne à Ninurta (KAR 102+328)

Dans ce texte (Seux 1976, 131-133 ; Foster 1993, 632-633), d'origine assyrienne et décrit par Falkenstein et von Soden (1953, 385) comme étant un « *wichtiges Zeugnis für monotheistische Tendenzen in der babylonischen Religion der späteren Zeit* », le dieu Ninurta est exalté comme être cosmique, tandis que les autres dieux sont comparés aux parties du corps de Ninurta. Le texte est attesté par trois copies (deux à Aššur, une à Sultantepe), ce qui montre son importance pour les Assyriens. En addition, il semble que l'origine de ce texte soit médio-assyrienne, peut-être du XIIe siècle av. J.-C.

> « Ô seigneur, ta face est Shamash, ta houppe de chevaux Nisaba. Tes yeux, seigneur, sont Enlil et Ninlil, tes pupilles (sont) Gula et Belet-ili. Tes sourcils, seigneur, sont les jumeaux Sîn et Shamash. Tes paupières est le rayonnement du Soleil qui [...]. La forme de ta bouche, seigneur, est Ishtar des étoiles [...]. Anu et Antu sont tes lèvres, ton ordre [...]. Ta langue parlante est Pabilsag, qui en haut [...]. Ton palais, seigneur, est l'orbe des cieux et de la terre, la demeure de [...]. Tes dents sont les Sept Dieux, qui abattent les méchants. La région de tes joues, seigneur, est un lever d'étoiles brillantes. Tes oreilles sont Ea et Damkina, les experts en savoir-faire [...]. Ta tête est Adad, qui fait résonner les cieux et la terre comme une forge. Ton front est Šala, épouse aimée, qui contente le cœur d'Adad. Ton cou est Marduk, le juge des cieux et de la terre, au déluge [...]. Ta gorge est Zarpanitu, la créatrice des gens, qui [...]. Ta poitrine est Šullat, qui observe [...]. Tes flancs sont Haniš, qui procure du rapport, fait affluer la fertilité. Ta droite est Uta-ulu [...]. Ta gauche, Ninpanigarra [...]. Les doigts de tes mains [...]. Tes [...], seigneur, [...]. Tes [...] sont Dagan [...]. [...] de tes pieds [...]. Ton nombril, seigneur, [...]. Ton [...] est Zababa [ ] ».

La structure du texte, composé des phrases du type « *Ô Seigneur, ... tes yeux sont les dieux Enlil et Ninlil, ..., ton cou est le dieu Marduk, juge du ciel* », montre clairement l'accent sur un dieu supérieur, qui absorbe et intègre les autres dieux dans son corps.

Plusieurs auteurs ont exprimé leurs idées sur ce texte. Albright (1940, 165) explique que le texte élimine tous les dieux sauf un de la réalite théologique et que, pour cette raison, il est monothéiste (cf. aussi Lambert 1957-71, 546). Selon Livingstone (1986, 101) and Foster (1993, 619), le texte est syncrétistisque et hénothéiste, en représentant les dieux comme inclus dans et assimilés à Ninurta.

Toutefois, deux auteurs refusent d'accepter cette opinion. Meek (1936, 161 ; 1950, 198 ; cf. aussi Machinist 1991, 198) croit que le texte n'est pas monothéiste, puisqu'il s'agit d'une tentative de tisser les autres dieux dans un système théologique plutôt qu'un déni de ces autres dieux. De son côté, Porter (2000, 243-251) énonce qu'une profonde étude du mot akkadien *ilu* « dieu » laisse émerger d'autres résultats. En fait, le mot *ilu* indique un ensemble divin de plusieurs aspects (ex. Ištar comme le chiffre 15, comme la planète Vénus, comme la pierre précieuse *lapis-lazuli*), qui peuvent fonctionner indépendamment l'un de l'autre[36]. Précisément ces aspects peuvent alors être identifiés à d'autres divinités et c'est exactement ce qui se passe dans cet hymne. Le scribe a voulu exploiter cette caractéristique fluïde des *ilu*s et cela se reflète dans la structure du texte. Premièrement, on a les *ilu*s comme personnes divines, puis ils apparaissent comme entités célestes et finalement le texte met l'accent sur leur rôle comme pouvoirs et activités. L'hymne nous donne donc trois visions sur Ninurta : personne divine, entité céleste et entité active sur la terre. Les deux restent donc indépendants et la seule chose qu'on peut déduire de ce texte est que le scribe avait une affection intense pour Ninurta.

Hymne à Marduk (KAR 25 ii 3-26 ; fig. 6)

Cet hymne figure dans une collection des prières *šu-ila*, prières très répandues en Assyrie. Elle est trouvée à Aššur (seulement une copie), mais n'est certainement pas d'origine assyrienne. Dans cet hymne le dieu Marduk semble absorber les aspects d'autres dieux (ii 3-10) :

Ligne	Translittération	Traduction
ii 3	ÉN ^{d}30 DINGIR^{ut}*-ka* ^{d}*A-nu mal-ku-ut-ka*	Sin est ta divinité, Anu est ta souveraineté.
ii 4	^{d}*Da-gan* EN^{ut}*-ka* ^{d}IDIM LUGAL^{ut}*-ka*	Dagan est ta seigneurie, Enlil est ta royauté.
ii 5	^{d}IM *giš-ru-ut-ka* ^{d}*É-a ir-šú ḫa-si-sa-ka*	Adad est ta puissance, Ea le sage est ton intellect.
ii 6	*ṣa-bit qán tup-pi* ^{d}PA *li-ʾ-ut-ka*	Le titulaire du stylet de tablette, Nabû, est ta compétence.
ii 7	SAG.RIB*-ut-ka* ^{d}*Nin-urta dan-nu-*[*u*]*t-ka* ^{d}U.GUR	Ta direction de bataille est Ninurta, ton pouvoir est Nergal.
ii 8	*me-lik lìb-bi-ka* ^{d}NU[SKA SUKKAL]*-ka* MAḪ	Ton conseil est Nusku, ton ministre éminent.
ii 9	DI.KU$_{5}$*-ut-ka* ^{d}UTU *nam-ru ša ṣi-lu-*[*tam la*] *ú-šab-šú*	Ton poste de juge est Shamash, le rayonnant, qui ne cause aucune dispute.
ii 10	MU*-ka kab-tú* ABGAL DINGIR^{meš} ^{d}AMAR.UTU	Ton nom lourd, ô sage des dieux, est Marduk

36 Porter (2000, 246) : « *An* ilu *conceived of as a divine person is, like a human person, an exclusive, bounded entity ; that same* ilu *as a quality or function can be identified with several divine persons simultanoeusly without implying any equation of those ilus in their other aspects* ».

Dans ce sens, il y a beaucoup de similarités avec l'hymne à Ninurta et ce sont les mêmes arguments qui sont utilisés par les supporters du monothéisme (cf. Hartmann 1980, 64-65 ; Livingstone 1986, 101-103 ; Foster 1993, 598-99 ; Parpola 1993, 204, qui ici mentionne le nom de Ninurta-tukul-Aššur). Marduk est ici considéré comme le seul dieu. Il est intéressant de constater que le texte se termine par des instructions qui indiquent comment l'utiliser dans des rituels. Si ce texte fut réellement utilisé dans un rituel, on peut croire que son focus sur un seul dieu (cf. l'*Hymne à Ninurta*) était plus accepté en Assyrie que ne laisse croire l'unique copie retrouvée.

De nouveau, on peut critiquer l'idée que, dans ce texte, un Marduk monothéiste apparaît. Il reste un dieu parmi beaucoup de dieux (« *one god among many* » ; Porter 2000, 253) et on le présente plutôt comme un administrateur puissant qui est le président d'une large population de divinités. En outre, le caractère polythéiste de ce texte est souligné par son inclusion dans une collection de prières aux autres dieux, figurant même dans cet hymne.

Hymne à Marduk (KAR 304+337)

Dans cet hymne de l'époque néo-assyrienne, trouvé à Assur, Marduk est identifié à plusieurs dieux : Adad, Nannar, Šamaš et Ninurta. Le passage sur Adad dit : « *Ton [n]om est Adad, celui qui couvre le crépuscule du ciel, celui dont les tonnerres grondent fort dans la concentration des nuages, dans son hurlement, les cieux et la te[rre...]. Il secoue Apsu, la mer et les créatures de la mer sont remuées ... Ton nom est Marduk* » (KAR 304+337:16'-19'). Selon Oshima (2011, 394), ce syncrétisme n'est pas trouvé dans les autres textes akkadiens.

Deux hymnes à Nabû

VAT 13719[37]

Un premier hymne à Nabû, dont une copie néo-assyrienne a été trouvée à Assur, mais dont l'origine n'est pas connue, donne plusieurs noms à Nabû : Lugaldimmarankia, Šazu, Urrunzu, Asari, « *Porteur de la tablette de destin* », Ḫana, « *Juge* », « *Sept* » et Sirsirra. Vu que certains de ces noms et épithètes sont aussi donnés à son père Marduk, Nabû prend ainsi possession des domaines de Marduk et est présenté comme omnipotent.

> « Je veux dire de ta grandeur, Nabû, roi glorieux, je veux exalter tes hauts faits, dragon des dieux, souverain magnifique, je veux proclamer ta seigneurie, ô le plus expert de l'Apsû, premier né des dieux, porteur de la royauté. Du prince du roi des dieux, Marduk, écoute ses faits d'armes. Du roi, du fils d'Esagil, du flambeau des dieux, je veux honorer son nom. Quel autre créateur du monde habité, de toutes

37 Cf. Ebeling 1947-1952, 477-478 ; Seux 1976, 134-136 ; Foster 1993, 618-619. La traduction est basée largement sur celle de Seux.

les régions, mentionnerais-je ? Ton ordre est le plus fort et le plus sublime de l'univers. Tu es Nabû !
Dimmerankia, ô dieu, seigneur, roi des cieux et de la terre, est devenu ton nom. Ton premier nom est Shazu, qui connaît les cœurs des dieux, son ennemi ne l'inspecte pas. Ton deuxième nom est Urrunzu, son nom de nuit [...]. Ton troisième nom est Asari, le rival, qui fait s'en aller en fumée les scélérats. Ton quatrième nom est « Porteur de la tablette des destins des dieux de tous les Igigi suprêmes. Ton cinquième nom est Hana, <qui tient ferme> l'orbe des cieux et de la terre, qui assure [...]. Ton sixième nom est juge qui n'accepte pas de cadeau, qui promeut la vérité. Ton septième nom est Sept, preux fougueux, qui scrute les montagnes. Ton huitième nom est Sirsirra, progéniture de Qingu, qui [...]. Ô seigneur, dans l'Apsû tu es devenu haut dans le pays. Tu es guerrier. Tu es Nabû ! ».

Par les noms donnés à Nabû dans cet hymne, ce dieu et le dieu Marduk sont identifiés. En fait, quelques noms sont des noms donnés à Marduk dans l'épopée de la création (*Enuma eliš*) : Dimmerankia (Lugaldimmerankia dans *Enuma eliš* VI 139*)*, Shazu (*Enuma eliš* VII 35,41,43,47,51,55), Asari (*Enuma eliš* VII 1). D'autres sont liés à la même épopée : *« Juge »* (*Enuma eliš* VII 39 ; cf. Seux 1976, 136 n. 25) et Sirsirra (*Enuma eliš* VII 70-77 ; cf. Foster 1993, 619).

BM 34147

Dans un deuxième hymne (BM 34147, surtout colonne B[38]), gravement endommagé, trouvé en Babylonie et datant de l'époque néo-babylonienne, le même dieu Nabû est appelé/identifié à Enlil, Lugaldimmerankia, Imdudu, Ḫendursanga, Mes, Girru et Enbilulu. Le lien avec Marduk ainsi qu'avec l'*Enuma eliš* est clair (Lambert 1978, 93-95). En plus, Imdudu est un nom de Nabû dans un texte de Šamaš-šum-ukîn (AfO 18, 386:8).

Ces deux hymnes ne nous donnent aucun renseignement sur un possible système monothéiste en Mésopotamie. Par exemple, le texte BM 34147 appartient à la même catégorie de textes que les autres : la seule chose démontrée est un amour pour un dieu spécifique sans démentir l'existence d'autres dieux.

En tout cas, ces hymnes et plusieurs autres textes, non mentionnés ici, sont pareils et par conséquent les mêmes arguments peuvent être invoqués en ce qui concerne ces textes. En Mésopotamie, les dieux furent identifiés l'un à l'autre tout le temps.

En général, il faut noter que le genre même des hymnes se prête facilement pour la recherche des tendances monothéistes. Un hymne est par définition un texte qui exalte une divinité particulière et la met sur un niveau supérieur par rapport aux autres dieux[39] (Machinist 1991, 198-199). Ceci n'est pas

[38] Cf. Lambert (1978, 82-87).

[39] Un exemple additionnel est le titre « prince des dieux », qui est porté par Anu (Rituels accadiens. 108-109:3-4), Aššur (SAA 3 1:1), Marduk (Enuma eliš VII 94) et Sîn (4R 9:5-6).

inattendu selon BOTTÉRO, car un « esprit religieux s'adresse plus volontiers à « UN «vis-à-vis» », même flou et indistinct, qu'à tout un groupe de personnes, à une pluralité, à un mélange incertain ou une Force vague » (BOTTÉRO 1998, 97).

3.2.2.3. Le « Archive of Mystical Heptads » (3R 69 no.3, CT 46 53, KAR 142, PSBA 33, 94-95, RA 91 75)

Cette composition (cf. PONGRATZ-LEISTEN 1994, 221-224) énumère plusieurs groupes de sept entités, toujours d'un caractère cultuel ou mystique (LAMBERT 1997, 74), et quelques fois il s'agit de sept variantes d'une divinité.

KAR 142 iii 19-26 : (19') ^{d}*En-bi-lu-lu* ^{d}IM *šá* TIN.TIR [^{ki}] (20') ^{d}U$_{4}$.AN.EDIN.NA.GUB.BA ^{d}I[M *šá*] EN.LÍL[^{ki}] (21') ^{d}U$_{4}$.GAL.GAL ^{d}IM *šá* [IM^{ki}] (22') ^{d}U$_{4}$.GÙ.DÉ[40] ^{d}IM *šá Zab-*[*ban*^{ki}] (23') ^{d}U$_{4}$.GÙ.RA.RA ^{d}IM *šá* LAMxKUR R[U^{ki}] (24') ^{d}*Maš-ša-ad* ^{d}IM *šá* [PÀ]D.DA[^{ki}] (25') ^{d}*Ad-de-e-a* ^{d}IM *šá Ga*$^{!}$*-eš*^{ki} (26') 7 ^{d}IM^{meš}.

« Enbilulu est Adad de Babylone, Uanedinna est Adad de Nippur, Ugalgal est Adad de Nippur, Ugude est Adad de Zabban, Ugurara est Adad de Aratta, Maššad est Adad de Padda, Addea est Adad de Gaeš. Sept Adads ».

KAR 142 iii 27-34 : (27') ^{d}*Èr-ra* ^{d}U+GUR *šá Gú-du*$_{8}$*.a*^{ki} (28') ^{d}*Mes-lam-ta-è-a* ^{d}U+GUR *šá* TIN.TIR^{ki} (29') ^{d}*Ḫuš-ki-a* ^{d}U+GUR *šá* EN.LÍL^{ki} (30') ^{d}U$_{4}$.BU.U.UL ^{d}U+GUR *šá Sip-par*^{ki} (31') ^{d}*I-sar-pàd-da* ^{d}U+GUR *šá a-šár* Íd.dur.an (32') ^{d}BI.BI ^{d}U+GUR *šá A-pak*^{ki} (33') ^{d}LÚ.ḪUŠ ^{d}U+GUR *šá Kiš*^{ki} (34') 7 ^{d}U+GUR^{meš}.

« Erra[41] *est Nergal de Kutha, Meslamtea*[42] *est Nergal de Babylone, Ḫuškia*[43] *est Nergal de Nippur, Ububul*[44] *est Nergal de Sippar, Isarpadda est Nergal de Aḫi nâr Dūr-ili, Bibi est Nergal de Apak, Luḫušu*[45] *est Nergal de Kiš. Sept Nergals ».*

PSBA 33, 94-95 Pl. XII : (Vo 1) ^{d}NIN.TU ^{d}*Be-let-*DINGIR^{meš} (Vo 2) *šá Di-nik*$^{!}$*-ti*^{ki} (Vo 3) ^{d}NIN.MAḪ ^{d}*Be-let-*DINGIR^{meš} (Vo 4) *šá* É.MAḪ (Vo 5) ^{d}NIN.ḪUR.SAG.GÁ ^{d}*Be-*

[40] Dans AN = Anu ša amēli 55, ce dieu est appelé « *Adad ša ri-iḫ-ṣi* » (PONGRATZ-LEISTEN 1994, 227).

[41] Dans An = Anum vi 9, Erra est une manifestation de Nergal (PONGRATZ-LEISTEN 1994, 227).

[42] Dans An = Anum v 298, Meslamtea est un dieu infernal (STOL 1987-90 ; PONGRATZ-LEISTEN 1994, 227).

[43] Dans An = Anum vi 5, Ḫuškia est une manifestation de Nergal (PONGRATZ-LEISTEN 1994, 227).

[44] Dans An = Anum vi 4, Ububul est une manifestation de Nergal (PONGRATZ-LEISTEN 1994, 227).

[45] Aussi connu comme manifestation de Nergal (PONGRATZ-LEISTEN 1994, 227).

let-DINGIR^meš^ (Vo 6) *šá Keš*^ki^ (Vo 7) ^d^NIN.MEN.NA ^d^*Be-let*-DINGIR^meš^ (Vo 8) *šá* ^uru^*Ú-tab*^ki^ (Vo 9) ^d^ŠÀ.SUR.RA ^d^*Be-let*-DINGIR^meš^ (Vo 10) *šá* ^uru^*Ur-rak*^ki^ (Vo 11) ^d^E_4.RU_6 ^d^*Be-let*-DINGIR^meš^ (Vo 12) *šá* TIN.TIR^ki^ (Vo 13) ^d^*Be-let-i-la-a-ti* ^d^*Zar-pa-ni-tum* (Vo 14) 7 ^d^*Be-let-ì-li*^meš^.

> « Nintu est Bēlet-ili de Dinikti, Ninmaḫ est Bēlet-ili de E-maḫ, Ninḫursag est Bēlet-ili de Keš, Ninmenna est Bēlet-ili de Udab, Šasura est Bēlet-ili de Urrak, Erua est Bēlet-ili de Babylone, la Dame de la déesse est Zarpanitu. 7 Bēlet-ili ».

À première vue, ces lignes sont le témoignage d'une absorption des divinités par un seul dieu, ici Adad, Bēlet-ili et Nergal[46]. Le fait que trois divinités jouent le rôle d'« élément absorbant » plaide déjà contre un monothéisme. Ces lignes s'insèrent simplement dans le modèle déjà décrit, celui des tendances d'élever une divinité au-dessus des autres. Concernant les lignes sur Nergal, GEORGE (1992, 370) remarque que cela n'implique pas nécessairement une actualité cultuelle.

De plus, ce ne sont pas seulement des divinités qui sont identifiées l'une à l'autre. Dans PSBA 94-95 Pl. XI Ro 1-17, ce sont des étoiles qui sont identifiées avec Enlil :

> *« L'étoile* Šu-gi *(Persée) est le Enlil de Nippur ; l'étoile* Ka_5-a *(une étoile de la Grande Ourse) est le Enlil de Enamtila ; l'étoile* Ur-bar-ra *(Lyre) est le Enlil de Ḫursagkalama ; l'étoile* Dara-lugal *est le Enlil de Kullaba ; l'étoile* Gud-an-na *(Taureau) est le Enlil de Aratta ; l'étoile Ḫumba est le Enlil de* Za-múš, *Elam ; l'étoile* Šu-pa *est le Enlil de Babylone, le seigneur des Enlils ; l'étoile* Šu-pa *est le Enlil qui fixe le destin du pays. 7 Enlils »*[47].

3.2.2.4. Marduk et les aspects des autres dieux (CT 24 50 = BM 47406)[48]

Ce texte, d'origine babylonienne et donc plus important pour la religion babylonienne, fut pour la première fois utilisé comme argument en faveur du monothéisme ou des tendances monothéistes par PINCHES, et ensuite par plusieurs autres auteurs (JEREMIAS 1904, 26 ; WALLIS BUDGE 1908, 13 ; LAMBERT 1957-71, 546 ; LAMBERT 1975, 198). Le recto du texte semble dégrader les autres dieux aux simples aspects de Marduk[49] (un phénomène

[46] PONGRATZ-LEISTEN (1994, 227) appelle iii 19'-25' une *« Gleichsetzung von Göttern mit bestimmten Adad-Manifestationen in Kultstädten des Adad »*.

[47] Pour l'identification possible des étoiles, cf. GÖSSMANN 1950, s.v.

[48] Cf. PARPOLA (1995, 399) pour une édition de ce texte.

[49] Une phase avant ce texte est représentée par K.4349 xi (CT 24 39-44), où plusieurs divinités mineures sont identifiées comme des aspects d'Ea (xi 3-11), de Ninlil (xi 12-13), de Sîn (xi 14-28), d'Adad (xi 38-48), de Ninurta (xi 60-65), de Nergal (xi 66-74), d'Ištar (xi 75-85), de Nabû (xi 102-107), etc.

intitulé « henotheistic syncretism » par NIKIPROWETZKY [1975, 73]), comme la traduction le démontre :

Translittération	Transcription
(1) ^{d}*Uraš* ^{d}AMAR.UTU *šá e-ri-šú*	(1) Uraš est Marduk de la plantation.
(2) ^{d}LUGAL-ÍD-DA ^{d}AMAR.UTU *šá nag-bi*	(2) Lugalidda est Marduk de la source.
(3) ^{d}NIN-URTA ^{d}AMAR.UTU *šá al-li*	(3) Ninurta est Marduk de la pioche.
(4) ^{d}NÈ-IRI$_{11}$-GAL ^{d}AMAR.UTU *šá qab-lu*	(4) Nergal est Marduk de la bataille.
(5) ^{d}ZA-BA$_{4}$-BA$_{4}$ ^{d}AMAR.UTU *šá ta-ḫa-zi*	(5) Zababa est Marduk du combat.
(6) ^{d}*En-líl* ^{d}AMAR.UTU *šá be-lu-tú u mit-lu-uk-tú*	(6) Enlil est Marduk de la souveraineté et de la consultation.
(7) ^{d}*Na-bi-um* ^{d}AMAR.UTU *šá* NÍG.ŠID	(7) Nabû est Marduk de la comptabilité.
(8) ^{d}EN-ZU ^{d}AMAR.UTU *mu-nam-mir mu-ši*	(8) Sîn est Marduk qui éclaire la nuit.
(9) ^{d}UTU ^{d}AMAR.UTU *šá di-na-a-ti*	(9) Šamaš est Marduk de la justice.
(10) ^{d}IM ^{d}AMAR.UTU *šá zu-un-nu*	(10) Adad est Marduk de la pluie.
(11) ^{d}*Tišpak* ^{d}AMAR.UTU *šá um-ma-nu*	(11) Tišpak est Marduk des troupes.
(12) AN.GAL ^{d}AMAR.UTU *šá* KIL ZI ZI	(12) Le Grand Anu est Marduk de [...].
(13) ^{d}*Šu-qa-mu-nu* ^{d}AMAR.UTU *šá pi-sa-an-nu*	(13) Šuqamuna est Marduk de la caisse.
(14) [^{d}...] ^{d}[AMAR.UTU] *šá* [*ku*]*l-la-ti*	(14) [...] est Marduk du tout.

Toutefois, la seule chose que ces textes ont montré est que les Mésopotamiens (c'est-à-dire les Assyriens ainsi que les Babyloniens) du Ier millénaire av. J.-C. avaient, de temps en temps, la tendance de se concentrer sur un dieu dans un contexte qui demeure explicitement polythéiste (MEEK 1950, 198). Il ne s'agit donc pas d'une idée de divinité comme représenté par un seul dieu.

Cette idée est par ailleurs renforcée par l'existence des dieux personnels en Mésopotamie (cf. p. ex. des noms propres comme Aššur-ila'i « *Assur est mon dieu* » ou Arda-DN « *Serviteur du dieu X* »). Le principe d'un dieu personnel est assez logique : parmi une plénitude de dieux disponibles, un individu choisit une de ces divinités comme divinité personnelle, qui protège son adhérant (HARTMANN 1980, 65-67). Chaque dieu peut exercer cette fonction. Selon BOTTÉRO, l'existence des divinités personnelles est le résultat logique d'une caractéristique de la religion mésopotamienne de « se pointer spontanément sur une personnalité divine, en qui ils concentraient, pour l'heure, tout le Divin et tout le sacré » (BOTTÉRO 1998, 97-98). En tout cas, l'idée du dieu personnel n'est pas du tout un argument en faveur d'un monothéisme ou même des tendances monothéistes ; au contraire on peut y déduire un désir temporaire d'approcher le divin comme singulier (PORTER 2000, 255-256).

Selon George (1997, 66-67 ; aussi Oshima 2011, 394 n.23), les principaux objets de culte se trouvant dans le temple de Ninurta à Babylone et dans la chapelle de Ninurta dans l'Esagil furent des statues de Marduk impliquant que Ninurta était une partie de Marduk. Une telle idée est assez simpliste. À mon avis, ce fait ne montre que la supériorité de Marduk à Babylone même et cela correspond au transfert à Marduk (Babylone) de mythologie traditionnellement attachée à Ninurta, le fils d'Enlil (Nippur). Il s'agit donc d'une chose interne babylonienne et non pas mésopotamienne.

3.2.2.5 Prophéties assyriennes

Dans la prophétie SAA 9 1.4, la déesse Ištar prend la parole, comme souvent, mais en outre, elle dialogue aussi avec Bēl et Nabû. Selon Parpola (1997, xviii) cela signifie que ces trois dieux sont unis et il fait immédiatement référence à la Trinité chrétienne. Il parle de « trinité assyrienne » (1997, xxviii ; 2000, 202-205), dans laquelle Ištar est le Saint-Esprit (Parpola 1997, xxxi-xxxii), Bēl est le Père et Nabû est le Fils (cf. Cooper 2000, 440). Néanmoins, dans l'oracle, il est également possible que les trois divinités expriment chacune leur propre message ou que, dans les autres oracles, Ištar parle au nom des autres deux dieux (Cooper 2000, 439-440). En bref, les identifications faites par Parpola sont trop superficielles (Weippert 2002, 10-11 et 14-15).

De plus, des prophéties dans lesquelles figurent plusieurs divinités sont déjà attestées à Mari durant l'époque paléo-babylonienne (p. ex. ARM 26 208-209 ; cf. Frahm 2000-01, 34).

3.2.2.6 Epopée d'Atraḫasis

Dans l'épopée d'Atra*ḫ*asis deux passages pourraient témoigner un possible monothéisme babylonien. Dans ces passages, il est dit : « *Ne rendez-plus d'honneurs à vos dieux ! N'implorez plus vos déesses ! Mais hantez seulement Namtar : À lui seul apportez vos plats-cuits !* » (Atrahasis I 378-381 ; traduction Bottéro 1989, 542). L'autre passage (Atrahasis II 9-12, 23-26) est exactement le même, mais le dieu Namtar a été remplacé par Adad. Toutefois, von Soden (1994, 615-616) a montré qu'il s'agit ici plutôt d'une monolâtrie adéquatement situative (le passage se trouvant dans le contexte d'un fléau et par conséquent c'est Adad qui est invoqué).

3.2.2.7 Inscription de Bēl-tarṣi-ilumma (RIMA 3 A.0.104.2002:12)

Grâce à la mention d'Adad-nirari III et Sémiramis, cette inscription d'un gouverneur de Kalḫu peut être datée d'env. 800 av. J.-C. La phrase pertinente de cette inscription est : « *Qui que tu sois, après moi, fais confiance à Nabû et ne fais pas confiance à un autre dieu* » (*ma-nu ar-ku-ú a-na* ᵈAG *na-at-kil ana* DINGIR *šá-ni-ma la ta-tak-kil*). Selon HARTMANN (1980, 59 ; aussi FRAHM 2000-01, 33-34), cette phrase constituerait l'expression la plus marquante d'un monothéisme mésopotamien rudimentaire[50]. Le texte est aussi mentionné par JEREMIAS (1904, 29) et KREBERNIK (2002, 45), qui le cite comme exemple d'une tendance mésopotamienne vers le caractère unique (« *Einzigartigkeit* ») d'une divinité.

Néanmoins, il s'agit ici d'un faible indice pour une quelconque tendance monothéiste en Mésopotamie. La seule chose que l'on pourrait déduire de cette phrase est que Bēl-tarṣi-ilumma avait une préférence personnelle pour Nabû (MEEK 1950, 195). Il faut aussi noter que cette inscription a été trouvée dans le temple de Nabû à Kalḫu. Il aurait été plus significatif si la statue avait été découverte dans le temple d'un autre dieu.

3.2.2.8 Liste des rituels étatiques assyriens (BM 121206[51])

Ce long texte (à peu près 650 lignes), daté d'après l'an 634 av. J.-C., provient des dernières décennies de l'empire néo-assyrien et appartient à la religion nationale assyrienne. Grâce à un passage dans lequel Aššur est identifié aux autres dieux, SAGGS (1984, 203-204) a considéré ce texte comme un nouveau exemple d'un monothéisme naissant en Assyrie. Le passage (viii 55'-58') peut être traduit ainsi : « *Jupiter est l'étoile de Sîn et Sîn est Aššur. L'étoile* MÚL.MÚL *est Aššur. L'étoile «joug» est Aššur. L'étoile* MU.SÍR.KEŠ$_3$.DA *d'Enlil est Aššur. L'étoile* DIL.GÁN *est la demeure d'Aššur. «Couronne d'Anu» est la demeure d'Aššur* ». SAGGS interprète ces lignes comme étant « *in the last resort manifestations of a single god who embraced all the divine powers* ».

Malheureusement pour SAGGS, aucune trace d'un monothéisme ne peut être trouvée dans ce texte. Au contraire, plusieurs épisodes mentionnent plusieurs divinités qui occupent une position pareille à celle d'Aššur : « *12 dieux qui se trouvent à gauche d'Aššur* » (v 12'), « *Aššur, Ninlil, Ninurta et Adad vont vers la fête akītu* » (vi 24'-25'), « *En total : 14 dieux qui reçoivent la farine rôtie* » (x 13'-17'), listes de dieux (ix 7'-23' and 27'-34'). Par deux fois, il semble qu'Aššur soit privilégié : (1) parmi les braseros qui vont à la fête d'*akītu*, on en compte deux pour Aššur contre un pour chacun des autres dieux (viii 22'-29') et (2) la ligne sur Anu fait croire qu'Aššur a pris la position de ce dernier comme roi des cieux.

50 HARTMANN fait aussi référence a 4R 29, où une phrase « *Il n'y a pas de dieu qui nous mène sur la bonne voie, sauf que vous* » est attestée.

51 Edité par VAN DRIEL (1969, 74-119) et MENZEL (1981, T 59-71 no. 35).

Par conséquent, la vérité est plus nuancée (Porter 2000, 260-262). Premièrement, la ligne sur Anu n'implique pas une fusion des deux dieux. Deuxièmement, les lignes se concentrent sur le rôle des *ilu*s comme entités célestes (étoiles, planètes). Ceci est aussi valable pour certaines parties de « *Archive of Mystical Heptads* » (cf. *supra*, 3.2.2.3). Le remplacement d'une telle entité par une autre est même habituel dans des manuels astronomiques mésopotamiens et des rapports astrologiques assyriens. Cela implique qu'il s'agit d'un remplacement des divinités comme entités célestes, et non d'une absorption d'une divinité par une autre. Notons également que Sîn apparaît ailleurs dans ce texte comme un dieu indépendant.

3.2.2.9 Inscription royale de Nabonide (AOAT 256 3.1 ii 16-18)

Dans cette inscription, la stèle dite de Ḫarran, Nabonide (561-539 av. J.-C.) exalte la suprématie du dieu de la lune Sîn en disant « *Toi, qui concentre en toi-même les ordonnances de culte (*parṣu*) d'Anu, qui exécute le* parṣu *d'Enlil et qui prend le* parṣu *d'Ea* » (*ḫa-mi-im* garza ᵈ*A-nù-ú-tú mu-gam-mi-ir* garza ᵈEn.líl-*ú-tú le-qu-ú pa-ra-aṣ* ᵈ*E-a-ú-ti*).

Comme dans les autres textes, on ne peut percevoir aucun signe monothéiste dans ce texte-ci. Dans le contexte d'une réouverture d'un temple pour Sîn, il est normal que ce texte soit une louange vouée uniquement à cette divinité (Baumann 2006, 18). En fait, il s'agit plutôt de l'amour de Nabonide pour Sîn. Le roi néo-babylonien ne fait en aucun cas de Sîn le seul et unique dieu. Sîn était simplement le dieu personnel de Nabonide.

Conclusion : une religion polythéiste

Les sources iconographiques et textuelles utilisées par plusieurs auteurs pour démontrer l'existence d'un monothéisme ou d'une religion s'y rapprochant en Mésopotamie nous donnent en fait une image plus nuancée.

Parmi les supporters du monothéisme/tendances monothéistes, on distingue trois groupes. Premièrement, on a, du côté le plus extrême, le groupe de Simo Parpola (aussi Gruenwald et Oshima) qui croient en un monothéisme absolu en Assyrie, dans lequel Aššur a absorbé toutes les autres divinités (sauf les déesses et les démons) afin de se profiler comme dieu unique assyrien. Ce système monothéiste, qui contient aussi une triade (père-mère-fils), a été exporté vers les régions voisines d'Assyrie par les conquêtes néo-assyriennes et a finalement stimulé la formation du monothéisme israélite, qui, à son tour, a mené vers le christianisme. Les systèmes monothéistes juifs et chrétiens ont donc une origine assyrienne.

Les membres du deuxième groupe (Lambert, Pinches, Saggs) croient que la religion mésopotamienne fut un quasi monothéisme, mais avouent que cette religion n'a jamais atteint le niveau d'un authentique monothéisme.

Un troisième groupe (Bottéro, Frahm, Hartmann, Jastrow, Jeremias, Krebernik, Meek, Nikiprowetzky, Porter, Schmökel, etc.) demeure plus prudent. Les termes utilisés sont plutôt « monolâtrie », « hénothéisme », « hénolâtrie », etc. Selon les membres de cette école, la religion mésopotamienne ne fut jamais vraiment monothéiste dans un sens moderne et le niveau d'un vrai monothéisme, au sens où l'entend le deuxième groupe, n'a jamais été atteint.

La « route vers la vérité » se situe sur deux niveaux : la terminologie et l'interprétation des sources qui pourraient révéler des tendances monothéistes ou hénothéistes. La terminologie demeure fort compliquée, comme le montre la liste des expressions utilisées par les auteurs pour indiquer les éventuelles tendances monothéistes. Plusieurs auteurs (p. ex. Baumann) utilisent d'ailleurs différentes expressions.

Le deuxième niveau est plus facile à analyser. Selon la plupart des spécialistes, plusieurs textes (cités plus haut) suggèrent que dans certains milieux savants, il y avait une tendance à se concentrer sur un dieu qui, dans ce contexte, devient (temporairement) le dieu suprême du panthéon. Toutefois, contrairement à ce que croient Lambert et Parpola, ce dieu n'était pas spécifiquement Marduk (en Babylonie) ou Aššur (en Assyrie). Des divinités comme Ištar, Nabû, Sîn, Nergal, Ninurta, etc. furent également l'objet d'une vénération intense et furent par conséquent parfois également élevées vers le niveau du dieu supérieur (Bottéro 1998, 125-126 ; cf. également la liste des textes « syncrétistes » chez Oshima 2011, 391). Krebernik (2002, 45-46) place même les textes qui à première vue font témoignage de l'absorption d'une divinité par une autre dans la catégorie des tendances syncrétistes qui, selon lui, ont existé en Mésopotamie depuis le IIIe millénaire.

Il faut encore souligner que l'existence des autres dieux ne fut jamais démentie dans les textes mésopotamiens. Il n'y a pas un texte qui suggère la suppression du panthéon de telle ou telle divinité ou de la disparition de la vénération de telle ou telle divinité (Meek 1950, 199 ; Nikiprowetzky 1975, 73 ; Hartmann 1980, 65)[52]. Le seul texte qui parle de façon « négative » des autres dieux est l'inscription de Bēl-tarṣi-ilumma, mais même ce texte peut être interprété alternativement, comme montré plus haut.

[52] Parallèlement, la déesse carthaginoise Tanit ne fut pas exclue du culte quand, après env. 400 av. J.-C., elle fut appelée *Tanit péné Baal « Tanit, face de Baal »* (Lipiński 1995, 82 et 200-201, qui propose une traduction alternative de *péné Baal*, c'est-à-dire *« en face de Baal »*).

Cela confirme que la religion mésopotamienne n'a jamais été une religion monothéiste, parce que jamais une seule divinité n'a complètement absorbé ou chassé les autres divinités du panthéon. L'idée que ce monothéisme est le berceau du monothéisme juif et chrétien est également basée sur des parallèles trop faciles et doit dès lors être abandonnée. En bref, on ne trouve aucune trace d'un tel monothéisme dans les sources assyriennes et babyloniennes (Berlejung 1999, 1212)[53]. Concernant le parallèle avec le *kabbalah* juif, il faut réaliser que jamais dans la religion juive le *kabbalah* n'a été la croyance centrale, contrairement à ce que croit Parpola (1993, 190 n. 107). Dans la religion mésopotamienne, les milieux ésotériques n'étaient pas non plus les cercles les plus importants.

Reste la question de savoir si la religion mésopotamienne fut vraiment affectée par des tendances monothéistes, visibles dans les textes discutés plus haut. Premièrement, si elles existent, ces tendances ne peuvent pas être généralisées, comme le fait Parpola. Il s'agit de phénomènes temporaires et isolés (Porter 1999, 685).

Toutefois, même l'expression « tendances monothéistes » est trop forte pour décrire ce qui se passe dans la religion mésopotamienne. Il ne s'agit que des îles d'hénothéisme ou de monolâtrie strictement personnelles et limitées dans le temps. On ne peut pas parler d'un système. Toutefois, de telles îles pouvaient être intégrées sans aucun problème par des religions polythéistes (Gladigow 1998, 327). Un tel système fut déjà envisagé par Jeremias (1904, 16-17), qui écrivait que dans l'ésotérisme mésopotamien les dieux n'étaient qu'un *« Offenbarung einer höchsten, göttlichen Gewalt » ou que le monothéisme mésopotamien existe seulement dans un sens d'une « Einheitlichkeit der göttlichen Macht »* (Jeremias 1904, 39)[54].

Cooper (2000, 440) et Porter (2000, 254 et 268-269) l'ont bien montré. On pourrait expliquer ces îles comme une tendance vers une uniformité du Divin dans la religion mésopotamienne. La religion n'avait pas un seul dieu, mais au premier millénaire av. J.-C., en Assyrie ainsi qu'en Babylonie, on voit que la pluriformité du Divin s'affaiblir rapidement, ce qui explique le fait

[53] Berlejung (1999, 1212) fait la juste remarque que Parpola accentue les similarités entre les différents systèmes religieux (religion assyrienne, judaïsme, christianisme, gnosticisme, etc.), mais qu'il ne parle pas du tout des différences entre ces systèmes.

[54] Jeremias (1904, 43) va cependant trop loin quand il suggère que les tendances monothéistes mésopotamiennes faisaient partie de grandes vagues monothéistes dans le Proche-Orient ancien, comme la politique religieuse d'Akhénaton en Égypte ou une grande vague qui dans le VIe siècle aurait submergé tout l'Orient (jusqu'à la Chine) dans une tendance monothéiste.

que dans certains textes un dieu peut « absorber » les aspects d'autres dieux, sans être le seul dieu suprême.

Selon KREBERNIK (2002, 47), une telle simplification, aussi exprimée par les tendances syncrétistes, est parallèle à une simplification dans des présages (vers une relation négatif-positif) et dans les textes grammaticaux néo-babyloniens (on isole les éléments des mots sumériens et on les arrange selon des fonctions grammaticales comme singulier, pluriel, causatif, etc.). Même l'écriture se simplifiait, c'est-à-dire que les Mésopotamiens adaptaient graduellement une écriture araméenne alphabétique plus simple.

Après avoir établi ces îles d'hénothéisme ou de monolâtrie, on pourrait se demander quel nom donner à ce phénomène. Pour cela on peut se diriger vers l'étude lexicographique que HARTMANN (1980, 67-79) a faite sur ce sujet. Se basant sur les définitions de plusieurs expressions concernées données dans BERTHELOT, HARTMANN a cherché un juste terme pour appeler ce phénomène religieux mésopotamien.

Le terme « monothéisme », comme défini par BERTHELOT, n'est clairement pas une possibilité. Cette définition de monothéisme est « *La foi en un unique Dieu qui, contrairement à la monolâtrie ou l'hénothéisme, exclut fondamentalement la foi en existence d'autres dieux* » (BERTHELOT 1962, 369) et cela ne se trouve nulle part dans les sources mésopotamiennes où, comme déjà dit, aucune négation des autres dieux n'est attestée.

« Monolâtrie », selon BERTHELOT (1962, 369), « *signifie que seulement un dieu est servi, sans que l'existence des autres dieux soit niée* ». Cette expression n'est pas non plus correcte, car les sources mésopotamiennes ne mentionnent jamais qu'il n'y a qu'un seul dieu servi.

HARTMANN (1980, 78) décrit hénothéisme comme « *monothéisme de l'émotion et de l'humeur, qui n'exclut ni la présence d'autres dieux ni leurs vénération, mais qui caractérise seulement le point de vue de la personne, qui vénère, à un moment donné, un dieu invoqué* ». Ceci vaut par exemple pour les hymnes et les prières, mais aussi les autres sources pourraient également être expliquées par cette expression.

Ici, HARTMANN ajoute une quatrième expression, qui ne figure pas dans le dictionnaire de BERTHELOT. En fait, HARTMANN l'a désigné par « hénolâtrie »[55], ce qui sert à expliquer le cas des dieux personnels de la Mésopotamie. Les textes sur les dieux personnels ne peuvent pas être expliqués par l'« hénothéisme », parce que les dieux personnels furent vénérés pendant toute la vie, et non à un moment donné. Le critère majeur est ici celui de la durée.

[55] La définition donnée par HARTMANN (1980, 79) est « vénération spécifique et durable d'un dieu dans une religion polythéiste ».

Ceci nous mène à la conclusion que la religion mésopotamienne possédait des aspects hénothéistes et hénolâtriques. En tout cas, la religion traditionnelle polythéiste reste en vigueur jusqu'à la fin du matériel textuel cunéiforme. En outre, plusieurs dieux mésopotamiens figurent même dans des textes magiques de l'époque talmudique ou même islamique, comme le souligne Krebernik (2002, 46-47).

En conclusion, les sources mésopotamiennes ne nous permettent pas de postuler une religion monothéiste. Même la supposition de plusieurs tendances monolâtriques ou hénothéistes doit être nuancée. La plupart des sources (p.ex. les hymnes) ont un caractère qui les force à exalter un dieu (personnel) au-dessus des autres et ne peuvent être utilisées pour confirmer de telles tendances. La seule chose que l'on puisse dire est que certaines personnes érudites avaient une inclination à considérer le Divin comme étant uniforme (anglais *one*) et non pas pluriforme (anglais *many*), sans toucher de l'une ou l'autre façon au monde polythéiste mésopotamien.

Références

Abusch, T.
1999. « Marduk », dans K. van der Toorn, P. Becking, P.W. van der Horst (éd.), *Dictionary of Deities and Demons in the Bible*, Leiden, p. 543-549.
Akurgal, E.
1961. *Die Kunst der Hethiter*, München.
Albenda, P.
1994. « Assyrian Sacred Trees in the Brooklyn Museum », *Iraq* 56, p. 123-133.
Albright, W.F.
1940. *From the Stone Age to Christianity : Monotheism and the Historical Process*, Garden City.
Ataç, M.-A.
2010. *The Mythology of Kingship in Neo-Assyrian Art*, Cambridge.
Baentsch, B.
1906. *Altorientalischer und Israelitischer Monotheismus: Ein Wort zur Revision der entwicklungsgeschichtlichen Auffassung der israelitischen Religionsgeschichte*, Tübingen.
Baker, H.D.
2000. « Inūrta-tukulti-Aššur », *PNA* 2/1, p. 512.
Bauer, H. – Leander, P.
1927. *Grammatik des Biblisch-Aramäischen*, Halle.
Baumann, G.
2006. « Trendy Monotheism ? Ancient Near Eastern Models and Their Value in Elucidating "Monotheism" in Ancient Israel », *Old Testament Essays* 19, p. 9-25.
Beckman, G.
2006-2008. « Religion. B. Bei den Hethitern », *RlA* 11, p. 333-338.
Berlejung, A.
1999. Compte-rendu de Parpola (1997) et de Nissinen (1998), *Theologische Literaturzeitung* 124, col. 1211-1214.
Berthelot, A.
1962. *Wörterbuch der Religionen*, Kröners Taschenausgaben 125, 2e éd., Stuttgart.
Bottéro, J.
1989. *Lorsque les dieux faisaient l'homme : mythologie mésopotamienne*, Paris ; 1998. *La plus vieille religion. En Mésopotamie*, Folio/Histoire 82, Paris.
Brinkman, J.A.
1968. *A Political History of Post-Kassite Babylonia*, Analecta Orientalia 43, Rome.
Bryce, Tr.
2002. *Life and Society in the Hittite World*, Oxford.
Cogan, M.
1974. *Imperialism and Religion: Assyria, Judah and Israel in the Eighth and Seventh Centuries B.C.E.*, Society of Biblical Literature. Monograph Series 19, Missoula.
Cooper, J.
2000. « Assyrian Prophecies, the Assyrian Tree, and the Mesopotamian Origins of Jewish Monotheism, Greek Philosophy, Christian Theology, Gnosticism, and Much More », *JAOS* 120, p. 430-444.
Dalley, S.

2008. « The Identity of the Princesses in Tomb II and a New Analysis of Events in 701 B.C. », dans J. Curtis, H. McCall, D. Collon, L. al-Gailani Werr (éd.), *New Light on Nimrud: Proceedings of the Nimrud Conference 11th-13th March 2002*, London, p. 171-175.

Deimel, A.

1914. *Pantheon Babylonicum: nomina deorum e textibus cuneiformibus excerpta et ordine alphabetico distributa*, Scripta Pontificii Instituti Biblici 22, Rome.

Delitzsch, F.

1902. *Babel und Bibel. Ein Vortrag*, Leipzig.

Dietrich, W. – Kloppenstein, M.A.

1994. *Ein Gott Allein? JHWH-Verehrung und biblischer Monotheismus im Kontext der Israelitischen und altorientalischen Religionsgeschichte*, OBO 139, Freiburg – Göttingen.

Ebeling, E.

1918. *Quellen zur Kenntnis der babylonischen Religion I*, Mitteilungen der Vorderasiatischen-Aegyptischen Gesellschaft 23, Leipzig ; 1919-1920. *Keilschrifttexte aus Assur religiösen Inhalts*, WVDOG 28 et 34, Leipzig ; 1920. *Keilschrifttexte aus Assur verschiedenen Inhalts*, WVDOG 35, Leipzig ; 1927. *Keilschrifttexte aus Assur juristischen Inhalts* WVDOG 50, Leipzig ; 1947-1952. « Ein Loblied auf Nabû aus neuassyrischer Zeit », *Die Welt des Orients* 1, p. 476-479.

Falkenstein, A. – von Soden, W.

1953. *Sumerische und akkadische Hymne und Gebete*, Die Bibliothek der alten Welt, Zürich.

Finkelstein, I. – Silberman, N.A.

2001. *The Bible unearthed: archeology's new vision of Ancient Israel and the origin of its sacred texts*, New York.

Foster, B.

1993. *Before the Muses : An Anthology of Akkadian Literature*, Bethesda.

Frahm, E.

2000-2001. « Wie "christlich" war die assyrische Religion ? : Anmerkungen zu Simo Parpolas Edition der assyrischen Prophetien », *Die Welt des Orients* 31, p. 31-45.

Frankena, R.

1954. *Tākultu : de sacrale maaltijd in het Assyrische ritueel, met een overzicht over de in Assur vereerde goden*, Commentationes Orientales 2, Leiden.

Freydank, H.

1991. *Beiträge zur mittelassyrischen Chronologie und Geschichte*, Schriften zur Geschichte und Kultur des Alten Orients 21, Berlin.

Gadd, C.J.

1948. *Ideas of Divine Rule in the Ancient East*, Schweich Lectures 1945, London.

Gelb, I.J.

1963. *A Study of Writing*, 2e éd., Chicago.

George, A.R.

1992. *Babylonian Topographical Texts*, *OLA* 40, Leuven ; 1997. « Marduk and the Cult of the gods of Nippur in Babylon », *Orientalia* 66, p. 65-70.

Giovino, M.

2007. *The Assyrian Sacred Tree : A History of Interpretations*, OBO 230, Göttingen.

Gladigow, B.

1998. « Monotheismus », *Handbuch religionswissenschaftlicher Grundbegriffe* 4, p. 321-330.

GÖSMANN, F.

1950. *Šumerisches Lexikon. IV.2: Planetarium Babylonicum*, Scripta Pontificii Instituti Biblici, Rome.

GRAYSON, A.K.

1972. *Assyrian Royal Inscriptions.* I : *From the Beginning to Ashur-resha-ishi I*, Records of the Ancient Near East 1, Wiesbaden ; 1998-2001. « Ninurta-tukulti-Aššur », *RlA* 9, p. 527.

GRUENWALD, I.

1995. « How much Qabbalah in Ancient Assyria ? – Methodological Reflections on the Study of a Cross-Cultural Phenomenon », dans S. PARPOLA, R.M. WHITING (éd.), *Assyria 1995. Proceedings of the 10th Anniversary Symposium of the Neo-Assyrian Text Corpus Project*, Helsinki, p. 115-127.

HARTMANN, B.

1965-1966. « Monotheïstische stromingen in de Babylonische godsdienst », *Nederlands Theologisch Tijdschrift* 20, p. 328-338 ; 1980. « Monotheismus in Mesopotamien ? », dans O. KEEL (éd.), *Monotheismus im Alten Israel und seiner Umwelt*, Biblische Beiträge 14, Fribourg, p. 49-79.

HEHN, J.

1913. *Die biblische und die babylonische Gottesidee: Die israelitische Gottesauffassung im Lichte der altorientalischen Religionsgeschichte*, Leipzig.

HOLLOWAY, S.W.

2001. *Aššur is King ! Aššur is King !: Religion in the Exercise of Power in the Neo-Assyrian Empire*, Culture and History of the Ancient Near East 10, Leiden.

HOMMEL, F.

1897. *Die Altisraelitische Überlieferung in inschriftlicher Beleuchtung. Ein Einspruch gegen die Aufstellungen der modernen Pentateuchkritik*, München.

JASTROW, M.

1905-1912. *Die Religion Babyloniens und Assyriens*, 2 vol., Giessen.

JEREMIAS, A.

1904. *Monotheistische Strömungen innerhalb der babylonischen Religion*, Leipzig.

KARASU, C.

2003. « Why Did the Hittites Have a Thousand Deities ? », dans G. BECKMAN, R. BEAL, G. MCMAHON (éd.), *Hittite Studies in Honor of Harry A. Hoffner Jr. on the Occasion of his 65th Birthday*, Winona Lake, p. 221-235.

KARLSSON, M.

2013. *Early Neo-Assyrian State Ideology: Relations of Power in the Inscriptions and Iconography of Ashurnasirpal II (883-859) and Shalmaneser III (858-824)*, Uppsala.

KEEL, O.

1980. *Das Böcklein in der Milch seiner Mutter und Verwandtes: im Lichte eines altorientalischen Bildmotivs*, OBO 33, Freiburg.

KEEL, O – Uehlinger, C.

1992. *Göttinnen, Götter und Gottessymbole. Neue Erkenntnisse zur Religionsgeschichte Kanaans und Israels aufgrund bislang unerschlossener ikonographischer Quellen*, Freiburg.

KREBERNIK, M.

1998-2001. « Nīnlil », *RlA* 9, p. 452-461 ; 2002. « Vielzahl und Einheit im altmesopotamischen Pantheon », dans M. Krebernik, J. van Oorschot (éd.), *Polytheismus und Monotheismus in den Religionen de Vorderen Orients*, AOAT 298, Münster, p. 33-51.

Lambert, W.G.

1957-1971. « Gott. B. Nach akkadischen Texten », *RlA* 3, p. 543-546 ; 1975. « The Historical Development of the Mesopotamian Pantheon : A Study in Sophisticated Polytheism », dans H. Goedicke, J.J.M. Roberts (éd.), *Unity and Diversity : Essays in the History, Literature and Religion of the Ancient Near East*, The John Hopkins Near Eastern Studies, Baltimore, p. 191-200 ; 1978. « Nabû Hymns on Cylinders », dans B. Hruška, G. Komoróczy (éd.), *Festschrift Lubor Matouš*, Az Eötvös Loránd Tudományegyetem. Ókori Történeti tanszékeinek kiadványai 24-25 / Assyriologia 4-5, Budapest, p. 75-111 ; 1990. « Ancient Mesopotamian Gods : Superstition, Philosophy, Theology », *Revue de l'histoire des religions* 207, p. 115-130 ; 1997. « BM 119282 (1927-10-27,1) », *RA* 91, p. 74-78.

Landsberger, B.

1926. « Die Eigenbergrifflichkeit der babylonischen Welt », *Islamica* 2, p. 355-372.

Langdon, S.H.

1931. *The Mythology of All races. V. Semitic*, Boston.

de Liagre Böhl, F.M.Th.

1956. « De Babylonisch-Assyrische godsdienst », dans G. van der Leeuw, C.J. Bleeker (éd.), *De godsdiensten der Wereld* II, Amsterdam, p. 51-113.

Lipiński, E.

1995. *Dieux et déesses de l'univers phénicien et punique*, OLA 64, Leuven.

Livingstone, A.

1986. *Mystical and Mythological Explanatory Works of Assyrian and Babylonian Scholars*, Oxford ; 1989. *Court Poetry and Literary Miscellanea*, SAA 3, Helsinki.

Loretz, O.

1992. « Aschera, eine Frau an der Seite JHWH's : Die Entwicklung des bildlosen jüdischen Kults im Lichte der Ugaritischen Texte sowie die Inschriften aus Khirbet el-Qôm, Kuntillet Ajrud und Tell Miqne », *Mitteilungen für Anthropologie und Religionsgeschichte*, p. 147-198.

Machinist, P.

1991. « The Question of Distinctiveness in Ancient Israel: An Essay », dans M. Cogan, I. Eph'al (éd.), *Ah, Assyria. Studies in Assyrian History and Ancient Near Eastern Historiography Presented to Hayim Tadmor*, Scripta Hierosolymitana 33, Jerusalem, p. 196-212.

McKay, J.W.

1973. *Religion in Judah under the Assyrians 732-609 BC*, Studies in Biblical Theology 2/26, London.

Meek, T.J.

1936. *Hebrew Origins*, New York ; 1950. *Hebrew Origins*, 2e éd., New York.

Menzel, B.

1981. *Assyrische Tempel. 2: Anmerkungen, Textbuch, Tabellen und Indices*, Studia Pohl 10/2, Rome.

Muraoka, T. – Porten, B.

1998. *A Grammar of Egyptian Aramaic*, HdO 1/32, Leiden.

Nikiprowetzky, V.

1975. « Ethical Monotheism », *Daedalus* 104, p. 69-89.

Nissinen, M.

1991. *Prophetie, Redaktion und Fortschreibung im Hoseabuch: Studien zum Werdegang eines Prophetenbuches im Lichte von Hos 4 und 11*, AOAT 231, Kevelaer ; 1993. « Die Relevanz der neuassyrischen Prophetie für die alttestamentliche Forschung », dans M. Dietrich, O. Loretz (éd.), *Mesopotamica – Ugaritica – Biblica. Festschjrift für Kurt Bergerhof zur Vollendung seines 70. Lebensjahres am 7. Mai 1992*, AOAT 232, Kevelaer, p. 217-258 ; 1998. *References to prophecy in Neo-Assyrian sources*, SAA 7, Helsinki.

Nocquet, D.

2010. *Le Dieu unique et les autres. Esquisse de l'évolution religieuse de l'ancien Israël*, Dossier des cahiers évangile 154, Paris.

Oppenheim, A.L.

1966. « Analysis of an Assyrian Ritual (KAR 139) », *History of Religions* 5, p. 250-265.

Oshima, T.

2011. *Babylonian Prayers to Marduk, Orientalische Religionen in der Antike* 7, Tübingen.

Parker-Mallowan, B.

1983. « Magic and Ritual in the Northwest Palace Reliefs », dans P.O. Harper, H. Pittmann (éd.), *Essays on Near Eastern Art and Archaeology in Honor of Charles Kyrle Wilkinson*, New York, p. 32-39.

Parpola, S.

1993. « The Assyrian Tree of Life : Tracing the Origins of Jewish Monotheism and Greek Philosophy », *JNES* 52, p. 161-208 ; 1995. « The Assyrian Cabinet », dans M. Dietrich, O. Loretz (éd.), *Vom Alten Orient zum Alten Testament : Festschrift für Wolfram Freiherrn von Soden zum 85. Geburtstag am 19. Juni 1993*, AOAT 240, Kevelaer, p. 379-401 ; 1997. *Assyrian Prophecies*, SAA 9, Helsinki ; 1998. « The Esoteric Meaning of the Name of Gilgamesh », dans J. Prosecký (éd.), *Intellectual life of the Ancient Near East. Papers Presented a the 43rd Recnontre assyriologique internationale, Prague, July 1-5, 1996*, Prague, p. 315-329 ; 2000. « Monotheism in Ancient Assyria », dans B.N. Porter (éd.), *One God Or Many? Concepts of Divinity in the Ancient World*, Transactions of the Casco Bay Assyriological Institue 1, Chebeague, p. 165-209.

Pinches, Th.

1896. « The Religious Ideas of the Babylonians », *Journal of the Transactions of the Victoria Institute* 28, p. 1-27.

Pongratz-Leisten, B.

1994. *Ina šulmi īrub : Die kulttopografische und ideologische Programmatik der akītu-Prozession in Babylonien und Assyrien im I. Jahrtausend v. Chr.*, Baghdader Forschungen 16, Mainz.

Porter, B.N.

1993. « Sacred Trees, Date Palms, and the Royal Persona of Ashurnasirpal II », *JNES* 52, p. 129-139 ; 1999. Compte-rendu de Parpola (1997) et de Nissinen (1998), *Bibliotheca Orientalis* 56, p. 685-690 ; 2000. « The Anxiety of Multiplicity : Concepts of Divinity as One and Many in Ancient Assyria », dans B.N. Porter (éd.), *One God Or Many? Concepts of Divinity in the Ancient World*, Transactions of the Casco Bay Assyriological Institue 1, Chebeague, p. 211-271.

Rawlinson, H.C.

1861-1875. *The Cuneiform Inscriptions from Western Asia* III, London.

Reiner, E.

1974. « A Sumero-Akkadian Hymn to Nanâ », *JNES* 33, p. 221-236.

Robertson, J.F.

2005. « Social Tensions in the Ancient Near East », dans D.C. Snell (éd.), *A Companion to the Ancient Near East*, Blackwell Companions to the Ancient World, Oxford, p. 196-210.

Rosenthal, F.

2006. *A Grammar of Biblical Aramaic*, Porta Linguarum Orientalium N.S. 5, 7e éd., Wiesbaden.

Russell, J.M.

1998. « The Program of the Palace of Assurnasirpal II at Nimrud : Issues in the Research and Presentation of Assyrian Art », *AJA* 102, p. 655-715.

Saggs, H.W.F.

1984. *The Might that was Assyria*, Sidgwick and Jackson Great Civilisations Series, London.

Saporetti, C.

1970. *Onomastica medio-assira*, Studia Pohl 6, Rome.

Schmökel, H.

1961. *Kulturgeschichte des Alten Orient: Mesopotamien, Hethiterreich, Syrien – Palästina, Urartu*, Kröners Taschenausgabe 298, Stuttgart.

Seri, A.

2006. « The Fifty Names of Marduk », *JAOS* 126, p. 507-519.

Seux, M.-J.

1976. *Hymnes et prières aux dieux de Babylonie et d'Assyrie*, LAPO 8, Paris.

Smith, G.

1877. *Assyria from the Earliest Times to the Fall of Nineveh*, Ancient History from the Monuments, London.

Sommer, B.D.

2009. *The Bodies of God and the World of Ancient Israel*, Cambridge.

Sommerfeld, W.

1987-1990. « Marduk. A. Philologisch. I. In Mesopotamien », *RlA* 7, p. 360-370.

Sperling, D.

1987. « Israel's Religion in the Ancient Near East », dans A. Green (éd.), *Jewish Spirituality From The Bible through the Middle Ages*, World Spirituality : An Encyclopedic History of the Religious Quest 13, New York, p. 5-31.

Stol, M.

1987-1990. « Lugal-Apiak », *RlA* 7, p. 115.

Tallqvist, K.

1938. *Akkadische Götterepitheta: mit einem Götterverzeichnis und einer Liste der prädikativen Elemente der sumerischen Götternamen*, Studia Orientalia 7, Helsingfors.

Taylor, E.B.

1890. « The Winged Figures of the Assyrian and Other Ancient Monuments », *Proceedings of the Society of Biblical Archaeology* 12, p. 383-393.

Van Dijk, J.

1957-1971. « Gott. A. Nach sumerischen Texten », *RlA* 3, p. 532-543.

van Driel, G.

1969. *The Cult of Aššur*, Studia Semitica Neerlandica 13, Assen.
VAN GESSEL, B.H.L.
1998-2001. *Onomasticon of the Hittite Pantheon*, HdO 1/33, Leiden.
VAN SELMS, A.
1973. « Temporary Henotheism », dans M.A. BEEK, A.A. KAMPMAN, C. NIJLAND, J. RYCKMANS (éd.), *Symbolae Biblicae et Mesopotamicae Francisco Mario Theodoro de Liagre Böhl Dedicatae*, Nederlands Instituut voor het Nabije Oosten. Studia Francisci Scholten memoriae dicata 4, Leiden, p. 341-348.
VON SODEN, W.
1936. « Leistung und Grenze sumerischer und babylonischer Wissenschaft », dans *Die Welt als Geschichte* II, p. 411-464 et p. 509-557 ; 1985. « Monotheiotetistische Tendenzen und Traditionalismus im Kult im Babylonien im 1. Jahrtausend v. Chr. », *Studi e materiali di storia delle religioni* 51, p. 5-19 ; 1994. « Der altbabylonische Atramchasis-Mythos », dans TuAT 3/4, Gütersloh, p. 612-645.
WALLIS BUDGE, E.A.
1908. *Cuneiform Texts from Babylonian Tablets in the British Museum. Part XXIV*, CT 24, London.
WEIDNER, E.F.
1935-1936. « Aus den Tagen eines assyrischen Schattenkönigs », *AfO* 10, p. 1-52.
WEIPPERT, M.
2002. « „König, fürchte dich nicht !“ Assyrische Prophetie im 7. Jahrhundert v. Chr. », *Orientalia* 71, p. 1-54.
WILCKE, C.
1998-2001. « Ninsun », *RlA* 9, p. 501-504.

Abréviations

3R, 4R = Rawlinson 1861-1875.
AfO = *Archiv für Orientforschung*.
AJA = *American Journal of Archaealogy*
AOAT = *Alter Orient und Altes Testament*.
ARM = *Archives royales de Mari*.
BM = sigle de textes du British Museum.
Col. = Épître aux Colossiens
CT = *Cuneiform Texts from Babylonian Tablets in the British Museum*.
HdO = *Handbuch der Orientalistik*.
JAOS = *Journal of the American Oriental Society*.
JNES = *Journal of Near Eastern Studies*.
K. = sigle de textes du British Museum.
KAJ = Ebeling 1927.
KAR = Ebeling 1919-1920.
KAV = Ebeling 1920.
KBo = *Keilschrifttexte aus Boghazköy*.
LAPO = *Littératures anciennes du Proche-Orient*.
OBO = *Orbis Biblicus et Orientalis*.
OLA = *Orientalia Lovaniensia Analecta*.
PNA = *Prosopography of the Neo-Assyrian Empire*, Helsinki, 1998-2011.
PSBA = *Proceedings of the Society of Biblical Archaeology*.
RA = *Revue d'assyriologie et d'archéologie orientale*.
RIMA = *Royal Inscriptions of Mesopotamia. Assyria*.
RlA = *Reallexikon der Assyriologie*.
SAA = *State Archives of Assyria*.
TCL = *Textes cunéiformes du Louvre*.
TuAT = *Texte aus der Umwelt des alten Testaments*.
VAT = sigle de textes du Vorderasiatisches Museum Berlin.
WVDOG = *Wissenschaftliche Veröffentlichungen der Deutschen Orient-Gesellschaft*.

PEUT-ON PARLER DE MONOTHÉISME ZOROASTRIEN À L'ÉPOQUE ACHÉMÉNIDE ? APPARENCES ET CONTRADICTIONS

Alexandre Tourovets[1]
(Université catholique de Louvain – Louvain-la-Neuve)

Au regard de cette énorme puissance à fois politique, militaire et économique que fut l'Empire des Achéménides, l'impossibilité de cerner avec suffisamment de précision et d'exactitude le système religieux adopté au cours des deux siècles de son existence représente une problématique extrêmement importante.

La connaissance de la religion des Achéménides est à la fois très lacunaire et très mal assurée à l'heure actuelle surtout en ce qui concerne sa nature, et ses caractéristiques générales. Cette question divise profondément le monde de la recherche où sont débattus en permanence un grand nombre d'arguments et de réflexions qui tous illustrent le degré de complexité de la question. C. Herrenschmidt a souligné que le problème de la religion des Achéménides est intimement lié à notre connaissance du zoroastrisme[2]. Ceci représente la condition majeure permettant de répondre à la question fondamentale de savoir si l'état achéménide est-il zoroastrien ou non ? J. Duchesne-Guillemin avait quant à lui mis l'accent sur la nécessité de comprendre en premier lieu l'évolution du zoroastrisme avant et pendant l'époque achéménide, avant de chercher à répondre à la question[3]. Il y a quelques années, J. Kellens a mis en avant l'ambiguïté qui reste attachée au terme zoroastrien. Dans son étude, il en est venu à mettre en doute l'historicité du personnage de Zarathushtra (Zoroastre) et par conséquent l'existence même de son action prophétique

1 Cette recherche a été financée par la Politique scientifique fédérale au titre du Programme Pôles d'attraction interuniversitaires (P.A.I.).
2 Herrenschmidt 1980, 326.
3 Duchesne-Guillemin 1968, 4.

destinée à établir une doctrine nouvelle[4]. La question primordiale – qui reste toujours d'actualité – est de savoir si le Zoroastrisme concerne la doctrine de l'Avesta tout entier ou s'il s'agit uniquement des parties anciennes vraisemblablement rédigées du vivant même de Zarathushtra, doit être placée au centre de tout débat. Il existe en effet d'importantes divergences entre le système religieux du Zoroastrisme à ses débuts et celui exposé dans le texte de l'Avesta, rédigé à l'époque sassanide.

En reprenant la question de l'existence d'un monothéisme zoroastrien à l'époque achéménide, il nous a semblé important de rechercher les liens qui existent entre certaines données historiques à propos du zoroastrisme. Il nous est ainsi apparu que l'analyse de certains témoignages réunis dans un ensemble de même nature permettait d'apporter un meilleur éclairage sur d'autres.

Toutefois, nous avons cherché à éviter de relier directement et automatiquement à la tradition zoroastrienne des faits attestés à l'époque achéménide simplement parce qu'on les retrouve à une époque où le zoroastrisme triomphe[5]. Nous avons par exemple, l'image du feu qui apparaît sur les monnaies royales sassanides. On compare souvent cette représentation à celles taillées sur les parois des tombes royales achéménides mais quelle certitude peut-on avoir sur la nature zoroastrienne d'une telle cérémonie du sacrifice à l'époque de la dynastie achéménide. Inversement, des coutumes qualifiées de zoroastriennes peuvent être bien antérieures au zoroastrisme, même si Zarathushtra a pu les reprendre à travers son enseignement ou plus simplement, ne les a pas condamnées. Nous y reviendrons par la suite. G. Gnoli parle d'erreur historique lorsqu'on tente d'établir des liens entre le Zoroastrisme et l'empire des Achéménide car pour lui la différence entre les aspirations sociales, morales et culturelles de la doctrine zoroastrienne est incompatible avec le développement d'une monarchie centralisée supranationale[6].

Nous savons que dès 293 apr. J.C., ce que nous appelons le Zoroastrisme s'impose en Iran sassanide en tant que religion d'Etat sous l'action du clergé et surtout de son *Mobed Mobadan* Kartir (équivalant du *Pontifex Maximus* de l'époque). Il est évident que cette doctrine religieuse n'apparaît pas ex-nihilo mais que son histoire remonte à des temps très anciens. Son fondateur, un certain Zarathushtra (Zoroastre dans les textes grecs), n'apparaît que très fur-

4 Kellens 2001, 171-184.

5 Si des termes avestiques sont utilisés durant l'époque achéménide pour désigner un fait et plus particulièrement une réalité d'ordre religieux, ils n'ont pas tous la même signification dans le texte de l'*Avesta*. Cf. Kreyenbroeck 2010, p.106.

6 Gnoli 1985, 38.

tivement dans les documents en notre possession[7]. Les lieux et la période même durant laquelle il aurait exercé son activité de « prophète » et missionnaire restent sujets à de très nombreuses discussions. À l'époque de la naissance de ce qui apparaît plus comme une philosophie moraliste qu'une religion, existait déjà un système religieux complexe et sans aucun doute très ancien. On a ainsi présenté Zarathushtra comme ayant contribué à réformer une ancienne religion en la moralisant. Toutefois, les textes en notre possession, notamment l'Avesta, livre sacré par excellence de la religion zoroastrienne sont loin de pouvoir nous informer sur les réalités religieuses que connaissaient les individus à cette époque.

J. Kellens a montré qu'il est très aléatoire de parler de nouvelle religion à une époque probablement très ancienne alors que nous ne possédons que quelques textes (les *Gâthas*) qui reprennent « l'enseignement » du prophète[8]. C'est en effet bien peu pour cerner les fondements d'une religion à ses débuts et sous l'autorité d'un fondateur[9].

Quelque soit l'époque, il est toutefois inconcevable de penser que ce zoroastrisme, qu'il ait représenté une simple réforme d'une religion pré-existente ou une nouveauté religieuse se démarquant des anciennes croyances, n'ait pas évolué au cours du temps. Il est maintenant admis que des nombreuses et importantes divergences existent entre le système religieux du Zoroastrisme à ces débuts (texte des *Gathas*) et celui exposé dans le texte de l'*Avesta*, rédigé à l'époque sassanide. Le problème est que le zoroastrisme est généralement vu dans son entièreté, c'est-à-dire comme une religion établie et fixée dès son commencement. De ce fait, son évolution n'est ou n'a pas toujours été prise en considération. Le Zoroastrisme sassanide ne peut être comparé au zoroastrisme tel qu'il exprimé dans les textes des *Gathas* dont la compréhension, il faut le reconnaître, reste encore très malaisée. Les quelques coutumes que l'on perçoit et que l'on attribue généralement au zoroastrisme de la période aché-

[7] Les premiers exemplaires de l'*Avesta* ainsi que les autres écrits tel le Bundahishn que nous possédons datent au minimum du IXe siècle soit quelques trois siècles après la disparition de l'empire des Sassanides. Le décalage pose le problème de leur concordance avec les textes religieux utilisés durant l'époque où le Zoroastrisme était encore une religion d'État.

[8] Kellens 1991 : pp.8 3-85.

[9] Bien que les plus anciens exemplaires de livres religieux que nous connaissons datent du IXe siècle de notre ère, certaines parties anciennes du Livre sacré de l'*Avesta* (principalement les textes des Gathas inclus dans la partie appelée le Yasna), nous donnent quelques bribes d'informations sur le Zoroastrisme et sur Zarathushtra. D'après le système linguistique utilisé, l'époque semble être ancienne et très probablement pré-urbaine (fin du IIe millénaire avant notre ère, si l'on croit G. Gnoli (1985, 33-35 et 39-42).

ménide ne sont pas du tout en accord avec les préceptes qui prévaudront à l'époque sassanide notamment dans l'*Avesta*[10].

Le phénomène bien connu des historiens des religions, celui de la transmission orale, peut introduire assez facilement et progressivement des traditions diverses au sein d'un ensemble qui reste perméable jusqu'à ce que celui-ci soit fixé par écrit, à une époque ultérieure. De ce fait, la mise par écrit empêche toute possibilité d'évolution ou de changement[11].

Le Zoroastrisme a donc incontestablement évolué au cours du temps entre ses débuts dont on ne connaît rien ou presque et la doctrine au stade ultime de son développement à l'époque sassanide. Arrivé à ce stade, le corpus de documents religieux en notre possession présente une religion dont les rites et rituels ont été définitivement fixés. Or les Sassanides se sont toujours considérés comme les successeurs des Achéménides. On serait alors tenté de croire que sur le plan de la religion, les croyances des uns correspondent aux croyances des autres, ce qui ne semble pas être le cas. Dès lors se pose la question de savoir quelle était la religion des Achéménides.

Avant de continuer, nous devons souligner que l'utilisation de nombreux mots modernes nous a semblé particulièrement malaisée. Le sens que nous attribuons généralement (et habituellement) à beaucoup d'entre eux peut se révéler encombrant ou même inadapté pour exprimer une problématique d'ordre religieux. Celle-ci reste avant tout extrêmement difficile à cerner et est souvent insaisissable en raison de la complexité et des contradictions existantes au sein de la documentation. On peut, par exemple, se poser la question de savoir si des mots tels que religion, prophète, morale, spiritualité, adoration, culte ... correspondent bien à une réalité que nous cherchons à cerner mais qui se dérobe constamment à notre analyse.

En l'état de nos connaissances, les textes et inscriptions royales achéménides témoignent, par certains maigres indices, d'une influence du Zoroastrisme car certaines notions, certains concepts contenus dans le texte de

[10] De plus en plus, on est amené à parler d'une période de syncrétisme qui aurait succédé à la période initiale de diffusion du zoroastrisme et dans laquelle il faut admettre qu'il y a dû avoir des compromis avec l'ancienne tradition polythéiste notamment en ce qui concerne certains aspects de celle-ci comme les sacrifices sanglants, l'utilisation de la boisson extatique *Haoma*, les rites funéraires, ... Ces différentes coutumes apparaissent comme s'écartant très nettement de la ligne d'un zoroastrisme pur et dur puisqu'elles sont condamnées dans les textes des *Gâthas*. Voir à ce propos Gnoli 1985, 54-56.

[11] Les religions non écrites sont considérées comme « inclusives » tandis que celles qui sont écrites sont « exclusives ». Cf. Kreyenbroeck 2010, 104. Pour M. Boyce, les Sassanides n'ont rien ajouté à l'*Avesta* mais ont recherché à regrouper les traditions disparates afin de répondre à une organisation religieuse bien définie. Cf. Boyce 1988, 29.

l'*Avesta* semblent avoir été appliqués durant l'époque achéménide[12]. Toutefois, il faut reconnaître qu'entre ces deux corpus littéraires, il existe comme nous allons le voir par la suite, un héritage commun, et même si ils restent indépendants l'un par rapport à l'autre.

Un des premiers points relevés dans les textes et les inscriptions royales achéménides est qu'ils n'évoquent jamais Zarathushtra/Zoroastre, ni son enseignement, ni son nom. Cette absence de référence à Zarathushtra est un argument généralement avancé en défaveur de l'adhésion des Achéménides au Zoroastrisme. Toutefois, cela ne prouve en rien que les éléments de sa doctrine aient été ignorés par les Achéménides. Il est possible que l'idéologie royale s'exprimant à travers les inscriptions, ne permettait pas d'évoquer le nom d'un individu fut-il « prophète » dans une inscription dédicatoire liée à la personne même du roi.

Le deuxième point que l'on peut relever à partir des inscriptions royales achéménides est l'apparition de noms propres appartenant à certains membres des familles des rois perses. Ces noms peuvent être rapprochés de ceux qui apparaissent dans les documents zoroastriens et l'*Avesta* en particulier. Arshama (Arsamès), un cousin de Cyrus Ier (vers 600) appelle un de ses fils du nom de Vishtaspa[13] c'est-à-dire du même non que le souverain qui est censé avoir accueilli et protégé Zarathushtra. Le même nom apparaît pour désigner le père de Darius Ier. Cyrus II appelle sa fille aînée du nom de Huatosa[14] qui rappelle celui de l'épouse de Vishtaspa. Darius appelle un de ses fils Pishishyaothna[15] du même nom que le fils de Vishtaspa.

Il est évident que l'attention s'est focalisée surtout sur le nom de Vishtaspa qui apparaît dans l'Avesta comme le premier souverain à avoir embrassé l'enseignement de Zarathushtra en devenant zoroastrien. M. Boyce semble tentée de voire dans l'existence de ces noms une preuve évidente de leur adhésion (publique) au zoroastrisme[16]. Toutefois, il ne semble pas déraisonnable de penser que ces noms propres aient été traditionnellement utilisés dans les familles Perses bien avant l'apparition du zoroastrisme. Le rapport entre le nom et l'appartenance d'une personne à cette religion sur base de l'existence d'un nom identique dans l'*Avesta* est donc très fragile. Toutefois, l'inexistence des

[12] Dans les sources écrites de l'époque achéménide que nous retrouvons sous la forme des inscriptions sur certains bâtiments de Persépolis, et sur le relief de Bisutun, ou des textes appartenant documents de fondation ou administratifs.

[13] Hystaspes dans sa forme grecque et Vishtaspa en Vieux-Perse.

[14] Atossa dans sa forme grecque.

[15] Pissounthès dans sa forme grecque.

[16] Boyce 1975, 41.

noms propres achéménides dans les documents de Persépolis (tablettes du Trésor et tablettes des Fortifications) pose un grand problème.

Aucun document provenant des chancelleries de l'empire achéménide ne nous renseigne sur l'existence d'un culte zoroastrien. De même, il faut reconnaître que les recherches menées sur les inscriptions royales nous apportent plus de questions que de réponses, et lorsqu'il est possible d'en extraire quelques bribes traitant de religion ou du culte royal, ces éléments sont extrêmement lacunaires et leur signification très mal assurée.

Nos maigres connaissances sur la religion et le culte de cette époque nous proviennent des écrits de certains auteurs grecs (Hérodote, Xénophon, Xanthos, Platon et Aristote notamment) ou latins mais d'époque plus tardive (Strabon, Plutarque, Diodore de Sicile...). Nous préférerons parler de témoignages littéraires plutôt que de sources historiques car aucun document ne nous donne une description véritable, c'est-à-dire détaillée et analytique, des coutumes religieuses en usage chez les Perses.

Hérodote et Xénophon évoquent à de nombreuses reprises les coutumes des Perses notamment en ce qui concerne le domaine religieux mais en tant que transmetteurs d'information et non de témoins directs. Afin de cerner au mieux la problématique qui nous intéresse, il faudrait pouvoir compter sur une continuité textuelle et non tenter de recoller entre eux des morceaux discontinus et de valeur inégale. M. Boyce, considère les historiens grecs comme des témoins honnêtes mais qui n'ont pas cherché à entrer à l'intérieur d'un système doctrinal qui leur était étranger[17]. Il semblerait plutôt, qu'en tant qu'extérieurs au monde perse, ils aient été dans l'impossibilité de recueillir des informations sur la religion perse. Hérodote lui-même reconnaît que tout Perse est soumis à l'obligation morale de s'abstenir de parler de ce qui ne lui est pas permis (I. 138). Nous retrouvons très curieusement cette règle dans le précepte zoroastrien de la Bonne Parole qui impose à tout homme (Perse) d'être bon en parole comme en acte. Le profond attachement des zoroastriens à leur religion nous permet aisément de comprendre que dans le cas d'une adhésion des Perses de l'époque achéménide au zoroastrisme, l'observance de cette règle de bonne conduite ait été accompagnée de l'interdiction de révéler ce qui se disait et se faisait lors des cérémonies religieuses.

Il est très probable que les témoignages recueillis par Hérodote provenaient d'informations oralement transmises et obtenues auprès des milieux babyloniens et nobles avec lesquels il devait entretenir des relations[18].

[17] Boyce 1982, 183.

[18] Boyce 1975, 181. H. Sancisi-Weerdenburg a souligné la nécessité de prendre certaines précautions à propos de certaines parties du témoignage d'Hérodote en raison de l'exis-

Malheureusement, les passages relatifs à la religion des Perses, généralement courts et peu développés, sont souvent entachés de confusions ou de mauvaises interprétations. Hérodote cite ainsi Mithra comme une déesse et semble éviter de nommer Ahura Mazda pour le remplacer par Zeus en tant que dieu du Ciel.

Tous ces témoignages ne concernent en fait que le domaine anatolien de l'empire achéménide et par conséquent ils ne donnent aucune information sur le culte officiel en Perse, car les Grecs n'y ont, semble-t-il, jamais mis les pieds, à l'exception de Ctésias, médecin grec à la cour de Artaxèrxes II (404-359), dont le témoignage comporte malheureusement beaucoup d'invraisemblances et, de ce fait, est considéré comme suspect[19].

Toutefois, certaines sources grecques évoquent l'existence d'un personnage nommé Zoroastre qu'elles présentent comme ayant été un philosophe oriental.

Ainsi Aristote (384-322) semble connaître le système zoroastrien de l'opposition entre les deux principes qu'il nomme Oromazes/Oromazdes et Areimanius, et qui pour lui, représentent le Bien et le Mal. Il ajoute que « *la doctrine de Platon sur le Bien et le principe universel de ce Bien avait été révélé à l'humanité orientale par un philosophe oriental 1000 ans avant Platon* »[20]. Or ce principe du Dualisme éternel est parfaitement bien illustré par le combat continu entre Spanta Mainyu et Angra Mainyu, qui représentent respectivement l'Esprit du Bien contre l'Esprit du Mal dans les textes zoroastriens. Oromazdes est le Ohrmazd des textes avestiques, c'est-à-dire Ahura Mazda et Areimanius correspond à Ahriman, son compétiteur.

Dernièrement, les recherches ont été relancées en raison d'une nouvelle lecture du texte de Bisutun (texte relatif à la prise du Pouvoir par Darius Ier et son combat contre ses compétiteurs) notamment les passages concernant son rattachement à la lignée des *Kâvis*, une dynastie royale de l'Iran oriental devenu quasiment mythique pour les Perses. Cette dynastie se termine par le roi Vishtaspa, le neuvième roi mais le premier roi converti par Zoroastre, or ce nom est, comme on l'a déjà vu, celui du père de Darius. Cette équivalence onomastique a conduit la propagande royale, à faire coïncider la généalogie

tence d'ambiguïtés et d'incohérences qui peuvent être considérées comme des signes d'une transmission orale d'informations historiques. Cf. Sancisi-Weerdenburg 1994, particulièrement 42-45.

19 Llewellyn-Jones – Robson 2010, 95-110.

20 Boyce 1982, 259. Il s'agit d'une réflexion tirée de l'ouvrage de Platon et intitulée *Alcibiade*. Platon reconnaît à travers les études de Eudoxe de Cnide le dualisme religieux des Perses et en tirera les leçons dans ses œuvres sur la dualité métaphysique.

des Achéménides, très fortement remaniée à la demande de Darius, et celle des *Kâvis*. Darius, comme *Khshayatiya* (roi) prend ainsi la place du 9e *Kâvis* et par conséquent, restaure l'ordre et devient le protecteur de l'état et de la religion zoroastrienne[21].

Tout ceci montre que Darius – et très vraisemblablement une grande partie de la classe dirigeante – devait avoir une certaine connaissance du Zoroastrisme pour chercher à se rattacher à une lignée qui est à la base de l'existence même du Zoroastrisme.

Darius Ier nous apparaît comme le premier roi perse qui dans ses inscriptions se déclare officiellement adorateur d'Ahura Mazda (inscriptions de Bisutun et de Persépolis). Il reconnaît Ahura Mazda comme le créateur du ciel et de la terre et cette phrase est présente au début de chaque inscription royale achéménide bien que toute inscription est avant tout un document d'ordre politique. Cependant, Darius évoque aussi dans l'inscription de Bisutun « *Ahura Mazda et les autres dieux qui existent* »[22]. Cette phrase soulève une question importante. Quels sont ces « autres » dieux qui ne sont pas nommés ? Peut-on déjà les identifier aux *Yazatas* qui deviendront de véritables divinités du Panthéon zoroastrien à l'époque sassanide ? Les *Yazatas* ou *« vénérables »*[23] *« dignes d'être adorés »*, regroupent une série de 20 divinités créées par Ahura Mazda lui-même pour lui porter assistance et auxquelles il délègue des « missions ». Sous Artaxerxes II (vers 404-359), les documents écrits font état d'un culte rendu à deux autres divinités, Anahita et Mithra qui sont placées aux côtés d'Ahura Mazda. Quand ont-ils été introduits dans le panthéon zoroastrien ? Aucun document ne permet de donner une date de ce qui fut probablement une réforme importante à l'intérieur de la religion zoroastrienne. On a vu que Hérodote semble connaître Mithra même s'il le confond avec une déesse. Xénophon parle du « char du Soleil » et celui du « char vide » qui suivent immédiatement celui de Zeus (= Ahura Mazda) dans la procession de l'armée de Cyrus le Jeune[24]. Bérose (IIIe siècle avant n.e.), cité par Clément d'Alexandrie, confirme dans son *Protrepticus* l'introduction de statues d'Aphrodite-Anaïtis dans différentes villes[25]. Beaucoup de chercheurs, attribuent l'apparition d'un culte à Mithra et à Anahita (Anaïtis) à des change-

[21] Kellens 2002, 429-431.

[22] Colonne IV, ligne 61

[23] Une autre traduction de *Yazata,* peut-être plus explicite, est souvent proposée : *« digne d'être adoré »*.

[24] Xenophon, *Cyropaedia*, livre VII. Épisode de la procession de l'armée de Cyrus le compétiteur dans laquelle sont inclus Xenophon et les mercenaires grecs.

[25] Selon Bérose : *« … après beaucoup de temps, les Perses commencèrent à adorer des statues de divinités aux formes humaines … cette coutume fut introduite par Artaxerxes fils de Darius (=*

ments religieux et cultuels importants dès cette époque où des divinités iraniennes très anciennes sont réintroduites aux côtés de la divinité principale du zoroastrisme[26]. Les cultes de Mithra et d'Anahita seraient-ils liés à d'anciennes pratiques écartées par Darius et qui reviendraient en grâce sous Artaxerxes II ?[27]

Quoi qu'il en soit, on peut se poser la question à savoir si Mithra et Anahita font déjà partie de ce groupe de divinités (*Yazatas*) que Darius ne cite pas?

Doit-on identifier ces « autres dieux » aux dieux des peuples étrangers soumis et intégrés à l'empire ? Les Achéménides les respecteront comme ils accepteront également les coutumes religieuses des différents peuples qui ont été réumis au sein de l'empire[28].

D'autre part, dans le texte de Bisutun[29], Darius Ier reproche aux Élamites, de ne pas accepter de croire en Ahura Mazda comme divinité suprême[30]. On n'y a vu une condamnation du polythéisme des Élamites. Toutefois, ce rejet semble être en accord avec la politique religieuse de Darius et celle de son successeur Xerxès (Texte sur les *Daivas*)[31] qui tentent d'imposer Ahura Mazda comme le seul dieu créateur du monde. Leur action pourrait ainsi s'inscrire dans la suite logique de l'option monothéiste voulue par Zarathushtra afin de présenter la création comme l'œuvre d'un seul et même dieu.

Ces quelques rapprochements ne doivent pas masquer le fait qu'entre le texte de l'Avesta et les inscriptions royales achéménides, les divergences conceptuelles sur la fonction d'Ahura Mazda sont très nombreuses et significatives.

Les rois achéménides ont ainsi fait apparaître que leur légitimité était assurée par Ahura Mazda lui-même. Darius Ier et Xerxès déclarent lui devoir leur trône, leur puissance en raison de la protection qu'il leur accorde. Dans l'*Aves-*

Darius II) et père d'Ochos, qui le premier plaça la statue d'Aphrodite- Anaitis à Babylone, Suse et Ecbatana ».

26 Boyce 1982, 127 et n. 46, où elle donne une mise au point intéressante. Nyberg développe ce sujet dans : *Die Religionen des Alten Iran,* 363-366.

27 Lecocq 1997, 159.

28 En ce qui concerne le respect de la part des Achéménides envers les divinités et les cultes rendus par les peuples non Perses dans l'empire : Herrenschmidt 1980, 330 et suiv. Afin d'illustrer cette politique, Boyce prend exemple des obligations que l'empire britannique se devait de respecter vis-à-vis des temples des divinités hindoues. Cf. Boyce 1988, 26.

29 DB V, 14-17.

30 *« Ils ne sacrifient pas à Ahura Mazda et par la faveur d'Ahura Mazda j'ai fait d'eux selon mon plaisir »* (DB § 72 et 75).

31 Ou XPh : inscription officielle condamnant le culte rendu aux Daivas. Cf., à ce propos, Bianchi 1977, 3-29 ; Gnoli 1985, 57-59 ; Gnoli 1980, 77-79 ; Boyce 1982, 174-178.

ta, la légitimité royale est assurée par la Khwarnah/Khwarenah or ce concept est complètement absent dans l'idéologie achéménide.

Ahura Mazda en tant que dieu créateur et bâtisseur, et selon la logique de l'époque achéménide, créateur et bâtisseur d'empire, est un concept parfaitement inconnu dans l'Avesta qui ignore tout concept politique[32].

Il en est de même lorsque la déclaration royale témoigne de la protection de Ahura Mazda sur la monarchie de droit divin. Il suffit pour cela de reprendre les déclarations de Cyrus et de Darius à propos de la volonté d'Ahura Mazda de leur octroyer un empire et le pouvoir. La teneur de ces inscriptions royales est donc parfaitement comparable à celles des documents royaux en Mésopotamie et en Assyrie. Or, le concept de la royauté de droit divin et le choix divin de tel ou tel personnage pour l'exercer est inconnu dans l'*Avesta*.

De même, il apparaît clairement que toutes les actions du roi achéménide sont le seul fait de la volonté (et la protection) de Ahura Mazda et cette idéologie royale peut être comparée à celle existant en Mésopotamie et en Assyrie. De nouveau, un tel concept inconnu dans l'*Avesta*.

Il nous a semblé important de réexaminer les témoignages concernant la religion et le culte des Perses en provenance des sources grecques contemporaines (V^e^-IVe av. J.C). Il n'est pas question de reprendre toute la documentation existante mais de réfléchir sur la valeur à accorder à certains éléments de celle-ci même si de tels témoignages ne représentent en fait que des échos lointains et probablement déformés d'une réalité religieuse. Nous devons tenir compte en effet qu'aucun historien grec n'a été en contact direct avec ce qui se passait en Perse. En ce qui concerne le monde anatolien, il est très probable que des règles de silence aient été imposées aux fidèles zoroastriens. Les témoignages recueillis, généralement très brefs ou incomplets, laissent clairement apparaître que les informations ont été recueillies suite à des indiscrétions ou à des révélations indirectes. On ne peut donc pas parler de rapports établis à partir de faits directement observés par les auteurs grecs.

Hérodote apparaît comme l'auteur le plus contemporain puisqu'il rédige ces *Historiae* vers 460 av. notre ère c'est-à-dire en pleine époque de gloire de l'empire achéménide. Son œuvre fourmille d'informations sur la vie et les croyances des Perses à la suite desquelles il apporte parfois des réflexions per-

[32] Cette ignorance en ce qui concerne les matières politiques a amené certains à considérer que le texte de l'*Avesta* s'adressait avant tout et à l'origine à une société tribale et patriarcale basée sur l'élevage. On y trouve aucune référence sur l'existence de villes ou d'organisation de type étatique. Cf. Gnoli 1985, 33-39. Nous pouvons ajouter à cela, qu'il n'y a pas de référence à des événements politiques même des plus marquants comme un règne, une guerre ou une invasion. Plus que des dates, c'est l'impossibilité de préciser une période qui nous perturbe.

sonnelles. Rappelons cependant qu'il ne connaît des Perses que ceux qui habitent l'Anatolie. Toutefois, il faut reconnaître que son témoignage semble parfois correspondre à certaines conceptions religieuses zoroastriennes. Il décrit notamment les sacrifices pratiqués dans les Hauts-Lieux qui peuvent être associées à des cérémonies zoroastriennes si on les compare aux rites zoroastriens actuels en Iran[33]. Hérodote reconnaît que beaucoup de rites restent cachés aux étrangers et qu'il ne peut y avoir de comparaison avec ceux connus dans les sanctuaires grecs qui pour la plupart, sont ouverts à tous moyennant un sacrifie. Cette comparaison est intéressante car ce qui semble le contrarier, peut s'expliquer par le fait que la religion zoroastrienne impose au fidèle de ne pas parler, c'est-à-dire divulguer ce qui ne lui est pas permis de dire (H.I. 138)[34].

Dans un autre passage, Hérodote relate que les Perses n'ont pas d'autels, pas de temples, pas de statues de dieux et sacrifient sur les hauts lieux (H.I.131)[35]. L'analyse des vestiges archéologiques a montré qu'aucun bâtiment achéménide ne peut être identifié à un temple[36].

Plus loin, dans le même passage, il mentionne que les Perses sacrifient au Soleil, à la Lune, à la Terre, au Feu, à l'Eau et au Vent. Cette phrase a été reprise par G. Gnoli pour qui elle témoigne de l'existence de coutumes religieuses pré-zoroastrienne car elle écarte de fait l'existence d'une nouvelle doctrine qui aurait jeté les bases de la religion perse[37]. On ne peut pourtant pas en vouloir à Hérodote de n'avoir jamais mentionné Zarathushtra (Zoroastre). Personne

[33] Notamment le feu allumé au sommet de la montagne près de Yazd ou cérémonie du *Sadeh*.

[34] Pour le fidèle, cette règle peut parfaitement s'inscrire dans le cadre de l'obligation qui lui est faite de respecter la *Bonne Parole*.

[35] Bien que la version akkadienne du texte trilingue de Bisutun parle de « *maisons de dieux* » pour traduire le terme – toujours énigmatique – de *Ayadana*. Cette traduction a amené certains à y voir la preuve en faveur de l'existence de temples. Vraisemblablement, dans la version akkadienne, le terme de « *maisons* » a été employé pour rendre plus compréhensible aux sujets babyloniens du roi un concept qui leur était totalement étranger, celui des places de sacrifices juchées à l'air libre au sommet de hauteurs.

[36] Polybes mentionne pourtant le pillage par Antiochos III du temple de Ainé à Ecbatana (celui de Anahita ?) en raison des richesses qu'il renfermait (X 27.12). Plutarque (I-IIe siècle de notre ère), dans son oeuvre intitulée *Artaxerxes* (chap. 3), parle de rites secrets lors de l'investiture royale du roi à Pasargades et du temple de la « *déesse guerrière* » Aphrodite Anaïtis (forme grécisée du nom de la déesse Anahita ?) dont le culte serait associé à la légitimité royale. En fait, son témoignage est en contradiction totale avec le rôle exact d'Anahita qui est celui d'une déesse de la fertilité, de la fécondité et des eaux nourricières. A Pasargades, les vestiges de deux grands blocs de pierre dont le sommet est accessible par des marches peuvent être associé sinon à des hauts-lieux, au moins à un culte de plein-air.

[37] Gnoli 1989, 122. Il ajoute que « *les Perses n'ont jamais pensé comme les Grecs que les dieux soient de même nature que les hommes* ». Ceci est en partie vrai car nous savons maintenant que sous le règne d'Artaxerxes II, à une époque postérieure à celle de Hérodote, les Achéménides

ne niera cependant que sacrifier à des éléments naturels cadre assez bien avec un sacrifice se déroulant dans des hauts-lieux.

Xenophon nous apporte un autre témoignage intéressant dans son oeuvre *Cyropaedia* (I, 6,1). Il évoque le fait que Cyrus dit « le jeune », le compétiteur du futur Artaxerxès II, sacrifie d'abord à Hestia[38] puis à Zeus qu'il appelle « le Grand Dieu ». Ce témoignage peut être mis en parallèle avec les rites zoroastriens qui honorent Ahura Mazda à travers un feu allumé dans chaque demeure privée.

À travers l'assimilation ou la confusion avec le culte domestique rendu par les Grecs à la déesse du foyer Hestia, nous avons peut-être ici le témoignage de l'existence d'un culte privé. Serait-il lié à une expression populaire de la religion zoroastrienne différente de celle officiellement reconnue par le pouvoir ? Il est encore très malaisé de le dire bien que les tablettes retrouvées à Persépolis et datant de l'époque de Darius semblent confirmer l'existence de cultes rendus à Persépolis ou ailleurs, à des divinités telles que Ahura Mazda, Zurvan et d'autres.

Parmi les nombreux témoignages d'Hérodote, un élément semble particulièrement intéressant. Il s'agit du passage relatant le jugement royal. En effet, il relève avec admiration le principe qui prévaut chez les Perses et par lequel le roi ne condamne personne à mort pour une seule faute. Avant de punir un homme, il faut s'assurer que ses bienfaits ne l'emportent pas sur ses torts (H.I, 137). Sur le même thème, on cite souvent le passage relatif à la clémence de Darius à l'égard de Sandokès, condamné pour avoir fourni de mauvaises explications au roi mais sauvé par le roi lui-même en raison des nombreux bienfaits (et services) qu'il avait rendus[39]. Nous ne pouvons pas ignorer que nous sommes ici devant un principe fondamental d'une religion à caractère moraliste tel que Zoroastre l'a voulu. Il n'y a pas de condamnation d'un individu sur base d'une faute unique mais toujours une recherche sur la part des choses. L'ensemble des méfaits est confronté à l'ensemble des services rendus et des bienfaits. La condamnation est appliquée si les méfaits sont plus nombreux ou plus importants que les bonnes actions.

Toutefois, l'épisode de la clémence de Darius s'accorde assez mal avec le texte de Bisutun dans lequel la punition apparaît comme une conséquence dramatique, et d'autant plus grave qu'elle est attribuée par Ahura Mazda, en cas de non respect ou de destruction du relief et ses inscriptions. (DB IV,

ont introduit des statues de la déesse Anahita et de Mithra. Boyce fait un rappel des différentes sources et témoignages. Cf. Boyce 1982, 216.

[38] Déesse du Foyer dans la religion grecque.

[39] Hérodote VII, 194.

78,80)[40]. P. Kreyenbroeck croit pouvoir dire que cette partie de l'inscription montre que le développement des préceptes et des règles du zoroastrisme sont à leurs débuts sous Darius Ier[41]. Malheureusement, nous ne connaissons rien de ce qui se passe avant ce règne et donc, il nous est très difficile de suivre cette hypothèse.

Hérodote relate également que l'enseignement des Perses à leurs enfants porte sur trois obligations fondamentales dont la plus importante est celle de dire la Vérité (H.I, 138)[42]. Le mensonge (*Dorugh* en langue Vieux-Perse de l'époque achéménide et Druj à l'époque sassanide) est considéré par la morale zoroastrienne comme l'acte le plus honteux pour un être humain car il ouvre la voie au Mal. Ce concept s'inscrit parfaitement dans le cadre du combat entre le Bien et le Mal dans la religion zoroastrienne. Dans l'*Avesta*, le principe cosmologique de l'Arta (*Asha* en langue avestique) qui garantit l'ordre cosmique et divin s'oppose au principe du chaos, dans lequel on trouve le mensonge, la tromperie (supercherie) et l'imposture.

Hérodote relève également que les Perses font l'éloge du courage et notamment du courage à la guerre (H.I.136). Le concept zoroastrien de la guerre est lié à la lutte contre le Mal et contre tout ce qui menace ou peut nuire à la religion zoroastrienne. Zarathushtra n'a-t-il pas donné à tout fidèle la mission de défendre la *Vraie Religion* c'est-à-dire la religion zoroastrienne contre le Mal, le Mensonge et la Tromperie ?

Peut-on considérer que ces pratiques constituent une preuve de l'adhésion des Achéménides au Zoroastrisme ? Sont-elles présentes dès l'origine ou ont-elles été introduites postérieurement dans la religion zoroastrienne de manière à permettre la continuation de rites « populaires » et traditionnels.

Fort heureusement pour nous, Hérodote ne représente pas le seul témoin des pratiques religieuses des Perses de l'époque achéménide. Nous pouvons ainsi compter sur des témoignages d'époque contemporaine ou légèrement postérieure à la sienne. D'autres, au contraire, sont nettement plus récents. Soit ils reprennent des sources plus anciennes soit ils reflètent un état évolutif

[40] « *Si tu ne protèges pas ces inscriptions et ses sculptures et que tu les détruises...... puisse Ahura Mazda être un de tes pourfendeurs et qu'il détruise tes propres œuvres* ». Traduction dans Kent 1953, 132.

[41] Kreyenbroeck 2010, 106.

[42] Les deux autres sont : tirer à l'arc et monter à cheval. Il est évident que cet enseignement s'adresse principalement aux enfants issus de la classe supérieure. Cette situation semble confirmer une opinion de plus en plus admise sur le fait que le Zoroastrisme à ses débuts, s'est adressé aux classes dirigeantes et à l'élite. Nous ne suivrons pas Gnoli qui assimile cette élite à la classe sacerdotale (Gnoli 1985, 33-35 et 39-42) et semble oublier le témoignage même de Zarathushtra sur son bannissement imposé par les membres du clergé mazdéen.

de la religion zoroastrienne et doivent donc être examinés en tenant compte de cette dimension temporelle.

Strabon qui écrit durant le premier siècle avant notre ère, mentionne le fait qu'après la victoire de Zèla où « Cyrus » (confusion avec Darius !) écrasa les *Sakas* (Scythes), les Perses dressèrent une colline (!) et y établirent au sommet un sanctuaire à Anaitis avec son autel ... partagé par deux autres dieux : Omanus et Anadatus, le tout entouré d'un mur (Géographie XI,8.4). Le témoignage ne fait aucunement état de la construction d'un bâtiment et le site ainsi décrit cadre bien avec le témoignage d'Hérodote à propos d'un culte de plein air et sur des lieux élevés. Malgré l'évidente confusion dans les noms utilisés, on retrouve ici le principe zoroastrien de ce qui apparaît comme une triade divine formée par Ahura Mazda (Omanus), Anahita (Anaïtis) et Mithra (ici Anadatus !) et établie à partir du règne de Artaxèrxes II (vers 425) et continuera durant toute l'époque sassanide[43].

Strabon nous informe également que (XV, 3, 18) l'incinération est contraire aux usages établis chez les Perses ce qui correspond parfaitement au principe zoroastrien de l'interdiction de souiller le feu sacré et la terre (XV,3.18).

Dans le même passage, il témoigne que les sacrifices sont exécutés sur les Hauts Lieux et à l'air libre ce qui montre que trois siècles après le témoignage de Hérodote, les règles sacrées sont inchangées au moins en ce qui concerne les coutumes funéraires. Strabon ne relie aucunement ces règles aux prescriptions imposées par le zoroastrisme. Or, Xanthos, un contemporain de Artaxerxès Ier, mentionne vers 440 avant notre ère que les Perses tiennent de Zarathushtra l'interdiction de souiller le feu sacré et souligne que cela est devenu une règle appliquée par tous[44]. Il relate ainsi que *« les Perses disent que c'est d'après les enseignements de Zoroastre qu'ils ont abandonné la coutume de bruler les cadavres souillant ainsi le feu, longtemps après lui, ils ont appliqué les règles du culte du feu qui sont devenues coutumières chez les Perses »*.

Platon relate dans son œuvre intitulée *Alcibiade* que le prince royal ayant atteint l'âge de dix ans est confié à quatre sages dans le but de lui enseigner la tradition de Zoroastre et le culte qu'il devra rendre aux dieux. Les sages sont reconnus pour être des disciples de Zoroastre qualifié de *« fils de Oromazes »*

[43] Le nom d'Anadatus constitue très probablement un double emploi avec celui de Anaïtis pour l'équivalence avec Anahita. Toutefois, une telle confusion avec le nom de Mithra reste explicable dans le cas où l'existence de Mithra au côté du « *Grand Dieu* » est encore – à l'époque – discrète et donc peu connue. Ceci pourrait accréditer l'hypothèse d'une origine purement locale et populaire.

[44] Xanthos est, selon nos sources, le premier auteur grec qui mentionne l'existence du personnage de Zarathushtra. Notons qu'il lui attribue le rôle fondamental dans l'établissement des règles essentielles de la doctrine zoroastrienne.

(Ahura Mazda)[45]. Le premier sage enseigne au prince la « *tradition des Mages* » de Zoroastre, fils d'Oromazes et le culte à rendre aux dieux[46].
Celui qui vient en second, considéré comme le Juste, lui enseigne la vérité et l'art d'être juste toute sa vie.
Le troisième reconnu comme le Modéré, lui apprend à ne pas être l'esclave de son plaisir mais d'être un homme libre et un véritable roi qui reste maître de lui et non soumis à la passion.
Le quatrième, le Brave, lui enseigne l'art de vaincre sa peur, son hésitation et de rester intrépide.
Comment ne pas voir dans cet enseignement de la sagesse, de la justice, de la modération, du courage l'expression d'une morale typiquement zoroastrienne ? Ces quatre éléments représentent des prescriptions extrêmement importantes dans la religion zoroastrienne. Les témoignages de Platon et ceux qu'Aristote a réunis dans son œuvre intitulée *Magikos,* seraient difficilement compréhensibles si cette « *tradition de Zoroastre* » comme ils l'appellent, n'avait pas pu servir de modèle de référence dans le développement d'une philosophie dualiste. Par conséquent, il est difficile de nier l'existence d'un courant philosophico-religieux en Perse et cela au moins pour le IVe siècle avant notre ère. Nous noterons que l'œuvre de Platon sera à la source de l'enseignement que développera l'Académie d'Athènes sur la métaphysique dualiste et s'intéressera de plus près à l'enseignement des Mages.

Nous venons de voir que ces différents témoignages peuvent nous amener à envisager que les Achéménides étaient bel et bien zoroastriens. Pourtant, d'autres témoignages font état d'actes qui ont été totalement proscrits par Zoroastre si on se réfère aux textes des Gathas, ou qui ne sont simplement pas mentionnés dans l'*Avesta*. On peut toutefois se poser la question de savoir si de vieilles croyances mazdéennes ont été introduites dans le Zoroastrisme par les prêtres à la faveur d'un syncrétisme ? En effet, si l'existence d'un courant religieux mazdéen pré-zoroastrien est de plus en plus envisagée, on doit alors se demander quelle fut l'attitude – et donc l'influence – adoptée par les Mages ?

[45] Alcibiade, I,121. Platon écrit cette oeuvre vers 374 av. notre ère.

[46] Notons que pour les Grecs de l'époque de Platon les Mages sont considérés comme des prêtres chargés de diffuser la religion des Perses. Platon reconnaît le dualisme religieux des Perses (les « *deux âmes du monde* ») à travers l'oeuvre de son ami Eudoxe de Cnide pour qui l'opposition entre la mauvaise âme et la bonne âme a été formulée dans la doctrine d'un certain « Zôroastrè ». Boyce a fait un intéressant résumé sur les influences littéraires de Platon (Boyce 1982, 259).

Le récit d'Hérodote apporte un éclairage intéressant sur cette question, notamment son témoignage sur le sacrifice. Il relate qu'il n'y a pas de sacrifice sans la présence de Mages qui doivent psalmodier (réciter) une « théogonie » c'est-à-dire un ensemble de prières relatives à l'origine et à la généalogie des différentes divinités (H.I.132). À l'évidence, il y a à la base une mauvaise interprétation de l'auteur peut-être influencé par les prières récitées dans les sanctuaires grecs. Ce qui apparaît pour lui comme un chant est en fait une récitation d'un hymne en l'honneur de la divinité à laquelle le sacrifice est dédié[47]. Toutefois, son témoignage n'évoque aucunement la présence d'un feu qui serait allumé pour le sacrifice. Or il est nécessaire de se rappeler que sa documentation, si elle peut être considérée comme valable pour l'Anatolie, ne l'est pas forcément en ce qui concerne la Perse. Or la présence du Feu est primordiale pour accompagner tout sacrifice zoroastrien car il est le médiateur par excellence entre celui qui offre et la divinité. M. Boyce a semblé répondre indirectement à cette ambiguïté en affirmant que le culte du feu a probablement été instauré sous Artaxerxes II, c'est-à-dire à une époque postérieure au texte d'Hérodote. Si nous la suivons dans son hypothèse, le témoignage de l'auteur grec s'en trouve renforcé mais comment interpréter l'image du feu devant lequel se trouve représenté le personnage royal sur les parois des tombes royales de Naqsh-i Rustam ? Les reliefs des tombes royales achéménides semblent en effet attester que le feu était directement associé au Sacrifice royal mais si les Perses ne peuvent sacrifier sans la présence d'un Mage comment expliquer que sur les reliefs le Roi est présenté comme sacrifiant seul ? Dans ce cas précis, le témoignage de Hérodote nous apparaît donc comme difficilement acceptable et très probablement du à un manque d'informations fiables[48]. S'agit-il alors de la représentation du feu appartenant au roi achéménide en personne et qui, dans le concept de l'Au-delà, lui sera éternellement attaché après son décès ? Or d'après le témoignage de Diodore de Sicile, le feu du roi était éteint après sa mort. Quelle source faut-il croire ?

Parmi les concepts achéménides qui présentent des contradictions importantes avec l'enseignement de Zarathushtra, on remarque que certaines pratiques cultuelles et sacrificatoires ont été condamnées par Zarathushtra. Toutefois, à la lecture des *Gâthas*, l'utilisation de la *haoma* lors des cérémonies et le sacrifice du bœuf (le *Gav*) sont clairement proscrits[49]. De fait, les sacrifices

[47] Boyce 1982, 180.

[48] À propos de l'analyse de la provenance des différentes informations qui ont été recueillies et ensuite retenues par Hérodote, cf. Tourovets 2011 ; Tourovets 2013.

[49] Zarathushtra donne au Bovin une place de première importance dans l'espèce animale (*Yasna* 29 ou prière de *« l'âme du Bœuf »*). Ce choix semble indiquer que le zoroastrisme serait

ne semblent pas avoir été abandonnés ou rejetés durant l'époque achéménide. Hérodote évoque leur existence de très nombreuses fois dans son œuvre. De même, à l'époque hellénistique, des témoignages relatent la présence de cérémonies où se pratiquent des sacrifices sanglants notamment près de la tombe de Cyrus[50]. Au XIXe siècle, les Parsis des Indes dont on ne peut nier leur appartenance au Zoroastrisme, pratiquaient encore des tels sacrifices.

Nous avons vu plus haut que l'introduction d'un culte rendu à des divinités comme Mithra et Anahita sous Artaxerxes II (vers 430 av. J.-C.) contredit l'impression ressentie à la lecture des *Gâthas* où Ahura Mazda apparaît comme un dieu unique. En l'état de nos connaissances il est encore très difficile de tenter de donner une explication sinon de supposer l'apparition d'une sorte de syncrétisme entre un « vieux-fond » mazdéen de tradition ouest-iranienne et populaire et un zoroastrisme pur et dur peut-être déjà en train de s'assoupir[51]. Nous devons reconnaître qu'aucun document à caractère historique ou religieux nous est parvenu afin de nous éclairer sur ce chapitre.

Le mode de sépulture à l'époque achéménide représente certainement la problématique la plus sérieuse et la plus difficile à trancher en ce qui concerne une éventuelle appartenance des Achéménides, et notamment de leur classe dirigeante, au Zoroastrisme. On peut se demander si des éléments matériels suffisamment nombreux et irréfutables existent de manière à témoigner de l'observance des prescriptions zoroastriennes des défunts ?

Les trois formes de sépultures connues sont condamnées par l'*Avesta*, que ce soit l'inhumation (nécropole de Persépolis), la *dakhma* ou tombe en pierre, construite ou creusée dans le roc (Naqsh-i Rustam) ou le fait de disperser les ossements sans les réunir (la *Nasu Spaya*). Ces trois actes sont en contradiction avec les prescriptions de l'*Avesta* qui impose des règles strictes pour éviter la souillure des éléments sacrés (eau, terre, air, feu). Or les Gathas ne précisent rien en ce qui concerne d'éventuelles obligations funéraires.

Nous venons de voir que la coutume d'exposer les morts dans un endroit approprié en attendant leur décharnement, est attestée chez Hérodote (H.140) et chez Strabon (XV, 3,20) mais d'après leurs témoignages, elle

né dans une société de pasteurs-éleveurs de bétail ce qui pourrait donner une certaine indication sur l'ancienneté de l'époque durant laquelle a vécu le prophète. Un développement intéressant sur le contexte politique de la naissance du Zoroastrisme est présenté par Gnoli (1985, 33-42).

[50] Le témoignage sur l'existence de sacrifices sanglants autour de la tombe de Cyrus nous vient d'Arrien (*Anabase* VI, 29, 1-7) mais il faut tenir compte que son oeuvre est postérieure aux événements qu'elle relate (conquête par Alexandre le Grand de l'empire achéménide).

[51] Au sujet de ce syncrétisme dont l'existence apparaît comme plus que probable. Cf. Gnoli 1985, 54-55.

semble réservée uniquement aux seuls Mages. Or ce mode de sépulture correspond parfaitement aux obligations et aux coutumes zoroastriennes de l'époque sassanide. Peut-on considérer cette obligation comme une preuve supplémentaire de l'adhésion des Mages à la religion zoroastrienne dès l'époque achéménide ? Probablement mais cette différence dans les modes d'inhumation pourrait indiquer l'existence de concepts religieux différents et peut-être opposés durant l'époque achéménide.

Xanthos de Lydie, dont le témoignage est connu pour avoir donné la plus ancienne référence sur Zarathushtra, mentionne que d'après les enseignements d'un certain « Zôroastrès », l'usage – ancien – de brûler les cadavres avait été abandonné de manière à ne pas souiller le feu[52].

L'archéologie nous permet pour la période achéménide d'observer une multiplicité des coutumes funéraires à l'exception de la crémation. Ainsi l'inhumation en fosse est attestée partout. De même, l'existence de tombes (*dakhma*) creusées dans la roche (squelette complet ou ossements réunis postérieurement au décharnement) l'est également.

Nous avons vu chez Hérodote que les Perses recouvrent les cadavres de cire et les inhument en terre ou dans un « mausolée » (selon l'expression de Hérodote) (H.I,140). Les différentes sources sassanides et post-sassanides parlent plutôt d'inhumation dans des ossuaires !

En guise de mausolée, l'archéologie ne relève que les tombes des rois achéménides. Les corps sont placés en hauteur dans un coffre en plomb pour ne pas souiller la terre. Cependant, ce mode d'inhumation reste contraire au précepte du *Videvedat* (*Vendidat*)[53] qui définit le rituel de l'exposition du corps au soleil, ce qui permet aux rayons du soleil de « brûler » les chairs et d'éviter ainsi de polluer la terre, le feu ou l'eau.

Si les règles qui imposent la non conservation des chairs polluantes et l'exposition du cadavre sont en accord avec le Zoroastrisme, il reste toutefois possible que Zarathushtra ait été contraint d'accepter cette très ancienne tradition née en Asie Centrale[54]. Le *Videvedat/Vendidat* décrit en Vd.7. 56-58 les lieux d'exposition du corps comme des lieux où se réunissent les *Daevas* (équi-

52 L'épisode qui nous concerne relate qu'un bûcher avait été préparé par les habitants de Sardes afin d'incinérer le corps de Crésus. Devant la menace du ciel, le peuple prit peur et se rappela alors les enseignements de la Sybile et ceux d'un certain Zôroastrès qui interdit de brûler les cadavres et de souiller ainsi le feu.

53 Ou « *Lois contre les Démons* ». Cet autre livre sacré d'époque sassanide contient un ensemble de compilations provenant d'époques différentes et pouvant de ce fait révéler certaines contradictions. Cf. Boyce 1975, 325.

54 Boyce 1975, 325.

valents aux *Daivas* des inscriptions de l'époque achéménide) qui génèrent alors des maladies qui peuvent causer d'autres morts.

Les coutumes funéraires zoroastriennes de l'époque sassanide qui imposent le décharnement, mettent en rapport le degré de pollution produit par le corps en putréfaction et le rang de la personne décédée. Ainsi un prêtre/un mage représente le maximum. Nous avons vu que le décharnement ne s'appliquait qu'aux Mages selon Hérodote et Strabon. En ce qui concerne un roi ou un guerrier, la pollution apparaît comme moindre. Pour un paysan, il n'y a aucune pollution. Il est donc enterré le plus simplement dans un coffre en bois. Normalement, selon cette loi de pureté, le roi ne devrait pas être exempté de décharnement, or les rois achéménides semblent ne pas avoir été concernés par cette obligation. Pour O. Basirov, l'inhumation est un concept mazdéen pré-zoroastrien et l'introduction à l'époque achéménide de concepts religieux nouveaux liés au Zoroastrisme doit s'être faite progressivement dans une société plutôt traditionnelle[55]. Cette situation expliquerait les difficultés rencontrées par le nouveau clergé à imposer les concepts religieux du Zoroastrisme parmi la population de l'Iran de l'Ouest et ce, jusqu'à la période sassanide. Il faudrait parler ici de la mise en application progressive des obligations religieuses liée à une imposition de plus en plus stricte de leur observance. Peut-on alors parler d'une évolution du Zoroastrisme avec comme nous l'avons vu précédemment, un retour en force de coutumes mazdéennes pré-zoroastriennes ?

De cette époque achéménide datent les rares descriptions de coutumes funéraires perses par les auteurs grecs. Les manifestations de deuil qui sont attestées par eux, sont inexistantes (peut-être en raison de leur condamnation) à l'époque sassanide. De même, la tombe que se fait bâtir Cyrus pour abriter sa dépouille, n'est pas conforme avec les principes zoroastriens reconnus dans l'*Avesta*. L'appartenance de Cyrus à la religion zoroastrienne a été mise en doute en raison de l'existence d'une tombe maçonnée comme le souligne M. Boyce[56]. Il est cependant significatif que Darius, ayant de fortes attaches avec le Zoroastrisme, n'ait pas jugé utile de déplacer le corps de son prédécesseur dans une tombe creusée au sein de la falaise rocheuse comme il l'a fait pour lui-même, et comme l'ont fait après lui tous ses successeurs. Quelques chambres sépulcrales appartenant à des personnages de haut rang ont été découvertes en Anatolie mais elles n'ont pas livré le moindre indice sur

[55] Basirov 2010, 80-82. Cet auteur relie l'existence de ce phénomène à l'expression d'une certaine tolérance à l'égard des autres coutumes religieuses.
[56] Boyce 1988, 27 et 29-30. Notons que Cyrus est totalement inconnu dans la tradition zoroastrienne.

une possible appartenance du défunt à la religion zoroastrienne ni sur l'observation de coutumes funéraires accomplies selon les rites zoroastriens.

Comme nous avons pu le constater, les questions sur la nature de la religion et le culte à l'époque achéménide sont nombreuses et les réponses qu'on peut apporter, sont très mal assurées.

Au moment de la prise du pouvoir par Darius Ier (vers 522/521), une rupture beaucoup plus importante qu'on ne le croit, pourrait s'être produite dans la société perse. On a souligné le fait que Darius appartenait à une « branche cadette » mais il est plus que probable qu'après avoir usurpé le pouvoir, il ait construit sa généalogie de manière à se rattacher à la famille de Cyrus en créant une filiation basée sur un ancêtre commun (Teispes)[57].
Nous savons grâce au texte de Bisutun que Darius avait de fortes attaches familiales et politiques avec l'Iran de l'Est. Si la tradition zoroastrienne fait clairement naître le Zoroastrisme dans cette dernière région, l'autre moitié de l'Iran, les régions de l'Ouest, se sont trouvées quant à elles sous l'influence de la Babylonie. On ne peut exclure qu'il y ait eu à une certaine époque, un travail de syncrétisme entre les concepts religieux babyloniens et une tradition mazdéenne polythéiste sous l'influence d'un ensemble intermédiaire, le monde élamite.

Pour J. Duchesne-Guillemin, les nécessités d'adapter un pouvoir issu d'une culture orientale, celle qu'apporte avec lui Darius, au fonctionnement de ce qui va devenir très rapidement un empire, ont provoqué ipso facto une altération déterminante du Zoroastrisme et donc du message de Zarathushtra[58]. Cela pourrait expliquer l'existence de certaines concessions faites au polythéisme pré-zoroastrien des régions iraniennes de l'Ouest, par exemple les sacrifices sanglants, des coutumes funéraires différentes (inhumation) et à une époque postérieure, la création d'une sorte de panthéon avec les Amasha Spanta (ou *Immortels*) parmi lesquels on trouvera Mithra et Anahita autrefois abhorrés par Zarathushtra.

Peut-on concevoir que Darius ait pu encourager la diffusion de concepts nouveaux zoroastriens par les Mages ? Aurait-il ainsi réussi à les imposer – même en partie seulement – à la population d'Iran occidental ? Rien n'est moins certain et la réinstallation de Mithra et Anahita peut sonner comme un échec du Zoroastrisme. Les péripéties d'un tel brassage d'idées et de concepts

[57] Pour la théorie de l'annexion à la généalogie de Darius, cf. Briant 1996, 122 ; Rollinger 1998, 184-188. Pour celle d'un rattachement en raison de l'homonymie existant entre l'ancêtre de Cyrus et celui de Darius, cf. Wiesenhöfer 1978, 212. Pour une vision d'ensemble de cette problématique, cf. Kellens 2002.
[58] Duchesne-Guillemin 1970, 168.

se seraient produits à l'abri des « regards » et de l'analyse des Grecs, au sein d'un monde iranien lointain et fermé mais sachant surtout cultiver la discrétion.

Notre confusion à définir la nature exacte du culte religieux à l'époque achéménide ne vient-elle pas de cette situation de rivalité entre Iran de l'Est et de l'Ouest désormais obligés de travailler ensemble après la prise du pouvoir par Darius Ier ?

Pourquoi Darius et les Mages n'évoquent-ils jamais le personnage de Zarathushtra ? Comment expliquer un tel silence s'il appartenait réellement à la tradition religieuse des Iraniens de l'Ouest ? Comment expliquer la différence qui existe dans le mode d'inhumation entre Perses et Mages sinon par le fait que ces derniers suivent des traditions religieuses zoroastriennes (obligations) qui leur sont propres et qui sont étrangères au monde de l'Iran occidental.

Pourquoi Artaxerxes II réintroduit les très anciens dieux Anahita et Mithra aux côtés d'Ahura Mazda? La présence de ces divinités reflète la montée en puissance des cultes et traditions religieuses propres aux populations iraniennes de l'Ouest c'est-à-dire ceux que l'on nommera désormais les Mèdes et les Perses.

Bien que son témoignage soit critiquable, Critias relate que Gaumâta compétiteur principal de Darius Ier a été mis à mort parce qu'il « avait bu le sang du taureau » or la mise à mort du taureau appartient à la tradition mythique liée au culte de Mithra. Darius, en exécutant le « mage » Gaumâta rétablirait ainsi au sein d'un état centralisé (pré-impérial !) l'équilibre entre les deux concepts religieux, celui de l'Ouest et celui de l'Est.

Pourquoi existe-t-il dans la tradition religieuse achéménide tant de préceptes contraires à ceux exposés dans l'Avesta ? Comment expliquer ce phénomène si le pouvoir n'avait pas cherché à se concilier les anciennes croyances locales des Iraniens de l'Ouest (ceux de Cyrus, et des rois d'Anshan). N'oublions pas que Darius doit être considéré comme un usurpateur du pouvoir.

Dans le texte de Bisutun, Darius Ier met à mort le mage Gaumâta son compétiteur qui s'est proclamé « issu de la lignée de Cambyse et de Cyrus ». Comment peut-on expliquer cet épisode sinon dans le cadre de la lutte contre le *Drauga-Druj* (Tromperie, Mensonge). Gaumâta, présenté comme un Mage, c'est-à-dire un personnage très haut placé dans la hiérarchie de l'Etat achéménide, s'est arrogé le pouvoir politique alors que *« la fausseté s'était étendue sur tous le pays »*. Le passage du texte de Bisutun continue en soulignant que Gaumâta a menti au peuple en se faisant passer pour Bardiya, le frère de Cambyse. C'est face à cet outrage que Darius réagit. En l'éliminant, Darius restaure l'*Arta*, l'ordre voulu par Ahura Mazda et reprend en main le pouvoir religieux en le réunissant au Pouvoir Politique, comme l'a fait bien avant lui le 9e *Kâvis* de la tradition zoroastrienne.

À la question de savoir si les achéménides ont été zoroastriens ou pas, il n'est pas possible comme nous l'avons vu de répondre de manière certaine et définitive. Le pouvoir achéménide a sans aucun doute dû faire preuve d'une extraordinaire capacité politique d'assimilation et de syncrétisme religieux. La traditionnelle tolérance des Perses à l'égard des autres religions ne peut se comprendre que comme le résultat d'un gigantesque effort de compromis et de transactions philosophico-religieuses. L'enjeu était de taille puisqu'il garantissait la stabilité d'abord au sein d'un état central perse (la Perse au sens strict du terme) et ensuite, dans l'empire achéménide.

Il semble toutefois que Darius était zoroastrien mais que ses successeurs ont du accepter que des croyances mazdéennes pré-zoroastriennes de tradition occidentale se soient progressivement greffées à un Zoroastrisme issu des régions orientales de l'empire. Une telle évolution des concepts religieux se sont imposés graduellement et sans être accompagnés par des bouleversements sociaux, ou politiques, ce qui n'aurait pas manqué d'attirer l'attention des Grecs d'Anatolie sujets de l'empire achéménide.

Références

BASIROV, O.
2010. « The Achaemenian Practice of Primary Burial : An Argument against their Zoroastrianism ? Or a Testimony of their Religious Tolerance ? », dans J. CURTIS, J. SIMPSON (éd.), *The World of Achaemenid Persia,* Londres – New York, p. 75-83.
BIANCHI, U.
1977. « L'Inscription des Daivas et le Zoroastrisme des Achéménides », *Revue sur l'Histoire des Religions* 192, p. 3-30.
BOYCE, M.
1988. « The Religion of Cyrus the Great », dans H. SANCISI-WEERDENBURG (éd.), *Achaemenid History* III, Leiden, p. 15-31 ; 1975. *History of Zoroastrism* I, Leiden ; 1982. *History of Zoroastrism* II, Leiden.
BRIANT, P.
1996. *Histoire de l'Empire Perse*, Paris.
DUCHESNE-GUILLEMIN, J.
1962. *La Religion de l'Iran Ancien*, Les Anciennes Religions Orientales 3 = Mana 1, Paris ; 1972. « La religion des Achéménides », dans WALSER 1972, p. 59-82.
FRYE, R.
1976. *The Heritage of Persia*, Cardinal, London.
GNOLI, G.
1980. *Zoroaster's Time and Homeland*, Napoli ; 1985. *De Zoroastre à Mani. Quatre leçons au Collège de France*, Travaux de l'Institut d'Etudes Iraniennes de l'Université de la Sorbonne Nouvelle 11, Paris ; 1989. « L'Iran ancien et le Zoroastrisme », dans RIES 1989, p. 111-152.
HERRENSCHMIDT, C.
1980. « La Religion des Achéménides : Etat de la question », *Studia Iranica* 9/2, p. 325-339.
KELLENS, J.
1989. « Les Fravashi », dans J. RIES (éd.), *Anges et démons. Actes du colloque de Liège et de Louvain-la-Neuve, 1987*, Homo Religiosus 14, Louvain-la-Neuve, p. 99-114 ; 1991. « Questions préalables », dans J. KELLENS (éd.), *La religion iranienne à l'époque achéménide. Colloque de Liège 1987*, Iranica Antiqua Supplement 5, Gand, p. 81-86 ; 2000. *Essays on Zarathustra and Zoroastrianism*, Zoroastrian serie 1, Costa Mesa ; 2001. « Zoroastre dans l'histoire ou dans le Mythe », *Journal Asiatique* 289/2 , p. 171-184 ; 2002. « L'Idéologie religieuse des inscriptions achéménides », *Journal Asiatique* 290/2, p. 417-464.
KREYENBROECK, P.
2010. « Zoroastrianism under the Achaemenians ; A non-essentialist Approach », dans J. CURTIS, J. SIMPSON (éd.), *The World of Achaemenid Persia,* Londres – New York, p. 103-109.
LECOQ, P.
1997. *Inscriptions de la Perse achéménide »,* NRF. Coll. L'Aube des Peuples, Paris.
LLEWELLYN-JONES, L. – Robson, J.
2010. *Ctesias' History of Persia*, London.
MOLE, M.
1965. *Religion de l'Iran Ancien*, Paris.

RIES, J.
1989. *L'Homme Indo-Européen et le Sacré*, Coll. Traité d'Anthropologie du Sacré 2, Aix-en-Provence.
ROLLINGER, R.
1998. « Der Stammbaum des achaimenidischen Königshauses oder die Frage der Legitimität der Herrschaft des Dareios », *AMIT* 30, p. 155-209.
SANCISI-WEERDENBURG, H.
1994. « The Orality of Herodotus Medikos Logos or the Median Empire revisited », dans H. SANCISI-WEERDENBURG (éd.), *Achaemenid History* VIII, Leiden, p. 40-55.
TOUROVETS, A.
2011. « Quand les Assyriens découvrent les montagnes du Zagros . La description d'un monde inconnu », dans Chr. CANNUYER (éd.), *Décrire, nommer ou rêver les lieux en Orient. Géographie et toponymie entre réalité et fiction. Jean-Marie RUCHTEN IN MÉMORIAM*, Acta Orientalia Belgica 24, Ath – Bruxelles, p. 57-75 ; 2013. « The Oral tradition as Echo of historical events. The reliability of Herodotus'sources about the History of the so called Median Empire », dans V. NADDAF, F. GOSHTAB, M. SHOKRI-FOUMESHI (éd.), *Ranj o Ganj (Papers in Honour of Professor Zoreh Zarshenas)*, Tehran, p. 103-118.
VARENNE, J.
1996. *Zoroastre, le Prophète de l'Iran*, Paris.
WALSER, G.
1972. *Beiträge zur Achämenidengeschichte*, Historia 18, Wiesbaden, p. 59-82.
WISENHÖFER, J.
1978. *Der Aufstand Gaumâtas und die Anfänge Dareios I*, Bonn.

SHAMANISM AND PROTO-CONSCIOUSNESS

Michel WEBER

This short note introduces to the stakes of the shamanic interpretation of the Paleolithic parietal art in five steps : first, it sketches the history of the discovery of Paleolithic cave paintings; second it briefly reviews the scientific vulgate on the matter; then the potentialities of ethnological comparativism are displayed and the overlapping existing between shamanism lato sensu and the *homo religiosus* ethos perused. In conclusion, we examine William JAMES and A.N. WHITEHEAD respective import.

1. THE DISCOVERY OF PALEOLITHIC CAVE PAINTINGS

When, in 1879, amateur archaeologist Marcelino SANZ DE SAUTUOLA (1831–1888) discovered the Altamira caves parietal paintings, an entire new set of questions arose for professional archeologists and anthropologists alike[1]. First of all, could paleolithic art (40.000–10.000 y.a.) be the early – or the late, depending on the depth of your vision – witness of the hominization process that had just been masterfully theorized by Charles DARWIN (1859) ?

The immediate response to this discovery was absolute disbelief : XIXth century academics were not ready to acknowledge that such an artistic refinement was possible for simian « primitives ». These paintings were fake. Such a bold claim is to be understood of course from the perspective of the colonialism of the West, that was at its peak at the time. If the contemporary burden of the White was so heavy, it was because the colonized people were, so to speak, pre-historical. Hence, it was all the more inconceivable to obtain aes-

1 LEWIS-WILLIAM 2002, 29 sq.

thetic refinement amongst the paleolithic barbarity. The importance of cultural relativism, already defined in 1887 by Boas[2], will be acknowledged only after 1918, precisely when the European imperialism suffered difficulties – and before US-American imperialism took the lead.

The wind turned however in 1902 – the very year James published his *Varieties* – when the prominent prehistorian Émile Cartailhac (1845–1921) acknowledged that no doubts were possible and that Sautuola's claims were genuine[3]. Scientists were thus left with a new set of evidence of the hominization process that began, according to the most recent fossil and genomic data, 370.000 year ago with the split between the *homo sapiens* and the *homo neanderthalensis*. The evidence found gives us a glimpse into communities made of anatomically and mentally fully modern human beings. But it promptly transpired that these evidences were far more tricky to interpret than one would have first thought. Different strategies were nevertheless probed.

If it was not possible to ignore these findings altogether or to discard them as scientifically irrelevant, the easiest was to argue for an exemplification of the « art for arts sake » pattern. Théophile Gautier's apophthegm (1811–1872) was thus used in order to argue that no meaning was to be found in these paintings other than the aesthetic enjoyment obtained by the craftsman. Acknowledging such an aesthetic propensity at a time when bare survival must have been the main goal of humankind was actuazlly a very strong move—but claiming that art was performed simply « for arts sake » was actually a plain derogative statement. New findings were going to change this dramatically.

The discoveries were not only quantitatively impressive, they introduced a qualitative shift. To name only four major sites : the Cave of Niaux was being visited from the very beginning of the seventeenth century (say *circa* 1660), but the actual age of its parietal art was guessed only in 1906. The Cave of the Trois-Frères was discovered in 1914. The entrance to Lascaux Cave in 1940. And Chauvet-Pont-d'Arc Cave was discovered in 1994. Scientists had now to deal with naturalistic scenes such as the inevitable bisons, horses, reindeers and bears, but also with (animal) chimeras, (children) handprints, therianthropes and theriomorphic beings, and, perhaps even more embarrassingly, with abstract symbols of sorts.

What, if anything, did these part man and part beast paintings mean? Even more upsetting was the topology of the artwork and its general context :

2 Boas 1887, 587-589.
3 Cartailhac 1902, 348-354.

why would the *homo sapiens* use deep caves for art ? ROSSANO underlines the following main problematic points : first, remains that would prove regular use (such as torches, fires, tools or food), are rare, suggesting that these sites were occupied only sporadically. Second, the spaces where paintings and other ritualistic artefacts are found are sometimes small and isolated, rather inaccessible actually. Third, many of the animals depicted are not ones commonly used for food and some are purely mythic (such as the long-horned horse-like creature of Lascaux). Fourth, one also finds childrens hand and footprints and bizarre symbols and graphics; plus, when a human being is painted, it is a being-in-transformation rather than a being-in-the-world. In sum, this entire cave painting representation of reality is not real at all :

> « *They were painted in the most realistic way in order to capture what lies beyond earthly reality. The animals are floating in the air, their legs do not reach down to the earth, and their pose does not know gravity. The paintings have no horizon, no landscape, no orientation to earthly living* »[4].

> Taken together, ROSSANO claims :

> « This evidence supports the idea that these deep cave sites were used for shamanistic rituals where altered states of consciousness and union with the spiritual world were achieved ».

From this perspective, the following elements of answer can be provided. First, ritual venues would, indeed, be occupied only in sacred times. By definition, the sacred has to be segregated from the profane. Second, small and isolated spaces would heighten the sensory effects susceptible to induce ecstatic states. Third, many of the animals depicted have symbolic importance as representations of power. Fourth, among complex hunter gatherers, children are commonly involved in rituals of initiation. Finally, ethnographically, caves are frequently understood as a gateway to the underworld.

In sum, if one accepts the heuristic virtues of the paleo-shamanistic hypothesis, most, if not all, difficulties seem to vanish. Cave sites were used for religious purposes by communities and individuals, as the difference in parietal art testifies : LEWIS-WILLIAMS exemplifies this with the help of the Gabillou and Lascaux caves, where communal rituals have probably taken place in the vast entrance chamber (Lascaux's famous « Hall of the Bulls ») whereas individual initiations or mystical journeys were taking place in the depths of the « Tunnel » (Gabillou) or of the « Shaft » (Lascaux)[5]. The former were likely to take place in a mild trance whereas the later sprang from a full mystical experience. The paintings themselves were thus part of a psychotropic

4 HORVATH 2012, 245.
5 LEWIS-WILLIAM 2002, 228 sq.

plan of action that was probably systematically ritualized for the community and rather loose for the individual quester.

Some sites and paintings were fostering consciousness-altering rituals, other were the result of shamanistic intercourse with guardian spirits (what is commonly named « hallucinations » and « possession »)[6]. Moreover, the bizarre symbols and graphics do make sense from the perspective of induced altered state of consciousness, as LEWIS-WILLIAMS and CLOTTES argue with their entoptic theory[7].

Now, in order to obtain a strong argument, a few speculative questions need to be settled. They are sympathetic with the « evolutionary theories of religion » but focus on the correlation between hominization, Paleolithic parietal art, and shamanism.

2. THE SCIENTIFIC VULGATE

Historically, the scientific standpoint has basically forbidden to raise the question « why ? » because it allegedly prevents an objective account. Remain three possibilities.

Archaeology, *stricto sensu*, asks « when ? » and seeks to cope with dating and chronological issues. Radiocarbon dating is able to determine the age of carbonaceous materials up to about 60.000 years old, so it constitute indeed a reliable tool to cover the Upper Paleolithic (50.000–10.000 y.a.).

« Art for arts sake » confines itself at the ornamental level of the « how ? ». Since the goal is plain – aesthetic pleasure of the work in the making and of the work made –, what matters is to question the techniques used. A bit of *pathos* is furthermore welcome.

Structuralism addresses solely the « what ? » of parietal art. It has had a very deep and dogmatic influence upon the field until recently. Thanks, so to speak, to towering figures such as Claude LÉVI-STRAUSS (1908–2009) and André LEROI-GOURHAN (1911–1986), the question of « why ? » has been the subject of an inquisition of sorts. Scientists should only attempt a (statistic) understanding of the binary semiotic structures that explains the network of male and female signs so as to construct a mythogram or mental template; they have no access whatsoever to more existential claims.

6 Cf. ROSSANO (2010, 69-71), citing VITEBSKY (1993 ; 2000, 55–67).
7 LEWIS-WILLIAMS – DOWSON 1988, 201-245.

3. Ethnological comparativism

Each time that scientific dogmatism has loosen its grip on the issue of Paleolithic parietal art, some form of ethnocomparativism grew. As a matter of fact, neither archaeology nor structuralism were seeking any explanation whereas the « art for arts sake » motto could not deliver one for phenomena such as paintings and petroglyphs made in extremely difficult circumstances and obviously loaded with esoteric meanings.

Two comparative paths are well worn : totemism (Gabriel de Mortillet) and sympathetic magic (Breuil). Each involves a dialogue between what we guess of Paleolithic life and what we think we understand of contemporary « savages » (Lewis-Williams, for one, is found of Kalahari San culture.) But none help us to understand the peculiarities of *some* paintings, especially not the fact that many of the animals depicted were not commonly used for food, and even less the context of *all* paintings as they are found *in situ*.

In totemic cultures, clans have typically a spiritual connection or kinship with a single given animal species, that is endowed with positive and negative cultural characteristics, from power-endowing manifestations to cripling taboo curses. In Descolas lexicon, there is a continuity of souls and of bodies[8].

In sympathetic or « hunting » magic, the work on the representation of the animal is supposed to impact the animal itself, either to further hunting (including apotropaic practices), or to help the fertility of useful species or to obtain the destruction of feared predators[9].

The third path – cave shamanism – springs probably from Mircea Éliade's early works and Gertrude Levy's speculations. According to the former, the religion of Paleolithic humans was shamanistic in spirit (no pun intended but appropriate)[10] ; according to the latter, caves are obvious modalities of the feminine archetype and visiting caves amounts to journey into mother Earths womb, which means to experience ones archaic fears and hopes of rebirth, regeneration, reconnection.[11]

Horst Kirchner provided the first shamanistic interpretation of parietal art when he brought together Lascaux's therianthropes and Yakuts's shamanistic graves. Never before had the scene of the Shafts « dead man » been elucidated from the perspective of the very bird standing on the stick, next to the

8 Descola 1986.

9 Henri Breuil, quoted by Clottes 2011, 27

10 Éliade (1951b) recaptures the argument he already made (1946, 5-52 ; 1949, 299-308 ; 1951a, 88-97). The second edition (1968) quotes Kirchner on his interpretation of Lascaux's enigmatic painting (in the Shaft).

11 Levy 1948.

inanimated body[12]. Then Andreas LOMMEL made explicit the correlation between hominization, shamanism and the beginning of art[13]. In the same way that shamans are artists of a kind, artists always have a shamanistic temper[14] ...

After some twenty years of rest, DAVENPORT and JOCHIM refreshed this interpretation of the Shaft at Lascaux[15] while LEWIS-WILLIAMS and DOWSON proposed a neuropsychological model that recarved the shamanistic hypothesis by naturalizing it completely[16]. The main contemporary supporters of the shamanistic interpretation of parietal art are Jean CLOTTES and David LEWIS-WILLIAMS[17]. They structure, together with JAMES and ÉLIADE, the present argument.

4. SHAMANISM AND THE *HOMO RELIGIOSUS*

In order to obtain a fair shamanistic reading of parietal art, one needs first to define what shamanism is. Unfortunately, scholars do not agree upon a definition of this complex phenomenon. There are basically two schools: one arguing that we need to stick to shamanisms Siberian idiosyncrasies, and the other according to which core shamanistic features are present in most, if not all, forms of religiosity – this being especially obvious in the case of traditional communities.

There is no need to deal here with that controversy, quite similar to the one raging in Gnostic studies, all the more so since in order to establish a dogmatic thesis one needs to carve head-on controversial arguments that are actually quite often not supported with a first-hand knowledge of the practices and the categories at stake. A pretty straightforward account is nevertheless

12 KIRCHNER 1952, 244-286. His work will be endorsed and completed by Karl J. NARR (1959, 233-272).

13 LOMMEL 1966. The author's Jungian slant induces however a problematic reductionism when it lead him to bring together psychoses, neuroses, hallucinations, mass hysteria and shamanism.

14 Plato systematizes Herodotus's four types of divine madness (*Phaedrus* 244 DE) : prophetic madness (mantic or oracular, whose patron god is Apollo), telestic (or ritual madness, whose patron is Dionysus), poetic madness, inspired by the Muses, and erotic madness, inspired by Aphrodite and Eros.

15 DAVENPORT – JOCHIM 1988, 558-562.

16 LEWIS-WILLIAMS – DOWSON 1988. Their naturalistic interpretation will be continued by Noel W. SMITH (1992).

17 CLOTTES – LEWIS-WILLIAMS 1996 ; CLOTTES – LEWIS-WILLIAMS 1998 ; LEWIS-WILLIAMS 2002 ; CLOTTES 2011.

obtained if one peruses JAMES's *Varieties* and ÉLIADE's numerous synthetic works, such as his *The Sacred and the Profane*[18].

According to JAMES (1902) – that reflects the strong influence of Frederick W.H. MYERS (1843–1901) on JAMES – the religious life necessarily involves three cosmo-psychological keys : « more », « flux », and « union »[19]. There is first a structural thesis : on the one hand, *« the visible world is part of a more spiritual universe from which it draws its chief significance »*. In other words, the world of everyday experience is inscribed in a broader world and this world is not alien to our world at all : it is simply, but significantly, *more* spiritual. On the other hand, the gate existing between the worlds is understood with the help of a concept borrowed from psychophysics and that will have a strong legacy : the subliminal door[20]. Second, as a result, these worlds are not bifurcated, their doors are not closed. Spiritual energy flows in both directions, which means that communication with the higher powers is possible and especially that prayer is enpowered with an efficacy of its own kind. Third, *« union or harmonious relation with that higher universe is our true end »*. When JAMES underlines that « *there is* something wrong about us *as we naturally stand* », he makes plain that this uneasiness is due to our disconnection with our true Self, our fellows humans ... and eventually the Totality : we are saved from the wrongness *« by making proper connection with the higher powers »*[21]. To live at unison with the higher powers has a transfigurative virtue that brings meaning, peace and safety to ones life[22].

From a broad philosophical perspective, we somehow obtain Platos worldview as it was carved by his Pythagorean legacy. The phenomenal world is

[18] ÉLIADE 1957.

[19] A first synthetic exploration of this issue can be found in my « James' Non-rationality and its Religious Extremum in the Light of the Concept of Pure Experience » (2004, 203-220).

[20] JAMES uses FECHNER's threshold theory (1860) and William Blake's speculations (1885) ; he furthermore heralds (e.g.) HUXLEY's (1954) and Alan W. WATTS's narrations. Cf. HUXLEY 1954 ; WATTS 1962.

[21] JAMES 1902, 508.

[22] *« Summing up in the broadest possible way the characteristics of the religious life, as we have found them, it includes the following beliefs : 1. That the visible world is part of a more spiritual universe from which it draws its chief significance ; 2. That union or harmonious relation with that higher universe is our true end ; 3. That prayer or inner communion with the spirit thereof – be that spirit "God" or "law" – is a process wherein work is really done, and spiritual energy flows in and produces effects, psychological or material, within the phenomenal world. Religion includes also the following psychological characteristics ; 4. A new zest which adds itself like a gift to life, and takes the form either of lyrical enchantment or of appeal to earnestness and heroism ; 5. An assurance of safety and a temper of peace, and, in relation to others, a preponderance of loving affections »*. Cf. JAMES 1902, 485-486.

moulded by the world of « Ideas » ; participation and reminiscence are the keys to the interplay between the two worlds; and philosophic life seeks to harmonize the worlds. As is well-known, the immediate exemplification of this can be found in the Myth of Er that concludes *The Republic*. For his part, the late WHITEHEAD adopts – especially in « Immortality » (1941) – a similar pattern : cosmology involves « God » and the « World » ; what happens in one sphere necessarily impacts the other (see, e.g., the initial subjective aim and the subjective immortality) ; and religion boils down to world-loyalty.

According ÉLIADE (1957), religion is both cosmological and cosmogonical. The *homo religiosus* cannot live in a chaos, order has to be granted. So as to start a community or to establish a settlement, the centre of the world (« omphalos mundi ») has to be discovered. That task is not as hard as it first may seem since the centre actually manifests itself trough kratophanies that are also hierophanies : the power of the centre is inseparable from its hieratism, i.e., its sacredness[23]. We have essentially two possibilities: either the manifestation is so obvious that it imposes itself *naturally* (a volcano, a mountain, a tree struck by lightning, a source, ...) or it requires the vision of an initiated. Once the centre is located, the axis of the world (« axis mundi ») and the four cardinal directions can be objectified. In other words, the chaos is cosmicized and humans can (potentially) find their way around, not only in their terrestrial dwelling (North, South, East, West), but also in the upper-world (Zenith) and the lower-world (Nadir). The axis of the world involves two things: on the one hand, a three-tiered cosmos, on the other, the existence of gateways. If the axis is represented by a column, the emphasis falls on the celestial vault being supported by it; if it is represented by a mountain, a pyramid or, even better, by a ladder or a tree, the osmosis between the worlds already depicted by JAMES is made plain. Of special importance is the symbol of the tree, as it allows the understanding of the complementarity between the worlds. The terrestrial world is akin to the trunk of a cosmic tree that finds its support, its structuring energy, from its Chthonic foundations and that sees its fruits bore at the Ouranian level. Meaning origins from the ability to grasp the full interconnectedness of the worlds. Remember that religion is first and foremost binding (« religare ») and that any cosmogonical opponent would indeed be worthy of the name « devil », i.e., « diabolos », the one who separates.

We now have a reliable tool to understand the shamanistic worldview, as it perfectly exemplifies the triune pattern more/flux/union. First, the basic ontological structure is three-tiered and features animal and spiritual beings that

[23] Needless to say that the argument can be particularized to interpret theophanies.

channel their influences through gateways. The worlds are not simply superposed, there is a permeability, a receptiveness of the worlds to each others influence[24]. Second, the idea of flux is archetypal in shamanism. Primo, the shamanistic ritual *per se* involves the so-called « shamanistic flight » or exstasis. Secundo, the worlds are susceptible of morphing into one another: becoming-animal, becoming-divine and becoming-human are possible in a world where flux and interconnection are the rule. Everything is animated, everything is endowed with power, everything is pointing at some meaning[25]. Tertio, communication with spirits amounts to pragmatic transactions that remind us of barter and of bargain. Third, the harmonization, the bringing together of the worlds is what matters. One seeks peace within oneself, with his or her fellow humans, with all forms of terrestrial life and eventually with the other worlds. Shamanism is above all a matter of curing – and the shaman has first to cure herself from the « shamanic illness » that usually structures her initiation[26]. It is also a matter of enhancing the social coherence when need be.

The core of the experience deserves some more attention. The shamanistic flight presupposes the possibility to dissociate ones body and ones soul and to have the latter journeying through the earth or its sub- and supra-realms. Shamanism, in other words, is defined by exstasis, a standing outside oneself induced by deprivations (fatigue, pain, fasting, sensorial deprivation), practices (sustained rhythmic dancing, prolonged drumming, visual stimulations) or the ingestion of psychotropic substances. As such, it is usually contrasted with meditation, that comes down to enstasis, and possession, during which someone is under the controlling power of a foreign entity. On the one hand, enstasis names the yogic association in which one annihilates oneself in the totality[27]. On the other hand, possession comes in two modes : welcomed (adorcism) and unwelcomed (exorcism)[28]. In the first case, the spirit is summoned to take psychokinetic control of a human being ; in the second, the spirit is invading the human being against his will. From the perspective of our analysis, the difference between shamanism and enstasis is sound but the difference between shamanism and possession should be made more flexible. If the shamanistic flight operates indeed a dramatic dissociation of the body and the soul of the practitioner, it is conceivable that during this absence an auxilia-

[24] Clottes 2011, 156-266.
[25] Clottes 2011, 128, 151-152.
[26] According to Éliade, there are four ways of becoming a shaman: through the « call », by inheritance, by personal ambition, or by the will of the tribe.
[27] Éliade 1954.
[28] de Heusch 1963 ; de Heusch 1971, 226-245.

ry-spirit is welcomed in the « empty » body – or that, contrariwise, an adverse entity incarnates itself[29]. Moreover, one can understand transe as the shaman uniting with his animal spirit-helper.

Anyway, the shamanistic flight is a quite adventurous journey during which one has to cope with non-rational or even blatantly irrational beings. The help of the auxiliary-spirit is of course granted, but, to use a metaphor, it does not amount to riding a reliable car to go from point A to point B without much traffic hassle; it is like riding a young stallion that has its own agenda, desires, fears and tricks ...

Finally, let us underline with CLOTTES that a complementarity of perspective between the approaches debated *supra* should be priviledged[30] : archeology, *stricto sensu*, the « art for arts sake » principle and structuralism could work together to sharpen our understanding. Art for arts sake cannot account for what we find, but it remains true that parietal artists were concerned with the esthetic dimension of their representations and symbols. Totemism and hunting magic can be understood from a broader shamanistic perspective – the opposite being untrue. Even some form of non-reductionistic structuralism could be helpful to help defining the semantic structure that perhaps characterizes the topography and symbolism of Paleolithic caves.

5. Conclusion

In conclusion, we briefly review the main advantages of the shamanistic heuristics and then clarify JAMES and WHITEHEAD respective import.

There are two issues to be addressed by any interpretation : coherence and applicability. In other words, any heuristics worthy of that name should be able to recreate, as far as possible, the global worldview that nourished the Parietal civilizations *and* to exemplify it in all its manifestations – or at least in most of them. Adequacy, as WHITEHEAD saw, will remain an attractor of sorts in a process world that necessarily involves experiential opacity, intuitive shortcomings and conceptual insufficiencies.

On the one hand, JAMES and ÉLIADE foster a systematic set of concepts allowing the understanding of the Ur-ground upon which all religions have built. On the other, CLOTTES and LEWIS-WILLIAMS provide suggestive interpretations of parietal art, whether it is found in communal rooms or in inacessible shafts. But they do not pretend to obtain a definitive grid : since

29 For instance, Ioan M. LEWIS (1971) and Bertrand HELL (1999) argue that shamanism cannot be distinguished from possession.

30 CLOTTES 2011, 277 sq.

these communities were fully human, their complexity cannot be exhausted, even by such a broad and powerful framework as proto-shamanism. While CLOTTES and LEWIS-WILLIAMS enforce a naturalistic reading (religion is wired into the brain), they appear to do so in a rather non-dogmatic way. Art and spirituality are consubstantial with humankind.

Deep limestone caves were visited *a minima* in order to impregnate oneself with Mother Earth's energies and *a maxima* to seek personal encounters with Chthonic entities. One can conceive indeed a spectrum of practices spreading from the collective rites practiced in communal rooms to the purely private quest taking place in the most remote parts of the cave. Vulval, vaginal, cervical and uterine symbolisms are fully operative in a worldview that guarantees access to deeper energies as one goes further in the bowels of the earth. Ultimately, the time spent in a diverticulum amounts to a pregnancy and allows a mental rebirth[31]. Needless to say that a religious worldview that champions female symbols and narratives is likely to structure matriarchal communities.

From the perspective of a three-tired cosmos, the rock wall constitutes an osmotic membrane between humans and the spirit world. The meaning of handprints, for exemple, is likely to have more to do with establishing a contact with the spiritual than with image-making : negative hand print makes the hand dissapear behind a layer of paint, sealing it so to speak in the wall[32]. Fluxes were of course possible in both directions and when an artist took advantage of the natural shape of the rock to phenomenalize an animal or a therianthrope, s/he sought to reveal the powers behind. Tooths, pieces of bones or shells (coming from the sometimes remote littoral) were also placed in niches, cracks and cavities in order to manifest the intended transaction.

What about JAMES and WHITEHEAD respective import ?

JAMES (1902) clarifies promptly what the issue should be for a philosopher or a psychologist of religion. *Lato sensu*, religion has three modalities : subjective, objective and transitive. *Qua* subjective, religion is lived and living, it brings us in contact with the Ultimate. *Qua* objective, religion is a shared worldview and a social superstructure. *Qua* transitive, religion is the late and necessarily dull rationalization of someone elses experiences. Fully aware of the fact that objective and transitive modalities are far too controversial *and* that

[31] An ethnopsychiatric outlook on this issue would bring additional archetypal material : besides C.G. JUNG, see DEVEREUX 2011.

[32] Cf. LEWIS-WILLIAM 2002, 216 sq. There are two types of hand or foot prints : positive and negative. The former involves covering the inside of the hand with paint and pressing it against the wall, imprinting the palm and fingers. The latter involves using the hand as a template or stencil, and then blowing paint on it.

only first-hand experience matters, on these shores as everywhere else (radical empiricism is, unsurprisingly, an amphibious principle), JAMES seeks exclusively to indagate the subjective side of religion – which means to get acquainted with exceptional and eccentric personalities, starting with his own[33].

WHITEHEAD (1926 – hereafter RM) subscribes to JAMES' analysis but remarks that the acute religious fever of « geniuses » always rises from within a certain religious worldview as it is embedded in a given social framework. In other words, the objective, social, collective, rational side of religion is back on the agenda of process philosophy. He furthermore underlines the importance to peruse the transition from the individual and non-rational experience to the social dogma (a concept that he recarves on that occasion; cf. 1967 – hereafter SMW[34]). Of special relevance to him is the correlation between science and religion: on the one hand, there is – or should be – an *« inevitable transformation of religion with the transformation of knowledge »* (RM 7-8) ; on the other, it is not by chance that technoscience was born in a monotheistic culture[35].

This move makes WHITEHEAD important to understand adventures of ideas, but it is also the occasion, as James anticipated, to utter a few unforgivable Eurocentric and colonial jugements on the alledged « primitive barba-

[33] *« There can be no doubt that as a matter of fact a religious life, exclusively pursued, does tend to make the person exceptional and eccentric. I speak not now of your ordinary religious believer, who follows the conventional observances of his country, whether it be Buddhist, Christian, or Mohammedan. His religion has been made for him by others, communicated to him by tradition, determined to fixed forms by imitation, and retained by habit. It would profit us little to study this second-hand religious life. We must make search rather for the original experiences which were the pattern-setters to all this mass of suggested feeling and imitated conduct. These experiences we can only find in individuals for whom religion exists not as a dull habit, but as an acute fever rather. But such individuals are "geniuses" in the religious line ; and like many other geniuses who have brought forth fruits effective enough for commemoration in the pages of biography, such religious geniuses have often shown symptoms of nervous instability. Even more perhaps than other kinds of genius, religious leaders have been subject to abnormal psychical visitations. Invariably they have been creatures of exalted emotional sensibility. Often they have led a discordant inner life, and had melancholy during a part of their career. They have known no measure, been liable to obsessions and fixed ideas ; and frequently they have fallen into trances, heard voices, seen visions, and presented all sorts of peculiarities which are ordinarily classed as pathological. Often, moreover, these pathological features in their career have helped to give them their religious authority and influence »*. Cf. JAMES 1902, 6.

[34] *« A system of dogmas may be the ark within which the Church floats safely down the flood-tide of history. But the Church will perish unless it opens its window and lets out the dove to search for an olive branch »* (RM 140). *« Religion will not regain its old power until it can face change in the same spirit as does science. Its principles may be eternal, but the expression of those principles requires continual development »* (SMW 189).

[35] SMW 18.

rism » (RM 28) of traditional modes of religiosity and on the techno-scientific idiocy of foreign cultures. A first answer to these two unfortunate blunders will come, respectively, from authors such as HODGSON (1974) and SAID (1978)[36] and, interestingly enough, from MUMFORD (1934) – who was an avid reader of WHITEHEAD.[37] One should also note WHITEHEAD'S ambivalence on the question of religious emotion and the straightforward gender overtone of his remarks.

On the one hand, tribal emotion of « primitive races » and « savage tribes » soils mans pure religiosity and is negatively assessed[38]. « *In this primitive phase of religion* », WHITEHEAD writes, « *dominated by ritual and emotion, we are dealing with essentially social phenomena* » (RM 22). Religion requires thus « *a metaphysical backing ; for its authority is endangered by the intensity of the emotions which it generates. Such emotions are evidence of some vivid experience; but they are a very poor guarantee for its correct interpretation* » (RM 81).

Exactly, on the other hand, the personal emotion that is purified by solitariness and accompanies the contemplation of the universal is positively valued (RM 54). Reason and dispassionate criticism are shielding civilized man from hysteria[39]. WHITEHEAD might shoulder JAMES' thesis on the primordial subjectivity of religion but first-hand and original form of experience is for him less a tormenting fever than a rational epiphany. This is clarified as soon as one indagates his ontology, that champions the equation private actuality / intrinsic value / emotional tone : the value of actuality is indeed correlated to the private enjoyment of its creative experience of the world[40].

[36] The West was indeed more likely, after « The Glorious Thirty », to relativize its achievements, hence the – limited but real – cultural recognition that the works of HODGSON (1974), SAID (1978) and BERNAL (1987) obtained. As the crises deepened, they were complemented by FRANK (1998), POMERANZ (2000) and HOBSON (2004). One should not forget, however, that the first relativizations were born in the aftermath of the first World War (SPENGLER 1918) and that this stream of thought was kept alive by the first-rate scholarship of TOYNBEE (1934), NEEDHAM (1954), VOEGELIN (1956) and BRAUDEL (1967).

[37] WYK – WEBER 2009.

[38] « *All collective emotions leave untouched the awful ultimate fact, which is the human being, consciously alone with itself, for its own sake* » (RM 16).

[39] « *But reason is the safeguard of the objectivity of religion: it secures for it the general coherence denied to hysteria* » (RM 63). « *Thus dispassionate criticism of religious belief is beyond all things necessary* » (RM 81). « *Apart from any reference to existing religions as they are, or as they ought to be, we must investigate dispassionately what the metaphysical principles, here developed, require on these points, as to the nature of God* ». Cf. WHITEHEAD 1978, 343.

[40] « Value is inherent in actuality itself. To be an actual entity is to have a self-interest. This self-interest is a feeling of self-valuation; it is an emotional tone » (RM 97).

There is furthermore a progressive evolution between the two emotional poles : « *The religious idea emerged gradually into human life, at first barely disengaged from other human interests. The order of the emergence of these factors was in the inverse order of the depth of their religious importance : first ritual, then emotion, then belief, then rationalization* »[41]. Strikingly, this evolution boils down to a regimentation of the body, that is traditionally animal-like and symbolically female[42].

It would not be fair to claim that WHITEHEAD was animated by a deep patriarchism but he certainly showed signs of a chauvinism that has always been articulated, *volens nolens*, with machismo and the like ... Only when he speculates on cosmological matters does he become fairly neutral in gender and politics. Seemingly only then a multiplicity of temporalities could be assumed.

The *homo religiosus* is always seeking meaning, signs, reality. What we understand of Paleo-shamanism reveals a fully fledged process culture where interconnexity grants harmony through the metamorphosis of humans, animals and spirits and thanks to the existence of gates in the three-tired world and especially because of the intrinsic permeability of the boundaries of these worlds. In RM 59, WHITEHEAD was well inspired to borrow ROYCE'S concept of world-loyalty (1908) to depict religion. In light of our discussion, speaking of worlds-loyalty seems more appropriate.

[41] He continues : « [...] *When we go far enough back, belief and rationalization are completely negligible, and emotion is merely a secondary result of ritual. Then emotion takes the lead, and the ritual is for the emotion which it generates. Belief then makes its appearance as explanatory of the complex of ritual and emotion, and in this appearance of belief we may discern the germ of rationalization* » (RM 18-19).

[42] « *Thus there are certain emotional states which are most favourable for a peculiar concentration on topics of religious interest, just as other states facilitate the apprehension of arithmetical truths. Also, emotional states are related to states of the body* » (RM 121).

Références

Blake, W.
1885. *The Marriage of Heaven and Hell*, New York.
Boas, Fr.
1887. « Museums of Ethnology and their classification », *Science* 9, p. 587-589.
Braudel, F.
1967. *Civilisation matérielle, économie et capitalisme (XVe – XVIIIe siècles)*, Paris.
Cartailhac, É.
1902. « La grotte d'Altamira, Espagne. *Mea culpa* d'un sceptique », *L'Anthropologie* 13, p. 348-354.
Clottes, J. – Lewis-Williams, D.
1996. *Les Chamanes de la préhistoire : transe et magie dans les grottes ornées*, Paris ; 1998. *The Shamans of Prehistory : Trance and Magic in the Painted Caves*, New York.
Clottes, J.
2011. *Pourquoi l'art préhistorique ?*, Paris.
de Heusch, L.
1963. « Possession et chamanisme », dans *Rencontres de Bouaké. Les religions africaines traditionnelles*, Paris, p. 139-170 ; 1971. « Possession et chamanisme », dans *Pourquoi l'épouser ?, et autres essais*, Gallimard, p. 226-245.
Davenport, D. – Jochim, M.A.
1988. « The Scene in the Shaft at Lascaux », *Antiquity*, 62, p. 558-562.
Descola, Ph.
1986. *La Nature domestique : symbolisme et praxis dans l'écologie des Achuar*, Paris.
Devereux, G.
2011. *Baubo, la vulve mythique*, Paris.
Éliade, M.
1946. « Le problème du chamanisme », *Revue de l'Histoire des Religions* 131, p. 5-52 ; 1949. « Shamanism », dans V. Ferm (éd.), *Forgotten Religions*, New York, p. 299-308 ; 1951a. « Schamanismus », dans *Paideuma* 5, p. 88-97 ; 1951b. *Le Chamanisme et les techniques archaïques de l'extase*, Paris ; 1954. *Le Yoga. Immortalité et liberté*, Paris ; 1957. *The Sacred and the Profane : The Nature of Religion*, New York ; 1968. « Schamanismus », dans *Paideumat*, 2e éd., Paris.
Fechner, G. Th.
1860. *Elemente der Psychophysik*, Leipzig.
Hell, B.
1999. *Possession et chamanisme. Les maîtres du désordre*, Paris.
Hodgson, M.
1974. *The Venture of Islam*, Chicago.
Horvath, A.
2012. « Beauty and its Forgery : Repositioning Forms into Technicality by the Bizarre Trickster », dans A. Horvath, J.B. Cuffe (éd.), *Reclaiming Beauty* I, Florence – Cork.
Huxley, A.
1954. *The Doors of Perception*, Londres.
James, W.
1902. *The Varieties of Religious Experience. A Study in Human Nature. Being the Gifford Lectures on Natural Religion Delivered at Edinburgh in 1901–1902*, New York.

KIRCHNER, H.
1952. « Eine archäologischer Beitrag zur Urgeschichte des Schamanismus », *Anthropos* 47/1-2, p. 244-286.
LEVY, G.R.
1948. *The Gate of Horn. A study of the religious conceptions of the stone age, and their influence upon European thought*, London.
LEWIS, I.M.
1971. *Ecstatic Religion. An Anthropological Study of Spirit Possession and Shamanism*, Harmondsworth.
LEWIS-WILLIAMS, J.D. – DOWSON, Th.A.
1988. « The signs of all times : entoptic phenomena in Upper Palaeolithic Art », *Current Anthropology* 29/2, p. 201-245.
LEWIS-WILLIAM, J.D.
2002. *The Mind In The Cave : Consciousness and the Origins of Art*, London.
LOMMEL, A.
1966. *Der Schamanismus*, München.
MUMFORD, L.
1934. *Technics and Civilization*, Chicago.
NARR, K.J.
1959. « Barenzeremoniell und Schamanismus in der Alteren Steinzeit Europas », *Saeculum* 10, p. 233-272.
ROSSANO, M.J.
2010. *Supernatural Selection. How Religion Evolved*, Oxford.
ROYCE, J.
1908. *The Philosophy of Loyalty*, Nashville.
SAID, E.
1978. *Orientalism*, New York.
SMITH, N.W.
1992. *An analysis of Ice Age art: its psychology and belief system*, New York.
VAN WYK, A. – WEBER, M.
2009. *Creativity and Its Discontents. The Response to Whitehead's Process and Reality*, Frankfurt – Lancaster.
VITEBSKY, P.
1993. *Dialogues with the dead. The discussion of mortality among the Sora of Eastern India*, Cambridge ; 2000. « Shamanism », dans Gr. HARVEY (éd.), *Indigenous religions*, London, p. 55–67.
WATTS, A.W.
1962. *The Joyous Cosmology. Adventures in the Chemistry of Consciousness*, New York.
WEBER, M.
2004. « James' Non-rationality and its Religious Extremum in the Light of the Concept of Pure Experience », dans J. CARRETTE (éd.), *William James and The Varieties of Religious Experience. A Centenary Celebration*, London – New York, p. 203-220.
WHITEHEAD, A.N.
1926. *Religion in the Making*, Harvard ; 1941. *Immortality*, Harvard ; 1967. *Science and the Modern World. The Lowell Lectures, 1925* [1925], New York.

Abréviations

RM = Whitehead 1926.
SMW = Whitehead 1967